101 Berlin
Geheimtipps und Top-Ziele

IWANOWSKI´S *i* REISEBUCHVERLAG

Im Internet:

www.iwanowski.de

Hier finden Sie aktuelle Infos zu allen Titeln, interessante Links – und vieles mehr!

Einfach anklicken!

Schreiben Sie uns, wenn sich etwas verändert hat. Wir sind bei der Aktualisierung unserer Bücher auf Ihre Mithilfe angewiesen:
info@iwanowski.de

101 Berlin – Geheimtipps und Top-Ziele
4. Auflage 2017

© Reisebuchverlag Iwanowski GmbH
Salm-Reifferscheidt-Allee 37 • 41540 Dormagen
Telefon 0 21 33/26 03 11 • Fax 0 21 33/26 03 34
info@iwanowski.de
www.iwanowski.de

Titelfoto: U-Bahn mit Blick auf die Oberbaumbrücke
© JFL Photography/Fotolia
Alle anderen Farbabbildungen: siehe Bildnachweis S. 281
Layout: Ulrike Jans, Krummhörn
Lektorat: Peter Sich
Karten: Klaus-Peter Lawall, Unterensingen
Titelgestaltung: Point of Media, www.pom-online.de
Redaktionelles Copyright, Konzeption und deren ständige Überarbeitung:
Michael Iwanowski

Alle Rechte vorbehalten. Alle Informationen und Hinweise erfolgen ohne Gewähr für die Richtigkeit im Sinne des Produkthaftungsrechts. Verlag und Autoren können daher keine Verantwortung und Haftung für inhaltliche oder sachliche Fehler übernehmen. Auf den Inhalt aller in diesem Buch erwähnten Internetseiten Dritter haben Autoren und Verlag keinen Einfluss. Eine Haftung dafür wird ebenso ausgeschlossen wie für den Inhalt der Internetseiten, die durch weiterführende Verknüpfungen (sog. „Links") damit verbunden sind.

Gesamtherstellung: Werbedruck GmbH Horst Schreckhase
Printed in Germany

ISBN: 978-3-86197-162-7

Inhalt

Einleitung 6
Berlin, Berlin: eine persönliche Liebeserklärung _____ 8

Stadtviertel & Kieze: Flanieren, Einkaufen, Ausgehen 10

1. Berliner Lebenswelten: Wo die Kreativen, Reichen, Armen, Bürgerlichen wohnen – ein Überblick _____ 12
2. Friedrichstraße: Mythos, Absurditäten, Luxusmeile und Theaterviertel _____ 14
3. Rund um den Hackeschen Markt: urbaner Mikrokosmos im Dickicht der Höfe _____ 16
4. Unter den Linden I: Königsmeile und Demonstration preußischer Macht _____ 18
5. Unter den Linden II: Bäume, Banken und Bugatti _____ 20
6. Traditionsreiche Flaniermeile Kurfürstendamm _____ 22
7. Zentrum der City West: Wasserklops, Hohler Zahn und ein Gürteltier _____ 24
8. Chamissokiez und Bergmannstraße: Gründerzeitviertel und Kreuzberger Flaniermeile _____ 26
9. Kreuzberger Multikultur: das Baumhaus an der Mauer _____ 28
10. Alt-Tegel: Dorfidylle, Badesee und „Dicke Marie" _____ 30
11. Spandauer Zitadelle: Renaissance-Festung am Rande Berlins _____ 32
12. Köpenick: nicht nur des Hauptmanns wegen! _____ 34
13. Rixdorf: Böhmisches Dorf und ländliche Idylle – auch das ist Neukölln _____ 36
14. Ein Spaziergang durch das jüdische Berlin _____ 38
15. Flohmärkte: Stöbern auf interessanten Plätzen _____ 40
16. Anna Blume: eine kulinarische und floristische Oase _____ 42
17. Clärchens Ballhaus: 100 Jahre Party _____ 44
18. KaDeWe am Wittenbergplatz: Konsumtempel der Superlative _____ 46

Geschichte erleben 48

19. Das Nikolaiviertel: Berlins Ursprung _____ 50
20. Brandenburger Tor und Pariser Platz: Symbol der Nation, Salon der Republik _____ 52
21. Das Adlon: ein Stück Geschichte – eine Legende! _____ 54
22. The Story of Berlin: Zeitreise unter dem Ku'damm _____ 56
23. Rund um den Checkpoint Charlie: Kalter Krieg, Touristensensation und Geschichtsmeile 58
24. Bernauer Straße, eingemauert und totenstill: Was die Mauer für die Berliner bedeutete 60
25. Berliner Unterwelten: Spannendes unter der Stadt _____ 62
26. Auf den Spuren der DDR I: Zeitzeugnisse eines Überwachungsstaats _____ 64
27. Auf den Spuren der DDR II: Bösebrücke an der Bornholmer Straße _____ 66
28. Der Reichstag: vom Reichsaffenhaus zum Bundestag _____ 68
29. Wilhelmstraße und Prinz-Albrecht-Gelände: Schaltzentrale der Nationalsozialisten _____ 70
30. Der Schwerbelastungskörper: das kuriose Experiment des Albert Speer _____ 72
31. Denkmal für die ermordeten Juden Europas: Ort des Gedenkens, der Information, der Selbsterfahrung _____ 74
32. Der verlassene Raum: das unbekannte Holocaust-Mahnmal _____ 76
33. Wo einst eine der größten Synagogen stand: das Jüdische Denkmal an der Levetzowstraße _____ 78
34. The Kennedys: „Ich bin ein Berliner" _____ 80
35. Sowjetische Ehrenmäler: Monumente des Sieges und der Trauer _____ 82
36. Villa Schöningen: ein deutsch-deutsches Museum _____ 84
37. Ein „politischer" Spaziergang durch den Majakowskiring _____ 86
38. Jüdischer Friedhof in Weißensee: Wo Denkmäler still erzählen _____ 88
39. Stahnsdorf: Berlins größter Waldfriedhof _____ 90
40. Dorotheenstädtischer Friedhof: Ruhestätte berühmter Persönlichkeiten mitten in Berlin 92
41. Museumswohnungen in Berlin: zurück in die Gründerzeit _____ 94

Plätze & Parks — 96

- **42** Potsdamer Platz: die neue Mitte Berlins — 98
- **43** Alexanderplatz: Ochsenmarkt, Weltzeituhr und Nuttenbrosche — 100
- **44** Gendarmenmarkt: Dombauten, Konzerthaus und Café Achteck — 102
- **45** Rüdesheimer Platz: Paradebeispiel für gelungene Stadtarchitektur — 104
- **46** Körnerpark: überraschendes Kleinod in Neukölln — 106
- **47** Ludwigkirchplatz: Idylle in der Nähe des Ku'Damms — 108
- **48** Kollwitzplatz: Schickeria und Geschichte am Prenzlauer Berg — 110
- **49** Volkspark Friedrichshain und Bötzowviertel: zwischen Rotkäppchen und Mont Klamott — 112
- **50** Viktoriapark: Berliner Riesengebirge, Napoleon und Kreuzberger Wein — 114
- **51** Großer Tiergarten: Spaziergang durch die grüne Mitte — 116
- **52** Vom Flughafen zum Tempelhofer Park: Nichts bleibt, wie es war — 118
- **53** Am Lietzensee: mitten in der Stadt, mitten in der Natur — 120
- **54** Die Stadtgärtner: Urban Gardening — 122
- **55** Natur-Park Schöneberger Südgelände: unterwegs auf alten Gleisen — 124

Kunst & Kultur — 126

- **56** Museumsinsel: die preußische Akropolis — 128
- **57** Dalí ist Berliner — 130
- **58** Liebermann-Villa am Wannsee: traumhafte Symbiose von Landhaus und Gartenanlage — 132
- **59** Sammlung Boros: Kunst im Bunker — 134
- **60** Gedenkstätte in den Arbeits- und Wohnräumen von Bertolt Brecht und Helene Weigel — 136
- **61** East Side Gallery: Kunst an der Mauer — 138
- **62** Das Kolbe-Museum: verborgener Museumsschatz im Westend — 140
- **63** Kabaretts in Berlin: zum Lachen und Nachdenken — 142
- **64** Schlosspark Theater: eine wiederauferstandene Legende — 144
- **65** „Gutes Wedding, Schlechtes Wedding": 10 Jahre Kiezttheater — 146
- **66** Zwischen Kunst und Vandalismus: Graffiti und Street Art im öffentlichen Raum — 148
- **67** Das „Stonehenge von Berlin": die Global Stones im Tiergarten — 150
- **68** Das Bauhaus-Museum in einem Bauhaus: Lehrstunde für zeitloses Design — 152

Architektur — 154

- **69** Architektur zeitlos: Mies van der Rohe in Berlin — 156
- **70** Berliner Moderne: die Architektur des Neuen Bauens — 158
- **71** Tuschkastensiedlung: Ein Architekt gibt Farbe — 160
- **72** Architektur als Spielball der Systeme: Städtebau Ost – die ehemalige Stalinallee — 162
- **73** Architektur als Spielball der Systeme II: Städtebau West – das Hansaviertel — 164
- **74** Vom Hauptbahnhof durch das Regierungsviertel zum Holocaust-Mahnmal — 166
- **75** Neue Architektur im alten Diplomatenviertel: ein Spaziergang im Botschaftsareal zwischen Landwehrkanal und Tiergarten — 168
- **76** Rathaus und Parlament: Berliner Politik und offene Häuser — 170
- **77** Olympiagelände: sportliche Wettkämpfe und schwieriges Erbe — 172

Aktivitäten — 174

- **78** Urbanes Strandleben im Sommer von Berlin — 176
- **79** Pack die Badehose ein: drei einzigartige Berliner Badeorte — 178
- **80** Grillboote: kleine Schiffe mit Charme — 180
- **81** Mit dem Schiff ab durch die Mitte: Brückenfahrt auf Spree und Landwehrkanal — 182
- **82** Restaurantschiffe: am Wasser ungestört und idyllisch genießen — 184
- **83** Hoch hinaus I: die besonderen Aussichtspunkte mit historischem Akzent — 186

84	Hoch hinaus II: die besonderen Aussichtspunkte mit modernem Akzent	188
85	Die Berliner U-Bahn: ein Erlebnis nicht nur für U-Bahn-Fans	190
86	Der Havelhöhenweg: wandern am Westufer des Wannsees	192
87	Fahrradtour I: am Wannsee- und Havelufer über die Glienicker Brücke	194
88	Fahrradtour II: Neuer Garten Potsdam	196

Schlösser & Gärten   198

89	Botanischer Garten: So schön kann Natur sein	200
90	Erstaunliches in Marzahn: die herrlichen Gärten der Welt	202
91	Humboldt-Schloss (Schloss Tegel) und Park in klassizistischem Stil	204
92	Schloss Charlottenburg und Schlosspark	206
93	Lustgarten, Dom und Berliner Suppenschüssel	208
94	Schlossareal: preußisches Machtzentrum, große Baustelle und Humboldt-Box	210
95	Glienicke: ein preußisches Landschloss	212
96	Schloss Schönhausen: Audienz bei der Königin von Preußen und dem Präsidenten der DDR	214

Essen & Trinken   216

97	Von der Straße: Streetfood in Berlin	218
98	Bio in Berlin I: Leckeres von Brot bis Marmelade	220
99	Bio in Berlin II: Richtig einkaufen	222
100	Berlin und seine Biere: im Mikrokosmos der kleinen Privatbrauereien	224
101	Mit oder ohne? Die Berliner Currywurst, det Orijinal	226

Elf Ausflüge ins Berliner Umland   228

1	Über allen Wipfeln: der Baumkronenpfad bei den Beelitzer Heilstätten	230
2	Das Tegeler Fließ: durch naturbelassene Landschaften in das älteste Dorf Berlins	232
3	Buddhistisches Haus in Frohnau: Meditieren am Rande Berlins	234
4	Woltersdorf, der Tiger von Eschnapur und ein Aussichtsturm	236
5	Rüdersdorf und eine Tagebau-Mondlandschaft	238
6	Am Großen Müggelsee: Wasser, Wälder und ein bisschen Venedig	240
7	Nach Ribbeck im Havelland, wo einst der Birnbaum stand …	242
8	Das mittlere Oderbruch: Groß Neuendorf und ein Theater im Bahnwaggon	244
9	Schiffe im Fahrstuhl: ein Meisterwerk der Ingenieurskunst in Niederfinow	246
10	Caputh: ländliche Idylle am Templiner See	248
11	Werder, Stadt des Obstes und des Weins: Toskana-Feeling am Rande Berlins	250

Anhang   252

Berlin in Zahlen	254
Geschichtlicher Abriss	255
Besondere Unterkünfte – eine (ganz) kleine Auswahl	259
Berlin mit Kindern	263
Festivals und Events	265
Die drei schönsten Weihnachtsmärkte	269
Berliner Orte des Wohlbefindens	270
Praktische Informationen	272
Ausgewählte Restaurants im Buch	275
Stichwortverzeichnis	278
Abbildungsnachweis	281
S- und U-Bahn-Netz	282
Die Autoren	284

Einleitung

Berlin, Berlin:
eine persönliche Liebeserklärung

Tausende Male beschrieben, Tausende Gesichter, Geschichten, jeden Tag kommen neue dazu und alte gehen. „Ich bin ein Berliner" – das sagte schon John F. Kennedy bei seinem Besuch in der Frontstadt kurz nach dem Mauerbau. Er bewunderte mit diesen Worten den ungebrochenen Lebenswillen Berlins.

Berlin ist wie kaum eine andere Stadt durch die Geschichte gegangen, jede Epoche hat Spuren im Gesicht der Hauptstadt hinterlassen: Kaiserreich, die Goldenen Zwanziger Jahre, die Nazizeit, der Zweite Weltkrieg, totale Zerstörung und Wiederaufbau, die Luftbrücke mit den Rosinenbombern, der Mauerbau 1961, die Jahre der Teilung, der Sieg der Freiheit 1989 und die Wiedervereinigung – symbolisch stehen dafür die Bilder jener Nacht vom Brandenburger Tor.

Ich habe einen Teil der bewegten Zeit miterlebt, Kindheit und einen Teil meiner Jugend im Ostteil am Rande Berlins in Bernau verbracht. Als wäre es gestern erst passiert, erinnere ich mich, wie meine pragmatisch veranlagte Großmutter mich mit der S-Bahn nach Gesundbrunnen – damals der „Goldene Westen" – mitnahm. Zuerst ging's vor dem Bahnhof zur Wechselstube. Hier wurden fünf Ostmark gegen eine Westmark getauscht. Und dann konnte man das kaufen, was es im Ostteil der Stadt nicht gab: Sarotti-Schokolade, Tchibo-Kaffee und Bananen. Als „kleener Steppke" biss ich herzhaft in die erste Banane meines Lebens wie in einen Apfel – ohne sie zu schälen.

1961 dann die Flucht. Mein Vater war im höheren Staatsdienst als führender Bauleiter der Regierungssiedlung Wandlitz bei Berlin tätig. Wir kamen in den Genuss aller Privilegien der sozialistischen Oberschicht: Dienstvilla, Chauffeur, nichts fehlte wirklich. Noch heute bin ich auf meinen Vater Kurt Iwanowski stolz, der sich dem SED-Regime als Ingenieur nicht beugte und nicht in die Partei eintrat. Er wusste, dass die Mauer gebaut wird. Und er ließ alle Staatsvorteile sausen, um seiner Familie – vor allem mir – ein Leben in Freiheit und Selbstbestimmung zu ermöglichen.

Alles zurücklassen, ein letzter Blick ins Kinderzimmer, ein letztes Mal durch die Haustür gehen. Emotionen und Augenblicke, die im Herzen eingraviert sind. Dann mit der S-Bahn in den Westen, Aufnahmelager Marienfelde. Wie schmeckte doch die erste Bockwurst im Westen, wie groß und existenziell war der Weg für meine Eltern in eine neue, unbekannte Zukunft. Aber eine Zukunft in Freiheit – einen Wert, für den sie alles hergaben, alles Materielle – aber nicht ihre Ideale.

Notaufnahmelager, Übersiedlung in die Bundesrepublik, wieder Notaufnahmelager, Wohnungs- und Arbeitssuche, Jahre der Entbehrung und des Nachholens. Das Ideal der Freiheit habe ich in dieser Zeit hautnah erlebt, im Westen musste ich kein Pioniertuch tragen und es gab keine Sanktionen staatlicherseits, wenn man einen selbstbestimmten Lebensstil verwirklichte.

Nun bin ich hier seit einigen Jahren wieder heimisch. In „101 Berlin" möchte ich skizzenhaft 101 Gesichter der liebenswerten, pulsierenden, widersprüchlichen Stadt an der Spree aufzeigen – ohne den Anspruch auf Vollständigkeit eines klassischen Reiseführers. Berlin ist alles, die ganze Spannbreite von Lebensentwürfen, voller Widersprüche, eine

Stadt, in der gegensätzliche Lebensstile gelebt werden, es ist d i e Stadt der deutschen Einheit, polarisierend, mutig, kreativ. Und deshalb ist sie so spannend.

Dieser „Reise-Verführer" soll Lust auf mehr machen, auf Entdeckungen im „alten" Westen und „neuen" Osten. Gleich nach der Wende fand eine rasante Veränderung im früheren Ostteil Berlins statt, die heute noch andauert: Neubauten, Abrisse, Renovierungen. Im Westteil gab es lange Zeit Stillstand, der Ku'damm geriet in den Schatten von Friedrichstraße und Co. Nun aber wendet sich das Blatt wieder, im früher westlichen Teil der Stadt stehen gewaltige Innovation und Prestigebauten an, sichtbar z. B. am neuen Waldorf Astoria Hotel am Bahnhof Zoo. Und der Ku'damm ist wieder der Pracht-Boulevard mit Großstadtflair, mondänen Geschäften und entsprechender Gastronomie. Alles ist dank eines gut ausgebauten Nahverkehrssystems leicht erreichbar.

Wie kaum eine andere Stadt bieten Berlin und sein Umland Natur pur: dichte Wälder, klare Badeseen, verschwiegene Dörfer. Als Inspiration werden elf ausgewählte Ausflugstipps vorgestellt.

Zwei Berliner Guides haben an diesem Buch mitgearbeitet: Markus Dallmann, der 41 Texte und zahlreiche Bilder beigesteuert hat, und Robert Müller. Herr Dallmann begleitet Berlin-Besucher zu den interessantesten Stellen der Stadt, Herr Müller radelt auf zum Teil ungewöhnlichen Routen durch die Spree-Metropole. Beiden besten Dank für ihre Mitarbeit und ihr Engagement bei diesem Projekt!

Ein besonderer Dank gehört zudem meinem Berliner Freund Hans-Michael Mohr. Als Kenner der Westberliner Szene steuerte er so manchen Beitrag durch Anregungen bei.

Ich wünsche mir, dass Sie das Berliner Herz, das Tempo der Stadt, ihren Lebensrhythmus zwischen Kiez und Vorzeigemeilen auf eigenen Wegen erspüren. Über Ihre Geheimtipps und Anregungen freuen wir uns!

Michael Iwanowski

Widmung

Dieses Buch widme ich in besonderer Dankbarkeit posthum meinen mutigen und selbstlosen Eltern Johanna und Kurt Iwanowski sowie meiner Großmutter Hedwig Hoffmann. Ohne diesen engen Familienkreis und die Flucht in den Westen 1961 wäre es mir nicht möglich gewesen, meinen Weg in Freiheit zu gehen und dieses Buch im eigenen Verlag zu schreiben.

Stadtviertel & Kieze: Flanieren, Einkaufen, Ausgehen

Berliner Lebenswelten: Wo die Kreativen, Reichen, Armen, Bürgerlichen wohnen – ein Überblick

Berlin ist eine sehr vielfältige Stadt, in der die unterschiedlichsten Menschen ihre kleine Heimat oder ihre kulturelle Gemeinschaft finden, ohne sich vom großen Ganzen abzukoppeln. Anpassungsdruck wie in anderen Städten gibt es hier nicht. Der traditionellen Einwandererstadt Berlin ist es egal, wie man ist. Für manche mag die Stadt zu groß, zu laut und zu anonym sein. Anderen gibt genau diese Größe etwas Beruhigendes und erzeugt ungeahnte Freiheitsgefühle. Der scheinbaren Bindungslosigkeit zum Trotz liebt der Berliner seinen Kiez und verlässt ihn ungern. So kann es passieren, dass sich eine „Reisegruppe" aus Zehlendorf in bisher unbekanntes Terrain wagt – nach Kreuzberg. Wie aus bunten Mosaiksteinen setzt sich das knapp 900 km² große „Gebilde Berlin" aus einer Vielzahl von Stadtvierteln zusammen.

In der Berliner Innenstadt, die von der Ringbahn (S41 und S42) umfahren wird, lassen sich grob drei Lebenswelten charakterisieren: Im Bereich um den Hackeschen Markt sowie in Prenzlauer Berg, Friedrichshain und Kreuzberg leben zumeist Kreative, innovative Aufsteiger, junge Familien und Studenten. Sie lieben die urbane, lebendige, weltoffene und tolerante Atmosphäre. Zuwanderer und Ausländer sind willkommen, es herrscht ein politisch „grünes" Klima. Im früheren Arbeiterquartier Prenzlauer Berg wohnen heute überwiegend gutverdienende Akademiker, die Atmosphäre gilt als kinderfreundlich. Im Bereich Helmholtzplatz und Kollwitzstraße ist die Chance hoch, Prominenten über den Weg zu laufen. Viele Zugereiste bezeichnen den (noch) preisgünstigeren Friedrichshain als das „echte" Berlin. Hier kann es gelegentlich auch etwas derber

Prenzlauer Berg ist besonders bei Zugereisten beliebt

zugehen. Gepiercte Mütter mit Halbglatze und rücksichtslose Radfahrer auf Bürgersteigen sind keine Seltenheit. Angesagt sind Boxhagener Platz und Simon-Dach-Straße. Der frühere Westberliner Bezirk Kreuzberg ist zweigeteilt. Während rund um die Bergmannstraße der „Veredelungsprozess" à la Prenzlauer Berg weit vorangeschritten ist, bestimmen in SO 36, dem „wilden" und ärmeren Kreuzberg, die inzwischen Alteingesessenen das Stadtbild: Das sind sowohl die Nachkommen der türkischen Einwanderer als auch die Linksalternativen als „Nachfahren" der Hausbesetzerszene der 1980er-Jahre. Wichtiges Zentrum ist der Heinrichplatz auf der Oranienstraße.

In Friedrichshain geht's hip und alternativ zu

Die Stadtteile Moabit, Wedding, Neukölln-Nord sind geprägt von hoher Arbeitslosigkeit, hohem Migrantenanteil mit türkisch-arabischem Hintergrund und einer sichtbaren Armut. Dennoch hält der völlig ungefährliche Spaziergang durch die gut erhaltenen Altbauquartiere Überraschungen bereit. So gilt der Neuköllner Reuterkiez mit seinen Galerien und Kneipen als jüngstes Szeneviertel und wird aufgrund der Nähe zu Kreuzberg als Kreuzkölln bezeichnet.

Günstiger zum Wohnen sind die Plattenbauten

Die westlich und südlich an den Bezirk Mitte angrenzenden Stadtteile Charlottenburg, Wilmersdorf und Schöneberg gelten traditionell als großbürgerlich und sind bestimmt von hohem Lebensstandard und großstädtischem Flair im liberal-konservativen Milieu. Ein beliebter Treffpunkt ist z. B. der Ludwigkirchplatz in Wilmersdorf oder der Schöneberger Szenekiez rund um den Winterfeldtplatz mit seinem herrlichen Wochenmarkt (Mi u. Sa).

Außerhalb der Innenstadt sind frühere Ost-West-Mentalitäten noch spürbar: Im **früheren Ostberlin** gibt es zwei Lebenswelten: Die großen Plattenbaugebiete der ehemaligen DDR-Mittelschicht (Lichtenberg, Marzahn) erscheinen nach außen eher ungemütlich, haben aber einen guten Wohnstatus und oft günstige Mieten. In den ruhigen Lagen Pankow, Treptow und Köpenick leben eher ältere Bewohner, Kulturleute sowie Familien, die es ins Grüne gezogen hat.

Der „**Westen**" ist wiederum recht unterschiedlich: Kleinbürgerliches Milieu findet sich am ehesten in Reinickendorf und Spandau, wo von jeher ein gewisses Misstrauen gegenüber Großberlin vorherrscht. Das höchste Durchschnittsalter findet man im gediegenen bürgerlichen Süden (Tempelhof, Steglitz, Neukölln-Süd). Im reichen Südwesten (Westend, Grunewald, Zehlendorf) sind Einkommen und Lebensstandard am höchsten. Gelegentlich können rund um den Schlachtensee joggende Prominente angetroffen werden. (md)

2 Friedrichstraße: Mythos, Absurditäten, Luxusmeile und Theaterviertel

Die schnurgerade in Nord-Süd-Richtung verlaufende Friedrichstraße bildet das Rückgrat der barocken Stadterweiterung aus dem 17. Jh. mit ihrem schachbrettartigen Straßenraster. In den 1920er-Jahren galt die Leipziger Straße als „Kaufstraße", die Promeniermeile Unter den Linden als „Laufstraße", die Friedrichstraße aber als „Saufstraße". Hier fand die lebenshungrige Bevölkerung Kneipen, Kinos, Weinstuben, Bierschwemmen und Amüsierbetriebe. Bei „Aschinger" gab's Suppe für 30 Pfennig, Besteck angekettet an der Wand. Die im Krieg stark zerstörte Straße erwachte erst nach der Wiedervereinigung zu neuem, glanzvollem Leben.

In den 1990er-Jahren setzte in Berlins **historischem Geschäftszentrum** eine ungeheure Bautätigkeit ein. Die Bodenpreise waren nach oben geschossen und entlang der Friedrichstraße wurden Milliarden investiert. Auf historischem Boden entstand ein völlig neues Geschäftszentrum mit Nobelboutiquen, glanzvollen Autosalons, 5-Sterne-Hotels, Luxusrestaurants und Lounge-Bars sowie Bürohäusern mit schicken Wohnungen oben drauf.

Die drei Blöcke der Friedrichstadtpassagen, auch Quartiere Q 205, Q 206 und Q 207 genannt, sind unterirdisch durch eine luxuriöse Ladenpassage miteinander verbunden. Im Inneren bieten sie feine Spezialgeschäfte, Edelboutiquen, Designerläden und Cafés. Elegantestes Shopping-Areal ist Q 206. Zwischen Tauben- und Jägerstraße taucht man ein in eine Art-déco-Welt aus Marmor, Glas und Stahl. Im Quartier 207 an der Französischen Straße bietet das Edelkaufhaus Galeries Lafayette aus Paris seine Waren auf fünf Etagen an. Unten in der Gourmetabteilung kann sich der Feinschmecker wie Gott in Frankreich fühlen. Ein faszinierender Blick bietet sich vom Erdgeschoss in den riesigen gläsernen Kegel und Trichter im Gebäudeinneren.

Ein wichtiger Verkehrsknotenpunkt ist der Bahnhof Friedrichstraße, wo auf mehreren Etagen S- und Regionalbahnlinien, U-Bahn und Tram aufeinandertreffen. Während der Teilung Berlins fungierte der Bahnhof als beklemmender

Schicker Shoppen im Lafayette

Grenzübergang mit labyrinthischen Gängen und Treppenläufen. Schmerzhafte Verabschiedungsszenen machten ein weiteres Kontrollgebäude hinter dem Bahnhof zum legendären „**Tränenpalast**". Im September 2011 wurde er als Museum der Teilung mit der Ausstellung „GrenzErfahrungen. Alltag der deutschen Teilung" eröffnet.

Im nördlichen Bereich der Friedrichstraße befindet sich das traditionsreiche **Theaterviertel**. Im legendären Admiralspalast finden in mehreren Spielstätten bis zu 2.400 Personen Platz und im Vorderhaus macht die „Distel" politisches Kabarett (s. S. 142). Weit strahlt die Leuchtschrift des von Bertolt Brecht gegründeten Berliner Ensembles jenseits der Spree. Ein einzigartiges Showspektakel aus Ballett, Artistik und Tingeltangel bietet Europas größtes Revuetheater, der Friedrichstadt-Palast. Das Deutsche Theater in der nahe gelegenen Schumannstraße mit den zugehörigen Kammerspielen zählt zu den besten Bühnen im deutschsprachigen Raum. (md)

> ### Geisterbahnhöfe
>
> Eine Absurdität der Geschichte sollte sich zu DDR-Zeiten unter der Friedrichstraße abspielen. Die seit 1923 fahrende U-Bahnlinie (U6) startete im geteilten Berlin nun im nördlichen Westsektor und endete im südlichen Westsektor, durchfuhr aber in Mitte den Ostsektor. Nach dem Mauerbau machte man sämtliche U-Bahnhöfe auf der Ostberliner Seite unzugänglich, während die Westberliner ohne Halt durch diese Bahnhöfe fuhren. In den schummrig beleuchteten „Geisterbahnhöfen" patrouillierten Grenzsoldaten und passten auf, dass die U-Bahnen ja nicht anhielten.

Info

Hinkommen: U2 und U6 Stadtmitte, U6 Französische Straße sowie S+U-Bahnhof Friedrichstraße. [E2]

Einkaufen: Friedrichstadtpassagen, Mo–Sa 10–20 Uhr.

Dussmann das KulturKaufhaus, Friedrichstr. 90, Tel. 030/20251111, www.kulturkaufhaus.de, Mo–Fr 9–24 (!) Uhr, Sa bis 23.30 Uhr. Mit riesiger Auswahl an Büchern und Musik.

Ausstellung: GrenzErfahrungen, im Tränenpalast/Bahnhof Freidrichstraße, www.hdg.de/berlin/traenenpalast/, Di–Fr 9–19 Uhr, Sa/So 10–18 Uhr, Eintritt frei.

Essen & Trinken: Am **Spreeufer am Schiffbauerdamm** reihen sich mehrere große Restaurants wie das Brechts oder Ganymed aneinander. Die **Ständige Vertretung** mit rheinischen Spezialitäten gilt als Zufluchtsort für die „Bonner" nach dem Regierungsumzug nach Berlin (Schiffbauerdamm 8, Tel. 030/2823965, www.staev.de, tgl. 10.30–1.00 Uhr, Mo–Fr Mittagstisch 11–15 Uhr).

Daneben in der **Berliner Republik** variieren die Bierpreise je nach Angebot und Nachfrage (Schiffbauerdamm 8, Tel. 030/3087 2293, www.die-berliner-republik.de, tgl. 10–5 Uhr).

Zum Hauptgericht Promis – rund um die Friedrichstraße finden sich einige Lokalitäten, in denen man das eine oder andere bekannte Gesicht entdecken kann, z. B. das **Borchardt**, Französische Str. 47, Tel. 030/81886262, www.borchardt-restaurant.de, tgl. 11.30–24 Uhr, Reservierung empfohlen. Berühmtheiten wie Leonardo di Caprio, Jack Nicholson und Michael Douglas wurden hier gesichtet … Zu essen gibt's deutsche und französische Küche. Berühmt ist das Wiener Schnitzel mit Kartoffelsalat.

Bocca di Bacco, Friedrichstraße 167, Tel. 030/20672828, www.boccadibacco.de, Mo–Sa 12–24 Uhr, So 18–24 Uhr, Reservierung erbeten. Hervorragende Pasta, Fleisch- und Fischgerichte z. B. Entrecôte vom Kalb mit Kräutern und Fenchelgratin. Innen wird typisch wilhelminischer Historismus mit italienischen Stilelementen verbunden.

3 Rund um den Hackeschen Markt: urbaner Mikrokosmos im Dickicht der Höfe

Den Auftakt für das quirlige **Szeneviertel** in der Spandauer Vorstadt bildet der Hackesche Markt. Um 1750 legte der Stadtkommandant Graf von Hacke diesen dreieckigen Platz direkt hinter der einstigen Altstadtbefestigung Berlins an. Eingerahmt von historischen Gebäuden und dem 1880 gebauten S-Bahnhof mit rotem Klinker und Terrakottaschmuck kann man die Atmosphäre bei einem Cappuccino im Freien genießen. Weitere Wohltaten für Leib und Seele bieten die Stände auf dem Wochenmarkt an, der donnerstags und samstags stattfindet.

Die ab dem 17. Jh. entstandene Spandauer Vorstadt erhielt ihren Namen aufgrund einer mittelalterlichen Wegeverbindung zum 15 km entfernten Spandau. Mit der Industrialisierung setzte eine rasante bauliche Verdichtung, für die vielen kleinen Handwerks- und Industriebetriebe wurden Höfe angelegt. Die berühmteste Hofanlage liegt an der **Rosenthaler Straße** und ist mit ihrer stolzen Fassade bereits vom Hackeschen Markt aus zu sehen.

Die **Hackeschen Höfe** von 1906 waren seinerzeit der größte Wohn- und Gewerbekomplex Europas. Sie bieten heute eine vielfältige Mischung aus Restaurants, Designerläden, Kreativbüros, Galerien sowie reinen Wohnbereichen. Der Bummel durch die

acht Höfe gleicht einer Entdeckungsreise. Das üppige Entree bildet der erste Hof mit seinen bunt glasierten Fliesen in einer Mischung aus Jugendstil und Art déco. Ganz oben im Ambiente eines ehemaligen Ballsaals zeigt das Chamäleon erstklassige Varieté-Shows. In Hof Nr. 5 gibt's den Ampelmann als Nudel oder Eiswürfel und in Hof Nr. 7 bietet Eat Berlin Feines aus Berliner Genuss-Manufakturen.

Von Hof 6 zweigen die Rosenhöfe mit Durchgang zum Rokoko-Gebäude in der Rosenthaler Straße 36 ab. In einem gleichsam charmanten wie kitschigen Ambiente aus rosa Fassaden und türkisen Metallstreben werden u. a. Designerbrillen für den Jet-Set-Reisenden oder Yogakurse für hippe Großstädter angeboten. Innerhalb der nur teilweise renovierten und düster erscheinen-

Der erste Hof:
dekoriert mit bunt glasierten Fliesen

den Höfe der Rosenthaler Straße 39 lässt sich die jüngere Geschichte des gesamten Viertels erahnen. Die im Zweiten Weltkrieg verschonten Gebäude, die zu DDR-Zeiten dem Verfall preisgegeben waren, wurden nach der Wiedervereinigung von jungen Leuten und Künstlern als billige Wohnmöglichkeit neu entdeckt. Der morbide Charme der verfallenen Höfe strahlte eine ungeheure Anziehungskraft auf die Kreativen und die wilde Clubszene der 90er-Jahre aus. Es folgten internationale Galeristen, Designer und Modeateliers sowie die Flagshipstores der Modebranche. Heute gehört das Viertel zu den teuersten und angesagtesten Gebieten Berlins.

Fassadenansicht der Hackeschen Höfe

Eine der ältesten Straßen ist die Sophienstraße mit ihren Gebäuden aus dem 18. Jh. Während eines Bummels durch diese malerische Altstadtstraße lohnen sich Abstecher in weitere Hofanlagen. Die **Sophiensaele** im Gebäudeensemble des Handwerkervereinshaus bieten zeitgenössische Theaterkunst und Neue Musik. Bei Hausnummer 21 gelangt man in die Sophie-Gips-Höfe, ein ehemaliges Fabrikareal mit drei Bürgerhäusern zwischen Sophien- und Gipsstraße. Die Kunstsammler Hoffmann schufen in diesem Komplex eine Verbindung aus Kunst, Kultur und Wohnen. Sie zeigen außerdem eine der größten Privatsammlungen der Welt. Im zweiten Innenhof können im Barcomi's 13 hausgeröstete Kaffeesorten und Bagelspezialitäten probiert werden.

(md)

Info

Hinkommen: S5/S7/S75 und M1/M4/M5/M6 S-Bahnhof Hackescher Markt. [E2]

Essen & Trinken: Große Auswahl auf dem Hackeschen Markt und in der Rosenthaler Straße.

BBQ Kitchen, Am Zwirngraben 5, Tel. 030/27909816, www.bbq-kitchen.de, So–Do 11–24, Fr-Sa 11–1 Uhr. Erstklassiges Barbecue für kleines Geld: Hähnchen, Ente, Spareribs mit guten Dips (Smoke, BBQ oder Chili) und Beilagen (Cole Slaw, Rot- und Weißkraut, Kräuterkartoffel). Ein Mixed Grill BBQ kostet 12 €.

Kunst: Sammlung Hoffmann, Sophie-Gips-Höfe, 2. Hof, Aufgang C, Sophienstraße 21, Tel. 030/28499120, www.sammlung-hoffmann.de, samstags 11–16 Uhr nach Voranmeldung (geschlossen August und zwischen Weihnachten und Neujahr), 10 €.

Varieté-Show: Chamäleon, in den Hackeschen Höfen, Rosenthaler Straße 40/41, Tel. 030/4000590, www.chamaeleonberlin.com, ab 37 €.

4 Unter den Linden I: Königsmeile und Demonstration preußischer Macht

Die berühmteste Prachtstraße und Flaniermeile Berlins führt vom ehemaligen Stadtschloss auf der Spreeinsel bis zum Brandenburger Tor. Mit ihren Bauten versammelt sie das Beste und Schönste der preußischen Architektur vom Barock bis zum Klassizismus, lässt auf ihren knapp 1,5 km aber auch die Brüche der Geschichte sichtbar werden.

Direkt hinter der Schlossbrücke trifft man auf den bedeutendsten Barockbau Berlins und gleichzeitig das älteste Gebäude des Straßenzugs. Das **Zeughaus**, 1706 als königliches Waffenarsenal errichtet, ist heute Sitz des **Deutschen Historischen Museums**. Der überdachte Innenhof ist frei zugänglich. Hier befinden sich mit den „Köpfen sterbender Krieger" 22 Meisterwerke der Bildhauerkunst von Andreas Schlüter. Von hier kommt man auch in den neuen Anbau mit seinen Wechselausstellungen. Er wurde von I.M. Pei gestaltet, dem Architekten, der auch die Glaspyramide des Pariser Louvre entworfen hat.

Direkt gegenüber befindet sich das **Kommandantenhaus**. Nach der Zerstörung des Gebäudes im Zweiten Weltkrieg stand hier das DDR-Außenministerium, welches seinerseits 1995 abgerissen wurde. Das heutige Palais ist – auch wenn es in Anbetracht der Fassade aus original schlesischem Kalkstein und dem Figurenschmuck schwer zu glauben ist – ein Neubau aus dem Jahr 2003.

Danach folgen zwei wunderbare Beispiele des preußischen Klassizismus: das Kronprinzenpalais und das Prinzessinnenpalais, das heutige **Opernpalais**. Wo vor 200 Jahren

Prachtbau: Details am Zeughaus

preußische Prinzessinnen Kissenschlachten austrugen, gab es bis Ende 2011 Schlachten ums Kuchenbüffet. Leider ist das große Operncafé geschlossen. Mittlerweile hat der Axel-Springer-Vorstandsvorsitzende Mathias Döpfner das historische Bauwerk gekauft.

Auf der anderen Straßenseite steht die **Neue Wache** von 1818, das erste Gebäude von Karl Friedrich Schinkel, das in Berlin gebaut wurde. Von Anfang an war die „Haupt- und Königswache" auch als Gedenkstätte konzipiert. Zunächst erinnerte sie an die Gefallenen der Befreiungskriege, zu DDR-Zeiten brannte im Inneren die Ewige Flamme für die „Opfer von Faschismus und Militarismus", draußen fand die Wachablösung im Stechschritt statt. Heute steht in dem asketisch anmutenden Raum eine vergrößerte Kopie der Skulptur „Mutter mit totem Sohn" von Käthe Kollwitz; der Bau dient als „Zentrale Gedenkstätte der Bundesrepublik Deutschland für die Opfer von Krieg und Gewaltherrschaft".

Unter Friedrich dem Großen entstand ab 1740 das **Forum Fridericianum**. Die Gebäude um den heutigen **Bebelplatz** demonstrieren die geistige und künstlerische Haltung des preußischen Monarchen. Den Auftakt bildet die Staatsoper, die 1742 als erstes frei stehendes und damals größtes deutsches Opernhaus eröffnet wurde. Das Gebäude wird bereits seit 2010 saniert, übergangsweise ist die weltberühmte Staatskapelle unter der Leitung von Daniel Barenboim deshalb im Schillertheater ansässig. Den Bau der katholischen **St.-Hedwigs-Kathedrale** hinter der Staatsoper genehmigte der König als Zeichen seiner religiösen Toleranz. Architektonisches Vorbild war das Pantheon in Rom. Die königliche **Alte Bibliothek**, von den Berlinern aufgrund ihrer geschwungenen Form „Kommode" genannt, erinnert an den Michaelertrakt der Wiener Hofburg. Kein Wunder, beruht der Bau doch auf denselben Plänen. Diese Kopie sollte die Überlegenheit Preußens über Österreich demonstrieren. Und tatsächlich wurde das Berliner Gebäude früher vollendet als das Vorbild in Wien – und zwar ganze hundert Jahre. Auf der nördlichen Seite entstand für Friedrichs Bruder das Prinz-Heinrich-Palais, die heutige **Humboldt-Universität**.

In der Mitte des Bebelplatzes ist eine Glasscheibe eingelassen, unter welcher man bei genauem Hinsehen einen Raum mit leeren Bücherregalen entdeckt. Diese versunkene Bibliothek symbolisiert den kulturellen Verlust durch die Bücherverbrennung am 10. Mai 1933. Doch auch Friedrichs II. wird an dem von ihm initiierten Bauensemble gedacht: Elf Jahre arbeitete Daniel Rauch an seinem Meisterwerk, dem „Reiterstandbild Friedrichs des Großen". Die 1851 enthüllte Plastik gilt als Startpunkt der realistischen Darstellungsweise in der Bildhauerei: Es zeigt den Monarchen hoch zu Ross – mit Uniform und Krückstock. (md)

Hinkommen: Bus 100/200/TXL Staatsoper oder Unter den Linden/Friedrichstr. [E 3]
Information: Deutsche Staatsoper, wegen Renovierung findet der Spielbetrieb im **Schillertheater** statt (Bismarckstr. 110, Tel. 030/ 203540, www.staatsoper-berlin.de). Die Wiedereröffnung ist für Herbst 2017 geplant. **Deutsches Historisches Museum**, Tel. 030/ 20304444, www.dhm.de, tgl. 10–18 Uhr, 8 €, bis 18 Jahre frei.

Markt: Kunstmarkt am Zeughaus, hier verkaufen viele Berliner sowie osteuropäische Künstler ihre Bilder, Drucke, Skulpturen und Spielzeug. Von Kunst bis Kitsch ist alles dabei. Jeden Samstag und Sonntag (www.kunstmarkt-berlin.com).
Essen & Trinken: Café-Restaurant im Deutschen Historischen Museum mit Terrasse zur Spree, tgl. 10–18 Uhr.

5 Unter den Linden II: Bäume, Banken und Bugatti

Am „Reiterstandbild Friedrichs des Großen" beginnt der westliche Teil des Boulevards, der bis zum Pariser Platz am Brandenburger Tor führt. Und während der östliche Teil mit seinen preußischen Prachtbauten weitgehend baumlos ist, wandelt man hier tatsächlich unter Linden. Auf dem alten Reitweg, der vom Schloss in den kurfürstlichen Tiergarten führte, ließ „der Große Kurfürst" Friedrich Wilhelm von Brandenburg 1647 jeweils 1.000 Nuss- und Lindenbäume anpflanzen. Während die Nussbäume verkümmerten, entwickelten sich die Linden prächtig und gaben der Straße ihren Namen. Wäre es anders gelaufen, hieße die Promenade womöglich „Unter den Nüssen" …

Der bürgerliche Westteil der Straße mit seinen stolzen Geschäftshäusern, Palais und Hotels entstand im Baurausch der Gründerzeit. Zu Ostberliner Zeiten wurden viele der im Krieg zerstörten Gebäude durch Botschaften und langweilige Verwaltungsbauten mit öden Fassaden ersetzt. Nach der Wiedervereinigung brach wiederum ein Bauboom los: Die Nähe zum neuen Regierungsviertel machte die Linden und die benachbarten Straßen zu begehrten Adressen für die Niederlassungen von Firmen und Verbänden – und damit nicht zuletzt für Lobbyisten.

Der mächtige Bau der **Staatsbibliothek** auf der nördlichen Seite beim Reiterstandbild umschließt mehrere Höfe sowie den neuen Glaskubus des Lesesaals. Wegen der anhaltenden Generalsanierung ist der Haupteingang Unter den Linden derzeit nicht zugänglich (Eintritt über die Dorotheenstraße). Gegenüber zeigt die Deutsche Bank in ihrer

Beliebte Flaniermeile: Unter den Linden entlang

KunstHalle (Ecke Charlottenstr.) wechselnde Ausstellungen zeitgenössischer Kunst. Das alte **Bankenviertel** zwischen Linden, Behrenstraße und Französischer Straße hatte nach dem Krieg seine Bedeutung verloren. Nach der Wiedervereinigung übernahmen die Geldinstitute ihre großen Häuser wieder oder überließen sie anderen Nutzern. So verwandelte sich das ehemalige Gebäude der Dresdner Bank am Bebelplatz (in dem lange die Staatsbank der DDR untergebracht war) zum schicken Hotel de Rome. Ebenfalls umfunktioniert wurde der riesige, 8 m hohe Schalterraum der Diskontobank an der Charlottenstraße/Ecke Behrenstraße. Er wird heute vom Edelrestaurant Gendarmerie genutzt.

Auch die Kreuzung Unter den Linden/Friedrichstraße mit ihren berühmten Cafés Bauer, Victoria und Kranzler ging im Bombenhagel unter. Einzig das **Haus der Schweiz**, unschwer an der Wilhelm-Tell-Figur an der Fassade zu erkennen, blieb verschont. Zum Tanz ums Goldene Kalb, Pardon, ums edle Blech, fordern mehrere alte Bekannte auf: Im **Upper-Eastside-Komplex** präsentiert Mercedes-Benz seine neuesten Kreationen. Auf der anderen Straßenseite im Lindencorso inszeniert VW seine Marken von Golf bis Bugatti im Drive Volkswagen Group Forum. Im Untergeschoss gibt es wechselnde Kunstausstellungen.

Bücherstand vor der Humboldt-Uni

Neben dem Haus der Schweiz folgen die Kaiserhöfe. Direkt daneben produziert im Zollernhof das ZDF-Hauptstadtstudio Sendungen wie „aspekte", „Berlin direkt" oder das „ZDF-Morgenmagazin". Das verglaste Atrium des Kontorhauses gibt den Blick frei ins Studio 1. In der Hausnummer 42 folgt ein Ableger des Café Einstein, Treffpunkt der Berühmten und Mächtigen (S. 53). Schräg gegenüber erhebt sich der stalinistische Prunkbau der russischen Botschaft. (md)

Hinkommen: U+S Brandenburger Tor oder U+S-Friedrichstraße sowie Bus 100/200 Unter den Linden/Friedrichstraße. [E3]
Museen:
KunstHalle by Deutsche Bank, Unter den Linden 13 / 15, Tel. 030/2020930, tgl. 10–20 Uhr, 4 € (Kinder 3 €), montags Eintritt frei.
Madame Tussauds, Unter den Linden 74, Tel. 030/40004610, www.madametussauds.com, tgl. 10–19 Uhr (letzter Einlass 18 Uhr), Erw. 23,50 €, Kinder (3–4 J.) 18,50 €.
Willy Brandt Forum, Unter den Linden 62–68, Tel. 030/7877070, www.willy-brandt.de, Di– So 10–18 Uhr, Eintritt frei. Zeigt Lebensstationen des Kanzlers.

6 Traditionsreiche Flaniermeile Kurfürstendamm

„Der Weg ist das Ziel". Tatsächlich scheint die weltberühmte Flaniermeile, die mit 3,5 km Länge auch eine wichtige Verkehrsader ist, nicht zu einem bestimmten Ziel führen zu wollen. Sie ist selbst Zielort. Der zum Bummeln, Shoppen und Verweilen interessanteste Abschnitt beginnt am Breitscheidplatz und führt bis zur Schaubühne am Lehniner Platz.

Ursprünglich ritten auf dem „Knüppeldamm" die Kurfürsten in das Jagdrevier im Grunewald. Erst 1886 sollte auf Anregung von Otto von Bismarck ein **repräsentativer Boulevard** mit herrschaftlich opulenten Bauten entstehen. In rasantem Tempo stieg der Kurfürstendamm zur begehrten Wohn- und Geschäftsadresse des noblen Bürgertums auf und trat als „Neuer Westen" mit Hotels, Restaurants, Theatern und Uraufführungskinos in Konkurrenz zur alten Mitte in Berlin.

Seine Blütezeit aber waren die Goldenen Zwanziger Jahre als Experimentierfeld der Moderne. In den Kaffeehäusern diskutierten Künstler und Schriftsteller, im Ausstellungshaus zeigte die Berliner Secession die Werke ihrer Mitglieder, die vergnügungssüchtigen Ku'dammbesucher strömten in die Tanzlokale und feierten enthusiastisch Josephine Baker. Nach Kriegsende in eine Trümmerwüste verwandelt, entwickelte sich der Kurfürstendamm im Zeitalter des Kalten Kriegs zum „Schaufenster des Westens" und übernahm die Zentrumsfunktion von Westberlin.

Auch nach der Wiedervereinigung genießen der Kurfürstendamm und seine Seitenstraßen hohe Attraktivität als gute Wohn- und Geschäftsgegend und als gehobene bis luxuriöse Einkaufsmeile mit Kultur und Gastronomie.

Markanter Beginn des Ku'damms ist die weltbekannte Ruine der Kaiser-Wilhelm-Gedächtniskirche (s. S. 24). Das schräg gegenüberliegende Karstadt-Kaufhaus soll ab März 2017 bis 2020 komplett umgestaltet und in eine Shopping Mall umgewandelt werden. An der Fassade des neuen

Blick von oben auf den Ku'damm

Ku'damm Ecks an der Joachimsthaler Straße flimmern auf einer der größten Videowände Europas Filmclips, Nachrichten und Werbung. Ein Kuriosum aus den 1950er-Jahren bildet das denkmalgeschützte Ensemble aus U-Bahnzugang, Kiosk und der Verkehrskanzel, in welcher der Polizist die Ampeln von Hand schaltete.

Vom berühmten Café Kranzler ist lediglich die Rotunde mit den rot-weißen Markisen übrig geblieben. Die Zeiten als Westberliner Institution sind zwar vorbei, aber immerhin kann man unter dem neuen Mieter des Gebäudekomplexes – der britischen Modekette Superdry – ab 2017 nach einjähriger Pause wieder Kaffee trinken. Dahinter erhebt sich der riesige Glasriegel des Neuen Kranzler-Ecks inklusive Voliere mit Mandarinenten, Sittichen und Fasanen.

In eine Oase der Ruhe taucht man in der **Fasanenstraße** mit ihren gründerzeitlichen Villen und Vorgärten. Die Bleibtreustraße in Richtung Savignyplatz bietet ein lebendiges Kiezflair, bestehend aus Boutiquen, Kunstläden und gemütlichen Lokalen. Der Bereich zwischen Schlüterstraße und Olivaer Platz hat sich als Adresse internationaler Designer zum nobelsten Abschnitt des Kurfürstendamms entwickelt. Dazu passend bietet Bier's Kudamm 195 im modernen, gläsernen Quartier zur Currywurst Champagner an.

Dem Niedergang berühmter Kaffeehäuser zum Trotz eröffnete Ende 2012 das **Kaffeehaus Grosz** im mondän-luxuriösen Ambiente mit hohen Decken, Jugendstilsäulen und Marmorfußboden im einstigen Grand-Hotel Cumberland (Kurfürstendamm 193, www.grosz-berlin.de). (md)

Tipp

Filmgenuss

In vielen der großen Kinopaläste am Kurfürstendamm sind die Lichter endgültig ausgegangen. Einen einzigartigen luxuriösen Filmgenuss bietet die **Astor Film Lounge** mit Park-Service, Garderobe und Cocktailbar. An den mit Fußhockern ausgestatteten Logen- und Separéeplätzen werden Speisen und Getränke serviert. Kurfürstendamm 225, Tel. 030/8838551, www.astor-filmlounge.de.

Info

Hinkommen: U1/U9/M19/M46 und Busse 109/110/204/249/X10 Kurfürstendamm, U1/M19/M29 und Busse 109/110 Uhlandstraße, M19 und Busse 101/109/110/310/X10 Adenauer Platz. [B-C4]
Information: Tourist Info im Europacenter, Tauentzienstr. 9 (Erdgeschoss), Tel. 030/250025, Mo–Sa 10–20 Uhr.
Bühnen: Boulevard: Komödie und Theater am Kurfürstendamm, Kurfürstendamm 206, Tel. 030/8859110, www.komoedie-berlin.de/. Hochkarätig besetzte Stücke, u. a. mit Katharina Thalbach, Pierre Besson und Uwe Ochsenknecht. Wegen geplanter Umbaumaßnahmen des Kudammkarrees ist die Zukunft der Bühnen derzeit ungewiss.
Innovativ: Schaubühne am Lehniner Platz, Kurfürstendamm 153, Tel. 030/890023, www.schaubuehne.de.

Essen & Trinken: Café-Restaurant **Wintergarten**, Fasanenstr. 23, Tel. 030/8825414, tgl. 9–24 Uhr. Im gründerzeitlichen Literaturhaus mit Terrasse und Garten, ideal für eine Kaffeepause zwischendurch.
Balthazar, Kurfürstendamm 160, Tel. 030/89408477, www.balthazar-restaurant.de, tgl. 18–23 Uhr. Im Speiseraum der historischen Gründerzeitvilla werden wunderbare Gerichte serviert, z. B. Sashimi und Tatar vom Thunfisch mit Mango-Chili-Chutney. Eher teuer.
Mondo Pazzo, Schlüterstraße 52, Tel. 030/8851121, www.mondopazzo.de, tgl. 12–24, So ab 17 Uhr. Die „Verrückte Welt" bietet authentische italienische Küche in gediegenlegerer Atmosphäre. Zum Versinken sind die Fedelini mit Trüffeln und Steinpilzen.

7 Zentrum der City West: Wasserklops, Hohler Zahn und ein Gürteltier

Der Berliner hat ein Faible für liebevoll-respektlose Spitznamen. So heißt der Weltkugelbrunnen im Volksmund einfach „Wasserklops". Zu finden ist er auf dem Breitscheidplatz, zwischen Europacenter und Gedächtniskirche. Hier, am Schnittpunkt der großen Einkaufsboulevards, liegt das Zentrum der westlichen Berliner Innenstadt. Straßenkünstler und Akrobaten zeigen ihr Können, gelegentlich auch Taschendiebe …! Das Europacenter wurde Im Inneren gibt es u. a. zwei ungewöhnliche Chronometer zu sehen: Die flüssigkeitsgefüllte „Uhr der Fließenden Zeit" erstreckt sich über drei Stockwerke, die „Mengenlehrenuhr"(eigentlich: „Berlin-Uhr") macht die Uhrzeit mit bunten Lichtern sichtbar.

Die 1895 geweihte **Kaiser-Wilhelm-Gedächtniskirche** erinnert heute weniger an den ersten deutschen Kaiser, sondern mahnt zu Frieden und Versöhnung. Im November 1943 zerstört, sollte sie später zum Wahrzeichen Westberlins werden. Das Ensemble besteht aus der Turmruine (dem „Hohlen Zahn") sowie dem Glockenturm und dem Gemeindesaal („Lippenstift und Puderdose") von Egon Eiermann aus den 1950er/60er-Jahren. Die blauen Glaswände tauchen das achteckige Kirchenschiff in ein meditatives Licht und erzeugen eine Oase der Ruhe und Besinnung mitten im quirligen Großstadttrubel. Die Gedenkhalle in der Turmruine zeigt Fotos und Überreste der alten Kirche (tgl. 9–19 Uhr).

Bei seiner Gründung 1844 lag der **Zoologische Garten** noch weit vor der Stadt. Den Grundstock des ältesten Zoos Deutschlands bildete die Königliche Menagerie auf der Pfaueninsel. Heute ist der Berliner Zoo mit über 18.600 Tieren aus 1.400 Arten einer der größten und artenreichsten der Welt. Am Eisbärengehege erinnert seit 2012 eine Bronzeskulptur an den hier aufgezogenen und gestorbenen Publikumsliebling Knut. Am **Elefantentor** in der Budapester Straße befindet sich auch das große **Zoo-Aquarium** – Highlights sind die Krokodilhalle und das Haibecken.

Der **Bahnhof Zoologischer Garten** war nach dem Mauerbau der einzige Fernbahnhof Westberlins und schmuddelig-bizarrer Endpunkt der Transitzüge aus dem alten Bundesgebiet. Die Geschichte der Christiane F. „Wir Kinder vom Bahnhof Zoo" führte vollends zu trauriger Berühmtheit. Der Fall der Mauer und die Totalrenovierung verwandelten den Bahnhof schlagartig, während die **neue Skyline** der City West vom einstigen Schmuddel-Image der Zoo-Gegend kaum etwas übrig ließ. Markantester Blickpunkt ist das 32-geschossige **Zoofenster**, in dem sich seit 2012 das Luxushotel Waldorf-Astoria befindet. Nach dem aufwendigen Umbau des sog. **Bikinihauses** auf der Nordseite des

Mahnmal für den Frieden: die Gedächtniskirche

Breitscheidplatzes hat sich aus dem Kokon der Bauzäune ein „Lifestyle"-Einkaufsstempel geschält, von dessen Terrassen sich ein herrlicher Blick auf Zoo und Tiergarten ergibt.

Die 4 km lange Kantstraße führt direkt auf die Gedächtniskirche zu. Hinter der Stadtbahnbrücke erreicht man das **Theater des Westens**. Die „Zuckerdose" ist eine üppige Mischung aus Jugendstil und Neobarock. 1896 als Bühne der leichten Muse eröffnet, werden hier heute die großen Musicals präsentiert. Gegenüber erhebt sich das Bürohochhaus Kant-Dreieck mit dem Windsegel, welches sich ab Windstärke drei in Bewegung setzt. Daneben befindet sich im Gebäude des Delphi-Filmpalast der legendäre Musikclub Quasimodo. Die (Jazz-)Konzerte beginnen meist ab 22 Uhr, auf der Terrasse des gleichnamigen Cafés kann man sich tagsüber sitzen. Dahinter ragt auf der Fasanenstraße das Ludwig-Erhard-Haus auf, Sitz der Industrie- und Handelskammer sowie der Wertpapierbörse. Seine spektakuläre Architektur mit 15 Stahlbögen führte zur Bezeichnung „Gürteltier".

(md)

Statue am Weltkugelbrunnen

Toller Fotospot!

An der Kreuzung Kurfürstendamm/Schlüterstraße steht ein fotogener bunter „Buddybär", davor ein überdimensionierter Bilderrahmen. Kann es eine bessere Location geben, um dem Besucher den rechten Rahmen zu geben?

Info

Hinkommen: U1/U2/U9 Zoologischer Garten, Bus: u. a. 100, 200. [C4]

Besichtigung: Zoologischer Garten, Tel. 030/254010, www.zoo-berlin.de, tgl. 9 Uhr. Tagesticket 14,50 €, Kinder 4–15 Jahre 7,50 €, mit Aquarium 14,50/10 €.
Museum für Fotografie, Helmut-Newton-Stiftung, Jebensstraße 2, Tel. 030/31864856, www.helmut-newton.de, Di–So 11–19 Uhr (Do bis 20 Uhr).
C/O-Berlin, glanzvolle Fotogalerie im ehem. Amerika-Haus, Hardenbergstr. 22–24, Tel. 030/284441662, www.co-berlin.info, tgl. 11–20 Uhr.

Essen & Trinken: Rund um den Savignyplatz liegen eine Reihe gemütlicher und guter Restaurants. Ein berühmtes Promi-Restaurant ist die **Paris Bar**, Kantstr. 152, Tel. 030/3138052, www.parisbar.de, tgl. 12–1 Uhr. Früher der Insidertreff für Künstler des „alten Westens", ist es heute ruhiger geworden – aber nach wie vor ein Klassiker! Das Lokal spiegelt Pariser Charme wider, mit langer Holztheke und unzähligen Bilder von Prominenten. Das Essen: eher hochpreisig, gute Steaks.
Heising, Rankestr. 32, Tel. 030/2133952, www.restaurant-heising.de, tgl. ab 19 Uhr (nur Barzahlung). Ein Restaurant vom alten Schlag: von außen eher unauffällig, innen fast museale, etwas verlebte Pracht, plüschig, mit üppigen Rosensträußen dekoriert. Feine französische Küche (nur Menüs, 3 Gänge 48 €, 4 Gänge 56 €), kleine Weinauswahl. Persönliche Atmosphäre.
Kabarett: Stachelschweine im Europacenter, s. S. 142.
Jazz: Quasimodo, Kantstr. 12a, Tel. 030/31804560, www.quasimodo.de (Juli–August Sommerpause).
Wellness: Thermen am Europacenter mit großer Saunalandschaft über den Dächern von Berlin, (Nürnbergerstr. 7, Tel. 030/2575760, www.thermen-berlin.de).

Chamissokiez und Bergmannstraße: Gründerzeitviertel und Kreuzberger Flaniermeile

Wenn man sich die Autos wegdenkt, wähnt man sich im Berlin von vor 120 Jahren. Die Kopfsteinpflaster, die Gaslaternen, die historischen Wasserpumpen und die Stuckfassaden – die Straßenzüge rund um den **Chamissoplatz** in Kreuzberg bilden ein getreues Abbild der preußisch-kaiserlichen Zeit. Im Unterschied zu heute herrschten hinter den üppigen Stuckdekorationen damals katastrophale soziale Verhältnisse. Nach vorne wohnten die gehobenen Stände, je weiter hinten, desto armseliger. Die im Krieg unversehrt gebliebene Gegend sollte vollständig abgerissen werden, bevor sie nach den Haus-

Typische Kreuzberger Architektur, vorbildlich saniert

besetzungen in den 1980er-Jahren mustergültig saniert wurde. Ebenfalls original und vorbildlich restauriert ist das gusseiserne Pissoir, wegen seiner Form „Café Achteck" genannt. Heute gilt der Chamissoplatz als einer der schönsten Plätze Berlins und steht vollständig unter Denkmalschutz. Während die Kinder auf dem von Bäumen eingefassten Spielplatz in der Platzmitte herumtollen, verkosten die Erwachsenen Biowein auf dem Wochenmarkt direkt daneben. Der 1994 von den Anwohnern ins Leben gerufene **Ökomarkt** findet samstags 9–15 Uhr statt (www.oekomarkt-chamissoplatz.de). Sichtbares Wahrzeichen des Chamissokiezes ist der 45 Meter hohe Wasserturm an der Ecke Fidicinstraße/Kopischstraße. Das malerische Backsteinensemble mit Turm und Anbauten ist heute ein Jugend- und Kulturzentrum.

Während Arndt-, Friesen- und Willibald-Alexis-Straße als beliebte Drehorte für Fernseh- und Kinofilme dienen, wurde im realen Leben die Schenkendorfstraße 7 zum Schauplatz eines spektakulären Verbrechens: Im Februar 1975 entführten Terroristen der „Bewegung 2. Juni" den CDU-Politiker Peter Lorenz und hielten ihn fast sechs Tage in einem Kellerverschlag gefangen.

Einige Meter weiter trifft man auf die Bergmannstraße. Sie ist nach der Großgrundbesitzerin Marie Luise Bergmann benannt und führt vom Mehringdamm bis zum Südstern. Die eigentliche Flaniermeile mit zahlreichen Straßencafés, Restaurants und originellen Läden reicht bis zum Marheinekeplatz. Die früher kaum über ihre Grenzen hinaus bekannte Straße hat in den letzten 25 Jahren einen enormen Wandel vollzogen, von dem in Anbetracht der rasant steigenden Mietpreise nicht jeder Anwohner begeistert ist. Das Angebot der „alternativen" Einkaufsmeile reicht vom Trödler und Antiquitätenhändler über Platten-, Blumen- und Buchläden bis zu Designerläden. Beliebt sind die vegetarischen Gemüsepasteten und die gefüllten Blätterteigtaschen vom Knofi sowie die Auswahl im Weing'schäft.

Viele kleine Läden wie das Knofi laden zum Stöbern ein

Kaffee auf dem Friedhof

Weiter ostwärts auf dem ruhigen Teil der Bergmannstraße bietet das **Café Strauss** seit 2013 in der ehemaligen Aufbewahrungshalle köstlichen Kaffee und Kuchen – auf einem 170 Jahre alten Friedhof (Bergmannstr. 42, Di-Sa 9–20 Uhr, So 10–20 Uhr. www.cafestraussberlin.de).

Überhaupt findet man hier zu moderaten Preisen **kulinarische Köstlichkeiten** aus aller Welt. Zu empfehlen sind der Italiener Fratelli la Bionda oder die badisch-elsässische Küche im Matzbach (Marheineke Markthalle). Frühstücken lässt es sich gut im alteingesessenen Atlantic, und im Barcomi's werden Bagels und Kuchen im New Yorker Stil serviert. Sehr beliebt ist das gemütlich-heimelige Restaurant Z in der benachbarten Friesenstraße mit griechischer Küche.

Dem Engagement der Händler ist es zu verdanken, dass die im Krieg zerstörte **Marheineke Markthalle** (Markthalle XI) wieder aufgebaut wurde. Als eine der letzten erhaltenen Berliner Markthallen wurde sie 2007 komplett umgestaltet und der Nachfrage entsprechend auf Bio- und regionale Produkte umgestellt. Neben Biogemüse, Neuland-Fleisch, Biobrötchen, Biokäse und Naturkosmetik lassen sich die Köstlichkeiten zahlreicher Gourmetstände genießen. (md)

Hinkommen: Chamisso- und Bergmannkiez sind von drei U-Bahnhöfen umgeben: U6 Platz der Luftbrücke, U7 Gneisenaustraße, U6/U7 Mehringdamm. [E 5]
Marheineke Markthalle, Marheinekeplatz/Bergmannstraße, www.meine-markthalle.de, Mo-Fr 8–20 Uhr, Sa 8–18 Uhr.

Einkaufen: Kochhaus, Bergmannstr. 94, www.kochhaus.de, Mo-Sa 10–21 Uhr. „Das begehbare Rezeptbuch" – origineller Feinkostladen, in dem die Produkte nach Rezept sortiert sind.
In der Nähe:
50 Der Kreuzberg (S. 114)

9 Kreuzberger Multikultur: das Baumhaus an der Mauer

Berlin ist für skurrile Geschichten immer gut und dass es ein Baumhaus mitten in der Stadt gibt, wundert eigentlich nicht. Die Berliner Mauer führte einst am Bethaniendamm, wo jetzt das Baumhaus steht, nicht genau an der Staatsgrenze der DDR entlang. Es wurde beim Bau ein Stück ausgespart, sodass ein Teil der DDR hinter der Mauer im Westen lag.

Zwischen Schrebergarten, Schildbürgerstreich und Besetzung: das Baumhaus

Gegenüber lebt Osman Kalin, der sich Anfang der 1980er-Jahre des 350 m² großen ungenutzten Terrains annahm und dort zunächst einen **Gemüsegarten** für den Anbau von Tomaten, Zwiebeln, Kohl und Bohnen anlegte. Und da es hier im Sommer angenehmer und besser auszuhalten war als in der Wohnung, richtete er sich mit seiner Familie dauerhaft in seinem Gemüsegarten ein und baute um einen Baum herum eine einstöckige Laube mit Balustrade und Balkon in anatolischer Sorglos-Architektur.

Das Ganze erschien den DDR-Behörden durchaus suspekt, sie vermuteten nicht zuletzt, der Gemüsebauer grabe heimlich an einem Fluchttunnel; weshalb sich sogar das Zentralkomitee mit diesem Unikum beschäftigt haben soll. Osman beteuerte, er sei als armer anatolischer Bauer auf den Anbau und Verkauf von Zwiebeln angewiesen. Und erstaunlich nachsichtig behandelten die DDR-Oberen die nicht ganz rechtmäßige Nutzung ihres Landes. Fortan sahen die Ost-Berliner Grenzbehörden Osman als armen Wicht an, der unter den kapitalistischen Verhältnissen sicherlich zu leiden habe. Man ließ ihn also gewähren.

Die Westberliner Stadtväter ging das jahrelang nichts an, denn es handelte sich bei Osmans Grundstück um Staatsgebiet der DDR. Nach dem Mauerfall kümmerte sich das Baudezernat Friedrichshain-Kreuzberg auch nicht um das orientalische Panoptikum. Mittlerweile ist das Baumhaus eine der Hauptattraktionen in Kreuzberg. Man betrachtet Kalin bzw. seinen Sohn und die Enkel schon lange als festes Mitglied der Kreuzberger Stadtgemeinde. Auch der Pastor der nahegelegenen St. Thomas-Kirche sieht dem nachbarschaftlichen und stets friedlichen Treiben freundlich zu und versorgt zudem den Garten mit dem kirchlichen Wasseranschluss.

Multikulti in Kreuzberg

Bereits 1979 gab es in Berlin über 100.000 türkische Mitbürger und damit wurde West-Berlin die erste türkische Großstadt in Europa. Zuvor kamen Migranten vor allem aus Italien und Jugoslawien. Die Berliner Unternehmen wie AEG, Osram und Siemens – um nur die großen Namen zu nennen – brauchten vor allem geschickte Hände für Montagearbeiten. So kamen viele Ehepaare aus der Türkei nach Berlin, die preiswerte Wohnungen benötigten. In Kreuzberg wohnte die Arbeiterbevölkerung in alten Mietshäusern aus der Gründerzeit nahe der Grenze, oft in Hinterhöfen und ohne Bad, WC oder Zentralheizung. Um den Abzug aus Westberlin zu verhindern, „sanierte" man, indem alte Wohngebäude in Westberlin abgerissen und neue Wohnsilos hochgezogen wurden. Danach standen Altbauwohnungen vor allem in Kreuzberg leer. Hierher zog es viele türkische Familien. Die Hausbesitzer nutzten die Gelegenheit, ihre Immobilie vermeintlich günstig an unwissende türkische Zuwanderer zu vermieten. Später gesellten sich andere Immigranten, vor allem aus Asien, hinzu. Studenten nutzen ebenfalls die Chance, preiswert zu wohnen oder besetzten leerstehende Altbauten. Die „Multikulti"-Szene entwickelte sich und prägt heute das lebendige, farbige und etwas chaotische Bild dieses Stadtteils. (mi)

Zeugnis gelebter Multikultur

Tipp

Die soziokulturelle Geschichte des Bezirks Friedrichshain-Kreuzberg beleuchtet auf fünf Etagen das **FHXB Friedrichshain-Kreuzberg Museum**. Die Dauer- und Wechselausstellungen legen immer wieder ein besonderes Augenmerk auf das Thema Migration, das „Kreuzhain" und v. a. „X-Berg" in besonderem Maße geprägt hat.
Friedrichshain-Kreuzberg Museum, *Adalbertstraße 95A, Tel. 030/50585233, www.fhxb-museum.de, Di–So 10–19 Uhr, Eintritt frei.*

Info

Hinkommen: Kreuzberg, Ecke Bethaniendamm/Mariannenstr., an der Zufahrt zur Schillingbrücke, südliches Spree-Ufer, S5/S7/S75 Ostbahnhof, U8 Heinrich-Heine-Straße 140/147/165/265 Bethaniendamm. [F4]
Essen & Trinken: Türkenmarkt am Maybachufer, auf diesem quirligen Wochenmarkt gibt es türkisches und arabisches Essen auf die Hand (s. S. 274).
Hasir, Adalbertstr.10, Tel. 030/6142373, http://hasir.de, tgl. 24 Stunden geöffnet. In lebendiger Atmosphäre und im Sommer auf den Bürgersteig erweitert, genießt man die Vielseitigkeit der türkischen Küche. Das Lokal war so erfolgreich, dass man Hasir an mittlerweile sechs Standorten in Berlin findet, u. a. in Mitte (Oranienburger Str. 4).
Zur kleinen Markthalle, Legiendamm 32, Tel. 030/6142356, www.zur-kleinen-markthalle.de, tgl. ab 16 Uhr. Die knusprigsten Hähnchen der Stadt in einem urigen Klinkerbau, dazu Nürnberger Rostbratwürstchen, Schweinshaxe mit Sauerkraut, köstlicher Rote-Bete-Salat … und das alles zu moderaten Preisen.

Alt-Tegel: Dorfidylle, Badesee und „Dicke Marie"

Wenn man Tegel hört, denkt man zunächst an den Flughafen. Aber wer weiß, dass der Ort Alt-Tegel ein liebenswerter Kiez ist, wo sich kaum Touristen, dafür aber die Bewohner gern zum Plausch treffen? Und dass ganz in der Nähe die Brüder Wilhelm und Alexander von Humboldt aufwuchsen?

Hier erwarten den Besucher berlinerische Gaststätten, die vorwiegend an der Straße Alt-Tegel anzutreffen sind. Besonders einladend ist das **WEIL** (Alt-Tegel 6), ein gepflegtes Brauhaus mit lokaler Speisekarte (Hackepeterbrett mit Zwiebeln und Spreewälder Gurken oder Kalbsleber Berliner Art). Im Sommer kann man draußen sitzen und die Flaneure beobachten. Die Straße weiter entlang reihen sich kleine Geschäfte und Eisdielen aneinander. Der Weg hinunter zum Tegeler See (ca. 1 km von der U-Bahn Station Alt-Tegel entfernt) führt an einer fast ländlich anmutenden Ruhezone und an der 1911/12 erbauten Dorfkirche vorbei. Bereits im Mittelalter war an dieser Stelle die erste Kirche errichtet worden.

Hat man das Ufer des Tegeler Sees erreicht, empfängt den Besucher im Sommer eine fast mediterran anmutende Atmosphäre. Markant ist die **Greenwichpromenade**, die unter schattigen Bäumen parallel zum Ufer verläuft und zu einem längeren Spaziergang einlädt. Hier legen viele **Ausflugsschiffe** an, die unter anderem Touren ins Herz Berlins (Nähe Bundeskanzleramt) und die Havel (Heiligensee) entlang machen (ab/bis Tegel je ca. 2 Std., Infos u. a. unter www.sternundkreis.de).

Idylle in Alt-Tegel

Alt-Tegel

Der Tegeler See – ein Teil der Havel – ist nach dem Müggelsee der zweitgrößte Binnensee Berlins. Mit seinem klaren Wasser ist er für Sportler und Badende ein sommerlicher Magnet. Ein klassisches städtisches Erholungsgebiet, umgeben von dichten Wäldern. Badegelegenheiten findet man, wenn man dem Seeufer von Alt-Tegel aus nach rechts folgt und die rote „Sechserbrücke" überquert. Bevor es ins Wasser geht, kann man hier aber auch ein wahres Naturdenkmal sehen: den wohl ältesten Baum Berlins. Folgt man ab der Brücke dem Pfad zum Schwarzen Weg, zweigt nach ca. 800 m ein Stichweg nach rechts zur **Dicken Marie** ab. Die stämmige Eiche mit etwa zwei Metern Durchmesser soll über 900 Jahre alt sein und wurde von den Humboldt-Brüdern nach ihrer Hausköchin benannt.

Der Schiffsanleger an der Greenwichpromenade, wo die Fahrten zum Wannsee, an die Havel und nach Berlin Mitte starten

Kurz hinter dem Abzweig trifft man auf den Schwarzen Weg. Hier geht es nach links und nach ca. 1,5 km ist die **Badestelle am Forsthaus** (mit DLRG-Rettungsstation) erreicht. Auf der Halbinsel gegenüber werden Diplomaten ausgebildet: Hier befindet sich die Akademie Auswärtiger Dienst mit der Borsig-Villa Reiherwerder als prominentestem Gebäude. Das **Tegeler Strandbad** erreicht man, indem man dem Schwarzen Weg weiter folgt (ca. 15 Minuten). Wegen ausstehender Sanierungsarbeiten läuft es seit einiger Zeit nur im „Notbetrieb", die Zukunft ist noch immer ungewiss. (mi)

Info

Hinkommen: S25 Tegel, U6 Endstation Alt-Tegel
Information: www.berlin.de/ba-reinickendorf/.
Baden: Strandbad Tegel, Schwarzer Weg 21, Tel. 030/22190011, www.berlinerbaeder.de, www.strandbad-tegel.de, Juli–Sept. tgl. 10–18 Uhr, 5,50 €.
Essen und Trinken: Fisherman's Restaurant, Eisenhammerweg 20, Tel. 030/43746470, www.fishermans-berlin.de, tgl. 12–22 (im Winter 21) Uhr. Ein Highlight für Fischfreunde, direkt an der Greenwichpromenade gelegen. Freundlicher Restaurantbereich, große Terrasse mit Blick aufs Wasser, freundliche Bedienung. Gut ist z. B. Fisherman's Filetteller mit Lachs, Kabeljau und Zander auf Rahmwirsing.
Rüan Thai, Brunowstr. 8, Tel. 030/ 8542137, www.thai-tegel.de, So–Fr 12–23, Sa 13–23 Uhr. Eine Oase der thailändischen Küche: authentisches, frisch zubereitetes Essen ohne Geschmacksverstärker. Auf den Tisch kommen die beliebten Thai-Kombinationen (Vegetarisches, Fisch oder Fleisch). Eher preiswert. Für uns eines der besten Thai-Restaurants Berlins.

In der Nähe:
[91] Schloss Tegel (S. 204),
[2] Tegeler Fließ (S. 232)

Spandauer Zitadelle: Renaissance-Festung am Rande Berlins

Die Spandauer Zitadelle ist vollständig von Wasser umgeben. Kurfürst Joachim II. ließ die wehrhafte Festung im 16. Jh. zum Schutz seiner Bürger und Bediensteten im Stil der Renaissance mit vier Bastionen an jeder Ecke errichten. Bereits vorher gab es am Zusammenfluss von Spree und Havel eine Burg. So entstand schon um 1200 der dicke **Juliusturm**, heute der älteste Bau Berlins. Wer genau hinsieht, stellt eine leichte Neigung fest, die der Architekt Schinkel mit einem erhöhten Zinnenkranz auf der Westseite

Eingang zur Zitadelle

1838 optisch auszugleichen versuchte. Der 30 m hohe Turm ermöglicht nach 145 Stufen einen wunderbaren Blick über Spandau und die Havel. Von hier aus ließ Joachim II. 1576 den Kirchturm von St. Nikolai beschießen – aus Ärger über dessen Höhe. Mit seinen 3 m dicken Mauern diente er auch als dunkles Verlies und der Einlagerung des Kriegsschatzes von 120 Mio. Goldmark nach dem Deutsch-Französischen Krieg 1870/71.

Über die Zugbrücke und durch das Torhaus mit dem Brandenburger Wappen gelangt man in den Innenhof der imposanten Anlage. Gleich rechts steht auf dem Sockel Markgraf Albrecht der Bär, der im 12. Jh. das Havelland erobert und 1157 die Mark Brandenburg gegründet hat.

Der **Palas** wurde im 15. Jh. im Renaissancestil umgestaltet. Sein Gotischer Saal ist heute ein beliebter Ort für Konzerte. Weiter links im heutigen **Atelierhaus** mit Werkstätten und Ateliers hatten die Nazis 1935 ein Heereslabor eingerichtet und mit Ner-

Spandauer Zitadelle | 33

vengasen für den Kampfeinsatz experimentiert. Verschiedene Museen auf dem Gelände wie das Stadtgeschichtliche Museum im ehemaligen Zeughaus oder die vier Bastionen zeigen die Geschichte Spandaus und der Zitadelle. Im historischen Gewölbe der Bastion König gleich am Haupteingang serviert die Zitadellenschänke rustikale Gerichte von Kesselsuppe bis Spießbraten. Im Innenhof finden jährlich viele Open-Air-Konzerte, Festivals oder beliebte Burgfeste statt, während die Gewölbe im Winter als großes Fledermausquartier dienen. (mi/md)

Die Altstadt von Spandau

Die Altstadt von Spandau liegt auf der anderen Havelseite der Zitadelleninsel. Von der historischen Substanz der schon 1232 erwähnten Ansiedlung ist nicht viel übrig geblieben. Aufgrund des Festungszwangs konnte sich die Stadt nicht ins Land ausdehnen. Im 19. Jh. siedelte sich hier die Rüstungsindustrie an. Um die Stadtfinanzen war es deshalb schlecht bestellt: Die Rüstungsfabriken mussten keine Gewerbesteuer zahlen. Gegen Ende des Zweiten Weltkriegs wurde Spandau heftig bombardiert und die Altstadt fast gänzlich zerstört. Übrig blieb das alte Siedlungsmuster mit engen Straßen und Gässchen, die heute zum großen Teil Fußgängerzonen sind.

Spandauer Altstadt

Folgt man von der Zitadelle aus gesehen der Straße Am Juliusturm, überquert man auf der Juliusturmbrücke die Havel. Rechts liegen die Viertel **Kolk** und **Behnitz**, der älteste Siedlungskern von Spandau. Tatsächlich vermeint man zwischen den windschiefen Häusern einen Hauch von Mittelalter zu spüren. Eingeklemmt zwischen Mühlengraben und der hoch aufragenden Stadtmauer aus dem 14. Jh. steht das ehemalige Spritzenhaus, in dem lange das Restaurant Kolk untergebracht war.

Auf der anderen Seite der Straße Am Juliusturm liegt das Zentrum der Altstadt, das von der gotischen Kirche **St. Nikolai** dominiert wird. Die Touristen-Information liegt in der nahen Breite Straße 32, im ältesten Gebäude der Stadt, dem Gotischen Haus.

Hinkommen: U7 und Bus X 33 Zitadelle oder Altstadt Spandau; 134, 136, 236, 671, M45 Wröhmännerpark.
Information: Zitadelle Spandau, Am Juliusturm 87, Tel. 030/3549440, www.zitadelle-berlin.de, Mo–So 10–17 Uhr, 4,50 €.

Essen & Trinken: Zitadellenschänke in der Zitadelle, Tel. 030/3342106, www.zitadellenschaenke.de, Di–Fr 16–24 Uhr, Sa 11–24 Uhr, So 10–16 Uhr, Mo Ruhetag. Im Restaurant werden rustikale saisonale Gerichte nach „historischen" Rezepten serviert. Im Sommer Biergarten.

Info

12 Köpenick: nicht nur des Hauptmanns wegen!

Wenn man „Köpenick" sagt, dann erinnert sich mancher schmunzelnd an den „Hauptmann von Köpenick" und das gleichnamige satirische Theaterstück von Carl Zuckmayer.

Friedrich Wilhelm Voigt

(1849–1922) war der berühmte „Hauptmann von Köpenick", der das preußische Militär lächerlich machte. Voigt wurde mit 14 Jahren das erste Mal wegen Diebstahls verhaftet, danach folgten viele weitere Delikte; insgesamt saß er 29 Jahre wegen Diebstahls im Gefängnis. Eine Woche vor seinem größten Coup sammelte sich Voigt bei Trödlern die preußische Uniform eines Hauptmanns zusammen. In dieser Uniform hielt er am 16.10.1906 zwei Soldatentrupps an, schickte die Offiziere fort und unterstellte die verbleibenden zehn Männer unter Berufung auf „allerhöchsten Befehl" sich selbst. Mit „seinen" Soldaten fuhr Voigt nach Köpenick, drang ins Rathaus ein und verhaftete den Bürgermeister und andere Politiker. Er beschlagnahmte die Stadtkasse, die genau 3557,45 Mark enthielt. Nach diesem Coup wurde er verhaftet, jedoch wenig später durch den Kaiser höchstpersönlich begnadigt.

Den historischen Schauplatz bildete das **Rathaus Köpenick** (Alt-Köpenick 21). Das 1901–1904 erbaute Gebäude mit seiner roten, neugotischen Ziegelstein-Fassade und dem 54 Meter hohen Turm ist auch heute noch sehenswert. Schon am Eingang grüßt seit 1996 die Hauptmanns-Statue und liefert ein beliebtes Fotomotiv. Innen überrascht das Rathaus durch ein imposantes Treppenhaus sowie sehenswerte Jugendstil-Fenster im Kellergeschoss. Die Entwicklung vom Schuster Voigt zum Hauptmann von Köpenick dokumentiert eine ständige Ausstellung. Amüsant ist der Aufzug der Köpenicker HauptmannGarde mittwochs und samstags um 11 Uhr vor dem Eingang (im Winter teils abweichend).

Das Rathaus liegt im Bezirk Treptow-Köpenick, dem flächenmäßig größten Stadtteil Berlins. Besonders schön ist die

Schloss Köpenick

Uferpromenade an der Dahme, einem Nebenfluss der Spree. Hier legen Ausflugsdampfer ab, die u. a. zum Müggelsee schippern oder Rundfahrten um den Altstadt-Bereich anbieten. Lust auf mehr Romantik? Dann folgt man der Straße vor dem Rathaus von diesem aus gesehen nach rechts, dann links in die Müggelheimer Str., dann rechts in den Fischerkietz: Hier gibt es hübsch restaurierte Häuser zu bewundern. Man fühlt sich in vergangene Zeiten versetzt, als die Bewohner von den natürlichen Gaben aus der Umgebung leben mussten.

Eine besondere Rolle spielt der sogenannte Frauentog („Frauenzug"), wie der Wasserarm zwischen Schlossinsel und Fischerkietz genannt wird. Nach dem Dreißigjährigen Krieg herrschte eine große Hungersnot, die Fischernetze in Dahme und Spree brachten kaum Erträge. Eine Fischerfrau träumte von Fischschwärmen am heutigen Frauentog, woraufhin die Frauen Netze auswarfen und mit einem legendären Fischfang belohnt wurden. Hier am Frauentog ist auch „Mutter Lustig", die Gründerin der Lohnwäscherei (1835), mit einem Denkmal verewigt.

Bei einem Spaziergang sollte man sich auch das **Schloss Köpenick** anschauen. Der 1677–1682 erbaute und aufwendig sanierte Barockbau sowie Park werden von drei Seiten von der Dahme umgeben. Im Schloss ist ein Teil des Kunstgewerbemuseums Berlin untergebracht. In 20 Räumen wird die Wohn- und Raumkultur der Renaissance, des Barock und des Rokoko gezeigt. (mi)

Der Hauptmann von Köpenick

Info

Hinkommen: S 3 Köpenick und S47 Spindlersfeld, M 27/61/62/63/67/68 und Bus 164 Schloßplatz Köpenick oder Rathaus Köpenick.
Information: Schloss Köpenick, Schlossinsel 1, Tel. 030/266424242, http://koepenick.net/schloss-koepenick.htm, www.smb.museum/kgm. April–Sept. Di–So 11–18, sonst Do–So 11–17 Uhr, 6 €.
Essen & Trinken: Restaurant und Bar **Luise**, Alt-Köpenick 20, gegenüber dem Rathaus, Tel. 030/64329777, www.luise-koepenick.de, Mo–Sa 11–22, So 9–22 Uhr. Vor allem im Sommer überzeugt die schöne Lage im Luisenhain direkt am Wasser und an der Schiffsanlegestelle. Moderne Küche mit kreativen Gerichten, gute Weinkarte.
Schiffstouren werden ab dem Luisenhain an der Dahme angeboten, z. B. zum Müggelsee, Infos: www.berlin.de/tourismus/dampferfahrten.
In der Nähe: Müggelsee (S. 240) und Spree-Arche (S. 185).

13 Rixdorf: Böhmisches Dorf und ländliche Idylle – auch das ist Neukölln

Als 1899 dem mit 90.000 Einwohnern größten Dorf Preußens Stadtrechte verliehen wurden, eilte ihm bereits ein **schlechter Ruf** voraus. Aufgrund der elenden Wohnverhältnisse, der rohen Sitten und der wilden Raufereien der trink- und tanzfreudigen Arbeiterschaft galt Rixdorf als Ort, „in dem kein anständiger Mensch leben könne", wie Beamte des Königlichen Hauptsteueramts beklagten. Um einen Imagewechsel herbeizuführen, änderten die Behörden 1912 einfach den Stadtnamen in Neukölln, abgeleitet aus umliegenden Flurbezeichnungen. Heute kämpft der 170.000 Einwohner große Berliner Ortsteil weiterhin tapfer um die Verbesserung seines Images als Hochburg von Arbeitslosigkeit und multi-ethnischer Konflikte. Dem ängstlichen Besucher sei versichert, dass es in Neukölln keine No-go-Areas wie etwa in der Banlieue von Paris gibt.

Ein wahres Kleinod inmitten des Großstadttreibens ist der 1360 als Richardsdorp gegründete Dorfkern. Der Weg führt von der Karl-Marx-Straße zunächst auf den Karl-Marx-Platz, auf dem mittwochs und samstags ein beliebter Wochenmarkt stattfindet. Im Haus Nr. 9–11 fließt frühmorgens entsetzlich viel Blut. Der zum Ritter des Blutwurstordens geschlagene ehemalige Bankkaufmann Marcus Benser produziert in seiner „Blutwurstmanufaktur" täglich riesige Mengen Wurst und verschickt sie in alle Welt. Eingepresst zwischen zwei Hauswänden beginnt direkt gegenüber bei der Nr. 10 der bis heute genutzte **Böhmische Gottesacker**. Die ältesten Grabsteine des 1751 angelegten Friedhofs sind auf Tschechisch, später zweisprachig und ab 1820 auf Deutsch beschriftet. Nach der Ansiedlung der protestantischen Glaubensflüchtlinge existierten im 18. Jh. zwei Dörfer nebeneinander: Deutsch Rixdorf und Böhmisch Rixdorf.

Nach einer Straßenverengung öffnet sich hinter dem Karl-Marx-Platz der Richardplatz mit dem historischen Dorfanger von Deutsch Rixdorf. Gleich einer Zeitreise begegnet

Dorfidylle in Neukölln

man neben Gehöften und Bürgerhäusern in der Platzmitte der Rixdorfer Schmiede, die noch immer betrieben wird, und weiter hinten der kleinen mittelalterlichen Dorfkirche aus dem 15. Jh., die meist geöffnet ist.

Beim Richardplatz Nr. 3 gelangt man durch eine offen stehende, grüne Holztür endgültig in eine **verzauberte Welt** fernab von Berlin. Umgeben von Remisen und Ställen führt der Weg in einen Obstgarten und von dort aus links als kleiner Pfad durch die Öffnung einer Backsteinmauer. Damit hat man die Grenze nach **Böhmisch Rixdorf** überschritten und wird direkt vom Soldatenkönig begrüßt, für den die Böhmen als Dank für die Aufnahme in Preußen eine Statue aufstellten.

Noch heute existieren hier drei böhmische Gemeinden. Das ehemalige Schulgebäude von 1753 wird heute vom **Museum im Böhmischen Dorf** genutzt. Zwischen Richardstraße, Kirchgasse und Jan-Hus-Weg sind noch die böhmischen Gehöfte mit Kolonistenhäusern und Scheunen sowie zwei Gemeindehäuser zu sehen. Die Straßenbeschilderung dieses kulturhistorischen Phänomens ist zweisprachig. Wer den Knopf an der Richardstraße 35 findet, dem öffnet sich gelegentlich die Tür zu einem kleinen Paradies: Gärtnerisch sind im **Comenius-Garten** „philosophische Lebensstationen" versinnbildlicht.

Der ländliche Charakter der Richardstraße geht nun über in großstädtische Bebauung. Die Passage zwischen Richardstraße 12/13 und Karl-Marx-Straße 131 ist eine einmalige kulturelle Anlage mit Kino, der **Neuköllner Oper** und dem Café-Restaurant Hofperle. Einige Häuser weiter findet sich der historische Saalbau Neukölln mit dem engagierten Kiez-Theater **Heimathafen Neukölln**. (md)

Tipp

Essen am Richardsplatz

Restaurant **Villa Rixdorf** (Nr. 6) mit gemütlicher Gaststube, Sonnenterrasse und überdachtem Innenhof, Tel. 030/68086000, www.villa-rixdorf.com. Tgl. 10–1 Uhr. Der Österreicher **Louis** (Nr. 5) serviert das wohl größte Schnitzel Berlins mit einem Durchmesser bis 50 cm – inklusive Einpackservice, weil das kein normaler Mensch schafft, Tel. 030/6810210, www.cafe-restaurant-louis.de, tgl. 11–23 Uhr.

Einen Besuch wert: die Neuköllner Oper

Info

Hinkommen: U7 Karl-Marx-Straße.
Information: Böhmischer Gottesacker, unregelmäßig geöffnet, meist Mo–Fr vormittags sowie auf Nachfrage im Gemeindehaus, Karl-Marx-Str. 197, Tel. 030/56825733, www.evkg-rixdorf.de. **Rixdorfer Schmiede**, Richardplatz 28, Tel. 030/85078682 www.feine-klingen.de. **Museum im Böhmischen Dorf**, Tel. 030/6874880, http://museumimboehmischendorf.de, Do 14–17, 1. und 3. So im Monat 12–14 Uhr. **Comenius-Garten**, Tel. 030/6866106, www.comenius-garten.de. **Neuköllner Oper**, Tel. 030/6889070, http://neukoellneroper.de. **Heimathafen Neukölln**, Karl-Marx-Str. 141, Tel. 030/61101313, www.heimathafen-neukoelln.de.
Essen & Trinken: Ein wahres Juwel mit goldener Stuckdecke ist das **Café Rix**, ebenfalls im Saalbau, Karl-Marx-Straße 141, Tel. 030/6869020, www.caferix.de. Tgl. 10–24 Uhr.
In der Nähe:
46 Körnerpark (S. 106)

14 Ein Spaziergang durch das jüdische Berlin

Wichtige Orte des jüdischen Lebens in Berlin sind in Charlottenburg, Mitte und Prenzlauer Berg zu finden. Den besten Überblick erhält man auf einem Spaziergang durch die Spandauer Vorstadt in Berlins Mitte.

Ausgangspunkt ist die Karl-Liebknecht-Straße beim Fernsehturm. Gegenüber der Marienkirche zweigt man über einen kleinen Durchgang ab zur **Rosenstraße**. Eine rote Gedenk-Litfasssäule weist den Weg und beschreibt die Geschehnisse, die sich hier ab dem 27. Februar 1943 abspielten. Gestapo und SS-Truppen hatten die mit „arischen" Frauen verheirateten und zunächst „privilegierten" Juden aus ihren Arbeitsstätten geholt und sie im jüdischen Gemeindehaus in der Rosenstraße für die bevorstehende Deportation zusammengetrieben. Nach tagelangen und mutigen Protesten der Ehefrauen wurden tatsächlich die meisten der 2.000 dort festgehaltenen Männer freigelassen. Der Spaziergang führt direkt auf die Skulptur „Block der Frauen" von Ingeborg Hunzinger zu, welche an den erstaunlichen Ausgang dieser „Fabrikaktion" erinnert. Eine weitere Skulptur mit einer auf einer Bank sitzenden Person macht auf die Entrechtung jüdischer Bürger und ihren allmählichen Ausschluss aus dem öffentlichen Leben aufmerksam. So durften sie nur auf bestimmten Bänken sitzen. Hier stand einst die älteste Berliner Synagoge, worüber eine Tafel hinten auf der Grünfläche informiert.

Die Straße An der Spandauer Brücke unterquert das Stadtbahnviadukt und führt am Hackeschen Markt vorbei. Im noch unrenovierten Haus Rosenthaler Straße 39 (s. auch S. 17) versteckte der Bürstenfabrikant Otto Weidt blinde und gehörlose jüdische Angestellte vor der Deportation. Hier wurde das **Museum Blindenwerkstatt Otto Weidt** eingerichtet. Weitere beeindruckende Beispiele couragierten Handelns werden in der Gedenkstätte „Stille Helden" gezeigt. Im Hof findet sich auch das Anne Frank Zentrum mit einer Dauerausstellung.

Das Denkmal erinnert an den Protest der Frauen gegen die Festnahme ihrer jüdischen Ehemänner

Geht man die Rosenthaler Straße wieder ein Stück zurück, erreicht man die Oranienburger Straße und nach 250 Metern die Große Hamburger Straße. Hier befand sich der älteste jüdische Friedhof Berlins von 1672, der von den Nazis 1943 zerstört wurde. Auf der heutigen Parkanlage findet man den rekonstruierten Grabstein des jüdischen Philosophen und Aufklärers Moses Mendelssohn und die bronzene Skulptur „Jüdische Opfer des Faschismus" von Willi Lammert. Daneben befindet sich ein Gedenkstein, der an das jüdische Altenheim erinnert, das hier einst stand; die Nazis missbrauchten es als Sammellager und deportierten von hier 55.000 Juden in die Konzentrations- und Vernichtungslager. Der zweieinhalb Meter hohe Stahlzaun daneben wirkt martialisch, ist aber nicht mehr als eine Vorsichtsmaßnahme: dahinter liegt die Jüdische Oberschule, die derzeit von rund 450 jüdischen wie nicht-jüdischen Schülern besucht wird.

Die goldene Kuppel der Synagoge

Die abzweigende Krausnickstraße führt zu der **Neuen Synagoge** auf der Oranienburger Straße, deren vergoldete Kuppel über den Dächern der Spandauer Vorstadt schon von weit her sichtbar ist. Die im maurischen Stil erbaute Synagoge wurde 1866 eingeweiht, bot 3.000 Personen Platz und war das größte und prächtigste jüdische Gotteshaus in Deutschland. Als in den Novemberpogromen 1938 in ganz Deutschland die Synagogen brannten, trat der beherzte Polizist Wilhelm Krützfeld mit seinen Kollegen den zündelnden SA-Schergen entgegen und rief die Feuerwehr, die den Brand löschte. Allerdings fiel die gerettete Synagoge dem Krieg zum Opfer.

Die heute sichtbare Fassade und Kuppel sind in den 1990er-Jahren rekonstruiert worden, nicht jedoch der Gemeindesaal. Gebäude und Kuppel sind zugänglich. Das **Centrum Judaicum** zeigt die Geschichte des Hauses und die der jüdischen Gemeinde in Berlin. (md)

Hinkommen Start: Tram M4/M5/M6 und Bus 100/200 Spandauer Str./Marienkirche. [E2]
Hinkommen Ende: S1/S2/S25 Oranienburger Straße
Information: Centrum Judaicum, Oranienburgerstr. 28/30, Tel. 030/88028300, www.centrumjudaicum.de, So–Fr ab 10 Uhr, 5 €. Rosenthaler Str. 39: **Museum Blindenwerkstatt Otto Weidt**, Tel. 030/28599407, www.museum-blindenwerkstatt.de, kostenfreie Führung So 15 Uhr. **Gedenkstätte Stille Helden**, Tel. 030/27596865, www.gedenkstaette-stille-helden.de. Beide tgl. 10–20 Uhr, Eintritt frei.
Anne Frank Zentrum, Tel. 030/288865600, www.annefrank.de, Di–So 10–18 Uhr, 5 €.
Essen & Trinken: Das **Beth Café** bietet koschere Spezialitäten an. Es wird von der orthodoxen Adass-Jisroel-Gemeinde betrieben, ist also kein „kommerzielles" Kaffeehaus. Im Sommer kann man in einem hübschen Hof sitzen (Tucholskystraße 40, Mo–Do 11–17, Fr 11–16 Uhr, So auf Anfrage, Tel. 030/2813135, www.adassjisroel.de/bethcafe).

15 Flohmärkte: Stöbern auf interessanten Plätzen

Flohmarkt an der Straße des 17. Juni (15a)

Der „Original Berliner Trödel Markt" ist der älteste Flohmarkt der Stadt: Er existiert seit 1973, seit 1978 findet er am Ernst-Reuter-Haus direkt am S-Bahnhof Tiergarten statt. Klar unterteilt in einen typischen Trödel- und einen Kunstmarkt zieht er jedes Wochenende besonders viele Besucher an. Viele professionelle Händler bieten hier die übliche Flohmarktware, leider zu teils recht hohen Preisen, da der Markt von vielen Touristen besucht wird. Aber Handeln soll ja nicht verboten sein ... Gut ist die sehr große Auswahl. Der Kunstmarkt wird auch von vielen Berlinern gerne besucht.

Flohmarkt in Charlottenburg

Flohmarkt im Mauerpark (15b)

Auch auf diesem Flohmarkt hat die Zahl professioneller Händler zugenommen, dennoch wirkt er noch immer besonders lebendig und improvisiert. Als Teil des Kiezes in der Nähe des Prenzlauer Bergs ist er sehr lokal und familiär ausgerichtet. Man kennt sich hier und Touristen verirren sich eher selten in das ehemalige Gebiet an der Berliner Mauer. In den 1990er-Jahren legte man hier als Bindeglied zwischen dem Prenzlauer Berg und dem Wedding über dem ehemaligen Todesstreifen eine weite Grünfläche an. Inmitten einer dichten Stadtbebauung liegt jetzt eine kleine Oase, die gerne für Freizeit und Events genutzt wird. Auf dem Markt ist das Preisniveau niedrig, das Angebot kunterbunt und man zwängt sich in engen Gängen zwischen den Ständen zum Ziel seiner nicht definierten Wünsche ... Zwischendurch kann man seinen Hunger und Durst mit allerlei ausgefallenen Köstlichkeiten stillen.

Und wer von all dem genug hat: In Reichweite liegt die bunte Restaurantszene des Prenzlauer Bergs. Oder man verbindet den Flohmarktbummel mit einem Besuch der Gedenkstätte an der Berliner Mauer.

Flohmarkt am Boxhagener Platz (15c)

Ein besonders alternativer, szeniger Flohmarkt, an dem sich die Geister scheiden: Vielleicht ist er Berlins interessantester Markt, da man hier wirklich Individualisten, aber auch zunehmend professionelle Anbieter jeder Couleur antrifft. Die Angebote sind für sich schon spannend: selbst designter Schmuck und Mode, Bücher, verschiedenste Tonträger, Nippes zwischen Ostalgie und Nostalgie ... und das alles zu teils wirklich günstigen Preisen.

Der Boxhagener Platz, den die Berliner meist nur den „Boxi" nennen, wurde um 1900 angelegt und ist eine grüne Oase zum Erholen. Samstags findet hier ein Wochenmarkt statt, an marktfreien Tagen dient er als Kinderspielplatz und Treffpunkt der sehr unterschiedlichen Bevölkerungsgruppen. (mi)

Flohmarkt am Mauerpark

Karaoke im Mauerpark

Neben dem Flohmarktgelände liegt der eigentliche Mauerpark. Hier im Amphitheater gibt es (trockenes Wetter vorausgesetzt) das berühmte **sonntägliche Karaoke** – ab ca. 15 Uhr darf sich jeder vor den meist zahlreichen Zuschauern als Sänger versuchen.
www.bearpitkaraoke.com und www.facebook.com/bearpitkaraoke.

Flohmarkt an der Straße des 17. Juni, Sa/So 10–17 Uhr. www.berlinertroedelmarkt.com. **Hinkommen:** U2 Ernst-Reuter-Platz, U9 Hansaplatz S5/S9/S75 Tiergarten. Für Autofahrer: viele Parkplätze in der Nähe. [C3] **Brunchtipp:** Restaurant Schiff **Capt'n Schillow** (S. 184).

Flohmarkt im Mauerpark, So 9–18 Uhr, www.flohmarktimmauerpark.de. **Hinkommen:** U2 Eberswalder Straße, U8 Bernauerstr., M10 Wollinerstr. [E1] **Brunchtipp:** viele Möglichkeiten entlang der Kastanienallee, der Oderberger Straße oder bei **Anna Blume** an der Kollwitzstraße (S. 42).

Flohmarkt am Boxhagener Platz, So 10–18 Uhr. **Hinkommen:** M10 Grünbergerstr./Warschauerstr., M 21 Wismarplatz, Bus 240 Boxhagener Platz, für Autofahrer kaum Parkplätze. **Brunchtipp:** die **EM Bar**, Gabriel-Max-Str. 17, Tel. 030/29003929. Szenetreff mit guten, vielseitigen türkischen Gerichten in netter Atmosphäre, preiswert. Reservierung am Sonntag empfohlen.

16 Anna Blume: eine kulinarische und floristische Oase

Wer im Szene-Viertel um den Kollwitzplatz am Prenzlauer Berg herum unterwegs ist, kann auf Schritt und Tritt etwas Neues entdecken. Es ist die rechte Gegend zum Gucken und Verweilen zwischen Geschäften mit Dingen, die man zum Leben vielleicht nicht unbedingt braucht und Restaurants mit italienischer, österreicherischer oder vietnamesischer Küche. Und da gibt es Anna Blume, 2005 gegründet und längst eine Institution. Geboten werden kulinarische Spezialitäten und floristische Kunstwerke. Der Name Anna Blume geht auf das Gedicht „An Anna Blume" des Dada-Künstlers Kurt Schwitters zurück das mit folgenden schönen Zeilen beginnt: „O du, Geliebte meiner siebenundzwanzig Sinne, ich / liebe dir! – Du deiner dich dir, ich dir, du mir. / – Wir? / Das gehört beiläufig nicht hierher!"

Im „floristischen Teil" des Cafés werden sowohl die Augen als auch die Nase von den Schönheiten der Natur umworben. Bevor man sich dem gastronomischen Teil nähert, kann man zunächst einmal die herrlichen Blumen und Gebinde bewundern. Im angegliederten Café-Restaurant fühlt man sich auf Anhieb wohl. An der zentralen Kuchentheke wird man als Gourmet beim Anblick der Meisterwerke der Konditorenzunft vor die schwierige Entscheidung gestellt, was man wohl zuerst genießen sollte … Doch das Café-Restaurant bietet nicht nur Süßes. Zum Frühstück, das sich am Prenzlauer Berg bis in den Nachmittag hinziehen mag, soll „Anna Blumes Frühstücksetagere" für 2–4 Personen hervorgehoben werden. Sie bietet – angefangen bei Früchten, Marmeladen, Schinken, Käse und Eiern – so ziemlich alles, was einen Tagesbeginn paradiesisch werden lassen kann. Ein Gaumen- und Augenschmaus zugleich!

Das sehr ansprechende Frühstück wird auf der Terrasse serviert

Anna Blumes Blumenarrangements

Um die Mittagszeit wird eine leichte, sehr geschmackvolle Küche serviert, die sich am saisonalen Angebot orientiert. Salate verschiedenster Art, Quiches und Crêpes mit vielfältigen Füllungen und wenige, aber ausgesuchte Weine lassen das Genießerherz höher schlagen. Und abends werden leichte und traditionelle Gerichte serviert. Lassen es die Temperaturen und die Jahreszeit zu, lädt die weiträumige Straßenterrasse zum Verweilen ein. Hier kann man in seiner Zeitung blättern oder einfach dem Treiben zuschauen. In der Zwischenzeit – nicht vergessen – kann man sich drinnen einen wunderschönen Blumenstrauß stecken lassen. (mi)

Der Bücherbaum vom Prenzlauer Berg

An der Ecke Kollwitzstraße/Sredzkistraße – nahe dem Cafe Anna Blume – stehen fünf Baumstämme, die kreisförmig angeordnet sind. In diesen Stämmen befinden sich Aushöhlungen, die, geschützt durch Kunststoffklappen, als kleine Bücherregale dienen. Die Idee: Man kann sich bei Gefallen ein Buch einfach mitnehmen. Erwünscht ist aber, dass man im Gegenzug ein anderes hineinstellt. Das Ganze nennt sich „Bookcrossing" (übrigens eine weltweite Initiative) und ist eine pfiffige Idee des informellen Büchertausches. www.bookcrossing.de.

Hinkommen: U2 Senefelderplatz oder Eberswalder Str., M10 Husemannstraße, M2/M10 Prenzlauer Allee/Danzigerstr. [F1]
Information: Anna Blume, Kulinarische und Floristische Spezialitäten, Kollwitzstraße 83, Café Tel. 030/44048749, Blumenladen Tel. 030/40500400, www.cafe-anna-blume.de, tgl. 8–22 Uhr, wechselnde Karte.
In der Nähe:
48 Kollwitzplatz (S. 110)

Clärchens Ballhaus: 100 Jahre Party

Während in Berlin Szeneclubs praktisch wöchentlich öffnen und wieder schließen ist das Ballhaus eine Institution: Generationen kamen und kommen zum Schwofen hierher, so manch einer fand die große Liebe, andere zumindest einen Tanzpartner.

Eine wirklich „schräge" Location, die neugierig macht. Hier treffen alle Altersgruppen aufeinander, die Mischung ist perfekt, und je nach Wochentag, Tages- und Nachtzeit wird entsprechende Tanzmusik angeboten – ob Salsa, Walzer oder Tango; Freitag und Samstag geht es moderner zu. Meist beginnt ein Abend mit eher „klassischer" Tanzmusik, danach Partymusik. Das älteste Tanzlokal Berlins ist nach einer wechselhaften Geschichte wieder so lebendig wie eh und je.

Vor über 100 Jahren – genau 1913 – wurde das Ballhaus von Fritz Bühler und seiner Frau Clara eröffnet. Hier ging schon Heinrich Zille ein und aus! Das verwegene Äußere wurde nach dem Bombenhagel in Berlin nur sparsam restauriert. Im Zweiten Weltkrieg wurde das Vorderhaus vollkommen zerstört und nie wieder errichtet. Hier kann man heute bei gutem Wetter draußen im Biergarten sitzen, das Essen genießen und die Menschen beobachten, die laufend eintrudeln: Ein bunt gemischtes Publikum, Touristen aus aller Welt, Junge aus Mitte, Alte von überall … hier pulsiert das bunte Leben.

Das Ambiente innen ist eine Mischung aus Vorkriegszeit und DDR: Holzvertäfelung an den Wänden, die Tanzfläche aus Parkett, Gardinen aus Großmutters Zeiten. Abends strömen die Menschen nach und nach auf die Tanzfläche – die Stimmung steigt von Stunde zu Stunde. Besonders am Freitagabend geht's heiß her.

Biergarten im Hof

Nach dem Tod ihres Mannes führte „Clärchen" die Geschäfte weiter; 1932 heiratete sie Arthur Habermann und nahm seinen Nachnamen an. Ab 1967 führte Habermanns Tochter Elfriede Wolff die Ur-Berliner Institution durch die DDR-Zeiten, später übernahm ihr Sohn Stefan die Leitung. Nach den Gräueln des Kriegs und in den Jahren des real existierenden Sozialismus sehnten sich die Menschen besonders nach Ausgelassenheit und guter Stimmung. Und das war hier damals wie heute garantiert!

Nach der Wende wurde das Ballhaus Clara Habermanns leiblicher Tochter übertragen und 2003 verkauft. Es folgte eine vorsichtige Renovierung, vor allem der Spiegelsaal wurde wieder nutzbar gemacht. Seitdem weht ein frischer Wind durch das Haus, denn den Betreibern gelang es, auch jüngeres Publikum anzuziehen.

Unikate gab und gibt es hier genug. Am Eingang begrüßt – oft mit typisch flachsigen Bemerkungen – der Garderobier Günter Schmidtke, seit 1967 hier tätig und in den hohen Siebzigern. Einen weisen Spruch von Günter gibt es hier gratis: „Passt auf, verliebt Euch nicht in jeden – sind alles Gauner, Hochstapler und Betrüger". (mi)

Generationenübergreifendes Tanzvergnügen

Hinkommen: U8/M1/M8 Rosenthaler Platz oder U8/M1/M5 Weinmeisterstraße, S1/S2/S25/M1/M5 Oranienburgerstr., S5/S7/S75 Hackescher Markt [E2]
Information: Clärchens Ballhaus, Auguststr. 24, Tel. 030/2829295, www.ballhaus.de, tgl. ab 11 Uhr bis open end. Tanzabende Mo–Do ab 21 Uhr und So 15–19 Uhr, Eintritt frei, Fr–Sa ab 20 Uhr, 7 €. Es werden auch verschiedene Tanzkurse angeboten.

Buchtipp: Zum 100. Geburtstag ist im Nicolai-Verlag ein Buch mit vielen Anekdoten aus dem langen Leben des Ballhauses erschienen – Marion Kiesow: „Berlin tanzt in Clärchens Ballhaus: 100 Jahre Vergnügen – eine Kulturgeschichte", 33 €.
In der Nähe:
34 Kennedy-Museum (S. 81)

18 KaDeWe am Wittenbergplatz: Konsumtempel der Superlative

1907 eröffnete Adolf Jandorf im damals ruhigen Berliner Westen ein modernes Kaufhaus mit fünf Etagen. Aufgrund seines einmaligen und exquisiten Angebots entwickelte sich das Haus in kurzer Zeit zu einer der beliebtesten Kaufadressen Berlins. Der Name „Kaufhaus des Westens" bestand von Anfang an und nimmt Bezug auf den „Neuen Westen" in den Städten Schöneberg, Charlottenburg und Wilmersdorf, welcher sich bald von einer beschaulichen Wohngegend zu einem lebhaften Geschäftszentrum wandeln sollte. So gilt die Tauentzienstraße heute noch als der umsatzstärkste Einkaufsboulevard Berlins. 1929 ließ der neue Eigentümer Hermann Tietz das Haus um zwei Geschosse mit Dachterrasse erweitern und setzt den Grundstein für die legendäre Feinkostabteilung. Nach dem Krieg wurde das ausgebrannte Gebäude aufgebaut und 1996 mit einer siebten Etage und Glaskuppel aufgestockt.

Das KaDeWe ist mit mehr als 60.000 m² Verkaufsfläche nach Harrods in London das zweitgrößte Kaufhaus Europas. Insgesamt sind hier 2.000 Mitarbeiter beschäftigt. Erste Orientierungshilfe in sieben Sprachen gibt der Portier am Haupteingang an der Tauentzienstraße. Etagenpläne gibt es in 18 Sprachen. Im riesigen Atrium werden dramatische „Lifestyle Themenwelten" inszeniert. Wer nicht im „Duftpool" mit 1.500 Düften versinkt, kann über den „Luxusboulevard" mit all den dort aufgereihten internationalen Designerstores schlendern oder auf dem „Fashion Boulevard" im zweiten Obergeschoss einer Modeschau beiwohnen. Wer möchte, kann sich seine Einkäufe von freund-

Zweitgrößtes Kaufhaus Europas: das KaDeWe

lichen Gepäckträgern kostenlos zum Auto in der Garage oder zum Taxi bringen lassen.

Die acht Geschosse werden mit 64 Rolltreppen und 26 Fahrstühlen erreicht, aber am schönsten ist die Auffahrt im gläsernen Panoramalift durch die Lichthöfe. Die Feinschmeckeretage befindet sich im 6. Stock und ist mit 7.000 m² der größte Genusstempel Europas. An mehr als 30 Gourmet-Ständen sowie einer Austernbar sorgen 110 Köche für den kulinarischen Hochgenuss. Die Theken dieses Schlaraffenlands bieten z. B. 1.300 Käsesorten aus aller Welt, 400 Whiskey-, 100 Kaffee- und 350 Teesorten. Das eigens aus Frankreich importierte Mehl für die 400 Brot- und Brötchensorten wird vom Mehlsilo im Keller nach oben gepumpt. Allein 40 Konditoren und Bäcker sind hier beschäftigt und im Leysieffer-Café können allerlei Naschwerk und Törtchen probiert werden. In der Weinabteilung mit ihren 3.400 Weinen wacht ein Sommelier aus dem Elsass über exklusive Raritäten. Das teuerste Produkt dürfte ein Brunello di Montalcino aus der Toskana, Jahrgang 1945, für 5.000 € sein. In der Nähe findet man vier Champagnerbars. Neben Pfifferlingen aus Marokko und Bohnen aus dem Senegal ist die Fischabteilung ein weiteres Highlight mit Exoten wie Papageienfischen von den Seychellen oder Seeigel und Meeresspinnen.

Weltberühmt: die Feinschmeckeretage

Die Fleischabteilung bietet 1.200 Wurst- und Schinkensorten aus ganz Europa. Auch Exoten wie Krokodil oder Känguru werden angeboten. Die nach Kobe-Art aufgezogenen Rinder werden täglich massiert, mit Reiswein besprüht und von klassischer Musik berieselt. Außerdem erhalten sie ökologisches Kraftfutter und täglich zwei Liter Bier. Ihr Fleisch gilt als das beste der Welt, das Filet kostet mehrere Hundert Euro pro Kilo.

Wer Glück hat, ergattert im Restaurant LeBuffet im Wintergarten in der obersten Etage einen Platz mit toller Aussicht über die City West. Den Berliner Klassiker gibt's übrigens draußen auf dem Wittenbergplatz: Auf jeder der vier Ecken steht eine Imbissbude. Bei Witty's und Fritz & Co gibt's Bio-Pommes und Bio-Currywurst, mit oder ohne Darm … (md)

Hinkommen: U1/U2/U3/M19/M29/M46 Wittenbergplatz. [C4]
Information: Kaufhaus des Westens, Tauentzienstr. 21–24, Tel. 030/21210, www.kadewe.de, Mo–Do 10–20 Uhr, Fr 10–21 Uhr, Sa 9.30–20 Uhr.

Essen & Trinken: Restaurant **LeBuffet**, Wintergarten in der 7. Etage, Tel. 030/2121-2623, sowie über 30 Feinschmecker- und vier Champagnerbars mit Sushi, Austern, Crêpes, französischen Spezialitäten à la Paul Bocuse etc.

Info

Geschichte erleben

Das Nikolaiviertel: Berlins Ursprung

Auf der Suche nach dem Ursprung Berlins bietet sich als weithin sichtbarer Wegweiser der Turm des Roten Rathauses an. Zu seinen Füßen präsentiert sich der älteste Siedlungskern der Stadt: das Nikolaiviertel.

Im Zweiten Weltkrieg nahezu restlos in Schutt und Trümmern versunken, schuf die DDR 1987 anlässlich der 750-Jahr-Feier der Stadt einen „prototypischen Historienpark": Eine Collage aus aufwendig rekonstruierten Gebäuden sowie Neubauten mit Plattenelementen vermittelt während des Bummels durch die Gassen die Illusion einer Altstadt, obwohl sie eigentlich keine ist. Den Architekturkritikern zum Trotz erfreut sich das Viertel mit seiner Vielfalt an kleinen Läden, Museen und gemütlichen Restaurants großer Beliebtheit bei Besuchern.

Die **Nikolaikirche** ist die älteste Kirche Berlins. Erstmals 1230 gebaut, später erweitert und umgebaut, wurde sie im Zweiten Weltkrieg bis auf die Außenmauern zerstört und bis 1987 vollständig wieder aufgebaut. Die ereignisreiche Geschichte der Kirche mit Einführung der Reformation und dem Wirken von Paul Gerhardt wird im Kirchenraum ausgestellt. Vor der Kirche befinden sich eine Gedenkplatte mit dem ersten bekannten Stadtsiegel von 1253 sowie der Gründungsbrunnen mit Bär und Adler.

Das stattliche **Knoblauchhaus** in der Poststraße 23 hat die Jahrhunderte mitsamt der Kriege unbeschadet überstanden. Hier lebte 170 Jahre lang die namhafte Familie Knoblauch, deren ehemalige Wohnräume (kostenfrei) besichtigt werden können. Das **Ephraim-Palais** an der Ecke Poststraße/Mühlendamm gilt als „die schönste Ecke Berlins". Aufgrund der Erweiterung des Mühlendamms wurde es 1935 abgetragen, die 2.493

Nikolaikirche im gleichnamigen Viertel

Einzelteile nummeriert und eingelagert und erst 1983 um einige Meter versetzt wieder aufgebaut. Im Haus finden wechselnde Sonderausstellungen statt. Die beiden Gaststätten Zum Nußbaum und Zur Rippe sind jeweils Kopien von Gebäuden, die früher an anderer Stelle standen.

Das Angebot in den mehreren Dutzend Geschäften reicht von Teddybären, Meißner Porzellan und Antiquitäten bis zur Modeboutique. Ausgefallen sind z. B. die Klöppelstube mit Schauklöppeln oder das Café tigertörtchen, das Cupcakes und Kuchen am Stiel anbietet. Besondere Museen sind das Zille- und das Hanfmuseum. Zum Repertoire des kleinen Theaters im Nikolaiviertel gehört u. a. „Zille und sein Milljöh", janz uff Berliner Mundart.

Wenn man die riesige Verkehrsschneise Mühlendamm/Grunerstraße überquert und am monumentalen **Alten Stadthaus** mit seinem 80 m hohen Turm vorbeigeht, gelangt man in die ruhige Klosterstraße. Dort befindet sich die **Ruine der Franziskaner-Klosterkirche**, in der Open-Air-Ausstellungen, Sommertheater und Lesungen stattfinden. Zwischen Waisen- und Littenstraße steht ein Rest der mittelalterlichen Stadtmauer. Daran lehnt sich seit dem 17. Jh. das älteste Gasthaus Berlins an: Zur letzten Instanz, benannt nach dem Gerichtsgebäude an der Littenstraße. Eine Oase der Ruhe findet man im Pfarrhof der Parochialkirche zwischen Kloster- und Waisenstraße. Der U-Bahnhof Klosterstraße von 1913 steht unter Denkmalschutz. (md)

Bären für jeden Geschmack

Tipp

Totentanz und Orgelklänge

Überragt vom Fernsehturm, abgesenkt und scheinbar schräg platziert: Die **Marienkirche**, die zweitälteste Pfarrkirche Berlins aus dem 13. Jh., war einst umringt vom eng bebauten Marienviertel. Stufen führen hinab auf das mittelalterliche Bodenniveau. In der Turmhalle zieht sich über eine Länge von 22 Metern ein Totentanz entlang. Er stammt vermutlich aus dem Pestjahr 1484, was den zugehörigen Text zur ältesten Dichtung Berlins macht.

Neben regelmäßigen Gottesdiensten finden herausragende Konzerte mit der barocken Wagnerorgel statt – unter anderem jeden Donnerstag und Freitag um 13.30 Uhr (www.marienkirche-berlin.de).

Info

Hinkommen: U2/U5/U8/S5/S7/S75 Alexanderplatz, U2 Klosterstr. [E 3]
Essen & Trinken: Die Gastronomen des Nikolaiviertels bieten vorwiegend Berliner Küche. Besonders schön gelegen sind Cafés und Lokale am Spreeufer.
Museen: Stadtmuseum: Nikolaikirche, Nikolaikirchplatz, tgl. 10–18 Uhr, 5 €. **Knoblauchhaus**, Di–So 10–18 Uhr, Eintritt frei, Spende erbeten. **Ephraim-Palais**, Di, Do–So 10–18, Mi 12–20 Uhr, 6 €. Alle drei: Tel. 030/24002162, www.stadtmuseum.de.
Zille-Museum, Propststr. 11, Tel. 030/2463 2500, www.zillemuseum-berlin.de, Mo–Sa 11–18 Uhr, So 13–18 Uhr, 6 €.
Hanfmuseum, Mühlendamm 5, Tel. 030/2424827, www.hanfmuseum.de, Di–Fr 10–20 Uhr, Sa–So 12–20 Uhr, 4,5 €.
Theater: Theater im Nikolaiviertel, Nikolaikirchplatz 5–7, Tel. 030/2413490, www.theater-im-nikolaiviertel.de.

20 Brandenburger Tor und Pariser Platz: Symbol der Nation, Salon der Republik

Das berühmteste Wahrzeichen Berlins – weltweit bekannt als Symbol der preußisch-deutschen Geschichte, der Macht, des Eisernen Vorhangs und der Wiedervereinigung – ist das Brandenburger Tor.

1791 von Carl Langhans erbaut, sollte das Brandenburger Tor zur Verschönerung der königlichen Residenz und als würdevoller Eingang dienen. Von Gottfried von Schadow stammt die **Quadriga** hoch oben auf dem Tor. Als Napoleon 1806 in Berlin einmarschierte, erdreistete er sich, die Quadriga per Schiff nach Paris mitzunehmen. Im Zuge der Befreiungskriege gelangte sie als „Retourkutsche" wieder auf ihren angestammten Platz, ergänzt um das Eiserne Kreuz und einen Preußischen Adler. Diese beiden Militärinsignien wurden später von DDR-Behörden entfernt und erst nach der Wiedervereinigung wieder angebracht. Während die Quadriga im Laufe der Geschichte mehrfach repariert und nach dem Zweiten Weltkrieg sogar völlig neu gebaut werden musste, blickte sie entgegen manch landläufiger Meinung immer nach Osten in Richtung Stadt.

Wahrzeichen Berlins: das Brandenburger Tor

Brandenburger Tor und Pariser Platz | 53

Geschichte und Architektur

U-Bahnhof Brandenburger Tor: Im Zwischengeschoss informieren Filme und große Karten über die Zeit der Berliner Mauer. Ganz unten auf dem U-Bahnsteig wird auf großformatigen Bildern die wechselhafte Geschichte von Pariser Platz und Brandenburger Tor gezeigt.

DZ-Bank: Das eher nüchtern erscheinende Gebäude der DZ-Bank zwischen Akademie der Künste und US-Botschaft bietet einen Blick auf die faszinierende Architektur von Frank O. Gehry.

Wo heute Touristenscharen, Leierkastenmänner, falsche sowjetische Soldaten und Pantomime-Künstler den Pariser Platz bevölkern, standen bis Ende 1989 DDR-Grenzsoldaten. Das Brandenburger Tor war für den Normalsterblichen unerreichbar und stand für die tiefe Sehnsucht der West- und Ostberliner, die das Tor nur von Weitem betrachten konnten. Von Osten aus gesehen unmittelbar dahinter verlief 28 lange Jahre die Berliner Mauer. Der **Pariser Platz** war nichts außer einer kahlen und deprimierenden Fläche, Teil des Todesstreifens zwischen Ost- und Westberlin.

Nach der Wiedervereinigung fing man an, den Platz in seiner historischen Form wieder aufzubauen – als Quadrat. 1995 war das erste Haus am Platz wieder da: das Hotel Adlon, welches mit seinem Neubau an die Tradition des Luxushotels anknüpfte, die 1907 begann (s. S. 54). Hier haben Europas Könige, amerikanische Präsidenten, Filmschauspieler und Diven logiert. Michael Jackson hat hier 2002 sein Baby aus dem Fenster gehalten; heute steht der King of Pop als Wachsfigur gleich schräg gegenüber bei Madame Tussauds.

Die vielleicht schönste Foto-Perspektive auf das Brandenburger Tor mit Fontäne bietet sich vor der gläsernen Fassade der **Akademie der Künste** neben dem Hotel Adlon. In der Akademie gibt es wechselnde Ausstellungen, ein Café sowie einen Durchgang zur Behrenstraße mit dem dahinterliegenden Holocaust-Mahnmal.

In ähnlich historisierender Form wie das Adlon entstanden links und rechts vom Brandenburger Tor die Häuser Sommer und Liebermann. An Letzteres schließt sich das Palais am Pariser Platz mit einem Atrium als Durchgang in Richtung Reichstag an.

Wer dem lebhaften Treiben entfliehen möchte, findet im rechten Torhaus des Brandenburger Tors im **Raum der Stille** einen Ort, um einen Moment innezuhalten. (md)

Hinkommen: S1/S2/S25/U55 und Bus 100 Brandenburger Tor. [D3]

Touristeninformation: im linken Torhaus, Tel. 030/250025, www.visitberlin.de, tgl. 9.30–18, April–Okt. bis 19 Uhr.

Essen & Trinken: Vor allem im Sommer prima zum Draußensitzen und „Leute gucken" ist das **Café Einstein**, Unter den Linden 42, 150 m vom Brandenburger Tor, Tel. 030/ 2043632, www.einstein-udl.com, Mo–Fr ab 7, Sa–So ab 8 Uhr. Es gibt Wiener Spezialitäten wie Melange, köstliche Sachertorte oder Kaiserschmarrn, zudem Deftiges wie Saftgulasch mit Serviettenknödeln. Das 1996 eröffnete Kaffeehaus (das Stammhaus befindet sich in der Kurfürstenstr. 58) bietet zudem Lesungen und wechselnde Ausstellungen.

Ausstellung: Akademie der Künste, wechselnde Veranstaltungen, Pariser Platz 4, Tel. 030/200570, www.adk.de.

In der Nähe: 4 Unter den Linden, Madame Tussauds (S. 21), 74 Holocaust-Mahnmal

21 Das Adlon: ein Stück Geschichte – eine Legende!

Es ist wohl Deutschlands erste Adresse, es ist Deutschlands Premium-Lage direkt am Brandenburger Tor – historischer geht es nicht. Im Stil eines Grand Hotels vergangener Zeiten bietet das Adlon Pracht, Eleganz und erstklassigen Service nach dem Motto „Adlon verpflichtet". Wenn auch die wenigsten hier übernachten, lohnt ein Besuch in der Lobby des Hauses, in der man es sich bei Kaffee, Tee oder Champagner gemütlich machen und die Gäste beobachten kann.

Ein Blick in die **Geschichte**: Um 1900 pflegte die europäische Oberschicht zunehmend, große Feste, Bälle, Abendessen und Empfänge in Grand Hotels zu veranstalten. Hier konnte man den hochklassigen Service und die besondere Atmosphäre genießen. In Paris gab es das Ritz, in London das Savoy und in Wien das Hotel Imperial. Doch das kaiserliche Berlin hatte nichts dergleichen zu bieten.

Und so war Kaiser Wilhelm II. vom Plan **Lorenz Adlons** recht angetan, Berlin endlich ein wirkliches Statushotel zu erbauen. Der Kaiser half Adlon, 1905 zwei geeignete Grundstücke in der Allee Unter den Linden zu kaufen. Adlon hatte sich durch Fleiß ein

Weithin bekannt: Berlins erste Adresse

Das Adlon – ein Stück Geschichte

Vermögen aufgebaut und besaß einige Restaurants und Kaffeehäuser. Er war bereit, mithilfe seines Geldes und Krediten den Bau zu finanzieren.

Die klassisch-schlichte Fassade nahm die Grundzüge der Architektur des Brandenburger Tors auf. Doch das Innere wurde umso moderner gestaltet: In allen Zimmern gab es Elektrizität und warmes Wasser, außerdem gehörten zu dem Komplex ein Restaurant, ein Rauchersalon, ein Musik- und Damenzimmer, ein Wintergarten zum Teegenuss, große wunderbare Ballsäle und Konferenzzimmer. Das Interieur wurde im Stile des Neobarock und der Epoche Louis XVI. edel gestaltet. Die Kosten beliefen sich auf die damals unvorstellbare Summe von 15 Millionen Reichsmark.

Nach seiner Eröffnung 1907 wurde das Adlon schnell zu einer Institution. Vor dem Ausbruch des Ersten Weltkrieges war das Hotel beliebt bei Adligen, die statt ihrer Winterpalais Suiten im Hotel bezogen. Wilhelm II. bevorzugte das Hotel, weil es hier wärmer und angenehmer war als in dem zugigen Schloss. Alles, was Rang und Namen hatte, kehrte hier ein: der Zar von Russland, Maharadschas aus Indien, berühmte Industrielle, Thomas Edison, Henry Ford, John Rockefeller – eine illustre Gesellschaft.

Nach dem Ersten Weltkrieg änderte sich das Publikum. Es kamen vor allem vermögende Amerikaner. Die Goldenen Zwanziger bescherten dem Hotel einen ungeahnten Zuspruch, der mit der Machtergreifung der Nationalsozialisten 1933 endete. Ausländische Gäste, vor allem aus Amerika, wurden immer rarer, die NS-Bonzen mieden das Adlon, es war ihnen zu international und weltoffen. Sie bevorzugten den biederen Kaiserhof in der Wilhelmstraße. Das änderte sich erst 1943, als der Kaiserhof bombardiert wurde. Nun fanden die Nationalsozialisten im Adlon ihre letzte gesellschaftliche Heimat für Feste und Konferenzen. Das Adlon behauptete sich wie ein Wunder durch den ganzen Krieg, bis bei einem Brand im Mai 1945 der gesamte Komplex bis auf einen Flügel zerstört wurde. Nach dem Krieg gab es in dem erhaltenen Gebäudeteil bis in die 1980er-Jahre ein Hotel und ein Restaurant, danach ein Internat. 1984 wurden auch diese Reste des Adlon abgerissen.

Nach der Wende begann der Neubau (1995–1997). Das heutige Gebäude entspricht nur in groben Zügen dem Vorgängerbau, es ist zwei Stockwerke höher und sicher nach heutigen Maßstäben noch etwas luxuriöser. Beim Schlendern durch das Hotel mag man sich gleichwohl an die alten glorreichen Zeiten erinnert fühlen. Sie werden heute wieder gelebt – wie einst zählen Präsidenten, Könige und Stars zu den Gästen. Hervorragende Restaurants, eine Weinhandlung und ein Spa sind Kennzeichen des Luxus. Im Restaurant Quarré genießt man in eleganter Atmosphäre einen fantastischen Blick auf das Brandenburger Tor. Und in der oberen Etage lockt das Gourmetrestaurant Lorenz Adlon Esszimmer mit Genuss auf höchstem Niveau nach dem Motto: klein, aber sehr fein! (mi)

Hinkommen: S1/S2/S25/U55 und Bus 100 Brandenburger Tor. [D3]
Information: Hotel Adlon Kempinski Berlin, Unter den Linden 77, Tel. 030/22610, www.kempinski.com
Buchtipp: Hedda Adlon schildert in einer wunderbar persönlichen Sprache die Geschichte des Adlon und die Geschichten rund um das Hotel, garniert mit vielen Anekdoten von berühmten und zum Teil berüchtigten Gästen. Hedda Adlon: „Hotel Adlon. Das Berliner Hotel, in dem die große Welt zu Gast war", Kindler, München 1955. Als Taschenbuch bei Heyne, 8.99 €, ISBN 978-3453009264.

The Story of Berlin: Zeitreise unter dem Ku'damm

Geschichte einmal anders! Selbst „museumsmüde" Kinder und Jugendliche können hier etwas erleben: In 23 Themenräumen nehmen authentische Szenerien mit originalen Exponaten den Besucher mit auf eine spannende und lebensnahe Zeitreise durch Berlins **800-jährige Geschichte**. Das Augenmerk liegt auf der soziokulturellen Situation der jeweiligen Zeit. Dies ermöglicht dem Besucher, sich in die unterschiedlichen Lebensumstände hineinzuversetzen – so unvorstellbar sie heute auch erscheinen mögen.

Die eigentliche Gründung Berlins markiert das Zusammenwachsen der beiden Siedlungen **Berlin und Cölln** im 13. Jh. Das 18. Jh. ist bestimmt durch den Gegensatz von Absolutismus und Aufklärung, das Militär spielt eine dominante Rolle in der Machtpolitik und im Alltag der Bevölkerung. In dieser Zeit erblüht Berlin erstmals zu einem kulturellen Zentrum. Das anschließende Industrie-Zeitalter prägt im ausgehenden 19. Jh. Menschen und Bauten: Es entstehen lärmende Fabrikhallen mit Schichtbetrieb. Nahezu magisch zieht Berlin die nötigen Arbeitskräfte an. Ein Blick in die damaligen Hinterhöfe und Wohnungen bringt dem Besucher die damaligen Lebensverhältnisse nahe. Ein Blick in Hinterhöfe und Wohnungen bringt dem Besucher die damaligen Lebensverhältnisse nahe.

Mehr Menschen brauchen mehr Verkehrsverbindungen: U- und S-Bahn werden gebaut, Straßenbahnen beginnen das Stadtbild zu prägen und am Potsdamer Platz ist der Verkehr so heftig, dass hier die **erste Verkehrsampel Berlins** installiert wird. Das vielzitierte Berliner Tempo nimmt Fahrt auf. In den vermeintlich Goldenen Zwanzigern läuft Berlin mit seinen Bars, Kabaretts, Hotels und Restaurants zur großen europäischen Metropole auf. Wer Rang und Namen hat, tritt hier auf die Bühne. Die 1930er- und 1940er-Jahre gehören zweifelsohne zu den dunkelsten Kapiteln der Stadtgeschichte.

Die politische Entwicklung der Nachkriegszeit zerreißt Berlin in Ost und West, der Eiserne Vorhang wird durch den Mauerbau noch undurchlässiger, hüben wie drüben entwickeln sich unterschiedliche Lebenswelten – anschaulich dokumentiert anhand zweier gegenübergestellter Wohnzimmer.

Mit dem Mauerfall am 9. November 1989 endet der Ost-West-Konflikt und damit die atomare Bedrohung. Wie real diese war, davon zeugt der

Blick in ein Berliner Wohnzimmer in den 1950er-Jahren

begehbare **Atomschutzbunker** unter dem Ku'damm. Er ist noch voll funktionstüchtig und bietet im Ernstfall 3.592 Menschen Platz. In den Waschräumen fehlen Spiegel. Der Grund: Man wollte verhindern, dass die eingebunkerten Menschen mit Glassplittern Selbstmord begehen. (mi)

Tipp

Speisen am und um den Ku'damm

Alt Berliner Biersalon: ein uriger, durchgehend geöffneter Biertempel, der die Zeiten seit 1914 überlebt hat. Einfache Berliner Gerichte wie Currywurst, „Stolzer Heinrich" (Rostbratwurst mit Sauerkraut und Kartoffelpüree) oder „Große Berliner Boulette mit Rotkohl und Bratkartoffeln". Am Wochenende oft Live-Musik, Fußball kann auf zahlreichen Bildschirmen verfolgt werden (Kurfürstendamm 225/Ecke Joachimstaler Straße, Tel. 030/8843990, www.altberlinerbiersalon.de).

Buddha Republic: 800 m nördlich des Ku'damms hinter dem Savignyplatz findet sich dieser Inder, ohne folkloristischen Schnickschnack, dafür voller Düfte von Kardamom, Curry und Koriander. Serviert werden wunderbare Suppen wie Kohinoor (Indische Curry-Suppe mit hausgemachtem Rahmkäse) oder Gerichte wie Tarka Dhal Maharani: gebratene indische Linsen mit Tomaten, Zwiebeln, Knoblauch, Koriander (Knesebeckstr. 88, Nähe Bahnhof Zoo, Tel. 030/31164204, www.buddha-republic.com, Di–So 17–24, Reservierung empfohlen, Hauptgerichte 10–17 €).

Ebert: In einer ruhigen Seitenstraße des Kurfürstendamms unweit des Adenauerplatzes sitzt man drinnen und draußen wie in einer Oase; überaus gemütlich. Gute, schmackhafte Küche, saisonal geprägt und handwerklich solide umgesetzt, gekonnte Weinauswahl. Nicht umsonst behauptet sich das Ebert seit rund 25 Jahren an Ort und Stelle. Man fühlt sich wohl und merkt, dass hier Stammpublikum heimisch ist (Eisenzahnstraße 59, Tel. 030/8917567, www.restaurant-ebert.de, Mo–Sa 17–1 Uhr, So 12–22 Uhr).

Marooush: Typisch orientalisch mit jeder Menge Kissen und bequemen loungeähnlichen Sitzgruppen eingerichtet, entführt auch die Küche gekonnt ins Land der Pharaonen (Knesebeckstr. 48/Ecke Ku'damm, Tel. 030/887118338, www.marooush.de, tgl. ab 15 Uhr, Fr/Sa mit Bauchtanz).

Schöneberger Weltlaterne: ein gastronomisches Urgestein der alten City West – urig und gemütlich, etwas verwinkelt, das Mobiliar alt und bequem. Wirtin Angelika ist die Seele des Ganzen und präsentiert bei guter Stimmung gern ein paar Lieder aus ihrem Repertoire. Dazu gibt es gute Hausmannskost wie Altberliner Kartoffelsuppe, Berliner Eisbein oder Königsberger Klopse (Motzstr. 61, Tel. 030/21969861, So–Do 17–24 Uhr, Fr–Sa 17–1 Uhr, Küche bis 23 Uhr, www.schoeneberger-weltlaterne.de, Hauptgerichte 10–18 €).

Zum Topfgucker: In diesem unauffälligen, bürgerlichen Restaurant sitzt der Kiez – seit fast 20 Jahren serviert Familie Jordan eine im besten Sinne bodenständige, berlinerische Küche, handwerklich perfekt umgesetzt und mit gutem Service. Wunderbare Ente, Schnitzel, Rouladen ... in der Saison gibt es Spargel (Motzstr. 91, Tel. 030/21966922, Di–So ab 17 Uhr, Hauptgerichte um 15–17 €).

Info

Hinkommen: U1 Uhlandstr., S5/S7/S75 Savignyplatz. [B-C4]
Information: The Story of Berlin, Ku'damm-Karree, Kurfürstendamm 207–208, Tel. 030/88720100, tgl. 10–20 Uhr, letzte Führung durch den Atomschutzbunker 18 Uhr, www.story-of-berlin.de, Eintritt 12 €, Kinder (6–16 J) 5 €.

In der Nähe:
7 Zentrum der City West (S. 24)

23 | Rund um den Checkpoint Charlie: Kalter Krieg, Touristensensation und Geschichtsmeile

„Kochstraße, letzter Bahnhof in Berlin-West", diese Ansage in der U-Bahnlinie 6 informierte die Westberliner Fahrgäste über die bevorstehende Fahrt durch den Ostsektor. Hier an der amerikanisch-sowjetischen Sektorengrenze hatten die westlichen Streitkräfte kurz nach dem Mauerbau 1961 einen Übergang für ihr Personal sowie für Ausländer eingerichtet.

War „Charlie" ein Soldat? Schon möglich, aber der Name des berühmtesten Grenzübergangs Berlins stammt aus der NATO-Buchstabiertafel und markiert das C. Die Buchstaben A und B waren bereits für andere Kontrollstellen mit den Titeln Alpha (bei Helmstedt) und Bravo (Dreilinden, Potsdam) vergeben.

Der Welt stockte der Atem, als sich hier am 27. Oktober 1961 amerikanische und sowjetische Panzer in Schussweite gegenüberstanden. Vorausgegangen war der Versuch der DDR, die für ganz Berlin geltende Bewegungsfreiheit der Westalliierten mittels Kontrollen einzuschränken. Die Amerikaner zeigten sich entschlossen und nach 16 Stunden Hochspannung zogen die Sowjets unvermittelt ihre Panzer zurück – für den Ausbruch eines Krieges war Westberlin dann doch nicht wichtig genug.

Heute ist Checkpoint Charlie ein touristisches Disneyland geworden. Vor der nachgebauten Kontrollbaracke und den mit Beton gefüllten Sandsäcken lassen sich unechte alliierte Soldaten gerne fotografieren – wer mit auf's Foto möchte, zahlt zwei Euro. Neben Souvenirläden bieten fliegende Händler sowjetische Pelzmützen made in China, Gasmasken und garantiert „originale" Mauerstücke an. Wer möchte, erhält einen Visastempel aus irgendeinem Sektor in seinen Pass …

Das privat geführte **Mauermuseum** am Checkpoint Charlie zeigt ein buntes Potpourri eindrucksvoller Objekte und Dokumente rund um das Thema Berliner Mauer, zuweilen recht plakativ und auf Schockwirkung ausgerichtet. Die mit großen Fotowänden ausgestattete Open-Air-Ausstellung an der Friedrich- und Zimmerstraße erzählt von geglückten und misslungenen Fluchtversuchen sowie über die Geschichte des Checkpoints. Mehreren Ostberlinern war 1962 die Flucht geglückt, indem sie verkleidet als amerikanische Soldaten oder auch einmal als sowjetischer Major den Checkpoint Charlie – unkontrolliert – einfach passierten. Auf gut 200 m² macht die **Black Box Kalter Krieg** mit Fotos und Videos die internationale Dimension der Ost-West-Konfrontation deutlich. In der gegenüberliegenden Rotunde vermittelt ein 60 m langes Großbild-Panorama des Künstlers Yadegar Asisi die Atmosphäre an der Mauer in Kreuzberg in den 1980er-Jahren.

Abseits vom Touristenrummel erinnern auf der Zimmerstraße im Bereich zwischen Charlotten- und Markgrafenstraße eine Stele und eine Infotafel an den tragischen Fluchtversuch des 18-jährigen **Peter Fechter**, der im August 1962 von den DDR-Grenzern mit drei Kugeln angeschossen wurde und an dieser Stelle grausam verblutete.

Wer hingegen der Zimmerstraße vom Checkpoint aus nach Westen folgt, entdeckt entlang des Parkstreifens auf der linken Seite die doppelreihige Pflasterlinie, welche den exakten Verlauf der Berliner Mauer markiert. Hinter der Kreuzung mit der Wilhelmstraße geht die Zimmer- in die Niederkirchnerstraße über. Hier taucht ein 200 Meter langes Stück Restmauer auf, welches seinerseits durch einen Zaun vor der endgültigen Abtragung durch „Mauerspechte", wie die Mauer-Souvenirjäger genannt werden, geschützt ist.

Gegenüber steht das riesige ehemalige Nazi-Ministerium von Hermann Göring (s. S. 70), in dem später DDR-Chef Walter Ulbricht zwei Monate vor dem Mauerbau behauptete: „Niemand hat die Absicht, eine Mauer zu errichten". Von hier gelang 1965 die spektakuläre Flucht der dreiköpfigen Familie Holzapfel, die sich tagsüber in einer Toilette eingeschlossen hatte, nachts auf das Dach geklettert war und sich mit einem präparierten Drahtseil über die Mauer abseilen konnte. (md)

Touristenattraktion – der nachgebaute Checkpoint Charlie

Hinkommen: U6/M29 Kochstr./Checkpoint Charlie. [E4]
Informationen: Haus am Checkpoint Charlie/Mauermuseum, Friedrichstr. 43, Tel. 030/2537250, www.mauermuseum.de, tgl. 9–22 Uhr, 12,50 €.
Black Box Kalter Krieg, Friedrichstraße 47, Tel. 030/2163571, www.bfgg.de, tgl. 10–18 Uhr, 5 €.
Die Mauer – asisi Panorama, Tel. 0341/355 5340, www.asisi.de, tgl. 10–18 Uhr, 10 €.
Essen & Trinken: Ristorante Sale e Tabacchi, Rudi-Dutschke-Str. 25, Tel. 030/2521155, www.sale-e-tabacchi.de, Mo–So ab 11 Uhr. In einem eleganten, hohen Raum mit einer imposanten Bar wird klassische norditalienische Küche serviert, Nudeln, Fleisch und Fisch (z. B. Dorade mit Koriander-Vinaigrette). Im Sommer Innenhof. Hauptgerichte 12–25 €.
Asador, Wilhelmstr. 22, Tel. 030/25931818, www.restaurant-asador.de. Das Äußere kommt eher durchschnittlich daher, auch im Inneren lässt der Charme der 1980er-Jahre grüßen. Doch die Qualität der Steaks sowie der Vorspeisen und Beilagen ist ausgezeichnet: 180-g-Filetsteak für 19,50 €, Salate 2,50–10 €. Das Preis-Leistung-Verhältnis ist kaum zu überbieten.
In der Nähe: 29 Wilhelmstraße/Detlev-Rohwedder-Haus/Topographie des Terrors, S. 70.

24 Bernauer Straße, eingemauert und totenstill: Was die Mauer für die Berliner bedeutete

Geisterbahnhof Nordbahnhof: Zu Mauerzeiten durchfuhr die Westberliner S-Bahn den auf der Ostseite gelegenen unterirdischen Bahnhof, ohne dort zu halten. Die kostenfreie Ausstellung im Zwischengeschoss zeigt die absurde Geschichte der „Grenz- und Geisterbahnhöfe im geteilten Berlin". Draußen, wo heute Beachvolleyball gespielt wird, führten einmal die Gleisanlagen des großen Stettiner Bahnhofs an die Ostseeküste und in Pommersche Städte, deren Namen zusammen mit den Gleisanlagen im Boden eingelassen sind.

An kaum einer anderen Stelle wie entlang der Bernauer Straße lässt sich heute noch die brutale Auswirkung des Mauerbaus auf das Leben der Anwohner nachvollziehen. Während in der mittlerweile zusammengewachsenen Stadt kaum mehr als die doppelte Pflasterlinie an die trennende Mauer erinnert, ist hier die breite Schneise des Grenzstreifens noch deutlich sichtbar. Sie wird als **Gedenkstätte Berliner Mauer** mit Objekten, Informationsorten sowie einem Stück Originalmauer mit Todesstreifen offen gehalten.

Im „Fenster des Gedenkens" wird an die Mauertoten erinnert

Szenen des Mauerbaus

Erster Anlaufpunkt ist das **rostfarbene Besucherzentrum** an der Ecke Bernauer-/Gartenstraße mit Informationen, Buchladen und WC. Hier laufen in ständigem Wechsel der Einführungsfilm „Die Berliner Mauer" und die Computeranimation „Eingemauert!", jeweils nacheinander auf Deutsch und auf Englisch. Auf der gegenüberliegenden Straßenseite im ehemaligen „Todesstreifen" durchläuft man eine offene „Geschichtslandschaft", bestehend aus einzelnen Mauersegmenten, rostigen Stelen und die Installation „Fenster des Gedenkens" zur Erinnerung an die mindestens 138 Mauertoten. Dahinter folgt das „Denkmal Berliner Mauer" mit einem 70 Meter langen originalen Grenzstreifen, überhöht durch acht Meter hohe Stahlwände, die die trennende Wirkung noch einmal besonders betonen sollen. Der Eingang zum Denkmal befindet sich an der Ackerstraße um die Ecke. Die Mauer hatte nicht nur aus der ca. vier Meter hohen „Vorderlandmauer" mit Rundrohraufsatz bestanden, sondern aus dem dahinter liegenden Todesstreifen mit Postenweg, Wachttürmen, Signalzaun, Hundeauslaufzonen und dem „hinteren Sperrelement".

Nachts tauchte die Lichtertrasse den „antifaschistischen Schutzwall" in ein gleißendes Licht, gespenstisch und totenstill.

Das Dokumentationszentrum in der Bernauer Straße 111 wurde 2014 mit einer Dauerausstellung über die Geschichte des Mauerbaus eröffnet. Von der Aussichtsplattform hat man den besten Blick auf den ehemaligen Mauerstreifen und auf das Berliner Stadtzentrum.

Als am 13. August 1961 die Sektorengrenze vollständig abgeriegelt wurde, kam es zu dramatischen Fenstersprüngen aus den Ostberliner Wohnhäusern, die nun plötzlich im Grenzgebiet lagen. Bewegende Fotos auf dem Gelände zeigen zugemauerte Häuser und deren Abriss sowie die rücksichtslosen Umbettungen von Gräbern auf dem Sophienfriedhof zugunsten der allmählich unüberwindbaren Grenzanlagen. Noch 1985 wurde ein „störender" Kirchenbau gesprengt.

Im weiteren Verlauf der Bernauer Straße in Richtung Mauerpark markieren Informationstafeln die Orte, an denen Fluchtversuche stattgefunden haben. Dazu gehören der spektakuläre Sprung des DDR-Grenzpostens Conrad Schumann über den Stacheldraht sowie die Flucht von 57 Menschen durch einen 145 Meter langen Tunnel und der Sprung der 77-jährigen Frieda Schulze aus dem Fenster im 2. Stock, nachdem bereits Volkspolizisten und Stasi-Mitarbeiter in die Wohnung eingedrungen waren. Aber auch an die tödlich endenden Versuche wird erinnert, wie der Sprung der damals 80-jährigen Olga Segler. (md)

Beeindruckend: Verlauf eines Fluchttunnels

Andacht

In der **Kapelle der Versöhnung** (geöffnet Di–So 10–17 Uhr), die nach dem Mauerfall anstelle der 1985 gesprengten Versöhnungskirche errichtet wurde, findet Di–Fr 12–12.15 Uhr eine Gedenkandacht für die Mauertoten statt (www.kapelle-versoehnung.de).

Tipp

Hinkommen: S1/S2/S25 Nordbahnhof oder U8 Bernauer Straße. [E2] Die Tram M10 fährt ab Nordbahnhof die gesamte Bernauer Straße entlang.
Information: Gedenkstätte Berliner Mauer, Tel. 030/467986666, www.berliner-mauer-gedenkstaette.de, **Besucherzentrum**, Bernauer Straße 119, und **Dokumentationszentrum**, Bernauer Straße 111, Di–So 10–18 Uhr, das Außengelände ist immer zugänglich, die Aussichtsplattform tgl. 10–17.45 Uhr, Eintritt frei.

Info

25 Berliner Unterwelten: Spannendes unter der Stadt

Berlin ist die größte Stadt Deutschlands, ein Häusermeer, ein Straßen- und Schienengewirr. Und es ist die deutsche Stadt mit der bewegtesten Geschichte, sichtbar an monumentalen Bauwerken, dargestellt und dokumentiert in vielen Museen. Doch im Untergrund schlummert ein anderes Berlin, **still, geheimnisvoll und dunkel**. U-Bahn-Schächte, Abwasserkanäle, Fluchttunnel, Nazibunker: Eine verborgene Welt, die der Verein Berliner Unterwelten auf verschiedenen Touren zugänglich macht. Die Führungen sind erstklassig. Jeder Mitarbeiter ist umfangreich gebildet und bettet das Gesehene in einen größeren zeithistorischen Kontext ein.

Eine der interessantesten Führungen ist die Tour M. Das „M" steht für Mauerdurchbrüche: Während dieser ca. zweistündigen Unterwelterkundung wird die Zeit nach dem Mauerbau im August 1961 lebendig. Davor war eine Flucht relativ leicht: Man konnte mit der S- und U-Bahn vom Ost- in den Westteil der Stadt fahren und einfach aussteigen. Nach der obligatorischen Registrierung im sogenannten Notaufnahmelager in Berlin-Marienfelde ging es kurze Zeit später auf dem Luftweg in die Bundesrepublik.

Auf der Tour erfährt man sozusagen vor Ort, wie sich alles über Nacht änderte. Die DDR-Bürger waren nun eingesperrt, eine offizielle Ausreisegenehmigung gab es nicht. Berlin lag an der Nahtstelle Ost-West. Je länger die Abriegelung dauerte, desto raffinierter wurden die DDR-Behörden in der Verhinderung von Fluchtversuchen. Unterirdisch ist Berlin wie ein Schweizer Käse durchlöchert und nach wie vor waren beide Teile der Stadt über U-Bahn-Tunnel und Abwasserkanäle verbunden. Hier spielte sich eine verborgene Schlacht ab: Fluchthelfer in Ost und West sowie Stasi und DDR-Grenzbehörden lieferten sich einen unerbittlichen Kampf.

Spannend: Tour durch den Untergrund

Der perfiden „Kreativität" der DDR-„Grenzschützer" stand der unbändige Wille gegenüber, Menschen zur Flucht zu verhelfen. Nachdem die U-Bahn-Schächte sowie die Abwassersysteme unüberwindbar gesichert wurden, gab es zwischen 1961 und 1985 eine Menge gelungener und vergeblicher Versuche, Tunnel von West nach Ost zu graben. Etwa 60 Tunnel wurden angelegt, über 300 Fluchtwillige aus der DDR gelangten nach West-Berlin.

Man stelle sich vor: Gegraben wurde stets von Westen aus. Besonders im Bereich der Bernauer Straße galt es, 350 m Richtung Ostberlin im Untergrund zu wühlen. Der lockere märkische Sand neigte zum Einbrechen, z. T. musste man die Stollen abstützen, die Länge der Tunnel erforderte eine Sauerstoffversorgung und den Abtransport des lockeren Materials. Nichts durfte bemerkt werden. Denn die Grenzer hatten auch auf der Westseite alles im Visier. Erschwerend kam hinzu, dass die Tunnelgräber nicht genau wussten, wo sie herauskamen, man wurde so manches Mal überrascht, dass man als „Maulwurf" nicht in einem Keller landete, sondern in einem Hof. Zudem wurden mit der Zeit alle Häuser an der grenznahen Ostseite von Linientreuen besetzt.

Die Fluchthelfer auf der Ostseite mussten entsprechend sehr genau prüfen, wem sie die Flucht ermöglichten – auch hier gab es Misstrauen und Verrat. Unerkannt mussten sich Fluchtwillige bei Nacht und Nebel zu den verborgenen Tunneleinstiegen durchschlagen, konspirative Treffs wurden arrangiert, nie mit echten Namen gearbeitet, alles musste extrem leise, unauffällig geschehen. Meist konnte ein Tunnel, der monatelange Arbeit in Anspruch genommen hatte, nur einmal benutzt werden. Und wenn man entdeckt wurde, nie …

Dokumentationen, verborgene U-Bahn-Schächte, Schutzbunker-Anlagen, stillgelegte U-Bahnstollen, raffinierte Aktionen zur Fluchtverhinderung seitens der DDR, ein anschaulicher „Muster-Fluchttunnel" – diese spannenden, lebendigen Geschichtsstunden wird man nicht vergessen! (mi)

Info

Hinkommen: S-Bahnhof und U 8 Gesundbrunnen. [E 1]
Information: Brunnenstr. 105, Tel. 030/4991 0518, www.berliner-unterwelten.de, Touren 11–14 €
Touren: Tour 1/Dunkle Welten: ganzjährig Do–Mo 12/14/16 Uhr, März–Nov. auch Mi, Dez. auch Mi 12/14 Uhr, April–Okt. Sa/So zusätzlich 10 Uhr.
Tour 2/Vom Flakturm zum Trümmerberg: April–Okt. Do–Di 12/14/16 Uhr, Sa/So auch 10 Uhr.
Tour 3/U-Bahn, Bunker, Kalter Krieg: ganzjährig Do–So 12/14/16, März–Nov. auch Di/Mi, Dez. auch Mi 12/14 Uhr.
Tour M/Mauerdurchbrüche: ganzjährig Fr 10/14 Uhr, Sa/So 11/12/14/15 Uhr, April–Okt. zusätzlich Do/Fr 12/15 Uhr, Aug. Do 11/14 Uhr.
Tour F/Geschichtsspeicher Fichtebunker: ganzjährig Sa/So 12/14 Uhr, Do 16 Uhr.
Tour K/Kindl-Areal Neukölln: ganzjährig Sa 17 Uhr (s. S. 224).
Tour S/Der Schwerbelastungskörper: April–Okt. So 12 Uhr.
Hinweis:
Außer für Tour F ist keine Reservierung möglich, sondern die Tickets sind nur am jeweiligen Tag erhältlich, Tour 1 bis 3 und M im Büro (an Führungstagen ab 10 Uhr geöffnet, Apr.–Okt. Sa/So/feiertags bereits ab 9 Uhr), Tour F, K, S ca. 15 Min. vor Tourbeginn direkt vor Ort. Da die Touren sehr beliebt sind, ist ein rechtzeitiges Erscheinen empfehlenswert.
Buch-Tipp: Dietmar Arnold und Sven-Felix Kellerhoff: „Die Fluchttunnel von Berlin", Propyläen 2008, ISBN: 978-3-549-07321-4, 20 €. Extrem gut dokumentiert und spannend zu lesen!

26 Auf den Spuren der DDR I: Zeitzeugnisse eines Überwachungsstaats

Wer auf den Gedanken kommen sollte, die DDR sei ansatzweise ein Rechtsstaat gewesen, wird durch den Besuch der ehemaligen **Zentrale des Ministeriums für Staatssicherheit** (MfS) eines Besseren belehrt. Heute kann man eintreten in das Allerheiligste der ehemaligen Stasi. Die personelle Ausstattung des MfS war enorm: Es beschäftigte 90.000 Menschen, dazu noch fast 200.000 „inoffizielle Mitarbeiter", sogenannte IMs. Schon 1950 gegründet, war das MfS der Inlands- und Auslandsgeheimdienst der DDR. Für die SED war es das bedeutendste **Überwachungsinstrument**, das vor Einschüchterung und Terror nicht Halt machte.

Spionieren à la James Bond: Knopflochkamera

Als Besucher kann man sich in den fünf Hauptabteilungen des **Stasimuseums** umschauen. Besonders eindrucksvoll sind die original erhaltenen Büro- und Privaträume des letzten Staatssicherheits-Ministers Erich Mielke. Sie wirken heute eher bieder und bescheiden, doch waren sie für die damalige Zeit ungewöhnlich gut ausgestattet. In einer besonderen Ausstellung über die Operativtechnik des MfS gibt es allerlei raffinierte Beobachtungs- und Bewachungsgeräte zu sehen. Das Rahmenthema „Widerstand und Opposition" wird ebenso eindrucksvoll dokumentiert. Schon aus nichtigen Gründen geriet man in die DDR-Verfolgungsmaschinerie.

Unbequeme und überführte „Verräter" wurden in berüchtigte Gefängnisse verschleppt, so z. B. nach **Berlin-Hohenschönhausen** (26b). Bei den Führungen wird man z. T. von ehemaligen Insassen informiert. Mit der Zeit wurden die Verhörmethoden subtiler, aber dadurch nicht weniger brutal. Ziel: ein Geständnis. Ein lebendiges, trauriges Zeitzeugnis. (mi)

Bedrückend: ein Besuch in Hohenschönhausen

Auf den Spuren der DDR I | **65**

Von außen unscheinbar: Stasi-Zentrale

Schlemmen wie in der DDR

Die Osseria – Essen wie im Osten
Überall Memorabilien: alte Bilder und Fotoapparate, Radios, Fernseher, Plakate der DDR, Abzeichen, Alltagsgegenstände. Kurzum: Alles, was aus der Vergangenheit nicht als Krempel im Müllcontainer gelandet ist, findet sich hier an den Wänden als Deko. Die flotte Bedienung bringt die Speisekarte in Form eines roten Parteibuchs mit Hammer und Sichel. Hausmannskost ist angesagt, die fünf Top-Gerichte sind Soljanka, Pellkartoffeln, Wurstgulasch, Kapernklopse, Senfeier. Wer's feiner mag, der greift zu diversen westlichen Pizzas, Schnitzeln vom Schweinezuchtkombinat, Frisches kommt von der LPG Neue Ernte, es gibt Ossi- und Intershop-Schnäpse. Prost Genosse!
Osseria, *Langhansstraße 103, Tel. 030/92900436, www.osseria.de, geöffnet Mo–Fr ab 9, Sa/So ab 10 Uhr bis open end. Tram 12 und 13 sowie der Bus 158 halten beinahe direkt vor dem Eingang (Roelckestr./Langhansstr.).*

Tipp

Stasimuseum Berlin
Hinkommen: U5 Magdalenenstraße [D1]
Information: Ruschestraße 103, Haus 1, Tel. 030/5536854, www.stasimuseum.de, Mo–Fr 10–18, Sa/So 11–18 Uhr, Eintritt 6 €.

Gedenkstätte Berlin-Hohenschönhausen
Hinkommen: M5 Freienwalderstr., M6 Genslerstr., Bus 256 Rathaus Hohenschönhausen.
Information: Genslerstraße 66, 13055 Berlin, Tel. 030/98608230, www.stiftung-hsh.de. Die **zentrale Dauerausstellung** ist tgl. 9–18 Uhr zugänglich (frei), der Besuch des Gefängnisses selbst nur im Rahmen einer Führung möglich: März–Okt. tgl. 10–16 zur vollen Stunde, Nov.– Feb. Mo–Fr 11,13 und 15, Sa/So 10–16 Uhr zur vollen Stunde, 6 €.

Buchtipp: Peter Pragal: „Ihr habt es aber schön hier!": Als West-Korrespondent in der DDR, Piper 2011. 1974–1979 war Pragal DDR-Korrespondent in Ost-Berlin. Von der Stasi wurde er bespitzelt, nach der Wende las er seine Akten. Ein unglaublich interessantes Buch.

Info

27 Auf den Spuren der DDR II: Bösebrücke an der Bornholmer Straße

„Berlin wird leben, und die Mauer wird fallen" – diese Worte schrieb Willy Brandt im Sommer vor dem Mauerfall 1989.

Wenig später wurde das damals Unfassbare wahr: In der Nacht vom 9. auf den 10. November 1989 wurde der Grenzübergang von Ost nach West, vom Prenzlauer Berg nach Gesundbrunnen, um 23.29 Uhr geöffnet. Zehntausende strömten in den Westen. Während sich die Augen der Welt auf das Brandenburger Tor richteten und die historischen Bilder entstanden, geriet die Bösebrücke an der Bornholmer Straße, umgangssprachlich Bornholmer Brücke genannt, in Vergessenheit. Dabei war hier der **erste Ort**, an dem die Grenzer in jener Nacht den anstürmenden Massen nichts mehr entgegensetzen wollten oder konnten und die **Tore in den Westen** öffneten.

Die Brücke wurde 1916 fertiggestellt. Sie hieß zunächst Hindenburgbrücke und wurde 1948 nach dem **Widerstandskämpfer Wilhelm Böse** benannt. Nach der Teilung Berlins gehörte der längere Teil zu Ost-Berlin, aber 30 m zum Westteil. Nach dem Mauerbau am 13. August 1961 wurde die Brücke für den Straßenverkehr geschlossen. 1963 wurde östlich der Brücke der Grenzübergang Bornholmer Straße errichtet, der bis 1989 für PKW und Fußgänger genutzt wurde.

Das Schienengewirr der Gleisanlagen unterhalb der Brücke stellte für die DDR-Behörden ein unübersichtliches Terrain dar – um Republikfluchten zu verhindern, fuhren die Züge mit hoher Geschwindigkeit durch das schmale Grenzgebiet. Nach der Wende stand der Abriss der maroden Brücke zur Debatte. Aus Gründen des Denkmalschutzes entschloss man sich zu einer Sanierung, obwohl die Brücke für das heutige Verkehrsaufkommen nicht breit genug ist – da keine zwei Spuren in „Normbreite" passen, wurde einfach auf die Fahrbahnmarkierung verzichtet.

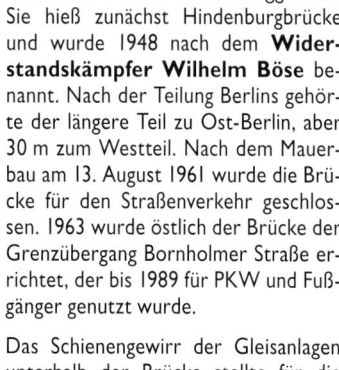

Tipp

Chronik eines Untergangs

Als am Abend des 9. November 1989 SED-Politbürogenosse Günter Schabowski auf die Frage eines Journalisten nach dem neuen Reisegesetz antwortete: „Deshalb haben wir uns dazu entschlossen, heute eine Regelung zu treffen, die es jedem Besucher der DDR möglich macht, über Grenzübergangsorte der DDR auszureisen", horchten alle auf. Ab wann ist die neue Reiseregelung wohl gelte? Schabowski blätterte unbeholfen in seinen Unterlagen und sagte dann den historischen Satz: „Das trifft nach meiner Kenntnis ... ist das sofort, unverzüglich."
Das war falsch, doch gesagt war gesagt, die Meldung verbreitete sich rasant. Die Menschenmenge an den Grenzkontrollposten wuchs. An der Bornholmer Straße entschied sich Oberstleutnant Harald Jäger für eine friedliche Lösung und öffnete die Sperren – die Massen liefen in den westlichen Teil Richtung Gesundbrunnen. In diesen wenigen Minuten brach das Ostregime zusammen.

Das „Rote Sofa" an der Bornholmer Straße soll an den Wahnsinn des 9. Novembers erinnern

Wenig bekannt: die historischen Ereignisse an der Bösebrücke

Das östliche Ende der Brücke wurde auf Antrag der Bezirksregierung am 9. November 2010 in „Platz des 9. November 1989" umbenannt. Nur vergaß man damals, ein Straßenschild aufzustellen. Dies wurde am 9. November 2013 nachgeholt. An dieser Stelle kann man sich heute umschauen, entlang eines Stücks „Original-Mauer" wird anhand von einigen Schautafeln mit Texten der 9. November 1989 dokumentiert.

Am Ausgang des S-Bahnhofs Bornholmer Straße steht ein rotes Plastiksofa, eigentlich eine Installation des Künstlerduos Twin Gabriel mit dem Titel „Mind the Gap". Aus den mittlerweile defekten Lautsprechern dröhnte einst das Wort „**Wahnsinn**" – das vielleicht meistgebrauchte Wort in jener historischen Nacht. Die deutsche Wiedervereinigung ist mit dieser Brücke für immer verbunden.

Auf der Ostseite, wo die Zollabfertigung stattfand, steht heute übrigens ein Supermarkt. Immerhin erinnert noch eine Gedenktafel an die historischen Ereignisse.

(mi)

Alltag in der DDR

Eindrucksvoll dokumentiert seit November 2013 die Ausstellung **Alltag in der DDR** im **Museum der Kulturbrauerei** anhand hunderter Exponate das Spannungsfeld zwischen Privatleben und Ideologie, vom Brigadetagebuch über Gartenlaube und Trabi bis hin zum selbstgebauten Ventilator – die Mangelwirtschaft machte erfinderisch (Knaackstraße 97, Tel. 030/4677 7790, Di–Fr 9–19 Uhr, Sa–So 10–18 Uhr, Eintritt frei, www.hdg.de/berlin/).

Hinkommen: S1/S2/S8/S9/S25/S85/50/M13 Bornholmer Straße. [E1]
Tipp: Unter www.berlin-mauer.de gibt es zum Jubiläum des Mauerfalls vom Rundfunk Berlin-Brandenburg 250 kurze Filme zu sehen, in denen Zeitzeugen anschaulich über das Leben in der geteilten Stadt erzählen.

28 Der Reichstag: vom Reichsaffenhaus zum Bundestag

Kaum ein anderes Gebäude spiegelt die Geschichte der jungen deutschen Nation so wieder wie das Reichstagsgebäude. Nach Gründung des Deutschen Reiches 1871 sollte ein neues **Parlamentsgebäude** die bisherigen Provisorien ersetzen. Von 1884–1894 schuf Paul Wallot im Stile der Neorenaissance einen wuchtig erscheinenden Quader mit vier kräftigen Ecktürmen und einer damals hochmodernen Kuppel aus Stahl und Glas. Der Institution als solcher skeptisch gegenüberstehend, verfolgte Kaiser Wilhelm II. argwöhnisch die Entstehung des Baus und bezeichnete ihn als „Gipfel der Geschmacklosigkeit" und „Reichsaffenhaus". So billigte er erst im Ersten Weltkrieg, dass die Widmung „Dem deutschen Volke" über dem Westportal angebracht wurde. Nach der Novemberrevolution von 1918 dankte er ab und einige Monate später verabschiedete die neu gebildete Nationalversammlung die Weimarer Verfassung.

Die noch junge Demokratie wurde mit der Machtübernahme Adolf Hitlers und dem Reichstagsbrand vom Februar 1933 zu Grabe getragen. An die 96 ermordeten Abgeordneten der Weimarer Republik erinnern die gusseisernen Gedenktafeln vor dem Gebäu-

Beliebtes Fotomotiv: der Reichstag

de. Nach zwölf Jahren Naziterror und dem schlimmsten Krieg der Geschichte war das „Tausendjährige Reich" in einer Trümmerwüste untergegangen. Am 30. April 1945 hisste die Rote Armee die Sowjetfahne als „Banner des Sieges" auf dem Dach. Einige Soldatengraffiti in kyrillischer Schrift sind konserviert worden, wie „Hitler kaputt". Doch schon bald setzte der Kalte Krieg ein. Im September 1948 hielt der Berliner Oberbürgermeister Ernst Reuter anlässlich der Berlin-Blockade und der Luftbrücke eine flammende Rede vor dem ausgebrannten Reichstag: „Ihr Völker der Welt, schaut auf diese Stadt …!"

Von 1961 bis 1989 verlief die **Berliner Mauer** direkt hinter der Ostseite des Gebäudes. Von Paul Baumgarten im nüchternen Stil ohne Kuppel saniert, diente der funktionslos gewordene Parlamentsbau als Kulisse für Fußball spielende Berliner und Open-Air-Rockkonzerte. Hunderttausende jubelten Barclay James Harvest („Berlin"), Pink Floyd („The Wall") oder David Bowie („Heroes") zu, deren Klänge auch nach Ostberlin wehten.

Nach der Befreiung von der Mauer sollte der Reichstag mit der Verhüllung durch Christo und Jeanne-Claude selbst die glanzvolle Hauptrolle in einem einmaligen Kunstspektakel spielen. Zwei Wochen lang verzauberte er im Sommer 1995 die ganze Stadt. Da war der Umzug von Parlament und Regierung von Bonn nach Berlin längst beschlossene Sache und Stararchitekt Norman Foster fing an, den düsteren Bau für den Deutschen Bundestag komplett umzubauen – nur die Außenmauern blieben. Die wunderschöne Hightech-Glaskuppel, bis oben hin öffentlich begehbar und nachts hell erleuchtet, ist zum Wahrzeichen des neuen Regierungsviertels geworden. Mit einer Zahl von jährlich drei Millionen Besuchern ist der Reichstag heute das „bestbesuchte Parlament weltweit".

Die Dachterrasse bietet eine tolle Aussicht auf das **Regierungsviertel**, das Brandenburger Tor, das neue Berlin am Potsdamer Platz und den Großen Tiergarten. Im nördlichen Lichthof ist ein Kunstwerk von Hans Haacke zu sehen. Es besteht aus dem Schriftzug „Der Bevölkerung", der in Erde aus allen Wahlkreisen eingebettet ist. Höhepunkt eines Besuchs ist der Gang über die je 230 m langen spiralförmigen Rampen, die bis zur Spitze der Kuppel führen und eine ständig wechselnde Perspektive auf die Umgebung erlauben. In der Mitte der Kuppel hängt ein Kegel, der mit insgesamt 360 Spiegel verkleidet ist, die das Tageslicht in den Plenarsaal reflektieren. In diesen Konus ist die gesamte Haustechnik integriert. (md)

Hinkommen: S/U-Bahn Brandenburger Tor, U55 Bundestag, Bus 100, M85 Reichstag/Bundestag. [D3]
Information und Öffnungszeiten: Für den Besuch der tgl. 8– 24 Uhr geöffneten Kuppel und Dachterrasse, Hausführungen oder Teilnahme an einer Plenarsitzung (alles kostenlos) sowie des Restaurants Käfer ist eine vorherige **Anmeldung** per Post oder Internet notwendig. Man erhält einen Termin und muss dann nicht mehr warten. Vor dem Einlass gibt es Sicherheitskontrollen, Ausweis nicht vergessen!

Kurzentschlossene melden sich beim Besucherdienst (Wartezeit!) und können – je nach Kapazität! – mit etwas Glück 2 Stunden später Dach und Kuppel besuchen.
Info-Tel. 030/22732152, www.bundestag.de/besuche.
Essen & Trinken: Restaurant **Käfer** auf der Dachterrasse, schickes Ambiente, tolle Aussicht (Tel. 030/2262990, www.feinkostkaefer.de/berlin).

29 Wilhelmstraße und Prinz-Albrecht-Gelände: Schaltzentrale der Nationalsozialisten

Die Wilhelmstraße, die ehemalige „Downing Street" Preußens und des Deutschen Reiches, wurde nach der Machtergreifung Adolf Hitlers am 30. Januar 1933 zur Schaltzentrale der Nationalsozialisten. Die von Albert Speer mit gigantischen Ausmaßen errichtete **Neue Reichskanzlei** erstreckte sich von der Wilhelmstraße entlang der gesamten Nordseite der Voßstraße. 1945 in ein Ruinenfeld verwandelt, entstanden in den 1980er-Jahren gleichförmige Luxus-Plattenbauten, bevorzugt von DDR-Spitzenfunktionären bewohnt. Eine Infotafel auf der Gertrud-Kolmar-Straße weist auf den Standort des abgetragenen Führerbunkers hin. An der Ecke Wilhelmstraße/An der Kolonnade erinnert ein ungewöhnliches Denkmal in Form einer filigranen Stahlsilhouette hoch über der Straße an Georg Elser. Dessen Sprengstoffattentat auf Hitler am 8. November 1939 wäre fast geglückt; jedoch hatte Hitler früher als erwartet den Münchner Bürgerbräukeller verlassen.

Während die sowjetische Militärverwaltung nach Kriegsende die Neue Reichskanzlei sprengte, bezog sie eine Ecke weiter nun selbst Quartier im kaum beschädigten Imperium von Hermann Göring, dem **ehemaligen Reichsluftfahrtministerium**. Mit 2.100 Zimmern, 4.000 Fenstern, 17 Treppenhäusern und 6,8 km Korridoren war es 1935 einer der ersten Monumentalbauten, den die Nazis errichten ließen. Er umfasst den gesamten Block entlang der Wilhelmstraße Nr. 97.

Nach sowjetischer Nutzung wurde am 7. Oktober 1949 im großen Festsaal die DDR gegründet. Hinter den Pfeilern am Platz des Volksaufstands von 1953 (Ecke Wilhelm-/Leipziger Straße) kann man das 3 × 24 Meter große Wandbild „Aufbau der Republik" von Max Lingner bestaunen. Die auf Meißner Porzellan gemalten freudestrahlenden Arbeiter und Bauern verkörpern das Idealbild einer glücklichen sozialistischen Gesellschaft. Ganz und gar nicht fröhlich zeigten sich die real existierenden Werktätigen, die während des Aufstands des 17. Juni 1953 protestierend von der Stalinallee hierherzogen (s. S. 162). Ihre wütenden Gesichter sind auf einer umrahmten Glasplatte im Boden festgehalten. Während bis 1989 im „Haus der Ministerien" verschiedene Fachbehörden die DDR-Planwirtschaft lenkten, zerstückelte die ungeliebte Treuhandanstalt nach der Wende die ehemaligen volkseigenen Betriebe. Heute ist das Gebäude nach dem 1991 durch die RAF ermordeten Chef der Treuhand Detlev Karsten Rohwedder benannt. Seit 1999 ist es der Hauptsitz des Bundesfinanzministeriums.

Das Detlev-Rohwedder-Haus zieht sich bis zur ehemaligen Prinz-Albrecht-Stra-

Ausschnitt des Wandbilds von Max Lingner

Wilhelmstraße und Prinz-Albrecht-Gelände

Steinwüste vor dem Rohwedder-Haus

ße, die mittlerweile Niederkirchnerstraße heißt. Wo heute an der Wilhelmstraße ein Stück umzäunte Restmauer beginnt, hatte sich 1830 Prinz Albrecht sein Palais eingerichtet. Daneben entstanden später das Hotel Prinz Albrecht sowie die Kunstgewerbeschule. Nach 1933 übernahmen die Nationalsozialisten dieses Gelände und installierten hier ihre Terrorzentralen. Dazu gehörten der Sicherheitsdienst der SS unter Reinhard Heydrich, die Gestapo sowie ab 1939 das Reichssicherheitshauptamt, das bis zu dessen Tod 1942 ebenfalls von Heydrich geführt wurde. Direkt nebenan residierte der Führungsstab der SS unter dem Reichsführer SS Heinrich Himmler. Von hier aus bespitzelte und terrorisierte die Nazibande die Bevölkerung und organisierte die Verfolgungs- und Vernichtungspolitik inklusive der Massenexekutionen von Juden. Das kriegszerstörte und später abgetragene Gelände geriet im Schatten der Mauer fast in Vergessenheit.

Bereits 1987 gab es eine erste Ausstellung zur Aufarbeitung der Geschichte des Geländes. Am 7. Mai 2010 wurde dann endlich das Dokumentationszentrum feierlich eröffnet. In dem bewusst nüchtern gehaltenen grauen Flachbau, der über der großen leeren Fläche zu schweben scheint, befinden sich neben der sehr guten Ausstellung „Topographie des Terrors" eine Bibliothek, Seminarräume und eine Cafeteria. Im Außenbereich führt ein aus 15 Stationen angelegter Rundweg u. a. zu den Kelleranlagen, in denen die Gestapo ihr „Hausgefängnis" mit Einzelzellen betrieb. Interessante Ein- und Durchblicke ergeben sich auf dem schmalen Weg entlang der Mauer. Die mit grauen Schottersteinen aufgefüllte Freifläche vor dem Robinienwäldchen auf der Südseite des Geländes macht deutlich: Über diesen Ort des Schreckens darf kein Gras wachsen! (md)

Hinkommen: U2 Mohrenstraße, U6 Kochstr./Checkpoint Charlie, U2/S2/S5/S25 Potsdamer Platz, S1/S2/S25 Anhalter Bahnhof. [E4]
Information: Topographie des Terrors, Niederkirchnerstraße 8, Tel. 030/2545090, www.topographie.de, tgl. 10–20 Uhr, Eintritt frei.

Sehr informativ ist auch das Portal „**Orte der Erinnerung**" (www.orte-der-erinnerung.de), das einen Überblick über 15 NS-Gedenkstätten, Dokumentationszentren und Museen gibt sowie über Dauer-, Sonder- und Wanderausstellungen informiert. Besuche und Veranstaltungen sind in der Regel kostenlos.

30 Der Schwerbelastungskörper: das kuriose Experiment des Albert Speer

An der Grenze zwischen Tempelhof und Schönefeld veranschaulicht dieses Baudenkmal mit dem befremdlichen Namen den architektonischen Größenwahn des Dritten Reiches. Im Zuge der Erbauung der **Welthauptstadt Germania** – so sollte Berlin nach einer umfassenden Umgestaltung heißen – übertrug Hitler seinem Chefarchitekten Albert Speer weitreichende Kompetenzen: Speer durfte übergeordnet agieren und musste auf die Berliner Stadtverwaltung keine Rücksicht nehmen.

Nicht nur gigantische Gebäude sollten entstehen, sondern auch zwei sehr markante Prachtalleen, die Ost-West-Achse und die Nord-Süd-Achse. Am Ende letzterer war ein monumentaler **Triumphbogen** geplant: 117 Meter hoch, 170 Meter breit, versehen mit den Namen aller 1,8 Millionen im Ersten Weltkrieg gefallenen deutschen Soldaten. Ein Vergleich verdeutlicht die Megalomanie der Pläne: Das Bauwerk sollte 50-mal mehr Raum beanspruchen als der Pariser Arc de Triomphe.

Bevor man mit der Umsetzung eines solch überdimensionierten Baus begann, waren Experimente zur Tragfähigkeit des Untergrunds notwendig, denn Speer traute dem märkischen Boden nicht: Man trifft hier auf weiche Ton-Sand-Schichten (Mergel). Um die Belastbarkeit des Bodens zu prüfen, wurde 1941–1942 der Schwerbelastungskörper gebaut, ein fensterloser, runder Betonklotz, der einzig Versuchszwecken diente. Federführend war dabei die Deutsche Gesellschaft für Bodenmechanik (deren Nachfolge-Gesellschaft übrigens bis 1977 das Betonmonster für Untersuchungen nutzte).

Im Inneren des Betonzylinders, der im Volksmund „Naziklotz" heißt, wurden Messinstrumente angebracht. Ergebnis war: Nach 2 ½ Jahren sank der Be-

Nicht schön, aber schwer: der Schwerbelastungskörper

lastungskörper um 19,3 cm ein und schon beim Betonieren neigte er sich um 3,5 cm – dagegen lag die Toleranzgrenze des Sinkens bei nur 6 cm. Fazit: Der Triumphbogen wäre ohne zusätzliche Bodenverdichtungen in großer Tiefe nach spätestens 10 Jahren in sich zusammengefallen. Übrigens planten die Nazis, den Schwerbelastungskörper bis oben zuzuschütten: Er wäre damit unter der 120 Meter breiten Nord-Süd-Achse verschwunden.

Eine **Sprengung** des heute unnützen und hässlichen Betonklotzes war aufgrund der Nachbarschaft zu Wohnhäusern nicht möglich. So verwilderte das Gelände, und so manche Idee, etwa das Dach als Café oder die Wände zum Klettern zu nutzen, wurde verworfen. Schließlich stellte man 1995 das Monster unter Denkmalschutz. Politisch war das etwas brisant, da man dadurch einem nationalsozialistischen Erbe eine öffentliche Würdigung gewährte. Im Jahre 2007 begann die Sanierung des Baudenkmals.

Seit September 2009 ist der Baukörper zugänglich. Es gibt einen 16 m hohen Aussichtsturm, von dem aus man das Gelände überblicken kann, an der Versuchsgrube entstanden Sitzstufen. Ein Pavillon sowie Informationstafeln veranschaulichen die Historie. (mi)

> **Ein paar Daten**
>
> Verbaut wurden für 400.000 Reichsmark knapp 12.650 Tonnen Beton. Der Betonzylinder reicht 14 m in die Höhe und 18 m in die Tiefe. Der Durchmesser beträgt unterirdisch 11 und oberirdisch 21 m. Der so aufgebaute Belastungsdruck beträgt auf 100 m² Grund 12,65 kg pro cm².

Infotafel am Denkmal

Hinkommen: U6 Platz der Luftbrücke oder S1, Busse 106/204 Julius-Leber-Brücke. Von beiden Stationen 15 Min. zu Fuß oder Bus 104 bis Kolonnenbrücke. [D5]
Information:
Informationsort: General-Pape-Str., Ecke Loewenhardtdamm, Tel. 030/49910517, www.schwerbelastungskoerper.de, Apr–Okt. Di–Mi 14–18 Uhr, Do 10–18 Uhr, So 13–16 Uhr, Eintritt frei.
Führung mit „Berliner Unterwelten" (s. S. 62) April–Okt. So 12 Uhr, 6 € (Tickets ca. 15 Min. vor Führungsbeginn vor Ort zu erwerben), www.berliner-unterwelten.de.

31 Denkmal für die ermordeten Juden Europas: Ort des Gedenkens, der Information, der Selbsterfahrung

Bereits in den 1980er-Jahren gründete sich auf Anregung von Lea Rosh und Eberhard Jäckel eine Initiative, für die Schaffung einer zentralen Gedenkstätte an die durch die Nazis ermordeten Juden. In der langen Planungsphase wurde über die Gestaltung eines solchen Denkmals leidenschaftlich diskutiert. Die zunächst favorisierte Idee einer gigantischen schiefen Betonebene mit den eingemeißelten Namen jüdischer Opfer wurde vom damaligen Bundeskanzler Helmut Kohl abgelehnt. Einen völlig neuen Umgang mit dem Thema Gedenken schuf der US-amerikanische Architekt **Peter Eisenman**, nach dessen Entwurf das Mahnmal geschaffen und am 10. Mai 2005 feierlich eingeweiht wurde.

Das Stelenfeld: Auf 19.000 Quadratmetern stehen 2.711 Betonquader (die Anzahl hat keine symbolische Bedeutung) mit jeweils gleichem Grundriss, aber unterschiedlichen Neigungswinkeln und Höhen. Die grauen und namenlosen Stelen sind angelehnt an die Sarkophaggräber jüdischer Friedhöfe. Nach außen wirkt das Mahnmal eher ungewohnt, erst die Begehung führt zu einem berührenden Erlebnis. Auf der wellenförmigen Oberfläche „taucht" man hinab in das bis zu 4,70 Meter tiefe Meer aus Stille und Dunkelheit.

Die Stelen, die an die Opfer des Holocaust erinnern

Nach einer Weile stellt sich ein Gefühl der Verunsicherung, der tiefen Einsamkeit oder zumindest einer undefinierbaren Beklemmung ein. Der nächtliche Besuch ist noch wirkungsvoller.

Das Gelände: Der Standort des Mahnmals ist kein authentischer Ort des Holocaust, auch wenn sich in unmittelbarer Nähe Hitlers Reichskanzlei, der Führerbunker sowie der Luftschutzbunker von Joseph Goebbels befanden. Hier lagen die Gärten der früheren Ministerien an der Wilhelmstraße und später der Ost-West-Todesstreifen. Die exponierte Lage im Zentrum der Hauptstadt untermauert aber das Bestreben, die Erinnerung an den Holocaust als einen wichtigen Bestandteil der deutschen Identität wachzuhalten. Das Brandenburger Tor ist nah, ebenso das Neue Berlin am Potsdamer Platz. Vom westlichen Teil der Hannah-Ahrendt-Straße aus kann man hinter dem Stelenfeld die Reichstagskuppel sehen, Symbol des demokratischen Rechtsstaats.

Ort der Information: Die unterirdisch gelegene Ausstellung versteht sich als Ergänzung zum abstrakten Stelenfeld und informiert in vier Themen-Räumen über die historische Dimension des Holocaust. In einem Raum werden die Namen der Opfer auf die Wände projiziert. Mit der Darstellung von Einzelschicksalen aus ganz Europa fühlt man sich im Raum der Familien diesen Menschen tatsächlich sehr nahe. Die Schlichtheit der teilweise von Tageslicht beleuchteten Räume verstärkt noch die Wirkung. Der Eingang befindet sich an der Cora-Berliner-Straße, eine Treppe und ein Aufzug führen hinunter. (md)

Gang durch die Stelen

Hinkommen: S1/S2/S25/U55/100 Brandenburger Tor, U2/S1/S2/S25 Potsdamer Platz, U2 Mohrenstraße, Bus M85 Ebertstraße. Vom Pariser Platz führt ein Gang durch die Akademie der Künste auf die Behrenstraße. [D3]
Information: im Quadrat von Ebert-, Behren-, Cora-Berliner- und Hannah-Arendt-Straße gelegen.

Stelenfeld: 24 Stunden geöffnet, von allen Seiten begehbar. Das Gelände wird ständig bewacht und nachts durch Lichtstreifen beleuchtet. Für Rollstuhlfahrer sind spezielle Passagen durch das Stelenfeld markiert.
Ort der Information: Eingang Cora-Berliner-Straße, April–Sept. Di–So 10–20 Uhr; Okt.–März Di–So 10–19 Uhr, Eintritt frei. Führungen: www.stiftung-denkmal.de, Tel. 030/26394336 und 2007660.

Info

32 Der verlassene Raum: das unbekannte Holocaust-Mahnmal

Wer kennt ihn schon, den **Koppenplatz**? Versteckt und umgeben von Häusern, die um 1850 erbaut wurden, liegt hier in der Nähe der belebten Hackeschen Höfe und der Oranienburger Straße ein kleiner Park. Ein stilles Idyll mitten in Berlin.

Ursprünglich befand sich hier ab 1704 der Armenfriedhof des Scheunenviertels (Spandauer Vorstadt), benannt nach dem Stadthauptmann Christian Koppe. Dieser hatte das Areal 1696 gekauft, um es später der Städtischen Armenverwaltung Berlins zu schenken. Die letzte Beisetzung fand 1838 statt. Um 1900 wandelte man das Gebiet in eine Grünanlage um, 1927 schließlich wurde daraus ein Park. 1940/41 bauten die Nazis unter dem Park einen besonders soliden Bunker, dessen Eingänge 1950/51 zugemauert und 1995 entfernt wurden.

Am Zugang von der Linienstraße liegt das Denkmal „Der verlassene Raum". Fast könnte man sagen, es ist das kleine Pendant zum großen Holocaust-Mahnmal nahe dem Brandenburger Tor. Anlässlich des 50. Jahrestags der Reichspogromnacht hatte die

„Der verlassene Raum"

Ostberliner Stadtverwaltung 1988 einen Künstlerwettbewerb ausgeschrieben. Gewinner wurde **Karl Biedermann**, doch erst 1996 konnte seine Bronzeskulptur aufgestellt werden.

Man steht etwas ratlos vor dem überdimensionierten Tisch, an dem ein übergroßer Stuhl steht, ein anderer ist umgekippt. Der Boden ist parkettähnlich gestaltet. Alles sieht so aus, als ob ein Raum nach einer Auseinandersetzung unfreiwillig verlassen wurde. Und so war es damals auch, als jüdische Mitbürger von der Gestapo aus ihren Wohnungen geholt wurden. Um den Boden herum zieht sich ein Band mit Versen von Nobelpreisträgerin **Nelly Sachs**:

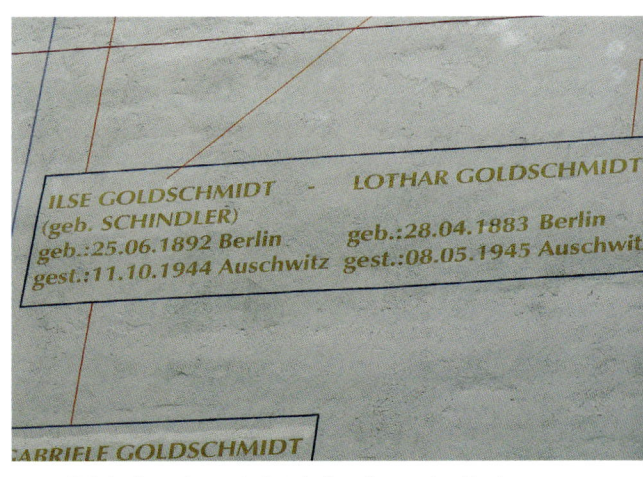

Teil des Stammbaums im Innenhof von Koppenplatz Nr. 6

„... O die Wohnungen des Todes, / Einladend hergerichtet / Für den Wirt des Hauses,
der sonst Gast war – / O ihr Finger, / Die Eingangsschwelle legend /
Wie ein Messer zwischen Leben und Tod – // = ihr Schornsteine, /
O ihr Finger, / Und Israels Leib im Rauch durch die Luft!"
Nelly Sachs (10. Dezember 1891 Berlin–12. Mai 1970 Stockholm).

Die bronzene Ausführung der Skulptur vermittelt etwas sehr Wirkliches: Das „Holz" sieht täuschend echt aus, ebenso das glänzende „Leder" der Stühle. Im Gegensatz zu Peter Eisenmans abstraktem, intepretationsoffenem Holocaust-Denkmal ist „Der verlassene Raum" sehr konkret.

Im Innenhof des Hauses Koppenplatz Nr. 6 wird das Schicksal jüdischer Hauseigentümer veranschaulicht: An der rechten Hauswand ist ein Stammbaum der Familie der einstigen Besitzerin angebracht. Inklusive Todesdatum und -ort. Und plötzlich wird Geschichte sehr persönlich und macht betroffen. (mi)

Hinkommen: Koppenplatz, 10115 Berlin; U8/M1/M8 Rosenthaler Platz, Bus 142 Tucholskystr. [E2]
Buchtipp: Irina Liebmann: „Wo Gras wuchs bis zu Tischen hoch. Ein Spaziergang im Scheunenviertel". Gedichte und Texte. Europäische Verlagsanstalt, 1995, 17,50 €.
Essen & Trinken: Altes Europa, Gipsstr. 11, Tel. 030/28093840, www.alteseuropa.com, tgl. ab 12 Uhr. In ungezwungener Kiez-Atmosphäre genießt man – im Sommer auch an der Straße – kleine und größere Gerichte des „Alten Europa", manchmal besonders raffiniert kreiert – und das zu günstigen Preisen, dazu preiswerte Biere und Weine. Drinnen ein Sammelsurium alter zusammengewürfelter Möbel, nostalgisch-gemütlich.

Info

33 | Wo einst eine der größten Synagogen stand: das Jüdische Denkmal an der Levetzowstraße

Entlang eines Bürgersteigs steht er, unbeweglich: ein alter **Eisenbahnwaggon**. Im Inneren gedrungene, stilisierte, menschenähnliche Gestalten – aus Stein herausgehauen. Man muss sich schon ducken, um über eine Rampe den Waggon zu erreichen und ins Innere zu den steinernen Figuren zu gelangen. Es ist düster, beklemmend, bedrückend. Durch die Waggonluken sieht man draußen die Sonne, fühlt sich trotzdem eingesperrt. Das alles war lebendiger Alltag vor etwa 75 Jahren, als jüdische Mitbürger aus ihren Wohnungen gezerrt wurden, um in Konzentrationslager verschleppt zu werden, für die Allermeisten eine Fahrt in den Tod.

Vor der Rampe, mit Blick auf Spielplatz und Wohnhäuser, ist eine schräge, hohe Eisenplatte aufgerichtet. In sie sind die einzelnen Transporte in die KZs eingestanzt, der Lichtdurchfall erleichtert das Lesen. Ihre Höhe entspricht der der ehemaligen Synagoge. Eine grausame, künstlerisch eindrucksvoll gestaltete Dokumentation. Davor, auf dem Weg zur Rampe, sind in eine Betonplatte gusseiserne Reliefs aller 36 Synagogen Berlins eingelassen.

An dieser Stelle, an der Levetzowstraße/Ecke Jagowstraße, stand einst eine der **größten Synagogen Berlins**. Über 2.000 Menschen fanden hier Platz. In der Pogromnacht vom 9. November 1938 wurde sie von Nazis in Brand gesetzt, aber nicht zerstört. Sie diente ab 1941 als Lager für zu deportierende Juden, bis zu 1.000 Menschen wurden hier zusammengetrieben. Meistens spät abends oder während der Nacht riss die Gestapo jüdische Familien aus ihren Wohnungen und Häusern. Vor der Deportation mussten sie eine Verzichtserklärung auf ihren gesamten Besitz unterschreiben, der an den Staat überging und von diesem veräußert wurde. Was die Deportierten an persönlichen Gegenständen mitnahmen, wurde ihnen im Sammellager abgenommen. Kurze Zeit später ging es zum Bahnhof Grunewald, wo die Gefangenen die Waggons der Deutschen Reichsbahn bestiegen. Ab dem Frühjahr 1942 nutzte man die Bahnhöfe Moabit und Anhalter Bahnhof – sie waren näher.

Von der Synagoge selbst sieht man heute nichts mehr, sie wurde im Krieg zerstört und die Überbleibsel schließlich 1955 niedergerissen und abgetragen. Heute befindet sich hier eine Grünanlage mit Kinderspielplatz. Lange Jahre tat sich an dieser Stelle nichts, bis 1985

Bedrückende Enge im Inneren des Waggons

Die riesige Eisenplatte dokumentiert das Grauen

ein Künstlerwettbewerb zur Gestaltung eines Mahnmals ausgeschrieben wurde. Der Bildhauer Peter Herbrich sowie die Architekten Theseus Bappert und Jürgen Wenzel legten den überzeugendsten Entwurf vor. 1988 erfolgte dann die Einweihung, 50 Jahre nach der Pogromnacht. Neben dem Denkmal für die ermordeten Juden Europas am Tiergarten (S. 74) und dem verlassenen Raum am Koppenplatz (Berlin-Mitte, S. 76) ist dieses Mahnmal ein Muss für jeden geschichtsinteressierten Berlin-Besucher. (mi)

Hinkommen: U9 Hansaplatz, dann 800 m zu Fuß oder Bus 106 bis Zinsendorfstr. [C2]
Information: Levetzowstraße 3. Das Denkmal ist jederzeit zugänglich.
Buchtipp: Aktion 3: „Deutsche verwerten jüdische Nachbarn." Aufbau Verlag (nur noch antiquarisch erhältlich). Anschauliches Buch, das anhand zahlreicher Dokumente am Beispiel des Finanzministeriums Köln verdeutlicht, wie Häuser und Hausrat der verschleppten jüdischen Bevölkerung, die ihr Hab und Gut an den Staat abtreten mussten, an die deutsche Bevölkerung verkauft wurden – und wie den Überlebenden nach dem Krieg z. T. die Rückgabe verweigert wurde.
Essen & Trinken: ProbierMahl, Dortmunder Str. 9, Tel. 030/3996969, www.probiermahl.de, Mo-Sa 16–1, So 10–24 Uhr. Legeres Restaurant in einem Wohnviertel von Moabit, rustikal-gemütlich eingerichtet, im Sommer großer Außenbereich. Frische, mediterran angehauchte Küche, z. B. mit einer Auswahl zwischen 3 (8,50 €) oder 6 Tapas (14,50 €), aber auch „besonderen" Burgern (10–11,50 €) – die Kids werden es lieben.
Lei e Lui, Wilsnacker Str. 61, U9 Turmstraße, Tel. 030/30208890, www.lei-e-lui.de, Mi-Sa 17–24 Uhr. Reservierung empfohlen. Nicht direkt in der Nähe (ca. 1,8 km), aber nur eine U-Bahnhaltestelle entfernt liegt dieses Bio-Restaurant. Innen ist es behaglich, etwas verwinkelt. Auf der Speisekarte werden mediterrane und orientalische Einflüsse deutlich, z. B. Rote-Linsen-Kürbis-Tomatensuppe. Hauptgerichte um 16 €, Weine eher preiswert (½ ltr ca. 10 €).

Info

34 The Kennedys: „Ich bin ein Berliner"

Nur rund 1.000 Tage währte die Amtszeit von John F. Kennedy und doch ist er der Weltöffentlichkeit und besonders den Berlinern in bleibender Erinnerung geblieben. Vor allem während des Wahlkampfs von Barack Obama wurden Vergleiche mit dem charismatischen John F. Kennedy angestellt, jenem Präsidenten, der wie kaum ein anderer vor ihm die mediale Wirkung seiner Worte bewusst erkannt und eingesetzt hat. So stammt von ihm das berühmte Zitat „Und deshalb, meine amerikanischen Mitbürger: Fragt nicht, was unser Land für Euch tun kann – fragt, was Ihr für unser Land tun könnt" und „Meine Mitbürger dieser Welt: Fragen Sie nicht, was Amerika für Sie tun wird, sondern was wir gemeinsam für die Freiheit des Menschen tun können".

Die Kennedys und die Fitzgeralds zählten zu den Hunderttausenden Iren, die im 19. Jh. aus Not nach Amerika ausgewandert waren. In wenigen Generationen gelang ihnen ein außergewöhnlicher finanzieller und gesellschaftlicher Aufstieg. Gekrönt wurde diese Entwicklung, als John F. Kennedy 1960 zum 35. Präsidenten der USA gewählt wurde. Damit stiegen die Kennedys zur „First Family" auf.

Die Kennedys symbolisierten damals so etwas wie die **Königsfamilie** der Amerikaner. John F. Kennedy wusste durch sein sympathisches Auftreten die Herzen der Berliner zu erobern, als er am 26. Juni 1963 als erster amerikanischer Präsident nach dem Mauerbau seine Rede vor dem Schöneberger Rathaus mit den Worten schloss „Ich bin ein Berliner". Seine Frau Jackie sagte später einmal, dass der meistzitierte Satz ihres Mannes kurioserweise nicht auf Englisch, sondern auf Deutsch formuliert worden sei. Sein

John F. Kennedy, Willy Brandt und Konrad Adenauer am Brandenburger Tor

gewaltsamer Tod nur wenige Monate nach diesem Berliner Besuch verstärkte insbesondere bei den Deutschen die Erinnerung an ihn und seinen Appell an die Freiheit.

„Berlin wird John F. Kennedy ein Denkmal setzen!" versprach Willy Brandt, der damals Regierender Bürgermeister von Berlin war. Gewissermaßen ist das – wenngleich auf eine private Initiative hin – mit fast 50 Jahren Verspätung Wirklichkeit geworden. Die im **Museum The Kennedys** gezeigten Exponate wurden erstmals 2004 in Berlin und Rom ausgestellt und stießen auf großes Echo. In Zusammenarbeit mit der Freien Universität Berlin hat die Galerie Camera Work sie zu einer einzigartigen Sammlung zusammengefasst.

Das Museum ist in einer **ehemaligen Jüdischen Mädchenschule** mitten in der szenigen Spandauer Vorstadt untergebracht. Erbaut im Stile der Neuen Sachlichkeit der 1920er-Jahre diente der dunkle Klinkerbau in der Nazizeit als Krankenhaus, später als Schule. Ab Mitte der 1990er-Jahre stand er lange leer und verfiel allmählich. Heute finden sich hier Galerien mit wechselnden Ausstellungen, und seit der Betreiber des Grill Royal mit dem Pauly Saal ein zweites Restaurant eröffnet hat, geben sich hier auch die Schönen und Reichen – und die, die es gerne wären – ein Stelldichein. Günstiger kann man sich im Mogg&Melzer mit Sandwiches und Kaffee versorgen.

Neben den vielen Dokumenten, Fotografien und Exponaten steht vor allem alles, was mit John F. Kennedy persönlich zu tun hat, im Vordergrund der Ausstellung. So kann Zeitgeschichte lebendig werden.

Schlicht: die Backsteinfassade der einstigen Mädchenschule

Beim Rundgang erfährt man, dass Jackie, selbst eine passionierte Fotografin, stets darum bemüht war, dass ausschließlich publikumswirksame Fotos publiziert wurden. Wer kennt nicht das Bild des kleinen Sohnes, der unter dem Präsidententisch krabbelt? Und John F. Kennedy, der selbst ein schweres Rückenleiden hatte, wurde stets als agiler, jugendlich wirkender Präsident dargestellt. Die Bilder sind Teil des öffentlichen Gedächtnisses geworden und prägen das Bild des ehemaligen Präsidenten weit über seinen Tod hinaus. Verschwiegen werden natürlich Gerüchte um die vielen Affären, die sich posthum um den Glamour-Präsidenten rankten … (mi)

Hinkommen: S1/S2/S25 Oranienburger Straße, U6/M1/M5 Oranienburger Tor. [E2]
Information: www.maedchenschule.org.
Museum The Kennedys, Auguststr. 11–13, Tel. 030/20653570, www.thekennedys.de, Di–Fr 10–18 Uhr, Sa–So 11–18 Uhr, Eintritt 5 €.

In der Nähe:
3 Hackescher Markt, S. 16
32 Verlassener Raum, S. 76
17 Clärchens Ballhaus, S. 44

35 Sowjetische Ehrenmäler: Monumente des Sieges und der Trauer

Nach dem Ende des Zweiten Weltkriegs entstanden in Berlin drei monumentale sowjetische Denkmäler, um die 80.000 Soldaten der Roten Armee zu ehren, die in der Schlacht um Berlin gefallen waren. Nicht nur Millionenfache Trauer, sondern auch ruhmreicher Sieg und die Befreiung vom Faschismus sollten in überdimensionaler Form manifestiert werden. Heute wirken die wuchtigen Denkmäler etwas aus der Zeit gefallen und erzeugen mit der Verherrlichung des sowjetischen Heldentums insbesondere angesichts der stalinistischen Ära zwiespältige Gefühle. Gleichwohl stellen sie ein einmaliges historisches Zeugnis der UdSSR dar. Im Rahmen der Wiedervereinigung stellte die Sowjetunion die Bedingung, dass die Ehrenmäler unverändert zu erhalten seien. 1992 schlossen die Bundesrepublik und die Russische Föderation bilaterale Abkommen über Pflege und Erhalt von Kriegsgräbern. Noch heute wird alljährlich das Kriegsende am 8. Mai mit dem Tag der Befreiung feierlich begangen.

Zentral: Sowjetisches Ehrenmal im Tiergarten (35a)

Acht Meter erhebt sich die Bronzestatue des Rotarmisten. Das an seiner Schulter hängende Gewehr zeigt das Kriegsende an, die linke Hand hebt er über seine gefallenen Kameraden. Noch im Mai 1945 wurde mit dem Bau begonnen, den man bewusst auf die von Hitler geplante Nord-Süd-Achse platzierte. Die Granitquader der zentralen Kolonnade stammen angeblich aus der zerstörten Reichskanzlei. Dahinter befinden sich Gräber von mehr als 2.000 sowjetischen Soldaten. Während der Teilung der Stadt lag das Ehrenmal im britischen Sektor und bildete eine sowjetische Enklave in Westberlin. Den Eingang flankieren die beiden russischen Panzer, die 1945 als erste Berlin erreicht haben sollen. Sie stehen unmittelbar an der Straße des 17. Juni, die wiederum an den DDR-Aufstand von 1953 erinnert, welcher von sowjetischen Panzern – wenig ruhmreich – niedergeschlagen wurde.

Ehrenmal im Tiergarten

Das Ehrenmal im Treptower Park

Monumental: Zentrale Gedenkstätte im Treptower Park (35b)

Die 1949 eingeweihte Anlage ist mit 100.000 m² der größte sowjetische Denkmalkomplex Berlins und Ruhestätte für 7.000 gefallene Rotarmisten. In ihrer Monumentalität kündet sie vom Selbstbewusstsein in Anbetracht des ruhmreichen Siegs. Nachdem man das 15 m hohe Portal passiert hat, erreicht man die Sitzfigur Mutter Heimat. Während des nun folgenden Anstiegs wird die gewaltige Dimension der Anlage allmählich sichtbar. Die zwei schanzenartigen Gebilde aus rotem Granit sollen Sowjetfahnen symbolisieren. Im streng symmetrisch gestalteten Ehrenhain stehen 16 Sarkophage. Sie enthalten Reliefdarstellungen vom „Großen Vaterländischen Krieg" sowie Zitate von Stalin. Der 70 Tonnen schwere Sowjetsoldat auf dem Mausoleumshügel hält in der einen Hand ein gerettetes Kind, in der anderen ein gesenktes Schwert, sein linker Fuß ruht auf einem zerschmetterten Hakenkreuz. Vor dieser Kulisse verabschiedete sich die russische Armee am 31. August 1994 feierlich von Berlin.

Ort der Trauer: Schönholzer Heide in Pankow (35c)

Auf dem Gelände eines ehemaligen Vergnügungsparks brachten die Nazis 1940 im „Luna-Lager" Tausende ausländischer Zwangsarbeiter unter. Neun Jahre später weihte die sowjetische Armee hier auf einer Fläche von 27.500 m² den größten Soldatenfriedhof Berlins ein. 13.200 Menschen sind hier bestattet. In seiner Größe ähnelt er der monumentalen Anlage im Treptower Park, jedoch steht hier die Trauer eindeutig im Vordergrund. Eine Lindenallee führt direkt zu den beiden mächtigen Ecktürmen aus rotem Granit. Auf den bronzenen Großreliefs ist das kämpfende und trauernde Sowjetvolk dargestellt. Das Innere des rechten Turmbaus erinnert mit seinem bunten Oberlicht an eine ägyptische Grabkammer. Im Zentrum des Ehrenhains mit 16 Grabkammern steht das Hauptdenkmal der „Mutter Heimat", die um ihren gefallenen Sohn trauert. Hinter dem weithin sichtbaren, 33,5 m hohen Obelisken erinnert ein Gedenkstein an die sowjetischen Opfer während der Kriegsgefangenschaft. (md)

Hinkommen:
Ehrenmal im Tiergarten: Straße des 17. Juni, 400 m vom Brandenburger Tor entfernt. S1/S2/S25/U55 Brandenburger Tor. [D3]
Gedenkstätte im Treptower Park: S8/S9/S41/S42/S85 Treptower Park.
Schönholzer Heide: Germanenstraße, S2/S8/S9 Pankow + Bus 155 Ehrenmal Schönholz oder S1/S25/S85 Schönholz + 1 km Fußweg.

Info

36 Villa Schöningen: ein deutsch-deutsches Museum

Schöner kann die Lage kaum sein: direkt an der Havel, auf der Potsdamer Seite, direkt gegenüber dem Schloss Glienicke. Ein traumhafter Blick! Und bedeutend: Geschichtsträchtiger sind wenige Orte im Umkreis von Berlin. Unmittelbar an der Glienicker Brücke verlief der **Eiserne Vorhang**. Ab 1952 war die Brücke für den Verkehr gesperrt, sie durfte nur noch von Vertretern der vier Siegermächte oder mit Sondergenehmigung überquert werden. Hier fanden bis 1989 spektakuläre Austauschaktionen von Spionen statt.

Villa Schöningen mit echtem Mauerstück

Die **Villa Schöningen** hat viel Geschichte erlebt. 1826 errichtete an dieser Stelle der Schiffbauer Martin Friedrich Nüssoll ein Wohnhaus, das allerdings nicht in die Umgebung passte: Auf der anderen Uferseite ließ Carl von Preußen, Sohn von Friedrich Wilhelm III., gerade das Landhaus Glienicke in ein Sommerschloss umbauen. Der Blick auf das einfache Haus störte. Also erstand die Königsfamilie 1843 das Grundstück, um es an den Hofmarschall Kurd von Schöning zu übergeben. Das Haus wurde im **italienischen Stil** umgestaltet und passte sich fortan würdig dem vornehmen Gegenüber an. Nach von Schönings Tod wohnten wechselnde Besitzer hier, darunter der jüdische Bankier Hermann Wallich, einer der ersten Direktoren der Deutschen Bank. Sein Sohn brachte sich nach der Reichspogromnacht 1938 aus Angst vor Verfolgung durch die Nationalsozialisten um, die Villa stand leer. 1945 zog die Rote Armee ein, ab 1950 diente das mittlerweile heruntergekommene Gebäude dem Freien Deutschen Gewerkschaftsbund. Ab 1961 lag das Haus nur 15 m von der Berliner Mauer entfernt und wurde als Kinderwochenheim genutzt. Nach der Wende gelangte der Besitz 1992 an die Wallich-Erben zurück, die es 1997 an einen Berliner Bauunternehmer verkauften. Dessen Pläne zur Sanierung und der Bebauung des Grundstücks mit mehreren Häusern wurden von den Potsdamer Stadtvätern abgelehnt.

Glienicker Brücke

Die Glienicker Brücke – direkt vor der Villa gelegen – verbindet seit dem 17. Jh. das östliche Havelufer mit Potsdam. Von hier aus bietet sich ein herrlicher Blick auf die Havellandschaft. Ursprünglich dem Adel vorbehalten, der von seinen Potsdamer Schlössern Richtung Grunewald zur Jagd gehen konnte, wurde dieser Brückenkopf immer wieder ausgebaut. Nach dem Zweiten Weltkrieg überspannte die Brücke die Grenze zwischen der DDR und West-Berlin. Der Übergang war nur Alliierten erlaubt. In der Folgezeit wurden an dieser Brücke Agenten ausgetauscht – das hätte an normalen Grenzübergängen zu viel Aufmerksamkeit erregt. Besonders berühmt war der Agentenaustausch (1962) des sowjetischen Spions Rudolf Abel gegen den US-Piloten Francis Gary Powers, der bei einem Aufklärungsflug über der Sowjetunion abgeschossen worden war. Steven Spielberg verarbeitete die Ereignisse um Abel und Powers in seinem Film „Bridge of Spies" (2015). Der letzte Austausch auf der Glienicker Brücke fand 1986 statt.

Geschichtsträchtig: die Glienicker Brücke

Das inzwischen zur Ruine gewordene Haus, das dem Abriss preisgegeben werden sollte, animierte den Axel-Springer-Vorstandsvorsitzenden Mathias Döpfner sowie den Bankier Leonhard Fischer im Jahre 2007 zum Kauf. Die Villa wurde restauriert und glänzt heute wieder in alter Pracht. Sie soll den Initiatoren zufolge ein „Ort der Geschichte, der Kunst und der Freiheit" werden. Das Ende 2009 anlässlich des 20. Jahrestages des Mauerfalls eröffnete Museum widmet sich der Trennung der beiden deutschen Staaten. Bereits am Eingang der Villa steht ein besonderes Stück der **Berliner Mauer** mit originalen Unterschriften von Helmut Kohl, George Bush sen. und Michail Gorbatschow.

Die Dauerausstellung erweckt die Geschichte des Hauses und der Glienicker Brücke zum Leben. Zu sehen gibt es Originale wie Absperrungen und die Ausgehuniform eines DDR-Offiziers, Bilder und Dokumentarfilme, die über den Austausch gefangener Agenten auf der Brücke berichten. Das obere Stockwerk dient wechselnden Kunstausstellungen, wobei das Rahmenthema stets Freiheit und Unterdrückung sein soll. (mi)

Hinkommen: Vom Hauptbahnhof Potsdam: Tram 93, aus Berlin kommend S1 oder S7 bis S-Bahnhof Wannsee, von hier aus Bus 316 bis Glienicker Brücke.
Information:
Museum Villa Schöningen, Berliner Straße 86, 14467 Potsdam, Tel. 0331/2001741, www.villa-schoeningen.org, www.glienickerbruecke.de (Agententausch), Do–So 10–18 Uhr, Eintritt 9 €.

Essen & Trinken: Im Frühling (ab 1. Mai) ist das **Gartencafé** geöffnet, man kann umgeben von Kunst (Skulpturengarten) bei Kaffee, Bier und anderen Drinks Kleinigkeiten genießen (Tel. 0331/62646740, www.cafe-glienicker-bruecke.de, Mi–So 11–20 Uhr).
In der Nähe:
87 und **88**: Fahrradtour am Wannsee, Glienicker Brücke und Neue Gärten Potsdam (S. 194 ff)

37 Ein „politischer" Spaziergang durch den Majakowskiring

Am besten nähert man sich über die ehemalige Protokollstrecke. Nur noch wenige der Fahnenhalter, mittels derer die **Ossietzkystraße** beim Durchbrausen der schwarzen Staatskarossen beflaggt wurde, sind übrig. Direkt hinter der Brücke über die Panke verwehrten ein Schlagbaum und ein russisch-deutscher Doppelposten den weiteren Zugang. Dahinter wurden zwar keine offiziellen Regierungsgeschäfte getätigt, jedoch weitreichende Entscheidungen im engen Zirkel besprochen. Dazu gehörten die stalinistischen Säuberungen in der SED nach dem Volksaufstand 1953 und der Bau der Berliner Mauer. Die Ossietzkystraße führt zum Schloss Schönhausen, dem damaligen DDR-Gästehaus (s. S. 214).

Nach links zweigt der Majakowskiring ab. Hier wohnte nahezu die gesamte **Führungsriege der DDR**. Nachdem die Rote Armee 1945 das gutbürgerliche Wohnviertel zum Sperrgebiet erklärt hatte, zogen in die geräumten Häuser zunächst sowjetische Offiziere, die aus dem Moskauer Exil zurückgekehrte Gruppe Ulbricht und später sämtliche Repräsentanten der DDR. Aufgrund der Erfahrungen in der NS-Zeit hegten die Kommunisten ein tiefes Misstrauen gegen die eigene Bevölkerung. Mit Zaun und Stacheldraht abgeschottet von der Außenwelt und mit eigenen Läden gut versorgt, verloren sie allmählich den Sinn für die Realität. Gesteigerte Bedrohungsängste führten schließlich 1961 zum Umzug der Führungskader in die Waldsiedlung Wandlitz, 20 km nördlich von Berlin.

Einstiges Vorzeige-Wahllokal

Wer jedoch auf dem Majakowskiring Luxusvillen erwartet, wird enttäuscht sein. Eher kleinere Häuser früherer mittlerer Beamte und Geschäftsleute bestimmen den Charakter des „Städtchens". Eine Ausnahme bildet gleich zu Beginn (Nr. 2) eine prächtige Villa, genutzt als sowjetisches Kasino, dann als Gästehaus und später als Vorzeige-Wahllokal für die Aktuelle Kamera. Begeht man den ovalen Ring im Uhrzeigersinn, trifft man bald auf die Hausnummer 13, früher die Regierungs-Kita, heute ein Waldorf-Kindergarten. Gegenüber liegt die Nr. 12. Hierher zog Lotte Ulbricht nach dem Tod ihres Mannes Walter im Jahr 1973 und hier starb sie 2002 mit fast 99 Jahren. Ein Abstecher links in den Rudolf-Ditzen-Weg (bis 1994: Majakowskiweg) führt zum ehemaligen Domizil des letzten SED-Chefs **Egon Krenz**, der das Haus 9–11 im Jahre 2003 räumen musste. Schräg gegenüber (Nr. 14) lebten bis zum Umzug nach Wandlitz Erich und Margot Honecker. Das Haus wurde abgerissen. Bis 1970 bewohnte Chefspion Markus Wolf das

Haus Nr. 18–20. Unmittelbar nach dem Krieg fand der Schriftsteller Hans Fallada in der Nr. 19 ein Zuhause, fühlte sich aber inmitten des bewachten Gebiets höchst unwohl. Dennoch trägt die Straße heute seinen Namen: Fallada hieß bürgerlich Rudolf Ditzen. Im Majakowskiring Nr. 29 lebte der erste und einzige **DDR-Präsident** Wilhelm Pieck, der noch im hohen Alter Staatsgäste empfing. Direkt gegenüber (Nr. 28) wohnte Walter Ulbricht. Allerdings ließ sein Nachfolger Erich Honecker nach dessen Tod 1973 das Haus abreißen und ein Gästehaus für das Zentralkomitee der SED bauen.

In der Nr. 34 lebte der Schriftsteller und Kulturminister Johannes R. Becher, der den Text der DDR-Nationalhymne verfasste. Das Haus Nr. 46/48 wurde zunächst vom sowjetischen Stadtkommandanten, dann von Ministerpräsident Otto Grotewohl und heute von der Schauspielerin Jasmin Tabatabai bewohnt. In Haus Nr. 59 lebte die Richterin und Justizministerin Hilde Benjamin. Wegen ihrer Todesurteile war die Schwägerin des Philosophen Walter Benjamin als „Rote Guillotine" gefürchtet. Kurzzeitig bewohnte Erich Honecker 1953/54 das Eckgrundstück Nr. 58, heute genutzt als Kulti-Freizeithaus für Kinder. Der einstige Wohnort des Stasi-Chefs Erich Mielke in der Stillen Straße Nr. 10 ist heute ein Seniorentreff. (md)

Früher wohnte hier Honecker, heute spielen in der Nr. 58 Kinder

Hinkommen: Tram M1/50 Pankow Kirche, von dort noch 500 m Fußweg Ossietzkystraße.
Tipp: Die Ausstellung in den Torhäusern von Schloss Schönhausen „Die Pankower Machthaber" dokumentiert die Geschichte des Areals und zeigt Filme von Wochenschauen und Staatsempfängen (s. S. 214). Ossietzkystr. 44–45, www.pankower-machthaber.de, tgl. 10–18 Uhr, freier Eintritt.

38 Jüdischer Friedhof in Weißensee: Wo Denkmäler still erzählen

Der größte jüdische Friedhof Europas mit fast 120.000 Grabstellen liegt im ansonsten wenig ansprechende Weißensee, einem Ortsteil im Bezirk Pankow im Nordosten der Stadt. In der zweiten Hälfte des 19. Jh. war der alte jüdische Friedhof an der Schönhauser Allee allmählich zu klein geworden, da die Gemeinde in Berlin stark gewachsen war. Deshalb beschloss man, ein 42 Hektar großes Areal im damaligen Vorort Weißensee zu kaufen. Im Gegensatz zu anderen Friedhöfen bleiben die jüdischen Gräber stets belegt. Sie gelten für Juden bis zum Jüngsten Tag als geheiligte Erde und bleiben unangetastet.

Ein Architektenwettbewerb, der 1878 ausgeschrieben wurde, sollte eine würdige Gestaltung des neuen Friedhofs sicherstellen. Hugo Licht erhielt den Auftrag zur Gesamtplanung, auch zum Entwurf der meisten angrenzenden Gebäude. Die Fläche wurde streng geometrisch in 120 Grabfelder eingeteilt: Rechtecke, Dreiecke und Trapeze vermitteln den Eindruck „preußischer Ordnung", was an sich untypisch für jüdische Friedhöfe ist. Die Einweihung fand Anfang September 1880 statt. Der erste jüdische Bürger, der kurz darauf – am 22. September – dort beerdigt wurde, hieß Louis Grünbaum.

Der imposante Eingangsbereich mit seinen Gebäuden im italienischen Neorenaissance-Stil sowie große Teile der Friedhofsmauer sind aus gelben Ziegeln gebaut. Hier befindet

Der Eingangsbereich mit Arkadengang

sich zur Linken das Leichenhaus, zur Rechten die Friedhofsverwaltung, beide sind durch einen Arkaden-Gang miteinander verbunden.

Davor steht in einem Rondell ein Gedenkstein der jüdischen Gemeinde. Kreisförmig wird er von Steinen umgeben, die die Namen der Konzentrationslager tragen. Wenn man danach das Friedhofsgelände betritt, umgibt den Besucher eine eigentümliche Stimmung. Alter **Baumbestand**, von Efeu umrankte Grabstätten, schattige Wege auf dem etwas hügeligen Gelände, die stumme Sprache der Grabinschriften: Ein Ort der Besinnung und der Stille, die den Besucher umhüllt und andächtig werden lässt. Normalerweise sind Grabsteine auf jüdischen Friedhöfen einfach und schlicht, um die Gleichheit der Verstorbenen zu symbolisieren. Hier aber gibt es teilweise sehr pompöse Grabmäler und Gruften, wie sie in der wilhelminischen Zeit für Wohlhabende üblich waren.

In der Pogromnacht am 9. November 1938 wurden zahlreiche Gräber geschändet. Und in der Zeit der Deportationen versteckten sich auf dem Gelände so manche Juden vor der Verfolgung.

Die Erhaltung des Friedhofs ist eine nicht zu unterschätzende Aufgabe. In den 1920er-Jahren gab es 200 Arbeiter, denen die Pflege anvertraut war, heute sind es etwa 20–30. Alle Gräber sind registriert und können, wenn der Besucher den Namen der Verstorbenen weiß, leicht gefunden werden. Die jüdische Gemeinde setzt sich dafür ein, dass dieser Friedhof in die UNESCO-Welterbeliste aufgenommen wird. (mi)

Friedliche Stille

Berühmte Persönlichkeiten, die hier begraben sind:

Hermann Tietz – Gründer der ersten großen Warenhäuser (Hertie)
Louis Lewandowski – Komponist
Samuel Fischer – Verleger
Adolf Jandorf – Gründer des KaDeWe
Rudolf Mosse – Zeitungsverleger
Lesser Ury – Maler
Stefan Heym – Schriftsteller

Hinkommen: Tram 12/M4/M13 Antonplatz, dann etwa 500 m Fußweg
Information: Jüdischer Friedhof Weißensee, Herbert-Baum-Straße 4, Tel. 030/925 3330, www.jewish-cemetery-weissensee.org, Mo–Do 7.30–17 (im Winter bis 16), Fr bis 14.30, So 8–17 (im Winter bis 16) Uhr, Sa und an jüdischen Feiertagen geschlossen. Kleiderordnung: Männer ab 14 Jahren müssen eine Kopfbedeckung tragen. Kippas werden leihweise zur Verfügung gestellt.

39 Stahnsdorf: Berlins größter Waldfriedhof

Weit draußen, vor den Toren der Stadt, liegt der **Südwestkirchhof Stahnsdorf**. Etwa 260 ha groß ist das Waldgebiet des Friedhofs der evangelischen Gemeinden Berlins. Die große Fläche sollte das räumliche Bestattungsproblem der Kirchengemeinden für lange Zeit lösen, denn innerhalb der Stadtgrenzen wurden schon in der zweiten Hälfte des 19. Jh. Begräbnisstätten knapp. Noch heute finden hier Begräbnisse und Urnenbeisetzungen statt. In der Friedhofsordnung heißt es, dass er offen ist für alle Menschen, unabhängig von Religion oder Herkunft.

> **Tipp**
> Auf der Karte direkt am Eingang findet man die Grabstätten berühmter Personen verzeichnet.

1907 wurde ein Wettbewerb ausgeschrieben. Doch statt des Preisträgers beauftragte die Kirchensynode ihren Gartenbauingenieur Louis Meyer mit der Gestaltung. Die ersten Beisetzungen fanden 1909 statt. Ab 1913 brachte die als „Friedhofsbahn" bezeichnete S-Bahn nachts die Toten, tagsüber fuhren mit ihr die Besucher. Im Zuge der Mauererrichtung wurde der Bahnbetrieb 1961 eingestellt.

Wenn man den Friedhof am Haupteingang von der Bahnhofstraße betritt, so hat man das Gefühl, in einen Wald zu schreiten. Meyer wollte die Anlage sehr natürlich belassen, was nicht nur idyllisch, sondern auch praktisch gedacht war: Man wollte dadurch Kosten sparen. Und so entdeckt man manche Gräber, versteckt unter den Bäumen, im Dickicht der Natur erst auf den zweiten Blick. Auch neue Gräber werden auf Wunsch unter Bäumen angelegt.

Mausoleum der Familie Langenscheidt

Die Einteilung der Friedhofsfläche erfolgte nach Gemeinden, die zur Stadtsynode gehörten, aber auch nach Anlässen. So gibt es z. B. den Teil des Englischen Soldatenfriedhofs: 1.172 Soldaten aus Großbritannien und den Commonwealth-Staaten, die während der Kriegsgefangenschaft starben, wurden hier nach 1920 beigesetzt. Auf dem Italienischen Soldatenfriedhof liegen 1.650 Soldaten.

Im Zuge der Planung der „Welthauptstadt Germania" durch Generalbauinspektor Albert Speer mussten Friedhöfe im Berliner Stadtgebiet aufgelöst werden, die an der geplanten Nord-Südachse lagen. Deshalb wurden über 30.000 Tote nach Stahnsdorf verlegt.

Der Besucher wandelt teils auf breiten, teils auf pfadähnlichen Wegen durch die weitläufige Anlage. Ohne eine Karte kann man sich leicht verirren. Neben alten Gräbern findet man auch junge, denn auch heute noch finden konventionelle Begräbnisse und Urnen-Beisetzungen statt.

Da die Anlage alt ist, kann man auch den Wandel der Bestattungskultur im Lauf der Geschichte verfolgen: Aufwendig verzierte Grabsteine, pompöse Mausoleen mit barocken, klassizistischen oder expressionistischen Stilelementen legen davon Zeugnis ab. Und so wundert es nicht, dass hier im Märkischen Wald, der zum Teil parkähnlich gestaltet wurde, viele Berühmtheiten ihre letzte Ruhe fanden: Werner von Siemens, Heinrich Zille, Elisabeth von Ardenne, Rudolf Breitscheid oder Angehörige der Wörterbuch-Dynastie Langenscheidt.

So sind nach ihrem Tode bekannte Wirtschaftsvertreter, Dichter, Politiker, Wissenschaftler und Widerstandskämpfer „vereint". Besonders rührend ist das Schicksal von Hanno Günther, der als 21-jähriger Widerstandskämpfer 1942 hingerichtet wurde. Bekannt ist sein Abschiedsbrief aus der Todeszelle an seine Mutter, der mit den ergreifenden Sätzen beginnt:

„Liebe Mutter, wenn Du diesen Brief erhältst, lebe ich nicht mehr auf dieser Welt. Ich hoffe und wünsche von ganzem Herzen, dass Du diese Nachricht ebenso ruhig und gefasst aufnimmst, wie ich heute die Mitteilung von meiner heute Abend zu vollziehenden Hinrichtung entgegennahm ..." (mi)

Die norwegische Stabkirche als Friedhofskapelle

Die Friedhofskapelle im Stil einer norwegischen Stabkirche

Sie wurde 1911 fertiggestellt, und zwar nicht wie in Norwegen in senkrechter Stabbauweise, sondern die Balken wurden waagerecht gesetzt. Sie bietet im wilhelminisch geprägten Inneren 250 Trauernden Sitzplätze. Das dunkle Holz des Baus fügt sich in stiller Harmonie in die Umgebung ein.

Hinkommen: Ab Berlin z. B. mit RE4/S1 bis Teltow, dann mit dem Bus X1/601 oder mit S1 bis Zehlendorf, dann mit dem Bus 623 bis Stahnsdorf Bahnhofstraße.
Information: Südwestkirchof Stahnsdorf, Bahnhofstr. 2, 14532 Stahndsorf, Tel. 033/2962315, www.suedwestkirchhof.de (unter „Veranstaltungen" finden sich Infos zu Führungen, die meist samstags stattfinden), Öffnungszeiten: April–Sept. 7–20, Okt. 7–18, Nov.–Feb. 8–17, März 7–18 Uhr.

40 Dorotheenstädtischer Friedhof: Ruhestätte berühmter Persönlichkeiten mitten in Berlin

Wenn man nicht weiß, dass es hier im quirligen Bereich der Chausseestraße einen Friedhof gibt – man bemerkt ihn kaum. Hohe Mauern versperren den Blick, auch das eher unscheinbare Eingangstor ist leicht zu übersehen.

Mitte des 18. Jh. fehlte es innerhalb der Berliner Stadtmauern zunehmend an Friedhofsflächen. Verbleibende offene Areale benötigte man für den Wohnungsbau der vielen Neubürger, zudem fürchtete man Seuchen. So vergab König Friedrich II. (Friedrich der Große) freies Land außerhalb der Stadtmauern. 1762 wurde der jetzige Friedhof für die Dorotheenstädtische und die Friedrichswerdersche Kirche sozusagen auf dem Acker unmittelbar hinter dem Oranienburger Tor angelegt. Ab 1770 fanden hier Beisetzungen statt. Zunächst wurden arme Bürger beerdigt, doch im Laufe der nächsten Jahrzehnte änderte sich allmählich die soziale Herkunft der hier Bestatteten.

Auf dem Gebiet der benachbarten Kirchengemeinden Dorotheenstadt und Friedrichswerder entstanden wichtige Berliner Institutionen: die Akademie der Wissenschaften, die Bauakademie, die Akademie der Künste, die Universität und die Charité. Zusätzlich erwarb die Dorotheenstädtische Gemeinde neues Land für

> **Wer ruht hier? (Kleine Auswahl)**
> Georg Wilhelm Friedrich Hegel (1770–1831), Philosoph
> Karl Friedrich Schinkel (1781–1841), Architekt
> August Borsig (1804–1854), Gründer der Borsigwerke
> Ernst Litfaß (1816–1871), Vater der Litfaß-Säule
> Heinrich Mann (1871–1950), Schriftsteller
> Bertolt Brecht (1898–1956), Schriftsteller
> Herbert Marcuse (1898– 1979), Philosoph
> Heiner Müller (1929–1995), Dramatiker
> Rudolf Bahro (1935–1997), Autor und Politiker
> Günter Gaus (1929–2004), Politiker und Journalist
> Johannes Rau (1931–2006), Bundespräsident
> Wolfgang Herrndorf (1965–2013), Schriftsteller und Maler

Mitten in Berlin: Friedhof berühmter Berliner Persönlichkeiten aus Politik und Geschichte

Friedhöfe in der Liesenstraße (Wedding, 1834) sowie die Friedrichswerdersche Gemeinde in der Bergmannstraße (Kreuzberg).

Um 1860 wurde der Friedhof an der Chausseestraße für einige Zeit geschlossen, da kein Platz mehr vorhanden war, aber man hatte ja die Ausweichmöglichkeiten im Wedding und in Kreuzberg. Später reichte der Platz wieder aus, da es mehr Feuerbestattungen gab. Im Verlauf des Zweiten Weltkriegs wurde der Friedhof stark in Mitleidenschaft gezogen. Der Friedhof lag in Ostberlin und ab 1950 wurden im Rahmen der Denkmalpflege nur besonders erhaltenswerte Gräber restauriert.

Grabstätte des Vaters der Litfaß-Säule

Später erwog man sogar, das Gelände zu einem Park umzugestalten. 1983 stellte Ostberlin die Anlage endlich unter Denkmalschutz, doch erst nach der Wende – besonders zwischen 2000 und 2008 – wurden mit erheblichem Aufwand Restaurierungsarbeiten durchgeführt. So ist z. B. das größte Mausoleum des Schinkel-Schülers Friedrich Hitzig erneuert worden. Und für die nächsten Jahre stehen Arbeiten im Wert von 6 Mio. Euro an – finanziert u. a. von der Stiftung Deutsche Klassenlotterie Berlin.

Auf dem schattigen und relativ eng angelegten Friedhof entdeckt man die Gräber bekannter Persönlichkeiten aus der jüngeren und nicht mehr ganz so jungen Vergangenheit. Kurze Wege führen zu den teils recht markanten Grabstätten. Eine Tafel gleich am Eingang ermöglicht die Orientierung. Der Wandel in der Gestaltung der Grabstätten wird deutlich in den verarbeiteten Materialien: Bis ca. 1870 verwendete man viel Gusseisen, um Kreuze, Umfriedungen und Figuren zu schaffen. Später wurden aber auch viele Stelen und Obelisken aus Marmor und Granit aufgestellt. Bildhauer wie Johann Gottfried Schadow, später auch sein Konkurrent Christian Daniel Rauch, schufen Statuen und Porträtmedaillons, so z. B. an der Grabstelle von August Borsig. (mi)

Info

Hinkommen: S1/S2/S25 Nordbahnhof; U6 Naturkundemuseum, Oranienburger Tor. [E2]

Information: Chausseestraße 126, tgl. ab 8 Uhr bis zum Einbruch der Dunkelheit, Infos zu Führungen unter www.stiftung-historische-friedhoefe.de.

Essen & Trinken: In der alten Lokfabrik direkt gegenüber dem Friedhof (Chausseestraße 8) sind in den letzten Jahren Wohnungen und Restaurants entstanden, u. a. die **Weinbar Rutz**, Tel. 030/24628760, www.rutz-weinbar.de, Di–Sa, Weinbar ab 16 Uhr, Restaurant ab 18.30 Uhr, Reservierung empfohlen. Über zwei Etagen breitet sich der Wein-Gourmettempel aus: unten die Weinbar, in der „Berliner Spezialitäten" serviert werden, z. B. Neuköllner Schinkenknacker mit Spreewälder Senf. Weine gibt es glasweise. Im Obergeschoss zelebriert Küchenchef Marco Müller „globale Aromenküche" auf höchstem Niveau.

einsunternull, Hannoversche Str. 1, Tel. 030/27577810, www.einsunternull.com, Di–Sa 12–14 und Mo–Sa ab 19 Uhr. Das Essen hier ist ein sinnliches Erlebnis: Urwüchsige, aber exquisite Küche, deren erklärtes Ziel es ist, den ursprünglichen Geschmack der Produkte (z. B. Schwarzwurzel an Joghurt und Waldmeister) herauszuarbeiten. Das gelingt ausgesprochen gut, hat aber auch seinen Preis (6–10-Gang-Menü inkl. Weinbegleitung 77–117 €, mittags günstiger).

In der Nähe: 60 Brecht-Weigel-Gedenkstätte (S. 136)

41 Museumswohnungen in Berlin: zurück in die Gründerzeit

Prenzlauer Berg: Zimmermeister Brunzel baut ein Mietshaus (41a)

Mai 1895: Zimmermeister Brunzel lässt sich vom Immobilienboom der Jahrhundertwende mitreißen und kauft an der Dunckerstraße 77 ein 914 m² großes Grundstück. Die Hypothek des Grundstückskaufs soll über die Mieteinnahmen gedeckt werden. **Schnelles und billiges Bauen** ist deshalb angesagt: Berlin braucht zu dieser Zeit unwahrscheinlich viel Wohnraum, die Industrialisierung zieht wahre Menschenmassen an.

*Heute ein kleines Vermögen wert:
die Museumswohnung am Prenzlauer Berg*

Im März 1896 sind die ersten Wohnungen fertig, die ersten Mieter, sogenannte „Trockenwohner", ziehen ein. In den feucht-kalten Wohnungen zu leben ist zwar ungesund, aber eine billige Möglichkeit, sich wenigstens ein Dach über dem Kopf zu verschaffen. Dauerhafte Mieter sind später Arbeiter, geringverdienende Angestellte und „kleine" Beamte. Trotzdem ist Brunzel schon im Dezember pleite. Das Haus wird zwangsversteigert.

Heute liegt im ersten Stock des Vorderhauses eine **Museumswohnung**. Damals zahlte man für eine Dreizimmerwohnung (die Küche wurde als beheizbarer Raum mitgezählt) zwischen 400 und 850 Mark Jahresmiete, im Hinterhaus waren nur maximal 300 Mark fällig. Damals – ähnlich wie heute – zahlte man 25 % des Familieneinkommens für Miete. Doch oft reichte auch das nicht, man vermietete entweder einzelne Betten oder Zimmer an Untermieter, Schlafgänger (die das Bett für nur einige Stunden am Tag mieteten) oder Dienstmädchen.

Ein Rundgang durch die Museumswohnung, die vom Verein „Miteinander Füreinander" in Kooperation mit dem Museum Pankow betrieben wird, zeigt sehr authentisch, wie das Kleinbürgertum damals lebte. Der kleinste Raum diente als Schlafzimmer, sonst spielte sich das Leben in der Küche ab. Die „gute Stube" war der hellste, größte Wohnraum und mit einem Kachelofen versehen. Nur für Besuch wurden die schonenden Decken vom Sofa heruntergeholt und der Ofen geheizt – es war kein Raum für den Alltag. Ein Kachelofen war damals eine Art Statussymbol. Diese Wohnung verfügt über ein einfaches Modell ohne besonderen Zierrat. Geheizt wurde mit Steinkohle, Braunkohle oder Braunkohlebriketts. Über Strom verfügten um 1900 übrigens nur etwa 4 % der Haushalte.

Berlin-Pankow: Prachtstück aus der Gründerzeit (41b)

In der Heynstraße in Pankow kann man sich im Haus mit der Nr. 8 ein Bild vom Leben der wohlhabenderen Leute machen. Fritz Heyn, der Bauherr, war **Stuhlrohrfabrikant**. Neben seiner Fabrik baute er 1893 ein gediegenes, mehrstöckiges Wohnhaus mit einem rückwärtigen, gemütlichen Garten, der auch heute noch ein Kleinod ist.

Bis heute dient das Gebäude als Wohnhaus. Schon im Flur kann man die bürgerliche Pracht mit Wand- und Deckenmalereien und gediegener Schreinerarbeit an Türen und Geländern bewundern. Im ersten Stock liegt die Museumswohnung. Zu sehen gibt es ein fast vollständig und original eingerichtetes Herrenzimmer, den eleganten Salon für Besuch sowie das Berliner Zimmer, in dem man aß.

Im Stil des Neurokoko gehalten, spiegelt die Ausgestaltung der Wohnung den damaligen Geschmack von „Schöner Wohnen" wider: wunderbare, fast raumhohe, kunstvoll gestaltete Kachelöfen, elegante Lampen und Lüster, mit Engeln und Elfen bemalte Stuckdecken.

Heyns Töchter lebten hier bis in die 1970er-Jahre, ab 1974 wurde die Wohnung als Museum etabliert. Alte Fotos entführen den Besucher in eine längst vergangene Zeit und geben der Wohnung eine persönliche Note.
(mi)

Statussymbol: ein reich verzierter Kachelofen

Info

Allgemeine Information: Museum Pankow, Tel. 030/902953916, www.berlin.de/museum-pankow.

Dunckerstr. 77
Hinkommen: S8/S9/S41/S42/S85 Prenzlauer Allee. [F1]
Information: Dunckerstraße 77, Vorderhaus, 1. Etage rechts, Tel. 030/4452321, www.ausstellung-dunckerstrasse.de und http://mitundfuereinander.de, So–Di 11–16.30 Uhr, Eintritt 2 €.
Essen & Trinken: Wem der Sinn nach etwas Exotischem steht: Im **Massai-Restaurant** ist von Tischdekoration über Raumgestaltung und Speisen alles Afrika pur: Vorspeisen: Batanga Keren (vegetarische Teigtaschen mit Pfeffer-Kokos-Soße), Kurkuma Mandafara (Teigtaschen mit Hackfleisch auf einer Ananas-Pfeffersoße), Hauptspeisen wie z. B. Rinderwürfel mit eritreischen Gewürzen. Für Freunde des südlichen Afrika gibt es im Rahmen des „Cap Spezial" Straußen-, Zebra-, Springbock-, Kudu- oder Gnusteaks, passend dazu Windhoek Lager und südafrikanische Weine. Die Preise sind passabel (Vorspeisen ab 3,50, Wildsteaks ca. 18 €). Lychener Str. 12, 10437 Berlin, U2 Eberswalder Straße, Tel. 030/3048625595, www.massai-berlin.de, Mo–Do 16–24, Fr–So 13–24 Uhr.

Heynstraße 8
Hinkommen: S1/S25/S85 Wollankstraße, S2/S8/S9 Pankow, U2/50/M1 Vinetastr., dann je 800 m Fußweg.
Information: Heynstraße 8, Di/Do/Sa/So 10–18 Uhr, Eintritt frei.

Plätze & Parks

42 Potsdamer Platz: die neue Mitte Berlins

Aus dem Rausch der Gründerzeit Ende des 19. Jh. entstanden, galt der Potsdamer Platz in den 1920er-Jahren mit seinen Hotels, Restaurants und Amüsiertempeln, eingehüllt in Verkehrslärm, Menschengewühl und Lichterglanz des nie schlafenden Berlins als Inbegriff des hektischen **Großstadtlebens**. Markantes Symbol des damaligen Verkehrsaufkommens ist die Nachbildung des ersten Berliner Ampelturms von 1924. Oben auf der Kanzel regelte ein Polizist per Hand die fünfseitige Lichtanlage.

Im Bombeninferno des Zweiten Weltkriegs wurde der Platz vollkommen zerstört und als große Brache an der Sektorengrenze zwischen Ost und West zurückgelassen. Ab 1945 war hier jegliches Leben abgestorben. Einziger „Neubau" war 1961 die Errichtung der Berliner Mauer mit Todesstreifen, Panzersperren, Signalzaun und greller Beleuchtung in der Nacht. Über diese menschenleere Mondlandschaft hatte sich eine gespenstische Ruhe gelegt, die fast drei Jahrzehnte lang anhalten sollte.

Die nach dem Fall der Mauer einsetzende neue Gründerzeit bescherte der Stadt einen ungeahnten **Bauboom**. 1995 zählte man alleine in der Innenstadt über 900 Baustellen. Am Potsdamer Platz als Nahtstelle zwischen Ost und West sollte mit Hilfe großer Konzerne (Daimler, Sony) ein ganz neues Stadtzentrum entstehen. Gigantische Betonfundamente und ein Meer von Kränen für die zukünftigen Hochbauten, Tunnelanlagen und Bahnhöfe wurden für wenige Jahre zur Touristenattraktion.

Die drei Hochhäuser am Potsdamer Platz markieren den Auftakt der neuen City. Eine tolle Aussicht bietet sich von der Aussichtsplattform des mittleren, tonfarbenen Hochhauses. Den **Panoramapunkt** erreicht man mit dem schnellsten Aufzug Europas. Im Weinhaus Huth, einem der wenigen Gebäude, das nicht während des Zweiten Weltkriegs zerstört wurde, befindet sich u. a. die Kunstsammlung Daimler Contemporary (Eintritt frei). Dahinter gelangt man in die Potsdamer Platz Arkaden, eine Shopping Mall auf drei Etagen mit über 130 Geschäften.

Der Marlene-Dietrich-Platz mit Musicaltheater, Spielcasino, Grand Hyatt und dem nahegelegenen Kinokomplex mit 19 Sälen verwandelt sich jedes Jahr im Februar zum glamourösen Laufsteg der Stars und Sternchen. Das Theater wird dann zum **Berlinale Pa-**

Beeindruckende Architektur:
das Sony Center

last, in dem die begehrten Silbernen und Goldenen Bären überreicht werden. Im Stage Bluemax Theater präsentiert die Blue Man Group ihre Shows.

Jenseits der Potsdamer Straße erstreckt sich das **Sony Center**. Am Rand steht ein halbkreisförmiger Glasturm, in dem die die Deutsche Bahn AG ihre Konzernzentrale hat, wie das Logo ganz oben verrät.

Dahinter kann man die Reste des ehemaligen Grand Hotel Esplanade entdecken. Kaum vorstellbar, dass zu Mauerzeiten die Hotelruine vom letzten Hausmeister und einigen Schafen bewohnt wurde. Heute präsentiert sich wie in einer großen Glasvitrine der einstige Frühstückssaal. Der Kaisersaal daneben wurde sogar um 75 Meter verschoben. Der Kernbereich des futuristisch anmutenden Sony Center wird überspannt von einer riesigen Dachkonstruktion, bestehend aus Stahl, Textil und Glas. Nachts illuminiert von einer Abfolge verschiedener Farben soll es den heiligen japanischen Berg Fuji symbolisieren. Neben der deutschen Zweigniederlassung von Sony, weiteren Büros und Wohnungen befinden sich hier die Berliner Filmhochschule, das Berliner Film- und Fernsehmuseum, acht Kinosäle und ein 3D-Imax-Kino sowie zahlreiche Restaurants. Vor dem Legoland Discovery Center steht eine sechs Meter hohe Giraffe – zusammengebaut aus 375.000 Lego-Duplosteinen. (md)

Nachbildung des ersten Berliner Ampelturms

Eis

Das vielleicht beste Eis Berlins gibt's bei **Caffè e Gelato** im Obergeschoss der Potsdamer Platz Arkaden.

Tipp

Info

Hinkommen: S1/S2/S25/U2/M41/M48/M85/200 und Regionalbahn Potsdamer Platz. [D3]

Aussicht: Aussichtsplattform **Panoramapunkt** mit Freiluftausstellung über die Geschichte des Potsdamer Platzes und Café, Tel. 030/25937080, www.panoramapunkt.de, tgl. 10–18, im Sommer bis 20 Uhr (Café ab 11 Uhr), Eintritt 6,50 €.

Shopping: Potsdamer Platz Arkaden, Geschäfte sind Mo–Sa 10–21 Uhr geöffnet. **LP12 Mall of Berlin**, Leipziger Platz 12, Tel. 030/20621770, www.mallofberlin.de, Mo–Sa 10–21 Uhr. Shoppingcenter mit beeindruckenden Ausmaßen und 270 Läden, am benachbarten Leipziger Platz.

Museen: Daimler Contemporary, Haus Huth, Alte Potsdamer St. 5, Tel. 030/2594 1420, http://art.daimler.com, Eintritt frei. **Berliner Film- und Fernsehmuseum**, Tel. 030/3009030, www.deutsche-kinemathek.de, Di–So 10–18 Uhr, Do bis 20 Uhr, 7 €.

Ausruhen bei schönem Wetter: Liegewiese auf dem grünen Deich an der Linkstraße.

43 Alexanderplatz: Ochsenmarkt, Weltzeituhr und Nuttenbrosche

Eine bessere Orientierungshilfe als den Fernsehturm gibt es nicht. Dieser steht zwar auf einer namenlosen Fläche, aber unmittelbar dahinter, auf der anderen Seite des Stadtbahnviadukts, liegt der **Alexanderplatz**. Nicht gerade harmonisch und doch aufgrund seiner Ausmaße und der vielen Menschen ein äußerst lebhafter und **faszinierender Ort**. Berlins größter Nahverkehrsknotenpunkt sieht täglich rund 120.000 Menschen, die auf den insgesamt fünf Verkehrsebenen ein-, um- oder aussteigen.

Im Laufe der Geschichte sollte der Alexanderplatz ständigen, bis heute andauernden Umgestaltungen unterworfen werden. Außerhalb der mittelalterlichen Stadttore gelegen, erhielt der „Ochsenmarkt" anlässlich des Besuchs des russischen **Zaren Alexander I.** seinen heutigen Namen. In den 1870er-Jahren wurde der Festungswall zugeschüttet und darüber die Stadtbahn angelegt. In den Goldenen Zwanzigern erlebte der „Alex" seine Blütezeit als Inbegriff der lebhaft pulsierenden Metropole und wurde zum Namensgeber für Alfred Döblins berühmten Roman „Berlin Alexanderplatz".

Im Krieg stark zerstört, veränderte der Alexanderplatz im Rahmen der Ostberliner Wiederaufbauarbeiten sein Aussehen grundlegend. Einzig das Alexander- und das Berolinahaus, heute genutzt durch die Zentrale der Berliner Sparkasse sowie C&A, stammen aus Vorkriegszeiten. Auf dem für Großveranstaltungen konzipierten „sozialistischen" Platz fand am 4.11.1989 die größte nicht staatlich gelenkte Demonstration mit ½ Mio. Menschen statt, ein Höhepunkt der friedlichen DDR-Revolution.

Inzwischen hat der Alex eine neue Pflasterung sowie durch An- und Neubauten eine räumliche Fassung erhalten. Die seit den 1990er-Jahren geplante Hochhauskulisse entlang der Alexanderstraße wurde bislang nicht verwirklicht, auch wenn weiter gebaut wird. Früher wie heute sind die wichtigsten Treffpunkte die **Weltzeituhr** von 1969 und der Brunnen der Völkerfreundschaft von 1970, in dem das Wasser spiralförmig auf 17 kupfernen Schalen abwärts fließt. Von den Berlinern wird der Brunnen aufgrund seiner bunten Glassteine als „Nuttenbrosche" bezeichnet. Hier trifft eine bunte Mischung zusammen: Ehemals Verdiente der DDR aus den unmittelbar angrenzenden Plattenbauten, junge solariumgebräunte Mädels aus Lichtenberg oder Marzahn, szenige Trendsetter und Künstler aus dem benachbarten Scheunenviertel, Familien vom Prenzlauer Berg, Studenten aus Friedrichshain, Obdachlose und Punks sowie Straßenmusiker und fliegende Händler.

Das ehemalige Centrum Warenhaus der DDR mit seiner typischen (mittlerweile entfernten) Wabenfassade wurde vergrößert und mit einem schicken Lichthof versehen. Als Flaggschiff von Galeria Kaufhof ist es heute eines der größten Kaufhäuser der Stadt. Gegenüber ein weiterer Superlativ: Mit seinen 39 Etagen ist das Park Inn das höchste Hotel Berlins. Ganz oben auf der Panorama-Terrasse kann man im Liegestuhl bei Lounge-Musik gedanklich abheben und die großartige Aussicht genießen. Ein handfester Sprung vom Dach ist auch möglich, kostet rund 79 € und muss vorab gebucht werden (www.base-flying.de).

Das riesige rosarote Einkaufszentrum Alexa mit seinen fünf Ebenen zeigt im Inneren mehr Eleganz als nach außen. Als am 11.9.2007 um Mitternacht ein bekannter Elektromarkt seine Pforten mit extremen Sonderangeboten öffnete, brachen Tumulte aus, die zu hohen Sachschäden und Verletzten führten. Daraufhin musste erstmal renoviert werden. Der 2014 eröffnete Würfelbau Alea 101 bildet im Südwesten den markanten Abschluss des Platzes. Hier wohnt und arbeitet man direkt unterm Fernsehturm. (md)

Weltzeituhr

Hinkommen: U2/U5/U8/S5/S7/S75/M2/M4/M5/M6 Alexanderplatz. [F 3]
Shopping: Galeria Kaufhof, www.galeria-kaufhof.de, Mo–Mi 9.30–20, Do–Sa 9.30–22 Uhr.
Alexa, www.alexacentre.com, Mo–Sa 10–21, Food Court zusätzlich So 11–19 Uhr.
Essen & Trinken: Direkt am Platz nichts Gemütliches, aber viele Imbissmöglichkeiten. Die mobilen „Grillwalker" verkaufen bei jedem Wetter die Bratwurst aus dem Bauchladen heraus.
Ausgehen: House of Weekend, Am Alexanderplatz 5, Tel. 0152/24293140, www.houseofweekend.berlin. Kult-Club im 12. und 15. Stock des denkmalgeschützten „Haus des Reisens" mit Studio Floor (tgl. ab 23 Uhr) und Dachterrasse mit 360°-Weitblick (tgl. ab 19 Uhr).

44 Gendarmenmarkt: Dombauten, Konzerthaus und Café Achteck

Von zwei Dombauten eingerahmt und beherrscht vom prächtigen Schauspielhaus: Der Gendarmenmarkt ist der schönste Platz Berlins. Sein Name geht auf das Regiment der Gens d'armes zurück, die hier unter dem Soldatenkönig ihre Stallungen hatten. Friedrich II. ließ die Stallungen abreißen und ab 1781 einen besonders festlichen Schmuckplatz anlegen. Die beiden bereits bestehenden Kirchen wurden mit 70 m hohen **identischen Kuppeln**, den „Dombauten", erweitert. Sie waren ohne kirchliche Nutzung und sollten der reinen Außenwirkung dienen. Entsprechend der Epoche der Aufklärung steht nicht das christliche Kreuz auf den Kuppelspitzen, sondern die Figuren „Triumph der Religion" und „Siegende Tugend".

Allerdings fand die Toleranz Friedrichs II. ihre Grenzen bei deutschsprachigen Bühnenstücken: „Lieber möchte ich mir ja von einem Pferd eine Arie vorwiehern lassen, als eine Deutsche in meiner Oper zur Primadonna zu haben." Und während das deutsche Theater darbte, ließ der König für seine frankophonen Hofschauspieler 1774 eigens das Französische Komödienhaus bauen – das schon um 1800 wieder abgerissen wurde.

Der **Französische Dom** hat seinen Ursprung in der Französischen Friedrichstadtkirche, die 1705 von den aus Frankreich geflohenen Hugenotten eingeweiht wurde. Darüber informiert das Hugenottenmuseum im Kuppelbau. Während noch heute im Kirchenraum Gottesdienste auf Französisch stattfinden, bietet das Restaurant Refugium in den Gewölben darunter internationale und regionale Küche.

Im **Deutschen Dom**, ursprünglich die „Neue Kirche"

Panoramablick vom Französischen Dom

Gendarmenmarkt | 103

für die deutsche protestantische Gemeinde, finden heute keine Gottesdienste mehr statt. Der im Krieg zerstörte Bau bietet in seinem modernen Inneren eine Reise durch das Labyrinth der Geschichte. Auf fünf Etagen zeigt die kostenfreie Ausstellung „Wege, Irrwege, Umwege" die Entwicklung der deutschen Demokratie.

Das **Schauspielhaus** im Zentrum des Platzes ist ein Meisterwerk der klassizistischen Architektur. 1821 von Schinkel errichtet, ersetzte es das Königliche Theater, das kurz zuvor während des Schiller-Stücks „Die Räuber" abgebrannt war. Ganz oben steht der Schutzherr der Künste, Apollo mit dem Greifengespann, während unten auf der weiten Freitreppe die wilden Tiere Löwe und Panther von der Macht der Töne besänftigt werden. Hier dirigierten Carl Maria von Weber die Uraufführung von „Der Freischütz" und Richard Wagner seinen „Fliegenden Holländer". Im Krieg zerstört und erst 1984 als **Konzerthaus** wieder eröffnet, werden heute jährlich 550 Veranstaltungen im Haus durchgeführt. Hochgenuss unter dem Sternenhimmel garantiert das Festival **Classic Open Air** im Juli jeden Jahres. Vor der großen Freitreppe steht das Schillerdenkmal mit den auf dem Brunnenrand sitzenden Allegorien von Lyrik, Drama, Philosophie und Geschichte.

Wer inmitten der würdevollen Atmosphäre des Gendarmenmarktes ein sehr irdisches Bedürfnis verspürt, findet hinter dem Französischen Dom Abhilfe. Ein gusseisernes Männerpissoir, aufgrund seiner acht Ecken im Volksmund Café Achteck genannt, wurde mustergültig renoviert und ist nun auch für Damen nutzbar. (md)

> ### Süße Tipps
> In der bunten **SchokoWelt** von Ritter Sport in der Französischen Straße 24 kann man sich von einem Chocolatier seine ganz persönliche Schokolade kreieren lassen (Mo–Sa 10–19/20, So 10–18 Uhr).
> Der größte Schokoladenladen Berlins, **Fassbender & Rausch**, befindet sich in der Charlottenstraße 60, Ecke Mohrenstraße. Das hauseigene Café darüber bietet auch heiße Schokolade in flüssiger Form an und noch weiter oben gibt es mehrere Zahnärzte sowie eine Praxis, in der man sich das Fett absaugen lassen kann … Café: Mo–So 11–20 Uhr, Restaurant Mo–Fr 12–19 Uhr, www.rausch.de.

> ### Panorama-Blick
> Von der Aussichtsplattform des Französischen Doms hat man nach 284 Stufen eine herrliche Rundsicht (tgl. 10–18/19 Uhr, im Winter ab 12 Uhr, 3 €).

> ### Info
> **Hinkommen:** U6 Französische Str., U2 Hausvogteiplatz oder Stadtmitte. [E 3]
> **Besichtigungen und Informationen:**
> **Konzerthaus**, Tickets Tel. 030/ 20309-2101 und Führungen samstags 13 Uhr, 3 €. Tel. 030/20309 2343, www.konzerthaus.de
> **Deutscher Dom**, Tel. 030/20649923, Di–So 10–18/19 Uhr, freier Eintritt.
> **Französischer Dom**, Tel. 030/20649923, www.franzoesischer-dom.de, www.franzoesische-kirche.de, Museum: Di–So 12–17 Uhr (2 €), Tel. 030/2291760, Gottesdienste So 11 Uhr.
>
> **Essen & Trinken: Lutter und Wegner**, Charlottenstr. 56, 10117 Berlin, Tel. 030/2029 5415, www.l-w-berlin.de, Mo–So 11–3 Uhr. Gutbürgerliches, gemütliches Ambiente. Die Küche ist österreichisch geprägt, sodass ein Wiener Schnitzel mit warmem Kartoffelsalat nicht fehlen darf. Aber auch Gulasch sowie Sauerbraten lassen das Herz eines jeden Deftiges liebenden Gastes höher schlagen. Die Weinauswahl ist gut, die gezapften Biere sind es ebenfalls.

45 Rüdesheimer Platz: Paradebeispiel für gelungene Stadtarchitektur

Wenn man mit der U-Bahn am Rüdesheimer Platz ankommt empfängt den Besucher ein besonders schön gestalteter Bahnhof, mit herrlichen Decken- und Wandbildern. Kommt man ans Tageslicht, ist man überrascht: Ein **Bilderbuchplatz**, wohl einer der schönsten der Stadt. Eine grüne Oase mitten im Stadtteil Wilmersdorf. Hier wird gelebt. Bewohner der umliegenden Häuser lesen auf den Parkbänken Zeitung, ein Spielplatz erfreut die Kleinen und das Auge mag sich nicht sattsehen an schön bepflanzten Blumenbeeten. Bei der Planung dieses Platzes war ein Ästhet am Werk, was sich u. a. in der sehr naturnahen Gestaltung der Gartenanlagen ausdrückt.

> *Tipp*
> **Im Café Achteck gibt's keinen Kaffee**
> Ab 1900 gab es in Berlin viele Herren-Pissoirs aus grün lackiertem Metall, stets achteckig angelegt. Ein rekonstruiertes Exemplar steht am Rüdesheimer Platz – auch für Damen.

Die Grünanlage liegt tiefer als die umliegenden Häuser. Der alte Baumbestand sorgt für wohltuenden Schatten während heißer Sommertage. Im Sommer steht hier der beliebte Pavillon des Rheingauer Weinbrunnens – die Winzer verschiedener Weingüter schenken den Wein aus, Picknick bringt sich jeder selber mit. Nicht fehlen darf die **Brunnenanlage**. Sie wurde 1911 von Emil Cauer entworfen und stellt „Siegfried, den Rosslenker" dar. Die beiden Skulpturen rechts und links symbolisieren die Mosel bzw. den Rhein.

Der Rüdesheimer Platz ist eine denkmalgeschützte Anlage

Die Fassadengestaltung: ein schönes Beispiel für bürgerliche Stadtarchitektur

Angenehm anzuschauen ist die Bebauung um den Platz herum, sie strahlt Gemütlichkeit aus. Einheitlichkeit wird durch die Gestaltung der Fassaden erzeugt, die der Architekt Paul Jatzow entwarf. Individuelle Nuancierungen erhielten die Häuser durch weitere Architekten. Das Ganze erinnert an den englischen Landhausstil. Schon um 1910, als die Terraingesellschaft Berlin-Südwesten die Entwicklung übernahm, schaffte man ein noch heute gültiges Muster für Stadtarchitektur. Selbst an hübsche Vorgärten wurde damals gedacht. Kein Wunder also, dass die Umgebung seit 1988 als „Geschützter Baubereich mit Gartendenkmal" gilt.

Der Rüdesheimer Platz liegt im **Rheingauviertel** und wird ostwärts von der Ahrweiler Straße, westwärts von der Rüdesheimer Straße begrenzt. Auch die benachbarten Straßen sind nach Orten des Rheingaus benannt. Seit 1972 gibt es eine Paten- und seit 1991 eine Partnerschaft zwischen Wilmersdorf und dem Landkreis Rhein-Taunus. Die enge Beziehung wird noch durch den „Weinberg" im ehemaligen Wilmersdorfer Stadion unterstrichen. Hier gedeihen Rebstöcke aus dem Rheingau und Winzer keltern die Riesling- und Ehrenfelser-Trauben zur Wilmersdorfer Rheinperle. (mi)

Hinkommen: U2/U3 Rüdesheimer Platz (Nollendorfplatz–Krumme Lanke)
Information: www.ruedi-net.net
Essen & Trinken: Landauer Restaurant, am U-Bahnhof Rüdesheimer Platz, Tel. 030/8270 9277, www.landauer-restaurant.de, Mo–Sa ab 16, So ab 12 Uhr geöffnet. Hier erwarten einen eine im wahrsten Sinne des Wortes gutbürgerliche Küche und ein gepflegtes Ambiente mit einer gemütlichen Terrasse. Ge-schmackvolle, österreichisch angehauchte Gerichte. Eine wohlüberlegte Weinkarte sowie gute Biere vom Fass runden das Angebot ab.

46 Körnerpark: überraschendes Kleinod in Neukölln

Neukölln galt lange und gilt z. T. noch als nicht unbedingt feine Adresse. Aber dass sich hier etwas entwickelt, das spürt man, vor allem an der Grenze zu Kreuzberg. Aber im eher südlichen Zentrum Neuköllns?

Umso überraschender empfängt den Besucher der Körnerpark im Straßenkarree der Jonasstraße, Schierker Straße, Selkestraße und Wittmannsdorfer Straße: eine gepflegte **Parkanlage**. Hier befand sich um die Jahrhundertwende eine Kiesgrube, deren Besitzer Franz Körner war. Nach der Auskiesung schenkte er 1910 das Gebiet der Gemeinde Rixdorf unter der Bedingung, dass der anzulegende Park seinen Namen tragen sollte. Zwischen 1912 und 1916 wurde der Park gartenarchitektonisch anspruchsvoll geplant und gebaut, wobei Stilelemente des Neobarocks eingesetzt wurden – ähnlich wie bei dem Märchenbrunnen im Volkspark Friedrichshain (s. S. 112) oder bei den Kaskaden am Lietzensee in Charlottenburg (s. S. 120).

Blick auf den Körnerpark

Körnerpark

Wie der Rüdesheimer Platz (s. S. 104) liegt der Körnerpark naturgemäß (Kiesgrube) 5–7 Meter tiefer als die ihn umgebenden Wohnhäuser, die damals einem gehobenen Wohnstandard entsprachen. Die Aufteilung folgt klaren Achsen. An der Nord- und Südseite des Parks begrenzen **Arkadenwände** das 2,4 ha große Gebiet. An der westlichen Seite wurde eine stilvolle Orangerie eingeplant, gegenüberliegend – jenseits der großen Rasenfläche – plätschert Wasser über eine imposante Kaskadenanlage. Von allen Seiten führen Treppenabgänge zum Park. An der nördlichen Seite liegt etwas abgeteilt ein idyllischer Blumengarten, eingefasst von niedrigen Hecken – very british!

Was so schön begann, wurde zwar im Zweiten Weltkrieg kaum beschädigt, verfiel aber allmählich, da das Wohngebiet in der Einflugschneise des mittlerweile geschlossenen Flughafens Tempelhof immer weniger attraktiv wurde. Aus Sicherheitsgründen wurden dann nach und nach Teile des Parks gesperrt. 1977 wurde der Park sehr fachgerecht restauriert, und die Orangerie mit der davor liegenden Terrasse, die Kaskade und die Umfassungsmauern instand gesetzt. Seit 2002 fließt in der sanierten Anlage wieder Wasser über die Kaskaden, in das Fontänenbecken und durch Kanäle, die die Rasenfläche einfassen.

Die Gesamtanlage präsentiert sich heute in einem sehr gepflegten Zustand, 2004 wurde der Körnerpark als erstes denkmalgeschütztes Projekt in Neukölln mit dem renommierten Gustav-Meyer-Preis gewürdigt. (mi)

Statuetten säumen die Liegewiese

Info

Hinkommen: S41/S42/S45/S46/S47/U7 Neukölln.
Information: Galerie im Körnerpark, Schierker Straße 8, Tel. 030/56823939, http://kultur-neukoelln.de, Di–So 10–20 Uhr, www.körnerpark.de, www.soundcorner-koerner kiez.de (Geschichten und Klänge aus dem Kiez), www.neukoelln-online.de.
Essen & Trinken: Zitronencafé im Körnerpark, Tel. 030/56829999, www.esskultur-berlin.de, Di–So 10–20 Uhr. Das schöne Café in der Orangerie bietet Kuchen und kleine Gerichte, darunter allerlei Zitroniges. Katzenliebhaber können in **Pee Pees Katzencafé** um die Ecke Kaffee und Kuchen genießen und dabei Katzen streicheln (Thomasstr. 5, Tel. 030/68086600, http://peepees katzencafe.de, Di–Fr 11–19, Sa–So 12–19 Uhr).
In der Nähe: 13 Rixdorf (S. 36)

Ludwigkirchplatz: Idylle in der Nähe des Ku'Damms

Unweit des hektischen Kurfürstendamms genießen Besucher und Anwohner auf dem Ludwigkirchplatz fast die Stille eines Kurortes – zumindest tagsüber. Der Platz, in den sieben Straßen münden und in dessen Zentrum die 1895 erbaute katholische Kirche **St. Ludwig** steht, wird von alten Bäumen und einer wunderschönen Parkanlage mit Blumenbeeten, einem Springbrunnen und vielen Bänken dominiert. Am linken Zugang in Richtung Kirche (vom Brunnen aus gesehen) steht die Skulptur des Namenspatrons Ludwig IX., der 1297 heiliggesprochen wurde. Der französische König führte die Lilie in seinem Wappen – und so entdeckt man überall im Kirchenraum Lilien, an Mosaiken im Altarraum oder der Monstranz.

Hier lässt es sich in Ruhe und doch inmitten der Lebendigkeit eines urbanen Umfeldes leben. Die schönen alten Häuserfassaden, die meist eigentümergeführten Geschäfte um den Platz und in den Seitenstraßen sowie gemütliche Restaurants für fast alle Geschmäcker lassen eine ausgesprochen hohe Lebensqualität inmitten der Großstadt zu. Wer hier wohnt, will nicht mehr weg ... nicht umsonst gilt dies als eine der begehrtesten Adressen der Stadt. Und das wissen nicht nur die Anwohner, sondern auch Berliner aus anderen Kiezen und Touristen zu schätzen. In den Sommermonaten steigt der Zustrom vor allem abends, wenn man auf den Außenterrassen und Bürgersteigen vor den Restaurants Berliner Sommerluft genießen kann. Im Unterschied zu den „In-Locations" in Friedrichshain und Kreuzberg geht es hier deutlich gediegener und ruhiger zu. Das „alte" West-Berlin lässt grüßen.

Interessant ist ein Besuch des Weltladens A Janela (Emser Str. 45, www.ajanela.de), der aus dem Eine-Welt-Kreis der Gemeinde St. Ludwig heraus entstanden ist. Er lockt mit fair gehandelten Waren aus Afrika, Südamerika und Asien. Über 1.500 Produkte heben sich vom Einerlei der gängigen Geschäfte ab. (mi)

Der heilige Ludwig ...

Ludwigkirchplatz | 109

… und die nach ihm benannte Kirche

Tipp

Speisen rund um den Ludwigkirchplatz

Kuchel Eck, Ludwigkirchplatz 1, Tel. 030/8813829, www.kuchel-eck.de, tgl. 10 Uhr bis die letzten gehen. Seit über 90 Jahren die ultimative „Kiez-Gaststätte" mit Kneipenraum, einer „guten Stube" und lebendigem Außenbereich am Bürgersteig. Ausgiebiges Frühstück, Flammkuchen, Schnitzel sowie Berliner Spezialitäten wie Eisbein, Tartar, Rinderleber und Sülze (6–12 €). Verschiedene Biere vom Fass.

Honça, Ludwigkirchplatz 12, www.honca.de, Di–Fr 17–23, Sa/So ab 13 Uhr. Modern präsentierte, klassisch anatolische Küche, die sich doch in einigem von dem unterscheidet, was man gemeinhin als türkische Küche zu kennen meint (z. B. Imperial-Taubenbrust mit Maisbrot und Karotte). Dazu ausgesuchte Weine, darunter einige türkische.

Route 66 Diner, Pariser Straße 44, Tel. 030/8831602, www.route66diner.de, So–Do 10-2, Fr–Sa 10–4 Uhr. Originell eingerichtetes amerikanisches Restaurant im Stil der 60er-Jahre, lebendig und unkompliziert. Schon zum Frühstück geht's amerikanisch zu, z. B. mit Spiegelei, Kartoffelecken und Hüftsteakstreifen, später kann man mit Burger, Salat, Pizza oder Rib Eye Steak fortfahren. Ausgiebiger Brunch für nur 9,50 € (Kinder bis 12 J. 5 €).

Weyers, Pariser Str. 16, Tel. 030/8819378, http://weyers-restaurant.de. Gemütliches Restaurant mit schöner Außenterrasse. Auf den Tisch kommen frische und saisonale Gerichte von deftig-bodenständig bis exotisch, teils mit mediterranem Einschlag. So gibt es neben fabelhaften Maultaschen und Trüffel-Ziegenkäse-Gnocchi in Salbeibutter auch ein gutes Gemüsecurry. Bei lockerer Stimmung bleibt man gerne länger. Sitzt man drinnen, sollte man darauf achten, welchen Eingang man wählt: Das Restaurant verfügt über einen abgetrennten Raucherbereich.

Info

Hinkommen: U1/U2/U3/U9 Spichernstr., U1 Uhlandstr., U2/U3 Hohenzollernplatz. [B-C4]

Information: Pfarrei Sankt Ludwig, www.sanktludwig.de, Gottesdienste Mo–Sa 18.30, So 8.30, 10.30, 12 und 18.30 Uhr.

48 Kollwitzplatz: Schickeria und Geschichte am Prenzlauer Berg

Bereits um 1875 ließ der Deutsch-Holländische Actien-Bauverein das Gebiet um den heutigen **Kollwitzplatz** mit Wohnhäusern bebauen. Von 1885 bis 1887 wurde die damals noch als Wörther Platz bezeichnete Freifläche als gründerzeitlicher Schmuckplatz gestaltet. Im Verlauf des Zweiten Weltkriegs blieb das Viertel von großen Zerstörungen verschont, sodass zu DDR-Zeiten kein Sanierungsbedarf bestand. Erst vor der 750-Jahr-Feier Berlins besannen sich die DDR-Bosse der historischen Substanz dieses Stückchens Berlin.

Nach der Wende nahmen sich Stadtsanierer und **Bauinvestoren** der Gegend an. Die Häuserfassaden sind heute Schmuckstücke, die Wohnungen zumeist groß, mit hohen Decken. Dadurch wurde die Bevölkerungsstruktur verändert: Billiger Wohnraum verschwand, es wurde aufwendig saniert, die Mieten explodierten. Ein Großteil der Wohnungen gehört heute „zugereisten" Nicht-Berlinern. Viele gut verdienende Singles, Medienleute und Kreative sind hier zu Hause, die Geschäfte und die Gastronomie haben sich auf dieses Publikum eingestellt. Fast nirgendwo in Berlin ist die Dichte an Restaurants so hoch wie hier.

Käthe Kollwitz

„Ich will wirken in dieser Zeit, in der die Menschen so ratlos und hilfsbedürftig sind."
Käthe Kollwitz, 1922

Die Namensgeberin lebte an der Ecke Knackstraße ganze 52 Jahre – von 1891 bis 1943. Die berühmte Künstlerin schaut heute von ihrem Denkmal (1961 vom Bildhauer Gustav Seitz geschaffen) hinab zum immer belebten Kinderspielplatz. Käthe Kollwitz wurde 1867 in Königsberg geboren. Ihre ersten Radierungen fertigte sie 1890 an. 1891 heiratete sie den Arzt Karl Kollwitz, der seine Praxis am heutigen Kollwitzplatz eröffnete. Sie wird Mutter von zwei Söhnen, von denen der jüngere 1914 fällt – ein Generationsschicksal. 1893 beeindruckt sie die Aufführung des Hauptmann-Dramas „Die Weber" und sie fertigt in den Folgejahren bis 1897 die grafische Folge „Ein Weberaufstand". Ab 1904 widmet sie sich Plastiken, erlernt die Techniken in Paris und wird 1919 zur Professorin an der Akademie der Künste ernannt. Immer wieder wird ihr künstlerisches Credo gegen Krieg und Gewalt deutlich, bis 1923 fertigt sie die Holzschnittfolge „Krieg" an, 1932 wird ihr Kriegsmahnmal „Trauerndes Elternpaar" auf einem Militärfriedhof in Flandern eingeweiht.

Doch auch die heiteren Seiten des Lebens stellt sie künstlerisch dar. Ihre **Ausdruckskraft** wird als genial und äußerst eigen gewürdigt und über die Zeiten hinweg als „sprachlos-mitteilend" empfunden. 1933 wird sie durch die Nazis gezwungen, die Akademie der Künste zu verlassen, ab 1936 kann sie nicht mehr ausstellen. Käthe Kollwitz stirbt wenige Tage vor Kriegsende.

Tipp:
Unweit des Kurfürstendamms gibt es ein **Käthe-Kollwitz-Museum**: Fasanenstr. 24, 10719 Berlin, Tel. 030/8825210, www.kaethe-kollwitz.de, tgl. 11–18 Uhr, 7 €.

Kollwitzplatz

Einkehrmöglichkeiten rund um den Platz

Doch auch für eher wohlbetuchte Familien ist das ein guter städtischer Lebensraum. Zwar ist es ein Mythos, dass die Geburtenrate in Prenzlauer Berg besonders hoch sei – tatsächlich liegt sie knapp unter dem Berliner Durchschnitt – dennoch scheint der Umgang mit Kindern hier offener, freundlicher. So ist der Spielplatz vor dem Kollwitz-Denkmal ein beliebter Treffpunkt von Kindern, Vätern und Müttern. Rundherum pulsiert das Leben, besonders am Samstag ab 12 Uhr, wenn der wöchentliche **Ökomarkt am Kollwitzplatz** mit vielen alternativen Angeboten für jeden Geschmack und Geldbeutel Besucher anzieht: Zwischen Fisch und Biofleisch, französischen Crèpes und Champagner und Produkten des Berliner Umlands kann man auswählen. (mi)

Info

Hinkommen: U2 Senefelderplatz oder Eberswalder Straße. [F2]

Essen & Trinken:

Gugelhof, Kollwitzplatz/Ecke Knaackstr. 37, www.gugelhof.de, Tel. 030/4429229, Mo–Fr 17–23, Sa–So 12–23 Uhr. Beste elsässische Küche (Zwiebelsuppe, Flammkuchen, Choucroute) in rustikal geprägtem Ambiente, Terrasse.

Asin, Husemannstr. 2, Tel. 030/ 44038295, www.asin-restaurant.de, Mo/Mi/Do 12–24, Fr 12–2, Sa–So 10–2 Uhr. Die Küche Singapurs wird als Schmelzpunkt asiatischer Einflüsse präsentiert, entsprechend umfangreich ist die Speisekarte: vegetarische Gerichte, Huhn, Rind, Lamm, Fisch in unterschiedlichen Schärfegraden. Kleine Weinkarte, verschiedene Fass- und Flaschenbiere. Preiswerte Cocktails. Hauptgericht 9–13 €.

1900, Husemannstr. 1, Tel. 030/ 4422494, www.restauration-1900.de, tgl. ab 10 Uhr. Das Eck-Restaurant bietet Leckeres aus der Region (Kohlrouladen, Holsteiner Schnitzel, Zanderfilet). Auch das Frühstück lohnt: Der „Kleine" und der „Große Kiezwecker" locken mit allerlei Leckereien wie Mailänder Salami, Landschinken, Bergkäse, Räucherlachs, Eiern und frischem Obst. Eher teuer, qualitativ aber tiptop. Terrasse.

In der Nähe:

16 Anna Blume (S. 42)

49 Volkspark Friedrichshain und Bötzowviertel: zwischen Rotkäppchen und Mont Klamott

Neun Fontänen, wasserspeiende Frösche, Schneewittchen, Hans im Glück und eine Vielzahl weiterer Skulpturen aus Marmor, Sandstein und Muschelkalk: Der Märchenbrunnen bildet mit seinen Wasserkaskaden, der Kolonnade und den sprudelnden Brunnen einen wahrlich sagenhaften Auftakt. Die neobarocke Brunnenanlage wurde 1913 als Geschenk für die von Typhus und Rachitis bedrohten Arbeiterkinder eingeweiht.

Die sich dahinter öffnende, 49 ha große grüne Lunge war für alle Volksschichten bestimmt und sollte anlässlich des 100jährigen Thronjubiläums Friedrich II. „Friedrichshain" heißen. Auf der damals leicht gewellten Hügellandschaft wuchsen nach 1945 zwei Bunkerberge, bestehend aus 2,1 Mio. Kubikmeter Berliner Trümmerschutt und den gesprengten, darunter liegenden Flaktürmen. Unter seinem Spitznamen **Mont Klamott** wurde der 78 m hohe Große Bunkerberg von Wolf Biermann und der Band Silly besungen. Ebenso wie der benachbarte 48 m hohe Kleine Bunkerberg (mit Rodelbahn) ist er heute dicht begrünt und

> **Tipp**
>
> **Pause im Park**
>
> Beliebter Treffpunkt ist das **Schönbrunn** als ein Ort zum Sehen und Gesehenwerden. Auf der Terrasse des ehemaligen DDR-Pavillons im Retro-Look oder im angrenzenden Biergarten wird ganztägig gefrühstückt, werden Cocktails getrunken oder ökologisch einwandfreie Wiener Schnitzel verzehrt (Am Schwanenteich, Tel. 030/ 453056525, www.schoenbrunn.net).

Am Märchenbrunnen

ein beliebtes Ziel für Spaziergänger und Jogger. Eine schöne Aussicht von ganz oben besteht allerdings nur noch in den Wintermonaten, wenn die Bäume kein Laub tragen.

Zwischen den Bunkerbergen befindet sich am Großen Teich ein japanischer Pavillon mit der „Weltfriedensglocke", dahinter führt ein Weg durch eine kleine Gebirgsbachlandschaft. Am Wochenende kann man Karawanen von Kinderwagen schiebenden Müttern und Vätern beobachten, die aus den benachbarten Wohngebieten in das ausgedehnte Parkgebiet strömen. In Richtung der Straße Am Friedrichshain gibt es einen Basketballplatz und Halfpipes. Fast beliebter bei den Skate-Akrobaten sind aber die Rampen und Treppen am Deutsch-Polnischen Ehrenmal (das eigentlich „Denkmal des gemeinsamen Kampfes polnischer Soldaten und deutscher Antifaschisten" heißt).

Dahinter erstreckt sich bis zur Danziger Straße der „Neue Hain" mit Beachvolleyballfeld, Möglichkeiten zum Bocciaspielen, einem 3 m hohen Kletterfelsen und einem 850 m langen Inlineskate-Parcours. Wer nicht nur zuschauen möchte, kann sich das ganze Equipment am Schwanenteich ausleihen.

Abseits vom lebhaften Freizeitgeschehen findet man auf einer Erhebung beim Klinikum an der Landsberger Allee den Friedhof der Märzgefallenen. Hier wurde den Barrikadenkämpfern von 1848 ein Ehrenfriedhof gesetzt, auf den teilweise überwucherten Grabsteinen sind Berufsbezeichnungen wie Lehrling, Malergeselle oder Arbeitsfrau zu lesen. Auch 33 Revolutionsopfer vom November 1918 fanden hier ihre letzte Ruhestätte, später wurde das Gelände um den „Roten Matrosen" aus Bronze sowie Zitate von Karl Liebknecht und Walter Ulbricht ergänzt.

Das benachbarte **Bötzowviertel** mit seinen gründerzeitlichen und repräsentativen Jugendstilbauten fiel der Vernachlässigung zu DDR-Zeiten fast zum Opfer. Inzwischen saniert und deutlich aufgewertet, gehören die vergleichsweise schmalen

> ### Freiluftkino
>
> Das schönste Freilichtkino Berlins zeigt von Mitte Mai bis September Klassiker und Neues sowie spezielle Filmreihen. Bequeme Bänke mit Rückenlehnen, zusätzliche Plätze an Tischen und Liegewiesen, auf denen das meist junge Publikum auf Decken den Picknickkorb auspackt sowie die nächtliche Parkatmosphäre machen den Besuch zu einem tollen Erlebnis (www.freiluftkino-berlin.de).

Straßen zwischen Friedrichshain und der Greifswalder Straße heute zu einem beliebten Wohn- und Szenekiez. Während eines Bummels durch die Bötzowstraße und ihre Querstraßen, insbesondere die Hufelandstraße, trifft man auf zahlreiche kleine Cafés, Restaurants, Galerien, Bioläden und kleine Spezialgeschäfte. Besonders auffällig ist das immense Angebot für Kinder mit Spielzeugläden, kinderfreundlichen Cafés, Ballettschulen und Yoga für Babys. (md)

Hinkommen: Märchenbrunnen: Tram M4/M5/M6, Busse 142/200 Am Friedrichshain. Friedhof Märzgefallene und Freilichtkino: Tram M5/M6/M8 und Bus 142 Platz der Vereinten Nationen. [F2]
Essen & Trinken: Bistro-Restaurant **Chez Maurice** mit Wein- und Feinkostladen, der Lieblingsfranzose von Angela Merkel. Klein, gemütlich und rustikal. Bötzowstr. 39, Tel. 030/4250506, www.chez-maurice.com, Di–Sa 12–15.30 Uhr günstiger Mittagstisch (Plat du Jour ab 11 €), abends tgl. ab 18 Uhr, Hauptgerichte um 20–25 €.

50 Viktoriapark: Berliner Riesengebirge, Napoleon und Kreuzberger Wein

Ein plätschernder Wasserfall, der sich einen Berghang hinabstürzt mitten im flachen Berlin? Aber selbstverständlich. Das schönste Bild über die bevorstehende Gipfelbesteigung ergibt sich am Fuße des 66 Meter hohen Kreuzbergs von der Kreuzbergstraße/Großbeerenstraße. Ein bronzener Fischer zieht überrascht eine Nixe aus dem nicht endenden und sehr natürlich wirkenden Wasserfall. Allerdings wird im Winter die Natur abgestellt und das Wasserbett mit seinen Natursteinen und Findlingen bleibt trocken. Den Wasserumlauf von 13.000 Litern pro Minute bewältigt ein Pumpwerk im ehemaligen Gärtnerhaus, der heutigen Kreuzberg Villa.

Tipp: Skulpturen im Untergrund

Das mächtige **Gewölbe** unter dem Nationaldenkmal mit Fledermauskolonie, Gipsabdrücken der Quadriga vom Brandenburger Tor und weiteren Skulpturen kann im Sommer zum Ende jeden Monats besichtigt werden (6 €). Genaue Termine und Anmeldung im Bezirksamt/Fachbereich Hochbauservice, Tel. 030/90298-2624.

Inspiriert von der imposanten Natur des damals viel besuchten Riesengebirges schuf der Berliner Stadtgartendirektor Hermann Mächtig ab 1888 auf dem Kreuzberg eine gebirgsähnliche Landschaft mit engen Wegen, Schluchten, kleinen Bächen und Wasserfall. Der interessanteste Teil des Berliner Minigebirges mit wildromantischer Wolfsschlucht, steilen Wegen, hohen Bäumen und Felssteinen befindet sich auf der östlichen Seite, links vom Wasserfall. Der westliche Teil des Viktoriaparks in Richtung Katzbachstraße wird von großen Wiesen, breiten Wegen und lauschigen Plätzen bestimmt, sehr beliebt bei den Kreuzbergern jeden Alters zum Spazierengehen, Picknicken, Sonnenbaden oder Herumtollen.

Mitten in Berlin: Wasserfall mit Berg

Oben auf der Bergspitze führen weitere Stufen auf die Plattform des **Nationaldenkmals** von Karl Friedrich Schinkel, 1821 eingeweiht zum Gedenken an die Befreiungskriege gegen Napoleon. Wie die Spitze einer gotischen Kathedrale ragt das gusseiserne Denkmal 20 Meter empor. Statuetten preußischer Generäle und Adliger verkörpern allegorisch zwölf der bedeutendsten Schlachten, besonders hervorgehoben sind dabei an den Hauptfronten die vier wichtigsten Kriegsschauplätze. Erst mit dem Denkmal erhielt der „Berg" seinen Namen, der später auf den Berliner Bezirk übertragen wurde. Ganz oben sieht man das die Darstellung eines Eisernen Kreuzes, das seinen Ursprung als Tapferkeitsmedaille ebenfalls in den Befreiungskriegen hat.

Kreuzberg mit Aussicht

Von hier aus bietet sich zu jeder Tages- und Nachtzeit ein **grandioser Ausblick** auf das Berliner Stadtzentrum. Der Linie des Wasserfalls folgend entdeckt man die beiden Domkuppeln vom Gendarmenmarkt, links davon die Neubauten vom Potsdamer Platz und ganz links die City West mit dem Mercedesstern auf dem Europacenter. Viele Kreuzberger genießen hier den Sonnenuntergang und sitzen auf den Treppenstufen bis tief in die Nacht. Auf der Rückseite schließt sich das ehemalige Schultheiss-Brauereigelände mit seinen denkmalgeschützten Industriebauten in Backsteingotik an, integriert in das neue Wohnviertel Viktoria-Quartier. Für Architekturliebhaber: Das Gelände kann zu Fuß von der Methfesselstraße aus besichtigt werden.

Auf dem Kreuzberg zur Methfesselstraße hin wird auch **Wein** angebaut. Aufgrund der hiesigen Breitengrade besticht der Kreuz-Neroberger nicht gerade durch seine herausragende Qualität. So wird er auch nicht kommerziell vertrieben, sondern nur vom Bezirksamt verschenkt – an honorige Kreuzberger Bürger oder hochrangige Gäste aus der Partnerstadt Wiesbaden. Ein denkwürdiges Ereignis fand 1941 in der Methfesselstraße Nr. 7 statt. Konrad Zuse stellte hier den ersten Computer der Welt (Z3) vor, woran eine Tafel an der Hausfassade des kriegszerstörten Gebäudes erinnert. (md)

Info

Hinkommen: U6/U7 Mehringdamm + 600 m Fußweg, U6 Platz der Luftbrücke + 300 m Fußweg, Bus 140 Katzbachstr./Kreuzbergstr. [D5]

Essen & Trinken: Golgatha, Dudenstr. 40–64, Tel. 0307852453, www.golgatha-berlin.de, Sommer tgl. ab 9 Uhr bis open end, Sept.–März wetterabhängig. Mitten im Park gelegen in Richtung Sportplatz Dudenstraße/Katzbachstraße befindet sich diese Kreuzberger Biergarten-Institution. Selbstbedienung am Grill, einfache Küche, Cocktailbar, entspannte Kreuzberger Kiez-Szene, nächtliche Tanzbar.

Osteria No 1, Kreuzbergstr. 71, tgl. 12–24 Uhr, Tel. 030/7869162, www.osteria-uno.de. Italienisches Restaurant, das besonders mit dem schönen Hofgarten besticht.

Großer Tiergarten: Spaziergang durch die grüne Mitte

Die historische Grenze zwischen Stadt und Land ist gleich hinter dem Brandenburger Tor zu spüren. Das mitten im Stadtzentrum gelegene ehemalige kurfürstliche **Jagdrevier** ist mit seinen Spiel- und Liegewiesen, Biergärten und Partymeilen nicht nur geliebte Erholungs- und Freizeitanlage. Das größte Berliner Gartendenkmal bietet auf 3 km Länge und 1 km Breite auch eine einzigartige Mischung aus Gestaltungselementen der letzten drei Jahrhunderte.

Dem Preußenkönig Friedrich II. war die höfische Jagd zuwider und er ließ das Wildgehege von seinem Architekten von Knobelsdorff grundlegend zu einem öffentlichen Lustpark mit barocken Achsen, Alleen und eingestreuten Schmuckgärten umgestalten. Die am Ort der heutigen Siegessäule aufgestellten Standbilder antiker Götter nannten die Berliner „Puppen". Aufgrund der Entfernung vom alten Berlin kam es zur Redewendung „bis in die Puppen", was zunächst bedeutete, weit laufen zu müssen.

Das Brandenburger Tor im Rücken, führt der Weg links über die Straße zum streng eingefassten Halbrund mit drei Lindenreihen. Der Ahornsteig in der Mitte führt direkt auf die bronzene Löwengruppe zu. Dahinter tauchen auf der linken Seite fünf riesige Steine auf. Sie stammen aus allen Kontinenten und gehören zum privat finanzierten „Global Stone"-Friedensprojekt des Künstlers Kraker von Schwarzenfeld (s. S. 150). Der Ahornsteig führt jetzt in ein Waldstück. Kurz vor der nächsten Lichtung zweigt ein Weg rechts ab zum zehn Meter hohen Musikerdenkmal mit Beethoven, Mozart und Haydn aus Marmor und goldenen Putten. Dahinter lädt der Goldfischteich zum Verweilen ein

Blick von der Siegessäule auf den Tiergarten

und gegenüber reitet die „Amazone zu Pferd". Zu Westberliner Zeiten durchfuhren Autos dieses Gebiet, die Mauer war nicht weit und der gesamte östliche Teil des Tiergartens verwahrloste.

Zurück auf dem Ahornsteig, kreuzt dieser die Bellevueallee (Vorsicht: Radwege) und führt auf die Luiseninsel mit prachtvoll leuchtenden Teppichbeeten und dem Marmordenkmal der vom Volk verehrten Königin Luise. Sie blickt in Richtung ihres Ehemannes Friedrich Wilhelm III. auf der anderen Wasserseite. Der Abzweig vor der Königin führt von der Insel und trifft auf einen weiteren Weg, den man links einschlägt. Hier beginnt der landschaftlich schönste Abschnitt der Wegstrecke mit

Idylle im Herzen der Stadt

Gewässern und mehreren Inseln, 1792 von Hofgärtner Sello geschaffen. Dieser romantische Weg führt an der Stufenbrücke vorbei, von der man am besten die scheinbar unendlichen Tiefen der Wasserlandschaft nachempfinden kann. Peter Joseph Lenné verwandelte den Tiergarten ab 1833 in einen klassischen **Landschaftspark** mit Waldgruppen im Wechsel mit großen Lichtungen, Einzelbäumen und ästhetisch geschwungenen Wegen. Nicht vorstellbar, dass nach 1945 der abgeholzte Tiergarten als Gemüse- und Kartoffelacker diente.

Hinter dem Lortzing-Denkmal folgt eine Kreuzung und unmittelbar rechts dahinter der umzäunte Rosengarten mit tausenden Rosen und Stauden, steinernen Pergolen und Tierfiguren aus Bronze. Zurück zur Kreuzung und weiter über die Reiterbrücke kreuzt der Weg die zur Siegessäule führenden Achsen Große Sternallee, die Autotrasse Hofjägerallee und die Fasanerieallee, auf der man nach links abbiegt. Der Abstecher zur Löwenbrücke (derzeit nicht begehbar) ein Stückchen weiter geradeaus und dann rechts bietet einen idyllischen Blick auf das umliegende Gewässer.

Kurz hinter der dramatischen „Fuchsjagd" aus Bronze ist das Ende der breiten Fasanerieallee mit dem Café am Neuen See erreicht, wo auch Ruderboote ausgeliehen werden können. Der Rosa-Luxemburg-Steg führt über den Landwehrkanal an die Stelle, an der die ermordete Rosa Luxemburg 1919 ins Wasser geworfen wurde. Mit kostenlosem Blick in den Zoo führt der Weg entlang den Tiergehegen bis zur Tiergartenschleuse. Nach links geht's zum U- und S-Bahnhof Zoo. Und wer bis in die Puppen im Schleusenkrug bleibt, braucht nur noch dem gemütlichen Schein der 90 historischen Gaslaternen zum nahegelegenen S-Bahnhof Tiergarten zu folgen. (md)

Hinkommen: U- und S-Bahnhof Brandenburger Tor. [C-D3]
Essen & Trinken: Café am Neuen See, Lichtensteinallee 2, Tel. 030/2544930, www.cafeamneuensee.de, tgl. ab 9 Uhr. Restaurant, Café und großer Biergarten.

Schleusenkrug, Müller-Breslau-Str., Tel. 030/3139909, www.schleusenkrug.de, tgl. 10–24 Uhr. Szenerestaurant und Biergarten direkt an der Schleuse.

52 | Vom Flughafen zum Tempelhofer Park: Nichts bleibt, wie es war

Ein **Wiesenmeer**, wohin das Auge reicht. Die breiten Asphaltstreifen der Startbahnen verlieren sich im Nichts. Eigentlich ist nichts Besonderes zu sehen, aber wenn man sich erst mal an die Weite gewöhnt hat, ist die Wirkung grandios. Tatsächlich ist die Landschaft ganz leicht gewellt. Rundherum taucht die Stadtsilhouette mit Kirchtürmen, Industrieschloten, dem Fernsehturm, dem Schöneberger Gasometer und den Minaretten der Moschee am Columbiadamm auf. Der 71 Meter hohe weiße Radarturm sieht von Weitem aus wie ein aufgeständerter Golfball. Daneben beginnt das Flughafengebäude, das in einem 1,2 Kilometer langen Bogen das nordwestliche Ende des ehemaligen Flugfeldes abschließt. Was ist geschehen? Die Berliner haben eine bisher unbetretbare Fläche zurückerobert, die sie sonst nur beim Landeanflug sehen konnten. Am 8. Mai 2010 wurde der mit über 300 ha größte Park Berlins eröffnet.

Die Geschichte des **Tempelhofer Felds** begann im 18. Jh., als der Soldatenkönig auf ehemaligen Ackerflächen einen Exerzierplatz anlegen ließ, auf dem noch bis in die Kaiserzeit hinein Militärparaden abgehalten wurden. Gleichzeitig erstürmten nach den Paraden Tausende von Berlinern mit Sonnenschirmen, Liegestühlen und Picknickkörben das Feld oder amüsierten sich beim Pferderennen oder in Zirkusvorstellungen. Anfang des 20. Jh. begann die Geschichte der Luftfahrt mit Ballonflügen, Zeppelinen und der Flugschau von Orville Wright. Der 1923 eröffnete Flughafen, der später zum Heimatflughafen der Deutschen Lufthansa AG werden sollte, erwies sich bald als zu klein für den rasant wachsenden Flugverkehr. Der in den 1930er-Jahren von Ernst Sagebiel gebaute, damals größte Gebäudekomplex Europas entsprach einerseits dem Herrschaftsausdruck der Nazis, gilt aber aufgrund seiner zukunftsweisenden Funktionalität als Mutter aller Flughäfen. Während der Luftbrücke 1948/49 kamen die „Rosinenbomber" im 90-Sekunden-Takt und machten den Flughafen weltweit berühmt. Daran erinnert das Denkmal der „Hungerharke" auf dem Platz der Luftbrücke. Zunächst von der US Air Force, dann vom zivilen Luftverkehr genutzt, hob am 30. Oktober 2008 zum letzten

Der einstige Luftbrückenflughafen ist heute der größte Park Berlins

Mal eine Maschine in den Tempelhofer Himmel ab. In Zusammenhang mit dem Bau des neuen Großflughafens in Berlin Schönefeld war das Kapitel der Luftfahrt geschlossen worden.

Heute sind die Startbahnen und sonstige Asphaltwege ein Eldorado für Skater, Radfahrer, Jogger und Fußgänger. Picknicker und Drachenlenker bevorzugen das Wiesenmeer, Pärchen und Sonnenanbeter verschwinden zwischen den Löwenzahnblüten. Hunde tollen auf den riesigen abgezäunten Auslaufflächen. Im östlichen Bereich betreiben Neuköllner Anwohner mit unzähligen Hochbeeten mit Salat- und Gemüseanbau fleißig Urban Gardening. Zwischen Kunstinstallationen und Kulturprojekten auf sogenannten „Pionierfeldern" düsen Segways, Einräder und GoKarts. Der kleine Aussichtsturm am südlichen Rand an der Ringbahn (S41, S42) bietet einen tollen Rundumblick und setzt Fantasien über zukünftige Nutzungen frei. Plänen zur Bebauung der Randbereiche erteilten die Berliner im Mai 2014 via Volksentscheid eine Absage. Im Rahmen der Flüchtlingskrise 2015 beschloss der Senat dennoch, hier eine Massenunterkunft für bis zu 7.000 Menschen zu schaffen. Im Sommer 2016 lebten ca. 2.000 Menschen in den Hangars.

Flugfeldnutzung mal anders

Der Berliner Flüchtlingsrat kritisiert das Massenlager, die Initiative 100% Tempelhofer Feld befürchtet darüber hinaus eine Aushöhlung des Bebauungs-Verbots.

Doch auch weiterhin verkörpert dieser Ort genau das, was Berlins Reiz im Vergleich zu anderen Städten so unschlagbar macht: seine **ewige Unfertigkeit**. (md)

Info Tempelhofer Feld: Orientierungshilfe leisten die Infostellen an mehreren Eingängen (Tempelhofer Damm, Columbiadamm, Oderstraße). Das Gelände ist nachts geschlossen und täglich je nach Jahreszeit geöffnet (im Sommer 6–22.30 Uhr), Eintritt frei. Es werden Parkführungen und die Ausleihe von Fahrrädern angeboten: Tel. 030/267050. Außerdem gibt es **Führungen** durch den denkmalgeschützten gigantischen Flughafenkomplex inkl. Eingangshalle, Abfertigungshalle, Dachterrasse, Eisenbahntunnel, Luftschutzbunker und Filmbunker. Infos: www.tempelhoferfreiheit.de, Tel. 030/2000 37441. Weitere Infos: https://gruen-berlin.de/tempelhofer-feld, www.thf100.de und www.tempelhofer-park.de.
Hinkommen: Eingang Tempelhofer Damm: U6/S41/S42/S45/S46/S47 Tempelhof. Eingang Columbiadamm: Bus 104 Friedhöfe Columbiadamm. Eingang Oderstraße Neukölln: U8 Boddinstraße + 650 m Fußweg über Herfurthstraße. [E5]
Essen & Trinken: Lavanderia Vecchia, Flughafenstr. 46, U8 Boddinstraße, Tel. 030/6272 2152, www.lavanderiavecchia.de, Di–Sa 12–14.30, abends ab 19.30 Uhr. Man muss genau hinsehen, um den Eingang zu finden: Es geht durch eine Toreinfahrt in einen Innenhof und dann in die alte Wäscherei, in der das Restaurant zu finden ist. Die Deko entspricht dem Namen ... Am Eingang gibt man die Bestellung auf – und bezahlt. Mittags gibt es stets wechselnde, kleine Gerichte (Menü 10 €), abends ein Menü aus wechselnden Vorspeisen, Hauptgerichten und Desserts, dazu Wein für 58 € (Reservierung erforderlich).

53 Am Lietzensee: mitten in der Stadt, mitten in der Natur

Mitten in der westlichen Innenstadt liegt versteckt ein Kleinod, das es zu entdecken lohnt: der Lietzensee. Sein Name geht auf das bis 1919 selbstständige Dorf **Lietzow** zurück. Der 6,5 ha große See wird alleine vom Grundwasser gespeist und lag ursprünglich in einem sumpfigen Waldgebiet. 1820 kaufte der preußische General von Witzleben das Gelände und legte an der Westseite einen Park an, während an der Ostseite vornehme Häuser entstanden. Nachdem 1910 die Stadt Charlottenburg in den Besitz des Geländes gelangt war, legte der Gartendirektor Erwin Barth die beiden Wasserkaskaden an und gestaltete den Park im Rahmen von Arbeitsbeschaffungsmaßnahmen nach dem Ersten Weltkrieg zum **Landschaftspark** um. Es entstanden die Große Kaskade im Süden am Dernburgplatz, die Kleine Kaskade am Nordwestufer und das Parkwächterhaus. Seit 1904 ist mit Verlängerung der Kantstraße (Neue Kantstraße) und der damit verbundenen Dammaufschüttung der See zweigeteilt.

Tipp: Berlins Antikstraße

Auf der südlich von der Bismarckstraße abzweigenden Suarezstraße trifft man völlig unerwartet auf zwei Dutzend Antiquitätenläden, die Möbel, Design, Geschirr, Schmuck und viele Kunstobjekte zum Verkauf anbieten. Vor allem die Ostseite des Abschnitts zwischen Kaiserdamm und Kantstraße ist interessant für Liebhaber alter Schätzchen (www.suarezstrasse.com).

An der sich zum Lietzensee hin öffnenden Witzlebenstraße wird ein höchst **ungewöhnlicher Kirchenbau** sichtbar, bestehend aus zwei riesigen Kuben aus Beton, ergänzt um Elemente aus Lärchenholz. Dieser Neubau der katholischen **Kirche St. Canisius** ersetzte 2002 die während eines Großfeuers 1995 völlig ausgebrannte frühere Kirche. Der eher kleine, schmucklose Kirchenraum ist zu besichtigen (Witzlebenstr. 30, www.st.canisius-berlin.de, Mo–Do 11–15.30, Fr 11–14, So 15–18 Uhr).

Die große Parklandschaft auf der westlichen Seeseite wird rege von den Anwohnern genutzt: Liegewiesen, Spielplätze, Seniorenaktivplatz mit fest installierten Sportgeräten – hier ist für jeden etwas dabei. Besonders sehenswert sind u. a. Denkmäler und **Skulpturen**. Da ist z. B. „Der Sandalenbinder", der 1962 aus dem Nachlass des Bildhauers Fritz Röll an die Stadt überging. Ein Denkmal ist den Gefallenen des Königin-Elisabeth-Garde-Regiments Nr. 3 gewidmet (1925, von Eugen Schmohl). Dem „Speerträger" von Bernhard Bleeker (1940) ist allerdings der Speer verloren gegangen.

Fritz Rölls „Der Sandalenbinder"

Am Lietzensee | **121**

Entspannen mitten in der Stadt

Zwischen Bäumen versteckt liegt ein Juwel am westlichen Uferhang: die evangelische **Kirche am Lietzensee**. Die großen Fenster der 1959 von Paul Baumgarten erbauten Kirche geben den Besuchern das einmalige Gefühl, inmitten der Natur mit jahreszeitlich wechselnder Kulisse zu sitzen. Wer sich die Mühe macht und den Hang hinaufsteigt, kann vom Eingang auch bei geschlossener Kirche zumindest einen Blick in den Innenraum werfen. Der Spaziergang um den See dauert in gemütlichem Tempo etwa eine Stunde. (md/mi)

Info

Hinkommen: U2 Sophie-Charlotte-Platz, S41/S42/S46 Messe Nord/ICC. [A 3-4]

Essen & Trinken: Bootshaus Stella am Lietzensee, Witzlebenplatz 1, www.bootshaus amlietzensee.de, April 11–20, Mai–Okt. 10–23, Nov./März/Feb Sa–So 11–18 Uhr. Selbstbedienung im Holzhaus mit Terrasse, idyllisch direkt am See gelegen.

Engelbecken, Witzlebenstr. 31, Tel. 030/615 2810, www.engelbecken.de, Mo–Fr 17–1, Sa ab 16, So und feiertags ab 12 Uhr. An den hellen, blank gescheuerten Tischen wird bayerisch-österreichische Küche serviert. Fleischliebhaber und Vegetarier kommen auf ihre Kosten. Da hier gerne die Nachbarschaft isst, sollte man reservieren.

Fräulein Fiona, Fritschestraße 48, Tel. 030/95602272, www.fraeulein-fiona.de, Di–Do 18.0–23, Fr–Sa 18–23.30 Uhr. Modernes, aber trotzdem gemütliches Kiez-Restaurant. Hier schmeckt und riecht man förmlich die Frische und Qualität der Zutaten (u. a. Fisch und Wild aus der Region). Sehr angemessene Preisgestaltung für diese hervorragende Qualität (3-Gang-/4-Gang-Menü 32/39 €).

In der Nähe: 92 Schloss Charlottenburg (S. 206)

Die Stadtgärtner: Urban Gardening

Berlin ist bekanntermaßen nicht nur eine ungemein grüne, sondern auch eine sehr kreative Stadt. Da verwundert es nicht, dass sich hier eine ganz besondere Szene herausgeschält hat: Urban Gardening heißt der Trend, bei dem innerstädtische Freiflächen zum Anbau von Obst und Gemüse genutzt werden. Dabei bewegen sich die Stadtgärtner weit abseits biederer Schrebergartenkultur. Statt des Gärtnerns auf der abgesteckten Parzelle steht hier die gelebte Gemeinschaft im Mittelpunkt – und der Gedanke, mit dem selbst gezogenen Gemüse das Essen ein Stück natürlicher und die Stadt noch ein bisschen bunter zu machen.

Die KöniglInnen von Kreuzberg – Prinzessinnengarten (54a)

Das Pionierprojekt ist der **Prinzessinnengarten** am Moritzplatz zwischen Prinzen- und Oranienstraße mitten im dicht besiedelten Stadtteil Kreuzberg. Aus Kuba, wo sich viele Stadtbewohner durch den Anbau von Lebensmitteln in Gärten selbstversorgen, brachten die Initiatoren von **Nomadisch Grün** die Idee mit, hier einen **Garten für jedermann** zu schaffen. Alle konnten mitmachen, egal wie alt, egal welche Fähigkeiten man mitbrachte.

Vorreiter des urbanen Gartenbaus: der Prinzessinnengarten

Ziel war und ist es, in einem sozialen Miteinander ökologisch orientierte Landwirtschaft zu betreiben. Das Projekt ist so etwas wie praktische „Basisdemokratie" und lebt vom Engagement der Mitmachenden.

Die Fläche ist jeweils für ein Jahr von der Stadt gemietet, nur für diese Zeit ist eine Nutzung garantiert. Die nächsten fünf Jahre gelten aber als gesichert. Doch von vornherein war die Idee, den Garten „mobil" zu gestalten, um im Notfall schnell umziehen zu können. Statt Gebäude gibt es Container, die Pflanzen wachsen in Bäckerkisten, Säcken und Tetrapaks. Von Beginn an konzentrierte man sich auf Bio-Anbau ohne künstliches Düngemittel oder chemischen Pflanzenschutz, Erde und Samen sind bio-zertifiziert. Es gibt ein schönes Gartencafé und die Gartenküche bietet außer Mittagessen am Abend auch die leckere Gartenpizza an.

Prinzessinnengarten, Prinzenstr. 35–38, http://prinzessinnengarten.net, tgl. ab 10, Gartencafé ab 11, Gartenküche Mo–Fr ab 12 Sa/So 13–18.30 Uhr, U8 Moritzplatz. [F4]

Der Himmel über Berlin – das Himmelbeet (54b)

Im Stadtteil Wedding lädt der **„interkulturelle Gemeinschaftsgarten" Himmelbeet** die Nachbarschaft zum Mitgärtnern und Selberernten ein. Im Mittelpunkt steht der ökologische Anbau von robustem Alltagsgemüse, das sich gut für den heimischen Kochtopf eignet, gepflanzt wird in Hochbeeten: klassisches Urban Gardening auf einer Brachfläche.

Der soziale Aspekt des gemeinsamen Gärtnerns inmitten der Stadt ist ein gewünschter „Nebeneffekt". Nicht zuletzt diesem dienen auch die regelmäßig stattfindenden Brotbacktage: Dann wird der 2016 gebaute Steinbackofen angefeuert, um Pizza, Brot und Hefekuchen zu backen. Das **Gartencafé** aus Europaletten hat schon Architekturpreise gewonnen. Hier gibt es guten Kaffee und öfters Veranstaltungen. Das Essen ist so gut, dass die Betreiber mittlerweile auch einen Catering-Service anbieten; alles bio, vegetarisch und mit besten Zutaten direkt aus dem Garten.

Himmelbeet – Interkultureller Gemeinschaftsgarten, *Ruheplatzstraße 12 (Nähe Leopoldplatz), http://himmelbeet.com, Öffnungszeiten (Mai–Oktober), Garten: Di–So 11–20, Café: Di–Fr 14–20, Sa/So ab 11 Uhr, U6/U9 Leopoldplatz. [D1]*

Über den Dächern – Klunkerkranich (54c)

Der **Klunkerkranich** befindet sich, wo man ihn am wenigsten erwarten würde: Er hat sich auf dem Dach des Parkhauses der Neukölln Arcaden eingenistet. Während man in den Stockwerken darunter im Kunstlicht shoppen kann, tobt hier oben das Leben. Ungeordnet, kreativ und damit typisch berlinerisch – so kann man den Klunkerkranich am besten beschreiben: eine wilde Mischung aus Bar, Urban Gardening, Kunstprojekten und Partys.

In den Hochbeeten wachsen Absinthkraut, Oregano und Thymian zur Verwendung in den Cocktails oder in der Fusionsküche. Mittwochs wird gegärtnert, abends wird gejammt: Das Programm bietet haufenweise Sessions, Live-Konzerte, Club- und Filmabende. Das macht den Klunkerkranich nicht nur zu einem der spannendsten Gartenprojekte, sondern auch zu einer angesagten Ausgeh-Adresse – und das alles bei einer grandiosen Aussicht über die Dächer Berlins.

Klunkerkranich, *Karl-Marx-Str. 66/Neukölln Arcaden, Tel. 030/6273973, www.facebook.com/derklunkerkranich und www.klunkerkranich.de, tgl. 10–1.30, So ab 12 Uhr. Zugang über den Fahrstuhl der Neukölln Arcaden (bis zur 5. Etage, dann zu Fuß ein Parkdeck weiter rauf), U6 Rathaus Neukölln. [F5]* (mi)

Hipper Dachgarten: der Klunkerkranich

Natur-Park Schöneberger Südgelände: unterwegs auf alten Gleisen

Industriebrachen sind selten schön, Verkehrsbrachen wie still gelegte Bahnhöfe und Gleise eher Kulissen für einen Krimi. Der Spagat zwischen Bewahrung und Neuem ist hier in Schöneberg gelungen.

Vor mehr als zweihundert Jahren war das Gelände eine Feldfläche am Rande Alt-Schönebergs. Es war die Zeit, als der Güterverkehr langsam Fahrt aufnahm, zumal Berlin zur Residenzstadt avancierte. 1889 war der Bau des Rangierbahnhofs vollendet, Verkehr und Fracht nahmen an Berlins größtem Güterbahnhof entsprechend zu. Kein Platz also für Pflanzen und Tiere, dafür umso mehr für Technik aus Stahl und Beton. Nach dem Zweiten Weltkrieg, als die Stadt geteilt war, nahm die Bedeutung des Rangierbahnhofs

Kunst in der Natur: Ein Teil des Geländes ist für Sprayer freigegeben.

Natur-Park Schöneberger Südgelände

rapide ab, 1952 stellte man den Betrieb ein. Niemand scherte sich um die Industriebrache, denn man war mit dem Wiederaufbau beschäftigt. Doch eine nahm sich des Geländes an: die Natur. Langsam und still, unbemerkt, aber nachhaltig: Gräser vermehrten sich, Sträucher wucherten, Bäume wuchsen, ohne dass eine menschliche Hand sich darum kümmerte. Kurioserweise war die Bahnnutzung für die spätere Artenvielfalt des Geländes förderlich: Mit den Zügen waren Pflanzensamen und Kleingetier aus anderen Regionen gekommen und hatten hier eine „neue Heimat" gefunden. So ist angeblich die Höhlenspinne in Waffenkisten aus Südfrankreich hierher gelangt: als blinder Passagier.

Eine engagierte Bürgerinitiative verhinderte eine Bebauung – und zwar schon in Ansätzen. Als eine Rodung und die Wiederaufnahme des Betriebs um 1980 stattfinden sollten, kämpfte man mit wachsendem Erfolg für den Erhalt des Naturraums. Seit 1988 verfolgte auch der Berliner Senat das Ziel, den ehemaligen Bahnhof als Natur-Park Südgelände (18 ha) zu erhalten. 1999 schrieb man den Status als Naturschutz- und Landschaftsschutzgebiet fest.

Heute überrascht den Besucher eine urwüchsige Landschaft, durch die sich schemenhaft alte Gleise ziehen. Der Wasserturm, eine alte Dampflok, eine sehenswerte Drehscheibe für Loks, eine Lokomotivhalle sowie die Wasserabfüllung für Dampfloks erinnern an die frühere Nutzung. Für Kinder ein Eldorado zum Gucken, Verstecken und Entdecken. (mi)

Der Natur-Park in Zahlen:
- 30 Brutvogel-Arten sind heimisch.
- 57 Spinnen-, 95 Wildbienen- und 15 Heuschreckenarten haben hier ihr Zuhause.
- 350 Pflanzenarten und 49 Großpilze gedeihen hier.
- Seit 2000 ist der Park für Besucher geöffnet, ein Wegenetz (nicht für Fahrradfahrer) steht zur Erkundung bereit. Der Große Rundweg ist 2,7 km lang. Auf dem Kleinen Rundweg von 1 km Länge kann man Wasserturm, Lokomotive und Drehscheibe entdecken.

Sprayen gestattet!

Auf dem Abschnitt des Tälchenwegs dürfen die Flächen Mo–Sa ab 15 Uhr besprüht werden (sonntags und feiertags nicht erlaubt). Zudem sind Graffitis an Gebäuden, am Turm, der „Gelben Wand" am Eingang sowie an den Kunstwerken verboten. Es versteht sich von selbst, Sprühdosen, Eimer und Müll wieder mitzunehmen.

Tipp

Hinkommen: S2/S25 und Busse 170/246/M76/X76 Priesterweg. Parkplätze vorhanden.
Öffnungszeiten: tgl. ab 9 Uhr bis Einbruch der Dunkelheit (bitte Aushänge beachten). Der Eintritt kostet 1 € pro Person (bis 14. J. frei).
Information:
www.gruen-berlin.de
Führungen: „Natur am Zug – naturkundliche Entdeckungen zwischen den Gleisen" und eine „PflanzenErlebnisFührung" werden angeboten (Infos auf der Homepage).

Essen & Trinken: Sonntagsbrunch im Naturpark Schöneberger Südgelände: Im **Café paresüd** in der ehemaligen Brückenmeisterei am Wasserturm im Park gibt es sonntags und feiertags von 11 bis 14 Uhr in bahnhistorischem Ambiente einen Brunch (17 €, Kinder bis 14 J. 8 €). Ansonsten ist das Café April–Okt. Sa/So und feiertags 11–18 Uhr geöffnet. Tel. 0173/ 2083023, www.paresued.de.

Info

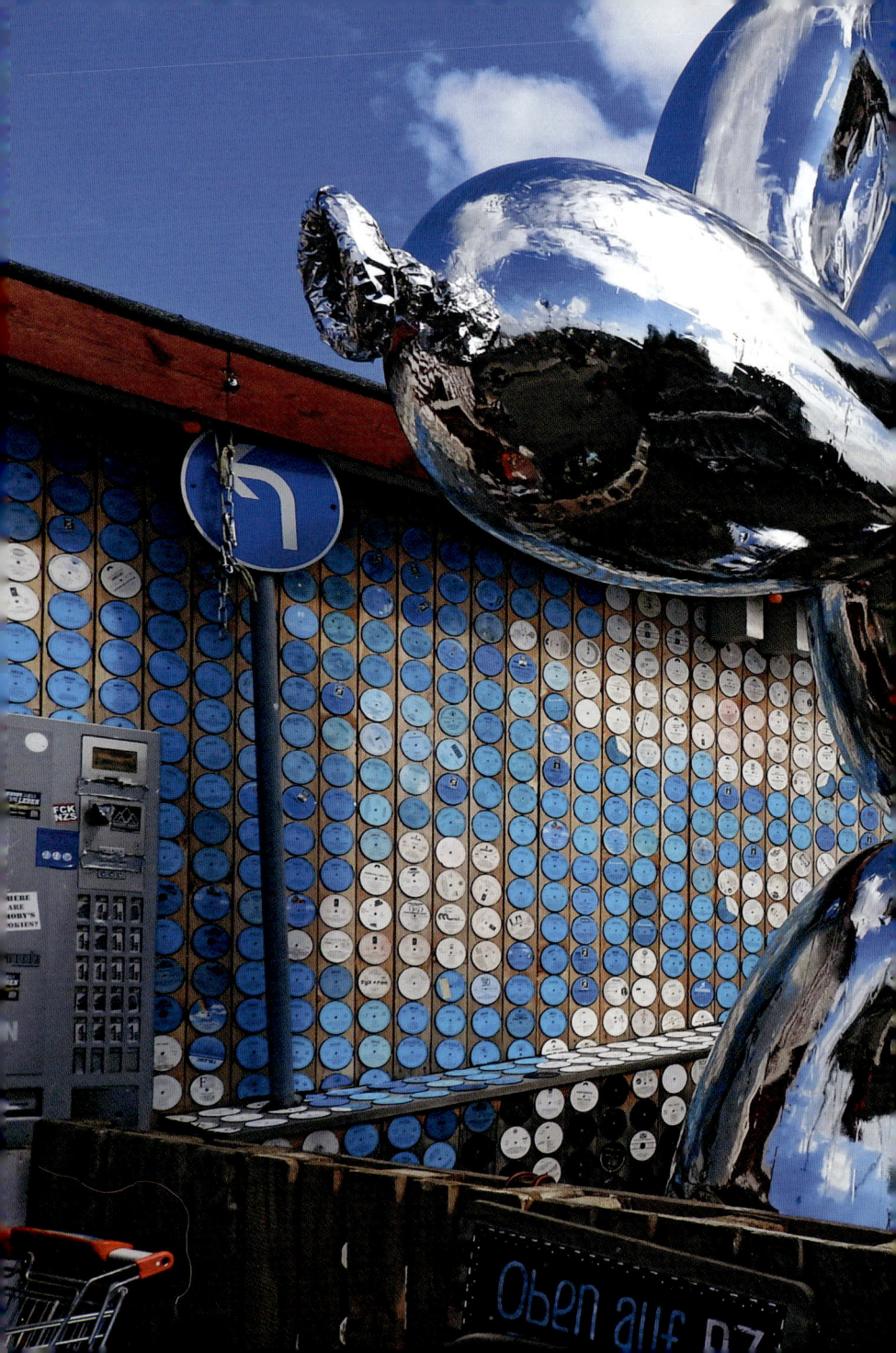

Kunst & Kultur

56 | Museumsinsel: die preußische Akropolis

1841 verfügte König Friedrich Wilhelm IV., gegenüber dem Schloss eine „Freistätte für Kunst und Wissenschaft" zu schaffen. Innerhalb der nächsten 90 Jahre entstand auf der Spreeinsel ein einzigartiges **Gesamtkunstwerk** und eines der größten Schatzhäuser der Welt. Die fünf Museumsbauten repräsentieren 6.000 Jahre Menschheitsgeschichte. Sie beginnt bei den Ursprüngen der Kunst in Ägypten und im Zweistromland, führt über die klassische Antike, Mittelalter und Renaissance bis zum Barock und endet im 19. Jh. Die durch Krieg und Teilung getrennten Sammlungen konnten nach der Wiedervereinigung wieder zusammengeführt werden. Bei zum Teil laufendem Betrieb werden die Gebäude in den kommenden Jahren aufwendig saniert und auf den technisch neuesten Stand gebracht. Der Masterplan Museumsinsel 2025 sieht vor, die Besucher in einem repräsentativen Empfangsgebäude zu begrüßen und die Häuser mit einer „Archäologischen Promenade" unterirdisch miteinander zu verbinden. Seit 1999 steht die Museumsinsel auf der Welterbeliste der UNESCO.

Das **Alte Museum** wurde 1830 von Schinkel erbaut und ist sein Meisterwerk. Es steht auf 3.053 Holzpfählen im sumpfigen Boden und seine Hauptfront gleicht einem griechischen Tempel mit 18 Säulen. Im Inneren zeigen der doppelte Treppenaufgang und die Rotundenkuppel die wahre Schönheit des Gebäudes. Hier kann man die „Antiken Welten" der Etrusker und Römer sowie die weltberühmte Sammlung griechischer Kunst erleben.

Der auf einem zwölf Meter hohen Sockel thronende klassizistische Tempelbau der **Alten Nationalgalerie** beherbergt 440 Gemälde zeitgenössischer Kunstsammlungen des 19. Jh., darunter Werke von Caspar David Friedrich und Adolph Menzel. Im Kuppelsaal finden sich französische Impressionisten, in der Galerie 80 Skulpturen, u. a. von Schadow. Den komplett sanierten Bau erreicht man durch den zauberhaften arkadischen Kolonnadenhof, dessen abendliche Beleuchtung wirkt, als liege er in sanftem Mondlicht.

Die einzigartige ägyptische Sammlung im **Neuen Museum** ist seit 2009 für die Öffentlichkeit zugänglich, dazu gehört auch die berühmte, fast 3.400 Jahre alte Büste der Nofretete. Der im Krieg stark beschädigte Bau ist vom Architekten David Chipperfield aufwendig saniert und rekonstruiert worden. Daneben entsteht derzeit die

Museumsinsel aus der Luft

James-Simon-Galerie mit zukünftigem Besucherzentrum und dem Haupteingang der Museumsinsel.

Für die außergewöhnlichen Architektur-Rekonstruktionen aus dem Altertum ist 1930 das erste maßgeschneiderte Museum eröffnet worden: das **Pergamonmuseum**. Dort findet man die griechische Großplastik des Pergamonaltars, das römische Markttor von Milet, die Prozessionsstraße von Babylon sowie Sammlungen der Islamischen Kunst und des Vorderasiatischen Museums. Seit 2014 wird das Gebäude umfänglich saniert und ist nur in Teilen zugänglich, u. a. der namensgebende Pergamonaltar ist voraussichtlich bis 2019 nicht zu besichtigen. Es gibt ihn aber online als 3-D-Modell: http://3d.smb.museum/pergamonaltar/. Im Rahmen des Masterplan Museumsinsel soll ein vierter Flügel gebaut werden, der in Zukunft Platz für weitere Großplastiken wie das altägyptische Kalabscha-Tor oder die Säulenhalle des Sahure-Tempels bieten soll.

Die Alte Nationalgalerie

Wie ein runder Schiffsbug mit mächtiger Kuppel bildet das **Bode-Museum** den nördlichen Abschluss der Spreeinsel. Es enthält in der Mitte eine florentinische Basilika. Gezeigt werden Skulpturen, u. a. von Tilman Riemenschneider und Donatello, sowie byzantinische Kunst und die numismatische Sammlung des Münzkabinetts. (md)

Hinkommen: Bus 100/200 Lustgarten, S5/S7/S75 Hackescher Markt, M4/M5/M6 Spandauer Str./Marienkirche. [E 3]
Information: Museumsinsel, Tel. 030/26642 2290, www.museumsinsel-berlin.de und www.smb.museum. Öffnungszeiten: tgl. 10–18, Do bis 20 Uhr, Altes Museum, Alte Nationalgalerie und Bode-Museum Mo geschl. Eintritt: je Haus 8–14 €, für alle Häuser 18 €, freier Eintritt bis 18 Jahre.
Essen & Trinken: Cafés im Bode-Museum (besonders empfehlenswert), Alten Museum und Alter Nationalgalerie sind frei zugänglich. Es gibt mehrere Restaurants in den Stadtbahnbögen entlang der Georgenstraße ab Kupfergraben sowie am Hackeschen Markt (s. a. S. 17):

Da Vinci, Georgenstr. 192, Tel. 030/2014 3143, www.davinci-ristorante.de, tgl. ab 10 Uhr. Guter, preiswerter Italiener in den S-Bahn-Bögen. Besonders lecker: die hauchdünnen, großen Pizzen und die Pasta. Frische Salate, auch Fisch- und Fleischgerichte. Ab 7 €.
Deponie Nr. 3, Georgenstr. 5, Tel. 030/2016 5740, www.deponie3.de, tgl. ab 10 Uhr. Deponie für was? Für russische Panzer zumindest bis vor 15 Jahren. Jetzt gibt es Alt-Berliner Küche in rustikalem Ambiente, z. B. Kartoffelsuppe, Ukrainischen Fleischsoljanka, Eisbein und Riesen-Kohlrohlade. Im Sommer sitzt man draußen. Hauptgerichte 8–13 €.

57 Dalí ist Berliner

„Come into my brain" – so formulierte Salvador Dalí einst die Einladung, ihm in seine surreale Gedanken- und Bilderwelt zu folgen. Das ist auch in Berlin möglich: Direkt in der pulsierenden Mitte der Stadt zeigt das privat initiierte und getragene Museum **Dalí – Die Ausstellung am Potsdamer Platz** dauerhaft 450 Exponate des Spaniers, der mit Sicherheit als einer der genialsten Künstler der Moderne gelten darf. Getreu dem Motto „Surrealismus für alle" ermöglicht die Ausstellung dem Besucher einen tiefen Einblick in Dalís experimentierfreudige Meisterschaft in nahezu allen Sparten der Kunst.

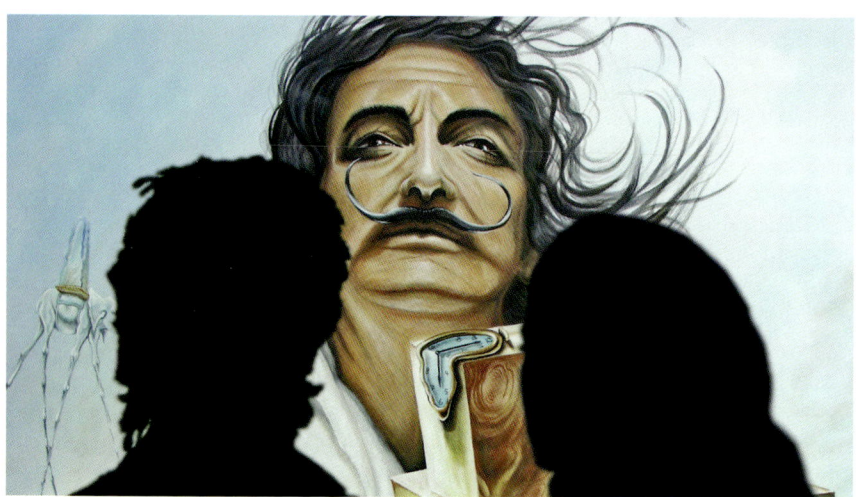

Surrealist und Exzentriker

Die Genialität Dalís und die Bandbreite seines Schaffens lassen sich schon an der schieren Masse und Vielseitigkeit der gezeigten Arbeiten ablesen: Die Ausstellung bedient sich aus einem Pool von fast 3.000 Exponaten privater Sammlungen aus der ganzen Welt, von Zeichnungen, Lithografien, Radierungen, Holzschnitten und illustrierten Büchern über dreidimensionale Arbeiten und Skulpturen bis hin zum Film. Die enge Zusammenarbeit des Kurators des Hauses mit den Sammlern, ermöglicht einen regelmäßigen Austausch der Exponate – so bleibt die Ausstellung stets aufs Neue spannend.

Zu sehen gibt es etwa einige von Dalís schönsten Kaltnadelradierungen wie

Dalí_Scout bei der Arbeit

Im Museum

„Tristan und Isolde", den „Faust" oder den Zyklus zu Dantes „Göttlicher Komödie". Dass der Künstler es verstand, seine Werke ebenso spektakulär zu inszenieren wie sich selbst, zeigt sich z. B. in seinem ersten lithografischen Werk „Don Quichotte", für das er Lithosteine mit Musketen beschoss und so nebenbei den „Bulletismus" begründete, oder in spektakulären Skulpturen wie dem „Surrealistischen Engel". Und die berühmten Szenen aus dem zusammen mit Luis Buñuel gedrehten Film „Ein Andalusischer Hund" gehen heute noch durch Mark und Bein. Zu bestaunen sind hier auch die berühmten Arbeiten Dalís zur „Apokalypse des Heiligen Johannes", bei deren Entstehung er – ganz nach seiner „paranoisch-kritischen" Methode – mit Nägeln gefüllte Bomben explodieren ließ und eine Nähmaschine mit einer Dampfwalze überfuhr; mit einigem Erfolg: Das Buch, in dem die Werke erschienen, wurde 1962 sogar vom Papst gesegnet.

Um dem Besucher den Weg in die faszinierende Welt Dalís zu erleichtern, stehen sogenannte Dalí_Scouts bereit. Sie bieten fast stündlich öffentliche Führungen durch die Ausstellung an und dienen als Ansprechpartner, die Fragen beantworten oder Anregungen zur Herangehensweise an Dalís Kunst geben. Auf eigene Faust lässt sich auch mit dem praktischen Kurzführer (Pocketguide) oder dem Multimedia Guide zur Ausstellung in die surreale Welt Dalís eintauchen. (cm)

Hinkommen: S1/S2/S25/U2/M41/M48/M85/200 und Regionalbahn Potsdamer Platz [D3]

Information: Dalí – Die Ausstellung am Potsdamer Platz, Eingang: Leipziger Platz 7, Tel. 0700/3254237546, www.DaliBerlin.de, Mo–Sa 12–20 Uhr, So/Feiertag 10–20; ab 2017 tgl. 12–20, Juli/Aug. tgl. 10–20 Uhr. Eintritt 12,50 €, Familie 31 € (2 Erw. + Kinder bis 16 J.).

Führungen: öffentl. Führungen (zzgl. Eintritt, stündlich nach Verfügbarkeit) 6 €, gebuchte Führungen (zzgl. Eintritt, max. 25 Pers. je Dalí_Scout) 75 €. Führungen auch außerhalb der Öffnungszeiten ab 15 Personen buchbar.

In der Nähe:
42 Potsdamer Platz (S. 98)

58 Liebermann-Villa am Wannsee: traumhafte Symbiose von Landhaus und Gartenanlage

Eine besondere Atmosphäre, ein besonderes Haus, der Szene-Treff des frühen 20. Jahrhunderts mit illustren Nachbarn – treten Sie ein!

1909 erwarb Max Liebermann das ca. 7.000 m² große Grundstück direkt am Wannsee in der vornehmen **Villenkolonie Alsen**. Zur linken Seite wohnte der Verleger Carl Langenscheidt, rechts residierte AEG-Direktor Johann Hamspohn, gegenüber lebten Verleger Ferdinand Springer und der Mediziner Ferdinand Sauerbruch – eine vornehme Gesellschaft.

1910 war das von Paul Baumgarten (der auch das Haus von Hamspohn nebenan erbaut hatte) entworfene Haus bezugsfertig. Max Liebermann brachte sich voll in die Planung ein. Haus und Gartenanlage wurden als eine korrespondierende Einheit aufgefasst. Dabei wurde auf Prunk verzichtet. Eine schnörkellose Fassade, innen feiner Putz, unterbrochen von Sandstein- und Muschelkalkelementen – fast schon minimalistisch, ein bisschen vorweggenommener Bauhausstil von innen. Die als Sommerresidenz gedachte Villa ist lichtdurchflutet und integriert in die Natur.

Hinter dem Eingangshäuschen, in dem man nach Postern und Kunstdrucken rund um Max Liebermann stöbern kann, betritt man den vorderen Teil des Gartens. Vom späten

Von Blumen umgeben: die Liebermann-Villa

Max Liebermann

- geboren am 20. Juli 1847 als Sohn eines wohlhabenden jüdischen Textilfabrikanten in Berlin.
- 1868 Studium an der Kunstakademie Weimar, später Aufenthalte in Paris und Barbizon.
- Inspirationen durch Jean-François Millet und die alt-niederländische Kunst, wobei Motive einfacher Menschen wie Handwerker und Bauern im Vordergrund stehen.
- Ab 1878 in München, ab 1884 wieder in Berlin, zwischendurch viel in Holland, wohin ihn auch seine Hochzeitsreise mit Martha Marckward führt. 1885 wird die einzige Tochter Käthe geboren.
- 1894 erbt er nach dem Tode seines Vaters das Haus direkt am Pariser Platz, hier baut er 1899 sein neues Atelier. Die Motive wechseln nun: Nicht arme, einfache Leute, sondern das gehobene Bürgertum wird dargestellt.
- Zum Höhepunkt seiner Karriere wird er 1920 zum Präsidenten der Akademie der Künste berufen. 1933 legt er aus Protest gegen die Nazis alle Ämter nieder. Er stirbt im Februar 1935 in Berlin.

Frühjahr bis zum Herbst wird man hier von einer einzigartigen **Farbenpracht** von Blumen und dazwischen gepflanztem Gemüse begrüßt. Eine gepflegte, ländliche Idylle, so, wie sie Liebermann gerne auf seinen Bildern festhielt. Auf symmetrisch angelegten kiesigen Wegen schlendert man durch den Garten.

Hinter der Villa schließt sich der zum See gewandte Teil an. Eine weite, von Blumenrabatten und Birken durchbrochene Rasenfläche liegt vor dem Seeufer.

Im Haus, das seit April 2006 als Museum geöffnet ist, sind Dokumentationen zur Familie Max Liebermanns zu sehen, ebenso kann man die wechselnde Geschichte der Villa nachvollziehen. Im oberen Stockwerk erwarten die Besucher viele Gemälde, Pastelle und Grafiken des Künstlers. Vor allem findet man Motive, die einem nach dem Spaziergang durch die Gärten vertraut vorkommen: Da sind der kleine Birkenhain, die Stauden, der Blick über den Rasen zum Wannsee. Die Werke des Künstlers kann man hier bestaunen und ist gleichzeitig nah an der Wirklichkeit, die ihn inspirierte. Wenn das Wetter es zulässt empfiehlt es sich, den Besuch auf der Terrasse ausklingen zu lassen. (mi)

Hinkommen: S1/S7 Wannsee, dann Bus 114 Richtung Heckeshorn/Haltestelle Villa Liebermann. Zu Fuß in 25 min. ab Bahnhof Wannsee die Königstraße entlang über die Wannsee-Brücke, danach rechts in die Straße Am Großen Wannsee abbiegen.
Information: Liebermann-Villa, Colomierstr. 3, Tel. 030/ 80585900, www.liebermann-villa.de. April–Sept. tgl. außer Di 10–18, Do/So bis 19 Uhr, Okt.–März tgl. außer Di 11–17 Uhr, Eintritt 7 €, im Winter 6 €. Führungen: Sommer Mi 14, Sa/feiertags 12 und 16, So 16 Uhr, Winter Sa/So/feiertags 14 Uhr (3 €).
Essen & Trinken: Im **Café Max** der Liebermann-Villa gibt es Kleinigkeiten zu essen. Man kann bei schönem Wetter auf der herrlichen Terrasse mit Seeblick sitzen.
In der Nähe: 87 und 88 Fahrradtour am Wannsee (S. 194 ff)

Sammlung Boros: Kunst im Bunker

Einer der wohl ungewöhnlichsten Ausstellungsorte für moderne Kunst ist der umgebaute Hochbunker in der Reinhardtstraße. 1942 als „Reichsbahnbunker Friedrichstraße" für 1.500 Personen konzipiert, sollte er Reisenden vom Bahnhof Friedrichstraße und Besuchern des Deutschen Theaters Schutz vor alliierten Luftangriffen bieten. Beim Bau wurde sogenannter „Blauer Beton" verwendet. Dieser spezielle Beton war zur damaligen Zeit einer der widerstandsfähigsten Baustoffe, der erst nach etwa 30 Jahren voll ausgehärtet ist. Nach der Kapitulation besetzte die Rote Armee den Bunker und nutzte ihn als Gefängnis. Die DDR nutzte ihn als Lager für Südfrüchte, die dicken Wände und das raffinierte Belüftungssystem sorgten für eine nahezu konstante Innentemperatur. Die Bevölkerung nannte ihn „Bananenbunker". Nach der Wende wummerte bis 1996 harter Techno-Sound aus der neuen Party- und SM-Fetisch-Location.

> **Christian Boros**
>
> Geboren 1964, studierte Mitte der 1980er-Jahre Kommunikationsdesign in Wuppertal. 1990 gründete er seine eigene Werbeagentur, die unter anderem mit Kampagnen für VIVA und Coca Cola bekannt wurde. Sein erstes Werk soll er bereits mit 18 Jahren erstanden haben – eine Holzkiste von Joseph Beuys.

Seit 2003 gehört der Bunker dem Kunstsammler-Ehepaar Boros. Sie setzten auf sein 1.000-m²-Dach ein Penthouse mit Terrasse und Dachgarten und bauten das fünfgeschossige Stahlbeton-Monster mit 2 m dicken Außenwänden um in ein **Privatmuseum**. Viele der niedrigen Zwischendecken wurden dabei mit Diamantschneidetechnik entfernt. Aus 120 vorgefundenen Räumen entstanden so 80 Räume mit 2,30 bis 13 m Höhe. Die Oberfläche wurde als unbehandelter Sichtbeton mit den Spuren der Bretter-

Werke von Danh Vo im Bunker

Sammlung Boros

Oben Penthouse, unten Kunstbunker

verschalung belassen. In dieser spektakulären Kulisse kann man heute Performances sowie Licht- und Rauminstallationen zeitgenössischer Künstler erleben.

Die erste Präsentation von 2008 bis 2012 zeigte Werke von Kris Martin, Tobias Rehberger, John Bock oder Anselm Reyle und zog über 120.000 Besucher an. Seit 2012 ist die zweite Präsentation zu sehen, eine Auswahl von 130 Arbeiten aus über 700 von 22 Künstlern. Dabei sind alle Richtungen wie Installationen, Fotografie, Skulpturen, Zeichnungen etc. vertreten. Viele Künstler haben ihr Werk selbst installiert. Unter anderem ist Kunst von Ai WeiWei, Danh Vo, Olafur Eliasson und Tomás Saraceno zu sehen. (sb)

Hinkommen: U6 Oranienburger Tor oder S+U-Bahnhof Friedrichstraße. [D2]
Information: Sammlung Boros, Reinhardtstraße 20, Tel. 030/240833300, www.sammlung-boros.de. Die Sammlung ist nur nach Voranmeldung zu besuchen. Führungen (ca. 1,5 Std., max. 12 Teilnehmer, 12 €) finden nur am Do–So zwischen 10 und 18.30 Uhr statt, Start ist halbstündlich (im Wechsel Englisch/Deutsch). Anmeldung über die Website.
Tipp: Da die Führungen meist wochenlang im Voraus ausgebucht sind, empfiehlt sich eine frühzeitige Anmeldung.

Gedenkstätte in den Arbeits- und Wohnräumen von Bertolt Brecht und Helene Weigel

Brecht wurde 1898 in Augsburg geboren. Ab 1920 war er oft in Berlin, ab 1924 ständig, um literarische Kontakte zu knüpfen und Anschluss an die Theaterszene zu finden. 1922 heiratete er die Schauspielerin Marianne Zoff, im gleichen Jahr erhielt er den Kleistpreis. 1929 ging er den Bund der Ehe zum zweiten Mal ein, mit Helene Weigel – während Berlins Goldenen Zwanzigern.

Brecht wurde überzeugter Kommunist, ohne je in eine Partei eingetreten zu sein. Lenin und Marx gehörten ebenso wie die Bibel zu seiner ständigen Literatur, Ausdruck einer **spannungsgeladenen Künstlerseele**. In diese Zeit fiel die Entwicklung des epischen Theaters, wobei der Zuschauer zur persönlichen Auseinandersetzung mit dem Inhalt geführt werden sollte. Es folgten Jahre, in denen die Familie „öfter als die Schuhe die Länder wechselnd" umherzog. Nur einen Tag nach dem Reichstagsbrand flohen sie über Prag, Wien, Zürich und Paris nach Dänemark, später nach Schweden und Finnland, danach 1941 über Wladiwostok in der damaligen UdSSR mit dem Schiff nach Kalifornien. Doch hier fassten beide nie so recht Fuß, Amerika war ihnen zu oberflächlich, die Amerikaner beäugten Brecht ob seiner politischen Überzeugungen skeptisch. Die erhoffte US-Staatsbürgerschaft blieb dem 1935 Ausgebürgerten verwehrt. Stattdessen musste er sich 1947 vor dem Komitee für unamerikanische Umtriebe verantworten. Im Verhör verneinte er, jemals Mitglied einer kommunistischen Partei gewesen zu sein.

Einen Tag später verließ Brecht die USA in Richtung Zürich, wo er ein Jahr blieb. Nach Westdeutschland durften Brecht und Weigel nicht, doch die DDR nahm die Staatenlosen bereitwillig auf. In der Folgezeit gründeten beide das berühmte Berliner Ensemble, unterstützt von Wilhelm Pieck und Otto Grotewohl. Helene Weigel wurde Direktorin, sodass die Wege zwischen Manuskripten, Vorlagen, Regie und Inszenierungen kurz waren.

Im Haus an der Chausseestraße lebte Bertolt Brecht mit seiner Frau Helene Weigel von Oktober 1953 bis zu

Denkmal vor dem Berliner Ensemble

Dorotheenstädtischer Friedhof

seinem Tode im August 1956 im ersten Stock, wo er zwei Arbeitsräume und ein Schlafzimmer belegte. Brecht galt als sehr disziplinierter Schriftsteller, der morgens um sieben Uhr mit seiner Arbeit begann, um später am Vormittag im nahe gelegenen Theater am Schiffbauer Damm an Inszenierungen zu arbeiten. Seine Frau wohnte ein Stockwerk höher, denn beide hatten einen unterschiedlichen Rhythmus. Als Schauspielerin und Intendantin arbeitete sie oft bis in die Nacht hinein.

Beim Besuch kann man sich vorstellen, wie inspirierend die Atmosphäre von Wohnen und Arbeiten, Diskutieren und Erholen hier war. Schon kurz nach Brechts Tod 1956 gründete Helene Weigel das **Bertolt-Brecht-Archiv**, sicherte den Nachlass und versuchte, alles zu erhalten. Fortan lebte sie bis zum ihrem Tode 1971 in der kleinen Wohnung im Erdgeschoss, die sie um einen Wintergarten erweiterte. Brecht und Weigel sind beide auf dem benachbarten Dorotheenstädtischen Friedhof begraben. (mi)

Info

Hinkommen: U6 Oranienburger Tor oder Naturkundemuseum. [E 2]
Information: Brecht-Weigel-Gedenkstätte, Chausseestraße 125, Tel. 030/20057-1844, www.adk.de, www.lfbrecht.de, Besuch nur mit Führung: Di 10/10.30/11/11.30/14/ 14.30/15/15.30 Uhr, Mi, Fr 10/10.30/11/ 11.30 Uhr, Do 10/10.30/11/11.30/ 17/17.30/ 18/18.30 Uhr, Sa 10/10.30/11/11.30/12/ 13/13.30, 14/14.30/15/ 15.30 Uhr, So stdl. 11–18 Uhr, Mo und Feiertag geschlossen, Eintritt 5 €.
Essen & Trinken: Zu Restaurants in der Nähe s. S. 93.
In der Nähe: 40 Dorotheenstädtischer Friedhof (S. 92).

East Side Gallery: Kunst an der Mauer

Die East Side Gallery ist einzigartig. Farbenprächtig vereint sie Vergangenheit, Gegenwart und Zukunft. Hier im Stadtteil Friedrichshain direkt am Spreeufer haben nach der Wende über 100 Künstler aus der ganzen Welt die einst im Osten gelegene graue Seite der Berliner Mauer mit Motiven, die dem politischen Wandel Ausdruck verleihen, in eine Art Wandgalerie verwandelt. Zuvor konnte nur der Westteil verziert werden. Mit 1.300 Metern stellt die bemalte Mauer die **längste Open-Air-Galerie der Welt** dar. Nach dem Mauerfall 1989 begannen bereits im Februar 1990 die ersten Künstler, Teile der Mauer entlang der Mühlenstraße mit Großbildern zu versehen. Die Motive, meist sehr farbenprächtig, sollten Ausdruck für Hoffnung sein, gleichzeitig aber auch Mahnung.

Was so spontan begann, erhielt sehr viel Zuspruch durch Berliner und Besucher. Seit 1996 bemüht sich daher die Künstlerinitiative East Side Gallery e. V. um den Erhalt der Straßenkunstwerke. Ab dem Jahr 2000 wurden Teile der Mauer (ca. 333 m) vor dem Verfall gerettet, indem man zunächst den Beton restaurierte und die Bilder später wiederherstellte. Doch die „große Restaurierung" begann im April 2009, nachdem die Stiftung Deutsche Klassenlotterie Berlin fast eine Million Euro zur Verfügung stellte. So wurden 100 der Bilder wiederhergestellt, indem die ursprünglichen Künstler ihre Werke neu malten.

Die Mauerkunst beschwört Freiheit und Frieden

Kunst an der Mauer: Künstler bei der Restaurierung

Doch das Gebiet direkt an der Spree ist nicht nur ein Magnet für Touristen,

East Side Gallery | **139**

Gelebte Geschichte: Motiv an der East Side Gallery vor der Restaurierung

sondern auch für Investoren. Unmittelbar hinter der Mauer ist ein Luxus-Wohnhochhaus entstanden, ein Hotel soll noch folgen. Die Mauer, monierten viele, werde vom Mahnmal zum Gartenzaun degradiert. Bei den Protesten gegen Teilabrisse traten 2013 sogar Roger Waters („The Wall") und David Hasselhoff („(I've been) Looking for Freedom") auf. Dennoch wurde über Nacht ein Teil der Mauer eingerissen, um eine Baustraße zu schaffen. Die Lücke klafft bis heute. Auch die Idee einer „West Side Gallery" löste bei der Künstlerinitiative East Side Gallery e. V. Entrüstung aus. Der Wert „ihres" Mahnmals werde dadurch geschmälert. Dennoch konnte man 2013 auf der anderen Mauerseite großformatige Bilder von Grenzanlagen aus aller Welt sehen, 2016 folgten Porträts aus dem syrischen Bürgerkrieg. (mi)

Wie sanierte man die Mauer?

Zunächst legte man mit Presslufthämmern den Stahl in den Betonwänden frei, um ihn mehrfach mit Rostschutz zu behandeln. Danach wurde die verbleibende Oberfläche mit Dampfdruck gereinigt, sodass alte Farbreste entfernt wurden. Die „kariesartige" Mauer wurde danach mit Spezialbeton in den Hohlräumen aufgefüllt. Anschließend legte man einen Belag aus elastischem Beton und verstärkenden Glasfasern an, der zweifach mit Farbe bestrichen wurde. Erst danach begannen die Künstler, ihre Ursprungsmotive von 1990 wieder anzubringen.

Hinkommen: An der Mühlenstraße (parallel zum Spreeufer) S5/S7/S75, Busse 140/142/147/240/248/347 Ostbahnhof, S5/S7/S75/U1/M10, Bus 248 Warschauer Str. [F4]
Information: www.eastsidegallery-berlin.de

Strandbar: Die alternative Strandbar **Yaam** (s. S. 176) ist im Zuge der Bauarbeiten an die nahe Schillingbrücke umgezogen. An der Oberbaumbrücke lockt **Pirates Berlin** an den **Captains Beach** zum kühlen Bier im Liegestuhl mit Spreeblick (Mühlenstr. 78–80, Tel. 030/97002414, http://piratesberlin.com/).

Info

62 Das Kolbe-Museum: verborgener Museumsschatz im Westend

Es überrascht, im Berliner Westend – ganz in der Nähe des Olympiastadions – ein solches Kleinod zu finden. Einer Entdeckung gleich liegt das **Georg Kolbe Museum** mit seinem Skulpturengarten in der alten Berliner Wohngegend verborgen.

Zwei kubische, aus Ziegeln erbaute Häuser umgeben den Skulpturengarten. Georg Kolbe erbaute das Ensemble 1928/1929 inmitten eines hügligen Hains, der noch heute mit Grunewaldkiefern idyllisch besetzt ist. Die streng wirkende, nüchterne Architektur erinnert etwas an den Bauhausstil. Das verwundert nicht: Architektonisch wurde die Fusion von Arbeiten und Wohnen gemeinsam mit dem Schweizer Ernst Rentsch und dem Bauhaus-Schüler Paul Linde umgesetzt. So gilt die Anlage auch heute noch als eines der besten Zeugnisse für die Berliner Architektur der 1920er-Jahre.

Das linke Haus war als Wohnhaus mit Maleratelier konzipiert, das rechte mit seinen hohen Fenstern als Wirkungsstätte für die Bildhauerei. Das Wohnhaus beherbergt heute – inmitten der Kunst – das einladende Café K, mit einem wunderschönen halbrunden Balkon in der ersten Etage, wo man im Sommer genussvoll frühstücken kann. Die eben-

Blick auf das Atelierhaus

erdige Terrasse ist ebenso einladend, der Blick schweift von hier auf den Garten mit seinem Skulpturenbrunnen. Im Winter kann man es sich am Kamin zwischen Skulpturen, Grafiken und Gegenständen der angewandten Kunst gemütlich machen. Die Georg-Kolbe-Stiftung gründete 1950 das Museum. Ihr gehören das Gebäudeensemble sowie das Archiv, die Bibliothek sowie die künstlerischen Werke des Bildhauers.

Neben den Arbeiten Kolbes gibt es auch einige Werke anderer Bildhauer aus der ersten Hälfte des 20. Jh. zu sehen, etwa von Hermann Blumenthal, Ernesto de Fiori, Marg Moll oder Renée Sintenis. Daneben überzeugt das Museum immer wieder mit sorgfältig kuratierten Sonderausstellungen, etwa zu Max Klinger, Wilhelm Lehmbruck oder Hans Arp, aber auch zu zeitgenössischen Künstlern wie Ruprecht von Kaufmann oder Alexandra Ranner.

Unter den Werken Kolbes, die im Museum zu sehen sind, findet sich im Garten der schöne „Tänzerinnen-Brunnen", bei dem die Skulptur einer tanzenden Frau harmonisch vom Wasser umspielt wird. Der Tanz mit seinen fließenden Bewegungen und der Spannkraft der Körper spielt in Kolbes Werk eine außerordentlich große Rolle. Da passt es gut, dass das Museum zur Wiedereröffnung nach der achtmonatigen Renovierungspause 2016 einen Skulpturenzyklus von Auguste Rodin zeigte, in dem sich der große Bildhauer mit der Emanzipationsgeschichte von „Madame Hanako" auseinandersetzte, einer japanischen Tänzerin. (mi)

Georg Kolbe

Georg Kolbe wurde als Sohn eines künstlerisch ambitionierten Malermeisters in Waldheim/Sachsen geboren. 1891–1898 widmete er sich zunächst der Malerei und dem Zeichnen. Beides studierte er in Dresden, München und Paris. Um 1900 entdeckte er in Rom seine Liebe zum Modellieren, wobei er professionelle Unterstützung durch den Bildhauer Louis Tuaillon erhielt. Nach einer Zwischenstation in Leipzig zog er 1904 nach Berlin und hängte die Malerei an den Nagel. Als Bildhauer machte er schnell Karriere. Höhepunkt der ersten Schaffensphase war die Plastik „Die Tänzerin" (zu sehen in der Alten Nationalgalerie, s. S. 128). Damit wurde er über Deutschland hinaus berühmt.

Im Ersten Weltkrieg war Kolbe Soldat und schuf u. a. ein Gefallenendenkmal in Tarabya/Istanbul. 1918 wurde er zum Professor ernannt, 1919 nahm man ihn als Mitglied der Preußischen Akademie der Künste auf. Ab 1925 schuf er – mittlerweile durch Ausstellungen in Europa und Amerika sehr bekannt – Frauenfiguren in Bewegung. 1927 starb seine Ehefrau. Seine Ausdrucksform vermittelte fortan eher Verlassenheit und Schwere. Er schuf u. a. Denkmäler für Beethoven und entwarf eines für Nietzsche. Den Machthabern im Dritten Reich gefielen die kräftigeren, muskulösen Darstellungen – allerdings wurde er nicht zum Handlanger der Nazis: Er verweigerte den Auftrag, Hitler zu porträtieren.

1947 verstarb Kolbe in Berlin. Zuvor aber noch drückte er in der Skulptur „Der Befreite" (1945) den Zusammenbruch der Deutschen nach dem Krieg aus: Mit vor die Augen gehaltenen Händen fällt ein Mann zu Boden.

Hinkommen: S5/S75 und Busse 218/M49/X34/X49 Heerstraße.
Information: Georg Kolbe Museum, Sensburger Allee 25, Tel. 030/3042144, www.georg-kolbe-museum.de, tgl. 10–18 Uhr, Eintritt 7 €.

Essen & Trinken: Café K, Di–So 10–18 Uhr, www.cafe-k.com. Wunderbarer Espresso, gute Kuchen, diverse Frühstücksvariationen. Und guten Wein! Am Wochenende manchmal Brunch, samstags „Piano-Frühstück unter Kiefern" mit Live-Musik (Reservierung erforderlich). Idyllisch und gemütlich.

63 Kabaretts in Berlin: zum Lachen und Nachdenken

Berlin ist eine Stadt der Kabaretts – und was ist schöner, als am Abend beim Besuch der Hauptstadt auszugehen?

Die Distel (63a)

In der Distel geht es etwas „ostalgisch" zu: Der Eingang von der Friedrichstraße hinauf durch den alten Flur erinnert an DDR-Zeiten, ebenso der Vorraum, wo man in gemütlicher Enge auf Tuchfühlung geht. Die Distel – 1953 gegründet – war das Kabarett des Ostens und damit ein Pendant zu den Westberliner Stachelschweinen. Bis zur Wende bewegte sich das Theater stets auf dem schmalen Grat der staatlich erlaubten Ironie. Aber auch heute ist die Distel noch ein „Stachel am Regierungssitz", sehr frech und lebendig und immer nah dran am politischen und gesellschaftlichen Geschehen, wobei immer wieder der Bezug zur „alten DDR" hergestellt wird. Deshalb kommen zwar noch viele treue Besucher aus der Vor-Wende-Zeit, aber auch für „Westler" gibt es viel zu lachen ...

Die Stachelschweine (63b)

Die Stachelschweine sind das Nachkriegs-Kabarett der ersten Stunde (1949) und eng verbunden mit dem Namen des Turbo-Kabarettisten Wolfgang Gruner, jener Urberliner „Schnauze" voller Frechheit, Schnoddrigkeit und Impulsivität. Erich Kästner schrieb ihnen 1953 ins Gästebuch: „Liebe Stachelschweine, lasst Euch nie rasieren!" Wolfgang Neuss und Edith Hancke kamen dazu – Namen, an die man sich heute noch erinnert. Leider ist aber viel an Spritzigkeit verloren gegangen; in der Zeit vor dem Mauerbau hatten die Stachelschweine die Lacher auf ihrer westlichen Seite.

Die Wühlmäuse (63c)

Wie die Wühlmäuse zu ihrem Namen kamen? Während der Proben setzte sich eine Maus auf das Klavier. Sie schien von der Musik angetan und blieb still sitzen. Dadurch inspiriert, gaben sich die Kabarettis-

Das Zuhause der Wühlmäuse

Der „Stachel am Regierungssitz"

ten den Namen „Wühlmäuse". Das „Berliner Kabarett-Theater" bietet z. T. mit Comedy-Einschlag ein abwechslungsreiches Programm. Hausherr ist Dieter Hallervorden, der u. a. mit Wilfried Herbst das Theater gründete. Hallervorden ist auch heute noch für den Spielplan des satirisch-politischen Programms verantwortlich. Das Theater kommt nach wie vor ohne Subventionierung aus. Auf der Bühne stehen brillante Darsteller wie z. B. Dieter Nuhr, Martin Buchholz, Urban Priol, Bruno Jonas, Andreas Rebers und Irmgard Knef. (mi)

Info

Die Distel, Friedrichstraße 101, Tel. 030/2044704, www.distel-berlin.de. **Hinkommen:** S1/S2/S5/S7/S25/S75/U6, Bus 147 Friedrichstraße, Tram 12/M1 Georgenstr./Am Kupfergraben. [E3]

Die Stachelschweine, Europacenter, Tauentzienstr. 9–12, Tel. 030/2614795, www.die stachelschweine.de. **Hinkommen:** S3/S5/S7/S75/U2/U9 und Busse M45/X9/X10/X34/109/110/204/245/249 Zoologischer Garten, U1/U9 Kurfürstendamm, U1/U2/U3/M19/M29/M46 Wittenbergplatz, M19/M29/M46 Europa-Center, Bus 100/200 Breitscheidplatz. [C4]

Die Wühlmäuse, Pommernallee 2–4, Tel. 030/30673011, www.wuehlmaeuse.de. **Hinkommen:** U2/105/218/349/M49/X34/X49 Theodor-Heuss-Platz, 104 Reichsstr./Kastanienallee, 104/218/349/M49 Haus des Rundfunks. [A3]

64 Schlosspark Theater: eine wiederauferstandene Legende

Anfang September 2009 feierte das traditionsreiche Schlosspark Theater in Berlin Steglitz Wiedereröffnung. Zu verdanken ist dies Dieter Hallervorden. Für die Renovierung setzte er sein Privatvermögen ein.

Das Theater wurde bereits 1804 gegründet. Der neoklassizistische Bau, in dem es sich heute noch befindet, entstand erst 1921 aus dem Umbau des Wirtschaftstraktes des alten Wrangelschlösschens (Gutshaus Steglitz). Damals hatte das Theater 440 Plätze. In der Nachkriegszeit fanden hier wichtige Premieren statt. Das Theater wurde damals von Boleslaw Barlog geleitet, der ihm bis 1972 die Treue hielt. Hildegard Knef gab ihr

Altehrwürdig: das Schlosspark Theater

Theaterdebüt, Klaus Kinski und Martin Held spielten hier, Samuel Beckett inszenierte „Warten auf Godot". Seit 1950 war das Haus Teil des Schillertheaters und ergänzte es als kleinere Spielstätte.

Als Teil der Staatlichen Schauspielbühnen Berlin wurde das Schlosspark Theater 1993 privatisiert, erhielt aber öffentliche Zuschüsse. Heribert Sasse übernahm es aus der Konkursmasse der Staatlichen Schauspielbühnen, doch ein nachhaltiger wirtschaftlicher Erfolg stellte sich nicht ein. Es gab weitere Versuche, das Schlosspark Theater zu retten:

Schlosspark Theater | 145

2003 bekamen die Schauspieler Andreas Gergen und Gerad Michel (Toys Musicalproduction) den Zuschlag zur Bewirtschaftung, ab 2006 gesellte sich der Unterhaltungskonzern Stage Entertainment dazu (Theater des Westens, Theater am Potsdamer Platz) – doch nach wie vor blieben die Zuschauer aus und im Sommer 2006 stellte man die Vorführungen endgültig ein.

Im Dezember 2008 wurden Dieter Hallervorden die Nutzungsrechte des Theaters für zehn Jahre übertragen, davon die ersten fünf Jahre mietfrei. Im Eiltempo und u. a. unter seiner persönlichen Regie organisierte er einen umfangreichen Umbau. Er will beweisen,

Dieter Hallervorden auf der Bühne

dass ein Theater auch ohne Subventionen betrieben werden kann – wenn das Programm stimmt. Hier steht nicht „Didi" im Vordergrund, sondern der Theatermacher Dieter Hallerdvorden, der hier seiner Vorliebe für klassisches Schauspiel mit großem Unterhaltungswert nachgeht. Mit guten und hochkarätig besetzten Stücken soll das Theater der anspruchsvollen Tradition gerecht werden. Neben den Eigenproduktionen ergänzen Gastspiele das Programm. Seit 2015 zeigen im **YAS – Junges Schlossparktheater** auch Nachwuchstalente ihr Können auf der Bühne.

Im Saal mit seinen 480 Sitzen Platz fühlt man sich gleich wohl: Die Dimensionen stimmen, alles ist neu und nostalgisch zugleich. Als Berlin-Besucher oder als Berliner kann man sich hier gediegene Abendunterhaltung an einer exponierten Stelle gönnen. Im Steglitzer Kiez ist die Atmosphäre entspannt und lässig. Glänzen soll das Theater, nicht das Drumherum mit Luxuslokalen. (mi)

Hinkommen: S1/U9 und M85 Rathaus Steglitz + 500 m Fußweg oder Busse 188/283/M48 Schlossparktheater.
Information: Schlosspark Theater, Schlossstraße 48, Tel. 030/78956670, www.schlossparktheater.de.

Essen & Trinken: Im mexikanischen Restaurant **Sombrero**, Wrangelstraße 11–12, Tel. 030/79743409, www.sombrero.berlin, tgl. ab 17 Uhr, kann man vor und nach dem Theater preiswert und in ungezwungener Atmosphäre essen oder einen Cocktail schlürfen (im Sommer auf der Terrasse).

Info

65 „Gutes Wedding, Schlechtes Wedding": 10 Jahre Kieztheater

Mitten im Kiez, mitten im lebendigen Stadtteil Wedding, findet man mit dem **Prime Time Theater** eine der wohl ungewöhnlichsten Bühnen Deutschlands. Zur besten Sendezeit um 20.15 Uhr öffnet das Theater abends seine Türen. Die Inhalte sind immer lokal, berlinerisch, meist auf Wedding konzentriert. „Gutes Wedding – Schlechtes Wedding" sagt schon alles, es ist der Dauer-Hit im Theater, alle fünf Wochen gibt es eine neue „Folge". Seit nunmehr 10 Jahren läuft die „Live-Sitcom" – damit das ist Prime Time Theater bundesweit ziemlich einmalig und eine echte Erfolgsgeschichte. Folge 1 wurde auf einer kleinen Wohnzimmerbühne vor rund 30 Zuschauern aufgeführt – mittlerweile sind es mehr als 100 Folgen, in der heutigen Spielstätte finden 230 Personen Platz. Trotzdem geht es im Theater sehr persönlich zu. Regisseur und Schauspieler begrüßen fast jeden Gast mit Handschlag.

> **Problemkind**
>
> Der Wedding ist traditionell ein Arbeiterstadtteil, in den in den letzten Jahrzehnten viele Migranten, vor allem türkischer Abstammung (18 % der Bevölkerung), gezogen sind. Das Viertel gilt als „Problem-Stadtteil", in dem Arbeitslosigkeit und Jugendkriminalität besonders hoch sind.
>
> Doch in den vergangenen Jahren zogen hier vermehrt Kreative hin, Künstler und Kulturschaffende – das trägt zum positiveren Image bei, wenn auch dieser Prozess nur langsam vonstatten geht.

Die eigene Devise **„Nah sehen statt Fernsehen"** wird medial perfekt mit einer Mischung von Improvisationen, Live-Theater und eingespielten Themenkontexten umgesetzt. Die Figuren sind zum größten Teil konstant, wie es sich für eine Fortsetzungsserie gehört, und spielen mit den Klischees der Berliner Bezirke und dem „Clash der Kulturen" in der Hauptstadt. Aber keine Sorge, auch Neulinge finden sich schnell zurecht und erleben den täglichen Wahnsinn von u. a. Postbote Kalle, Dönerbudenbesitzer Ahmed, Chefin der Arbeitsagentur und Ex-Stasiagentin Schinkel, Punkerin Ratte und Aromatherapeutin Theresa vom Prenzlauer Berg.

Eine Soap live auf der Bühne

Pünktlich um 20.15 Uhr geht es los

Doch Prime Time ist nicht nur Sitcom: auch andere Werke werden auf die Bühne gebracht, oft mit Kiez-Bezug. Ob „Drei Engel für Wedding", „Polizeiruf 65" (Die 65 steht für den früheren Postzustellbezirk Wedding 65) oder auch mal eine Adaption von „Harry und Sally": Das Prime Time Theater bezeichnet sich vollkommen zu Recht als „modernes Volkstheater".

Die Stücke sind so bunt und einzigartig wie der patenstehende Bezirk. Wedding ist ein Stück anderes Berlin, sicher nicht glänzend und fein, dafür aber ursprünglich, lebendig und ehrlich. Eben „Gutes Wedding, Schlechtes Wedding". (mi)

Info

Hinkommen: S41/S42/U6/120 Wedding, U6/U9/120/142/221/247 Leopoldplatz. [D 1]
Information: Prime Time Theater, Müllerstraße 163B (Eingang Burgsdorfstraße), Tel. 030/49907958, Eingang Burgsdorfstraße, www.primetimetheater.de, Karten So–Do 15 €, Fr/Sa 17 €. Das Theater ist meist gut besucht, Karten sollten im Voraus gekauft bzw. reserviert werden. Eine Sitzplatzreservierung gibt es nicht. Bei Öffnung der Pforte sichern viele ihre Plätze nach dem „Mallorca-Prinzip", also mit Jacken, Schals und Decken.
Essen & Trinken: L'Escargot, Brüsseler Straße 39, Tel. 030/4531563, www.l-escargot.net, Di–Sa 17–24, So bis 23 Uhr. Ein Geheimtipp – auch für Berliner! Ob Fisch, Fleisch oder vegetarisch: Das Essen ist meist bio, regional und saisonal – immer überraschend und ehrlich. Natürlich gibt es auch Escargots (Weinbergschnecken). Ausgesprochen gute, relativ preiswerte Weine zeigen: Hier hat wirklich jemand ausgewählt.
Pierogarnia, Turiner Straße 21, Tel. 030/89626927, www.pierogarnia.de, Di–Sa 16 bis mind. 22 Uhr. Wer noch nie die polnische Küche probiert hat, ist hier richtig: Man spürt die Authentizität und schmeckt sie auch. An oberster Stelle der Köstlichkeiten stehen die Pierogi, wunderbar gefüllte Teigtaschen. Himmlisch sind auch die Suppen und geräucherten Würste. Dazu gibt es einfache Weine oder polnisches Bier – und das alles zu wirklich kleinen Preisen.

66 Zwischen Kunst und Vandalismus: Graffiti und Street Art im öffentlichen Raum

Ob in S- oder U-Bahnen, auf Häuserfassaden, Eingängen, Brücken, ob schwer zugänglich oder leicht zu erreichen: Überall, wo sich freie Flächen anbieten, finden Graffiti-Sprüher oder Straßenkünstler willkommene Möglichkeiten, sich auszuleben.

Gibt es einen **Unterschied** zwischen Straßenkunst und Graffiti? Da scheiden sich die Geister, doch Graffiti wird meist freihändig mit der Sprühdose angebracht, während Street Artists häufig mit Plakaten, Aufklebern, Pinseln und Schablonen zu Werke gehen – und mit ihren Werken durchaus politisch Kritik üben, an der Konsumgesellschaft, an flächendeckenden kommerziellen Werbungen im öffentlichen oder gewerblichen Raum. Mittlerweile ist Berlin zu einer echten Straßenkunst-Hochburg geworden, manche Werke werden für viel Geld verkauft, es gibt Bildbände, Führungen und Reiseführer zu diesem Thema.

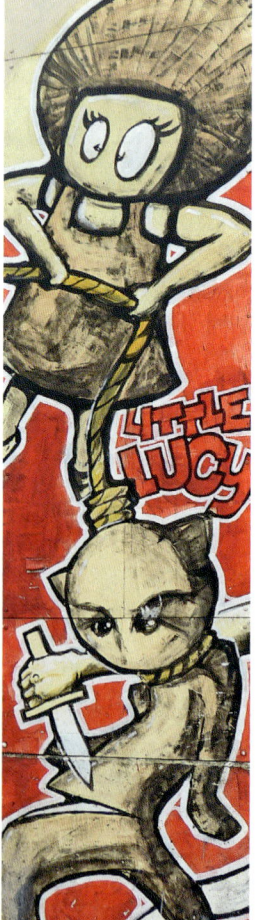

Doch trotz allen künstlerischen Anspruchs verläuft hier die Grenze zu Illegalität und Strafhandlung – niemand möchte ja ungefragt seinen Besitz verändert sehen – und während der eine dies als eine Kunst- und Verschönerungsaktion ansieht, betrachtet es die andere

> ### *Tipp*
>
> **Street Art in Berlin**
>
> Wer nicht an einer Führung teilnehmen möchte, der kann viel Street Art u. a. in der Umgebung der **Rosenthaler Straße** entdecken, z. B. am Haus Schwarzenberg (www.haus-schwarzenberg.org) im Innenhof der Blindenwerkstatt Otto Weidt (Rosenthaler Str. 39, s. S. 38) sowie an den riesigen Brandwänden **Oranienstraße**/Ecke Mariannenstr. sowie Ecke Manteuffelstr. in Kreuzberg (U1 Görlitzer Bahnhof). Jetzt schon sehenswert ist die Fassade der Bülowstr. 7 in Schöneberg, hier soll im Sommer 2017 das erste **Street-Art-Museum** Deutschlands eröffnen (www.urban-nation.com).
>
> Eine Sammlung der schönsten Brandwände findet man auf http:/norbert-martins-wandbilder-berlin.de. Infos und Neuigkeiten aus der Berliner Szene gibt es beim **Freundeskreis Street-Art Berlin** (http://fk.1just.de/) oder auf http://www.streetartbln.com. Überregionale Online-Magazine/Blogs sind das **Street Art Mag** (https://streetartmag.wordpress.com) und **Urban Shit** (http://urbanshit.de).

Seite als Beschmutzung und als strafrechtlichen Tatbestand. 10 Millionen Euro geben allein Bahn und BVG laut Berliner Morgenpost jährlich für die Beseitigung der Graffiti aus.

Straßenkünstler selbst sehen sich nicht als kriminell an. Natürlich wissen sie aber auch, dass sie nur im Schatten des Nicht-Erkannt-Werdens agieren können. Gerade dies ist für viele ein Kick. Das Motto heißt „Reclaim the Streets" – erobert Euch die Straßen zurück. Eine besondere Motivation ist natürlich die hohe Visibilität, besonders, wenn man seine Werke auf Zügen anbringt, denn U- und S-Bahnen kurven ja ständig in der Stadt herum und werden schnell von tausenden von Menschen gesichtet. So kann man in der Anonymität viel Aufmerksamkeit erlangen.

Nicht zu unterschätzen sind die Energie und die Gefährdung bei der Anbringung der „Gemälde". Oft an unmöglich zugänglichen Stellen wird trickreich mit Abseilaktionen, verlängerten Stielen mit Malerrollen und Hinüberlehnen über Mauerkanten und Abgründe von Dächern aus gearbeitet. Die meisten scheuen den Konflikt und wollen nicht ertappt werden, sind deshalb auch nicht gewaltbereit. Nichts aber macht diese Menschen mutloser als die umgehende Entfernung ihrer Aktionen. Je schneller und lückenloser dies erfolgt, umso weniger wahrscheinlich ist, dass gleich wieder gesprüht oder gemalt wird. Mittlerweile gibt es sehr gute Mittel, die Bemalungen zu entfernen, sogar mit ökologisch verträglichen Produkten, wobei einige Farbmaterialien viel Mühe kosten, vor allem, wenn sie Teer enthalten.

Wem's gefällt, der kann, ganz legal, einen Street Art Workshop bei Stadtlust Führungen oder Alternative Tours (s. u.) besuchen. (mi)

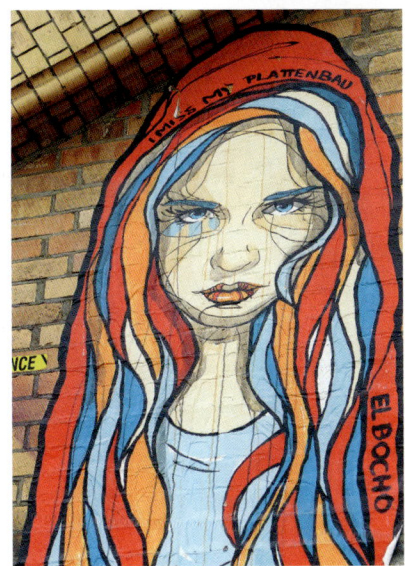

Information und Touren: Touren mit einem Schwerpunkt auf Street Art bieten u. a.: **Stadtlust Stadtführungen**, Sophie-Charlotten-Str. 88, Tel. 030/32105054, www.stadtlust.com.

Alternative tours berlin, Danzigerstr. 61, Tel. 0162/8198264, www.alternativeberlin.com, interessante Touren (nur auf Englisch).

Das „Stonehenge von Berlin": die Global Stones im Tiergarten

Sie liegen in einem Umkreis von etwa 150 m, die Global Stones. Mächtige Steinbrocken in unterschiedlichen Farben. Einst wurden sie von einem besessenen Künstler von verschiedenen Kontinenten hergebracht, bearbeitet und auf einer Langgraswiese in einer Ecke des Tiergartens zwischen Brandenburger Tor und Potsdamer Platz arrangiert. Was der Künstler uns damit sagen wollte, erschließt sich allerdings nicht auf den ersten Blick ...

> **Wolfgang Kraker von Schwarzenfeld**
>
> Vor mehr als 30 Jahren baute der Künstler einen Dreimaster, um damit um die Welt zu segeln. Sein Ziel war es, besondere, charakteristische Steine mit einem Gewicht von etwa 30 Tonnen zu finden. Der Geschwisterstein blieb an der Ursprungsstelle, der andere wurde in den Berliner Tiergarten transportiert. Jeweils bestimmte Teile der Felsbrocken wurden poliert und in einen bestimmten Winkel zur Sonne gestellt.

Seit 1999 trug der Bildhauer Wolfgang Kraker von Schwarzenfeld die Felsbrocken zusammen, der erste stammt aus Amerika. Jedem der Steine hat er einen charakteristischen Namen gegeben, so bei Amerika „Liebe", bei Europa „Erwachen", bei Afrika „Hoffnung", Asien ist mit „Vergebung" assoziiert und Australien mit „Frieden". Alle Steine haben ein Pendant dort, wo der Berliner Zwilling herstammt. Sie sind so angeordnet, dass am 21. Juni eine nicht sichtbare Lichtreflektion der polierten

Die Global Stones: ein globales Kunstwerk?

Global Stones im Tiergarten

Die Besonderheiten werden erst bei genauerem Hinschauen sichtbar

Stellen die Steine miteinander und mit ihren weit entfernten Gegenstücken verbinden soll. Sinn: Dadurch soll die Zusammengehörigkeit der Menschen weltweit symbolisiert werden. Sozusagen ein globales, erdballumspannendes Kunstwerk.

Der auffälligste Stein in dieser mystisch wirkenden Konstellation ist der aus Venezuela stammende rote Sandsteinfelsen. „Liebe" ist an seiner Seite eingraviert, doch seit einigen Jahren wird wenig liebevoll um ihn gestritten. Dieser als Kueka-Stein bezeichnete Brocken wurde am 24. Februar 1999 installiert, er stammt aus dem Naturreservat Gran Sabana, wo die Pemón-Indianer leben. An ihm scheiden sich die Geister, als „Stein des Anstoßes" bezeichnete ihn der „Tagesspiegel": Einige Stammesangehörige behaupteten, er gehöre zu den beiden Heiligen Steinen, die nie hätten weggenommen werden dürfen. In die Auseinandersetzung schaltete sich 2011 sogar die venezolanische Regierung ein. Im April 2012 kam es zur rechtlichen Auseinandersetzung, obwohl es eine offizielle Schenkungsurkunde und Erlaubnis zum Wegtransport des Steins gibt. Der Künstler wehrte sich deshalb vehement gegen die Vorwürfe. Um weiteren Streitigkeiten aus dem Weg zu gehen signalisierten das Auswärtige Amt und der Künstler 2013, einer Rückführung des Steins zuzustimmen.

Noch aber findet er sich neben den anderen Steinen im Berliner Tiergarten auf der weiten Wiese und sie verzaubern jeden, der seiner Fantasie freien Lauf lässt ... (mi)

Hinkommen: In der südlichen Ecke des Tiergartens Berlin gelegen, Eckbereich Ebertstraße (gegenüber dem Holocaust-Mahnmal)/Lennestraße hinter dem Goethedenkmal, S1/S2/S25/U55 Brandenburger Tor. [D3]

Information: www.globalstone.de.
In der Nähe:
31 Holocaust-Mahnmal (S. 74),
51 Tiergartenspaziergang (S. 116)

68 Das Bauhaus-Museum in einem Bauhaus: Lehrstunde für zeitloses Design

Ein markanter Bau, wegweisend, ungewöhnlich: Das von Walter Gropius, dem Begründer der Bauhaus-Bewegung, entworfene **Museum für Gestaltung** ist von außen fast selbst schon eine Sehenswürdigkeit. Mit seiner Ausstellung dokumentiert es auf eine auch für Laien leicht zugängliche Weise die Geschichte und die Entwicklung der Bauhaus-Schule. Ursprünglich war Darmstadt als Standort für das Gebäude angedacht, doch stattdessen errichtete man dieses Mekka für Architekturfreunde 1976–1979 hier am Landwehrkanal.

Die Geschichte des Bauhauses, der wohl wichtigsten Schule für Architektur und Design des 20. Jh., wird hier umfassend präsentiert. Geht man durch die Ausstellung und lässt die Exponate auf sich wirken, gewinnt man ein Gespür für das, wofür Bauhaus steht. Ein fachkundiger Besucher bemerkt sehr treffend: „Das Gefühl des schöngeistigen Idealismus, der Modernität, des freien Deutschland vor der Nazizeit. Das Verschwimmen der Grenzen zwischen Kunst und Handwerk, warum Reduktion in der Formgebung Sinn macht." Besonders sehenswert sind die transparenten Modelle von Hochhäusern der Epoche, die zumeist in den USA realisiert wurden. Handwerk und Design, praktische Umsetzung und Gestaltungsidee gingen in der Ausbildung zum Bauhaus-Meister Hand in Hand. Ab 1923 wurden Kunst und Technik als eine erweiterte Einheit begriffen. Das Bauhaus schuf Prototypen, die sich zur Massenproduktion eigneten – sowohl in der Architektur als auch im Design von Alltagsgegenständen.

Das Museum versucht, die gesamte Bandbreite der von der Bauhaus-Bewegung beeinflussten Gestaltungsfelder zu dokumentieren, also nicht nur Architektur, sondern auch

Markante Fassade

Möbel, keramische Werke sowie Gegenstände aus Metall. Wer denkt schon bei Bauhaus an Stahlrohrmöbel, Freischwinger, Teekannen, Stühle und Tische?

Was beeindruckt, ist die **Zeitlosigkeit** der Stilrichtung. Form und Material dienen der Funktion, überflüssiger und modischer „Schnickschnack" wird vermieden. Deshalb ist Bauhaus auch heute noch hochmodern, und man glaubt nicht, dass manche der Häuser und Alltagsgegenstände dieser Stilrichtung über 90 Jahre alt sind. So kann der „IKEA-Stil" heute als eine Variante des Bauhauses aufgefasst werden. Praktisch, einfach und irgendwie zeitlos schön.

Den Nazi-Oberen passte die Richtung der Bauhaus-Bewegung nicht, sie liebten eher das Schwülstige, Pompöse. Schon in der Zeit der Weimarer Republik galten die Begründer und ihre Bewunderer als links und international ausgerichtet. Der berühmte Architekt Mies van der Rohe war der letzte Leiter des Bauhauses, das sich 1933 auflöste. Viele führende Vertreter dieser Richtung emigrierten in die USA und verwirklichten dort ihre Vorstellungen. So gelang es, dem Bauhaus eine internationale Bedeutung zu verschaffen. Unter der Leitung der Architektur sollten nach Gropius die bildenden Künste folgen, um eine ästhetisch-funktionale Einheit zu schaffen. (mi)

Visionär: Bauhaus-Gründer Walter Gropius

Das Programm

„Das Bauhaus erstrebt die Sammlung alles künstlerischen Schaffens zur Einheit, die Wiedervereinigung aller werkkünstlerischen Disziplinen – Bildhauerei, Malerei, Kunstgewerbe und Handwerk – zu einer neuen Baukunst als deren unablösliche Bestandteile. Das letzte, wenn ferne Ziel ist das Einheitskunstwerk – der große Bau –, in dem es keine Grenze gibt zwischen monumentaler und dekorativer Kunst."
(Auszug aus dem Bauhaus Manifest von Gropius)

Info

Hinkommen:
U1, 2, 3, 4 Nollendorfplatz, Bus 100, M29, 187+106, Lützowplatz. [C-D4]

Information:
Bauhaus-Archiv/Museum für Gestaltung, Klingelhöferstraße 14, Tel. 030/2540020, www.bauhaus.de, Museum geöffnet Mi–Mo 10–17 Uhr, Di geschlossen, Bibliothek und Dokumentarchiv, Mo–Fr 9–13 Uhr, Eintritt Mi/Do/Fr 7 €, Sa/So/Mo 8 €.
Anlässlich des 100-jährigen Jubiläums des Bauhauses 2019 wird das Museum schrittweise grundsaniert und um einen Neubau erweitert.

Einkaufen: Im angegliederten Bauhaus-Shop kann man themenbezogene Bücher und Kataloge sowie Plakate erwerben. Zudem kann man Gegenstände wie Besteck, Gläser, Kaffee- und Teekannen, Schalen, Lampen, Kerzenständer oder gar Schmuck kaufen. In einem kleinen Café kann man den Besuch ausklingen lassen. Im Sommer ist es auf der Terrasse luftig und man genießt hier Getränke, Kleinigkeiten und natürlich Kuchen.

Architektur

69 Architektur zeitlos: Mies van der Rohe in Berlin

Mies van der Rohe Haus in Hohenschönhausen (69a)

Die Architektur Ludwig Mies van der Rohes steht für eine klare, schlichte Formensprache und viel Licht, den Bauhaus-Stil. Das idyllisch gelegene Haus Lemke – nach den Bauherren benannt – war 1933 seine letzte **Wohnhaus-Konzeption** in Deutschland. Bald darauf wanderte er in die USA aus.

Das Ehepaar Lemke erwarb hier am Obersee ein Doppelgrundstück mit Zugang zum Wasser. Gemessen an der Grundstücksfläche wirkt das Haus im L-förmigen Grundriss eher klein. Die Außenwände wurden aus rötlichen Ziegeln gemauert, die Fensterflächen zur Terrasse hin sind wandhoch und lassen maximales Tageslicht hinein. So genießt man den ungestörten Blick auf die weite Gartenfläche. Die weißen Wände im Innern sowie das klassische Parkett der Räume unterstreichen die Schlichtheit, sodass der Raum Wirkung entfaltet. 1945 mussten die Lemkes ausziehen, da die Rote Armee das Haus okkupiert hatte. Das umliegende Gelände wurde Sperrgebiet und das Haus nutzte man fortan als Abstellraum. Kein Wunder, dass die Bausubstanz litt und die schönen Holzböden ramponiert wurden. Nach 1962 wurde das Haus nach einer groben Instandset-

Nationalgalerie

zung vom DDR-Ministerium für Staatssicherheit genutzt. Erst 1977 wurde es auf die Denkmalliste des Berliner Magistrats gesetzt, doch es fehlte das Geld für eine umfangreiche Restaurierung. So wurde das Wohnhaus erneut zweckentfremdet und diente als Wäscherei und Kantine für die Stasi. Nach der Wende ging das Gebäude an den Bezirk Hohenschönhausen (heute: Lichtenberg), der es in „Mies van der Rohe Haus" umbenannte und 2000–2002 sanieren ließ. Die Räumlichkeiten werden heute für wechselnde Kunstausstellungen mit entsprechenden Vorträgen genutzt.

Die Neue Nationalgalerie
Potsdamer Straße (69b)

Hier am Rande des Tiergartens in unmittelbarer Nähe des Potsdamer Platzes liegt das einzige Bauwerk Mies van der Rohes, das nach dem Zweiten Weltkrieg in Deutschland gebaut wurde. 1962 beauftragte ihn der Berliner Senat mit dem Entwurf. Zu dieser Zeit litt Mies van der Rohe schon unter Arthritis, ließ es sich aber nicht nehmen, während des Baus mehrfach nach Berlin zu reisen. An der Einweihung 1968 konnte er aus gesundheitlichen Gründen allerdings nicht teilnehmen.

Der Gebäudekörper ruht auf einer 105 × 110 m großen Granitterrasse, die die Böschung zum Landwehrkanal ausgleicht. Der Pavillon ist eine reine Glas- und Stahlkonstruktion, das quadratische Dach hat eine Länge von 64,8 m, wobei es um 7,2 m über die Glaswände hinausragt. Die darunterliegende Haupthalle ohne Stützpfeiler ermöglicht sehr unterschiedliche Ausstellungsflächen. Im Untergeschoss ist die Dauerausstellung untergebracht. Wegen Sanierungsarbeiten ist die Nationalgalerie derzeit allerdings geschlossen (mi)

Der Architekt der Moderne

1886 in Aachen als Sohn eines Steinmetzmeisters geboren, absolvierte Ludwig Mies van der Rohe zunächst eine Maurerlehre. An der Gewerbeschule entwickelte er seine zeichnerischen Talente. Er zeichnete danach für einen Aachener Architekten, der an einem Berliner Projekt beteiligt war, sodass ihn Beziehungen nach Berlin führten. Hier besuchte er u. a. die Kunstgewerbeschule, um ab 1908 beim avantgardistischen Architekten Peter Behrens, bei dem auch Walter Gropius arbeitete, seine Kenntnisse zu erweitern.

Seine Arbeiten bewegten sich zunächst im Bereich des Neoklassizismus, ab 1921 änderte sich sein Stil aber und brachte eine moderne Formensprache zur Geltung: Stahl, viel Glas sowie variable Innenräume. In der NS-Zeit – er war seit 1934 Mitglied der NS-Wohlfahrt – wurde er aufgrund seines Baustils zunehmend ausgegrenzt. Denn die NS-Architektur setzte auf monumentalen Neoklassizismus und die Architektur wurde zum politischen Machtinstrument, was er ablehnte. 1936 erhielt er ein Lehrstuhl-Angebot nach Harvard, ein weiteres zur Leitung des Armour Institute in Chicago.

1938 siedelte er endgültig in die USA um, setzte hier Maßstäbe, indem er bemerkenswerte Hochhäuser konzipierte, so in Chicago (IBM Building) und in New York das Seagram Building. Er verstarb 1969 in Chicago, nachdem er höchste Auszeichnungen erhalten hatte.

Mies van der Rohe Haus, Oberseestr. 60, Tel. 030/97000618, www.miesvanderrohe-haus.de Di–So 11–17 Uhr, Eintritt frei. **Hinkommen:** M5 Oberseestraße, 27 Stadion Buschallee/Suermondtstraße.

Neue Nationalgalerie, Potsdamer Straße 50, Tel. 030/266424242, www.smb.de, derzeit geschlossen. **Hinweis:** Seit 2015 wird die Nationalgalerie von dem britischen Architekten David Chipperfield komplett saniert und ist voraussichtlich für drei Jahre geschlossen. **Hinkommen:** S+U-Bahn Potsdamer Platz. [D3]

70 Berliner Moderne: die Architektur des Neuen Bauens

Sozialer Wohnungsbau mit architektonischem Anspruch und angegliedertem Naherholungspark? Finanzierung durch Hauszinssteuer von Immobilienbesitzern? Ein altes, doch noch heute zeitgemäßes Thema. Die Berliner Moderne nahm sich dieses Themas an – als eine **architektonische Antwort** auf die sozialpolitischen Gegebenheiten zum Ende des Kaiserreichs und in der Weimarer Republik. Sechs Siedlungen zählen heute dazu: die Tuschkastensiedlung in Treptow-Köpenick (Gartenstadt Falkenberg, s. S. 160), der Schillerpark im Wedding, die Großsiedlung Britz in Neukölln, die Wohnstadt Carl Legien am Prenzlauer Berg, die Weiße Stadt in Reinickendorf sowie die Großsiedlung Siemensstadt in Charlottenburg Nord. Ab 1991 erfolgte eine weitgehend originalgetreue Sanierung, mittlerweile stehen alle unter Denkmalschutz. Und seit 2008 zählen sie zum UNESCO-Welterbe .

Schillerpark (70a)

Im Ortsteil Wedding, heute eher eine sozial belastete Adresse, vermutet man nicht Berlins erstes großes Wohnprojekt (auf 4,6 ha). Geplant wurde es von dem Architekten Bruno Taut (s. S. 161), der eine Antwort auf die bedrängten und z. T. unmenschlichen Wohnbedingungen fand: Architektur musste für Luft, Licht, Pflanzen, Farbigkeit und Formen sorgen – um Wohlbefinden zu fördern. Durchgrünter städtischer Hausbau war das Leitmotiv, um dem Moloch Stadt Paroli zu bieten. Und das alles im Rahmen eines genossenschaftlich organisierten Bauens. Hier stand nicht Profit durch Mieteinnahmen im Vordergrund, sondern der Mensch in seiner Bedürftigkeit nach anständigem Wohnen. Am Schillerpark wurden klar konzipierte 2- bis 4-geschossige Häuser mit damals seltenen Flachdächern unter Verwendung von Backsteinen und weißen Putzflächen gebaut – angelehnt an die Architektur der Amsterdamer Schule. Die Häuser entstanden zwischen 1924 und 1930, zunächst insgesamt über 300 Wohnungen. Alle verfügten schon damals – Luxus zu jener Zeit – über Balkone, Loggien und Badezimmer und waren großzügig bemessen. Die 1½-Zimmer-Wohnungen waren bereits 40 m² groß, aber es gab auch Wohnungen mit 4½ Zimmern. Im Hofbereich dominieren Grünflächen mit Kinderspielplätzen. Im Zweiten Weltkrieg wurden einige Häuser zerstört. 1951 begann der Wiederaufbau, zwischen 1954 und 1959 wurden neue Gebäude im gleichen Stil zugefügt. 1991 erfolgte eine Sanierung.

Schon vorher (1909–1913) war der benachbarte Schillerpark entstanden, der nicht dem Prunk wie z. B. der Volkspark Friedrichshain diente, sondern der alltäglichen Erholung: Frische Luft für Großstädter, Auslauf für Kinder – so entsprach man sozialen Bedürfnissen inmitten eines Häusermeeres.

Lage: Siedlung Schillerpark, *U6 Rehberge. Straßen um die Siedlung: Barfusstraße, Bristolstraße, Corker Straße, Dubliner Straße, Oxforder Straße, Windsor Straße.*

Die Wohnstadt Carl Legien am Prenzlauer Berg (70b)

Wie unterschiedlich die Ansichten der Berliner Moderne sind, zeigt die Wohnstadt Carl Legien – benannt nach dem Gewerkschaftsführer –, erbaut von 1928–1930. Die Pläne lieferten Bruno Taut und Franz Hillinger. Diese Siedlung liegt am nächsten zu den alten Häusern der Gründerzeit. Schon damals war der Grund und Boden teuer, deshalb bau-

Damals revolutionär grün: die Wohnsiedlung Legien

te man mehr in die Höhe und möglichst weit von den Straßen entfernt, um eine gewisse Ruhe zu gewährleisten. Die Innenhöfe zwischen den Häusern bestehen aus Grünflächen, zum Teil als kleine Gärten angelegt. Bei der Gestaltung bildeten Farben ein wichtiges Element: Zu den Straßen hin bevorzugte man Gelb, sodass die Enge des Raumes optisch geweitet wurde. Zwischen den Häusern benutzte man Weiß, Blau oder Gelb. Zur Auflockerung der Flächen erhielten auch die Fensterrahmen ihren Farbanstrich. Die Gesamtfläche der Siedlung beträgt 8,4 ha, auf denen die Häuser mit den insgesamt 1.145 Wohnungen ziemlich locker verteilt liegen. Die meisten Wohnungen haben 1 ½–2 Zimmer. Die Restaurierung wurde in den Jahren 1995–2004 denkmalgerecht durchgeführt.

Lage: Prenzlauer Berg, *S-Bahnhof Prenzlauer Allee. Straßen: Erich-Weinert-Straße, Georg-Blank-Straße, Gubitzstraße, Küselstraße, Lindenhoekweg, Sodtkestraße, Sültstraße, Trachtenbrodtstraße.* [F1]

Weiße Stadt in Reinickendorf (70c)

Die Weiße Stadt wurde zwischen 1929–1931 erbaut. Insgesamt gibt es dort 1.268 Wohnungen auf einer Baufläche von 14,3 ha. Bei dem Bau stand die Wirtschaftlichkeit im Vordergrund, teilweise wurden Bausegmente vorgefertigt. Die Häuserflächen sind weiß, unterbrochen durch Farbakzente an Fenstern, Dachüberständen oder Haustüren. Die Architekten waren Otto Rudolf Salvisberg, Bruno Ahrends und Wilhelm Büning.

Nach dem Krieg wurde der zerstörte Teil originalgetreu restauriert. Auffallend sind die großen Grünflächen, insbesondere entlang der Aroser Allee. Die Infrastruktur der Siedlung war mit Kindergarten, Schulen, Ärztehaus, Apotheke etc. für damalige Verhältnisse beispielhaft. Markantester Bau ist das sogenannte Brückenhaus, das über der Aroser Allee gebaut wurde, darunter braust der Verkehr. Es gehört zum Typ Laubenganghaus: Die Wohnungen sind von außen durch einen balkonähnlichen Gang zugänglich.

Lage: Reinickendorf, *U8 Residenzstraße, zwischen Aroser Allee, Emmentaler Straße und Schillerring.*

71 Tuschkastensiedlung: Ein Architekt gibt Farbe

Die „Tuschkastensiedlung" im Südosten Berlins heißt eigentlich Gartenstadt Falkenberg. Gemeinsam mit fünf anderen „Siedlungen der Berliner Moderne" hat sie es immerhin auf die UNESCO-Liste des Weltkulturerbes geschafft. Die berlinerischschnoddrige Bezeichnung trifft den Nagel allerdings auf den Kopf: In der Tat wird es hier bunt!

Berlin war um 1900 eine eher graue Stadt, geprägt durch Industrie und triste Arbeiter-Mietskasernen, die von Höfen unterbrochen hintereinander lagen und wenig Licht zuließen. Von Natur keine Spur. Wohnen und Arbeiten lagen dicht beieinander, mit den entsprechenden Geräusch- und Geruchsbelästigungen.

Der Wunsch nach humaneren Behausungen wurde immer stärker. Der Berliner Spar- und Bauverein griff diese Sehnsüchte auf und beauftragte 1912 Bruno Taut, einen Bebauungsplan für eine Siedlung aufzustellen, die eine Fläche von 75 ha umfassen sollte. Angedacht waren rund 1.500 Wohnungen für 7.000 Menschen. Der Architekt begab sich ans Werk: Die sanften Hänge, seine Fantasie und Rückgriffe auf **englische Gartenstadt-Vorbilder** ermöglichten einen bis heute sehenswerten Entwurf. Der Einbezug von Gärten sowie eine ländlich wirkende Bepflanzung stellen einen angenehmen Bezug zur Natur dar. Die Bewohner sollten sich in der Sommerfrische wähnen.

Bis dahin herrschte in der Architektur weitestgehend das Diktum des britischen Künstlers und Architekturtheoretikers John Ruskin (1819–1900) vor. Demgemäß sollte man

Farbenfroher wohnen in der Tuschkastensiedlung

Bruno Julius Florian Taut, der farbenfrohe Architekt

Taut wurde 1880 in Königsberg geboren. Nach Abschluss des Gymnasiums besuchte er im Winter eine Baugewerkschule, während er im Sommer als Maurer arbeitete. 1903/04 lernte er bei dem angesehenen Architekten Bruno Möhring in Berlin, 1904–08 erweiterte er bei Theodor Fischer (Stuttgart, einer der wichtigsten Architekten der Stuttgarter Schule) seine Kenntnisse. Danach zog er wieder nach Berlin, um an der TH Charlottenburg Städtebau zu studieren.

Ab 1909 besaß er ein eigenes Architektenbüro in Berlin, gemeinsam mit Franz Hoffmann. 1913/14 plante er die Gartenstadt Falkenberg. Ab 1921 sorgte er als Stadtbaurat in Magdeburg für frischen Wind, als er „Farbe in das Grau der Stadt" brachte: 1922 wurden hier unter heftiger Kritik 80 Häuser farbenfroh gestaltet.

In Berlin sind weitere Zeugnisse seines Wirkens u. a. die Waldsiedlung Onkel Toms Hütte in Zehlendorf (1926–1931), die Hufeisensiedlung in Britz (1925–33) und der Schillerpark (s. S. 158). Ab 1930 wirkte Taut als Professor für Siedlungs- und Wohnungswesen in Charlottenburg. 1932 eröffnete er in Moskau – zunächst begeistert von den Umwälzungen in der Sowjetunion – ein Büro, kehrte aber 1933 nach Berlin zurück.

Den Moskau-Aufenthalt nahmen ihm die Nazis übel: Sie setzten ihn als Professor auf die Straße. Taut floh über die Schweiz nach Japan, wo er sich mit dem Verkauf selbst entworfener kleiner Kunstgegenstände durchschlug. 1936 bot ihm die Türkei eine Professur in Istanbul an. Sein letzter Auftrag war die Gestaltung der Totenbahre Atatürks 1938. Im selben Jahr starb Taut in Istanbul an einem Asthmaanfall. Taut gilt als einer der wichtigsten Vertreter des sog. Neuen Bauens.

---

sich bei der Gestaltung der Gebäude allein auf die natürlichen Farben der Materialien verlassen, da diese die einzig rechtmäßigen seien. Wollte man bunter bauen, so brauchte man entsprechende Materialien. Doch das war teuer, die Verwendung von Anstrichfarben dagegen deutlich preiswerter. So ließ Taut Fassadenteile, Fenster und Brüstungen farblich hervorheben.

Die Realisierung des großen Vorhabens scheiterte an der Wirtschaftskrise und dem Ersten Weltkrieg. Am Akazienhof wurden 34 Wohnungen, am Gartenstadtweg 93 Wohnungen fertiggestellt. Sie stehen heute unter Denkmalschutz. Nach dem Mauerfall gingen die freien Bauflächen an die Berliner Bau- und Wohnungsgenossenschaft von 1892 eG zurück. Das Architektenbüro Quick und Bäckmann gewann den ausgeschriebenen Wettbewerb, in dem es um teilweise Fortsetzung des nie fertiggestellten Projektes ging.

(mi)

Hinkommen: S8/S9/S45/S46/S85 und Busse 68/163/263/363 Berlin-Grünau, S9/S42/S45/ Bus 160 Altglienicke, Bus 163 Gartenstadtweg.
Information: Stiftung Weltkulturerbe Gartenstadt Falkenberg und Schillerpark-Siedlung der Berliner Moderne, Tel. 030/ 303020, www.welterbe-berlin.de.

Essen & Trinken: Kaffee Liebig, Regattastr. 158, Tel. 030/67820936, www.kaffee-liebig.de, Di–Fr 11.30–20, Sa/So 12–20 Uhr. Fast legendäres, in originaler Gestaltung erhaltenes Jugendstil-Café; außer Kaffee, Kuchen und Eis gibt es eine kleine Speisekarte, moderate Preise.

72 Architektur als Spielball der Systeme: Städtebau Ost – die ehemalige Stalinallee

Wer von Osten her das Berliner Stadtzentrum ansteuert, wird am **Frankfurter Tor** von zwei Kuppeltürmen empfangen. Gewaltige Wohnblöcke mit opulentem Fassadenschmuck begleiten hier die 90 m breite Frankfurter Allee und Karl-Marx-Allee auf etwa zwei Kilometern in Richtung Alexanderplatz. Was einigen als „Weltwunder sozialistischer Baukunst" galt, war anderen Gegenstand von Spott und Hohn – „Zuckerbäckerstil", „Via triumphalis der Russen" hieß es in den Zeiten des Kalten Krieges verächtlich in den Feuilletons der Bundesrepublik.

1945 war nach Luftkrieg und Straßenkampf von der alten Frankfurter Allee nicht mehr viel übrig geblieben. Doch schnell sollte aus der Trümmerwüste wieder ein Wohnraum werden. Ab 1949 entstanden erste Mehrfamilienhäuser nahe der Weberwiese, die an moderne Bauformen der 1920er-Jahre anknüpften. Kaum wurden hier die ersten Richtkränze gewunden, reiften in der Staatsführung der jungen DDR aber andere Vorstellungen über die Zukunft der Straße. Als Huldigung an „den Großen Bruder" war sie Ende 1949 nach Stalin benannt worden, 1951 errichtete man dem Diktator ein überdimensioniertes Denkmal.

Kuppelturm am Frankfurter Tor

Besonders Walter Ulbricht beschäftigte die Frage nach einer angemessenen Straßenbebauung. Eine Expertendelegation holte sich Rat in Moskau, wo sie über die Wichtigkeit **nationaler Bautraditionen** und die Ablehnung der Moderne belehrt wurde.

Das bisherige Projekt wurde gestoppt, bestehende Gebäude hinter Pappeln versteckt. Doch welchen Stil sollte man wählen? Hermann Henselmanns Hochhaus an der Weberwiese von 1951/52 erfüllte die Erwartungen der SED mit Reminiszenzen an Schinkels Klassizismus und Moskauer Turmbauten. Es wies damit den Weg für die Gestaltung der Stalinallee.

Sechs Architektenkollektive entwarfen prächtige Häuserblöcke, die sich an deutschen sowie russischen Vorbildern orientierten und im Eiltempo 1952/53 vollendet wurden. Bei den Bauvorbereitungen beteiligten sich Zehntausende Freiwillige; für viele war dies ein hoffnungsfroher Aufbruch in eine neue Zeit. Wer fleißig mit anpackte, konnte in einer Lotterie eine Wohnung gewinnen. So fand sich unter den Erstbewohnern eine bunte Mischung quer durch die Gesellschaft. Die ca. 2.100 Wohnungen boten großen Komfort zum kleinen Preis: Im Sozialismus sollten die Arbeiter nicht mehr im Mietskasernenelend darben. Doch während die DDR-Regierung ihr wichtigstes Wiederaufbauprojekt euphorisch bewarb, erweckten ihr politischer Kurs und eine enorm angespannte Wirtschaftslage besonders den Zorn der Arbeiter. Dieser entlud sich im Aufstand des 17. Juni 1953. We-

> HOCHHAUS WEBERWIESE
> ERRICHTET 1951/52 NACH ENTWÜRFEN
> EINES KOLLEKTIVS UNTER DER LEITUNG
> VON HERMANN HENSELMANN
> MIT DEM BAU DIESES ERSTEN WOHNHOCHHAUSES
> IM KRIEGSZERSTÖRTEN BERLINER OSTEN WURDE
> DAS NATIONALE AUFBAUPROGRAMM FÜR DIE
> HAUPTSTADT DER DDR EINGELEITET.

nig schmeichelhaft war, dass ausgerechnet die Bauarbeiter der Stalinallee ganz vorne in den Reihen der Protestierenden standen. Utopie und Realität hätten kaum stärker auseinanderklaffen können …

Erst acht Jahre nach Stalins Tod wurde 1961 in einer Nacht-und-Nebel-Aktion sein Denkmal abgeräumt und die Straße **Karl Marx** gewidmet. Auch das Bauwesen der DDR hatte sich gewandelt und den Pfad der Tradition verlassen. Der Anschluss zwischen Strausberger Platz und Alexanderplatz wurde bis 1965 in Plattenbauweise vollendet. Formschöne Akzente setzen dabei Solitäre wie das Kino International und das Café Moskau.

Die Karl-Marx-Allee war nicht nur Wohnstraße. Mit einer üppigen Auswahl an Läden sollte sie ein „Schaufenster der DDR" sein und die Mangelwirtschaft vergessen machen. Auch war sie ein politischer Ort, hier marschierten die Fahnen- und Nelkenträger am 1. Mai und rollten die Panzer am Staatsfeiertag über den Asphalt. Heute zählt dieses vielschichtige Zeugnis der DDR zweifelsfrei zu den herausragenden Baudenkmälern Berlins. (jk)

Info

Hinkommen: U5/21/M10 Frankfurter Tor, U5 Samariterstraße. [F3]

Museum: Computerspielemuseum, Karl-Marx-Allee 93 A, Tel. 030/60988577, www.computerspielemuseum.de. Geschichte der ganz anderen Art – von „Pong" bis zur modernen Konsole – präsentiert dieses Museum. Tgl. 10–20 Uhr, 8 €.

Führungen/Touren: panorama-b, Stadtführungen in Berlin und Potsdam, Zinnowweg 60, Tel. 030/37009384, www.panorama-b.de.

stadt im Ohr, Tel. 030/20078841, www.stadt-im-ohr.de. Bietet verschiedene Audiotouren durch Berlin. Den Audioguide für den Hörspaziergang Friedrichshain erhält man im Café Sibylle. Der Spaziergang führt über insgesamt 23 Stationen bis zum marokkanischen Restaurant **La Maison Marrakesh** (Gärtnerstr. 2, Tel. 030/24331730, www.la-maison-marrakesh.de). Kosten: 9 €, auch als App erhältlich (Android/iOS).

Essen und Trinken: Café Sibylle, Karl-Marx-Allee 72, Tel. 030/ 29352203, www.cafe-sibylle.de, tgl. 10-19, Mo ab 11 Uhr. Kultur, etwas Museum, viel Geschichte: Aus dem anfangs „Milchhalle" genannten Café entwickelte sich allmählich eine Art Institution. Interessante Dauerausstellung zum Bau der Stalinallee und zugleich Verleih-und Ausgangsstation für den Hörspaziergang Friedrichshain.

priMaria, Gärtnerstr. 12, Tel. 030/29044970, www.primaria.de, Mo–Do 16–24, Fr 13–24 Uhr. Schopska-Salat (Tomate, Gurke, Schafskäse), die legendären Kartofki sowie jede Menge andere Spezialitäten aus Bulgarien wie Pelmeni (Hackfleisch in Teigtaschen, mit frischen Kräutern) stehen auf der Karte. Dazu preiswerte bulgarische Weine.

73 Architektur als Spielball der Systeme II: Städtebau West – das Hansaviertel

Im ehemaligen Bezirk Tiergarten, durch den die Spree gemächlich ihre Mäander zieht, liegt das Hansaviertel. Kurz nachdem Berlin zur Hauptstadt des Deutschen Kaiserreichs aufgestiegen war, schufen Hamburger Grundstücksspekulanten ein Wohnquartier, dessen Kern der Hansaplatz bildete. In Hinblick auf die vornehme Nachbarschaft in Tiergarten und Schloss Bellevue entstanden hier Miethäuser mit prachtvollen Stuckfassaden, die auf die Bedürfnisse einer wohlhabenden Klientel ausgerichtet waren.

Der Zweite Weltkrieg legte das Viertel mit Ausnahme weniger Bauten in Schutt und Asche. Und auch der einst so schöne Tiergarten bot einen trostlosen Anblick, denn die Berliner hatten ihn aus purer Not großflächig abgeholzt und zum Kartoffelacker umfunktioniert. Angesichts der enormen Wohnungsnot entschied der Senat, das Hansaviertel als Wohnquartier wieder entstehen zu lassen. Aber nicht in den alten Formen, sondern als **Modellversuch** für die von vielen modernen Stadtplanern angepriesene „aufgelockerte und durchgrünte Stadtlandschaft". Es sollte ein ganz besonderes Projekt werden – West-Berlins aufwendigste Wohnsiedlung der 1950er-Jahre, die im Rahmen einer internationalen Bauausstellung 1957 öffentlichkeitswirksam präsentiert wurde.

Dahinter verbarg sich mehr als eine architektonische Mode und ein Zeigen dessen, was das Wirtschaftswunder möglich machte. Vor dem Hintergrund des Kalten Krieges, der in Berlin immer wieder mit besonderer Intensität zu spüren war, geriet der Neubau des Hansaviertels zur **politischen Agitation** gegenüber Ost-Berlin. Dort war 1952/53 mit der Stalinallee (s. S. 162) ein eindrucksvoller Boulevard entstanden, der sozialen Wohnungsbau auf hohem Niveau zeigte und für den Sozialismus warb. So sah man sich in Westberlin mächtig unter Zugzwang gesetzt und wollte dem etwas entgegenstellen. Die hier mit kräftiger Finanzhilfe des Bundes geschaffenen Sozialwohnungen sollten das freundliche Gesicht der sozialen Marktwirtschaft zeigen. Ferner waren die locker gruppierten Bauten im Verständnis der Initiatoren ein Sinnbild

Detail des Baus von Oscar Niemeyer in der Altonaer Straße

Zeilenhochhaus von Alvar Aalto in der Händel-Allee

der „freiheitlich demokratischen Grundordnung" im Gegensatz zu den „diktatorisch ausgerichteten" Häuserblöcken der Stalinallee. Das Bauen in den verschiedenen Spielarten der internationalen Moderne wurde im Hansaviertel zum beherrschenden Thema im Kontrast zur traditionalistischen Bauweise beim politischen Gegner. Die Architektur wurde zum Spielball im **Wettstreit der Systeme**.

Zwischen S-Bahn-Viadukt und Tiergarten, zuseiten der Altonaer Straße, verwirklichten 54 Architekten aus West-Berlin, der Bundesrepublik und dem westlichen Ausland auf Einladung hin eine luxuriöse Vielfalt an Gebäuden. Von 16-geschossigen Punktbauten stufen sich die Hochhäuser über beschauliche Einfamilienhausinseln zum Tiergarten hin ab, der seine Finger bis in die Siedlung hinein zu strecken scheint. Einige der hochkarätigsten Vertreter des **Neuen Bauens** waren mit am Werk und machen das mittlerweile denkmalgeschützte Hansaviertel bis heute zu einem Anziehungspunkt für Freunde dieser Baugesinnung. Bauhaus-Gründer **Walter Gropius** sandte aus den Vereinigten Staaten einen Entwurf für ein Hochhaus in der Händelallee; beim Hansaplatz errichtete der berühmte finnische Architekt und Designer **Alvar Aalto** ein originelles Doppelhaus und der brasilianische Stararchitekt **Oscar Niemeyer** schuf „termitensichere" Wohnungen mit seinem raffiniert aufgeständerten Bau an der Altonaer Straße. Und das sind nur einige der Höhepunkte, die das Hansaviertel zu bieten hat. (jk)

Hinkommen: S5/S7/S75 Tiergarten und U9/Bus 106 Hansaplatz. [C3]
Führungen: panorama-b, Stadtführungen in Berlin und Potsdam, Zinnowweg 6D, Tel. 030/37009384, www.panorama-b.de.
Essen & Trinken: Restaurant Giraffe, Klopstockstraße 2, 10557 Berlin, Tel. 030/3435 1690, www.giraffe-berlin.de. Kleiner Geheimtipp im ruhigen Viertel, sehr gutes Preis-Leistungsverhältnis. Kinderfreundlich (Spielecke), leckere vielseitige Speisekarte von bodenständig bis zu indischem Fingerfood, viele Frühstücksangebote. 8–2 Uhr, Frühstück bis 14 Uhr.

74 Vom Hauptbahnhof durch das Regierungsviertel zum Holocaust-Mahnmal

Ein Spaziergang auf den Spuren der Gegenwart und Vergangenheit. Viele Berlin-Besucher dürften die Hauptstadt am neuen Hauptbahnhof – an der Stelle des ehemaligen Lehrter Bahnhofs – erreichen. Bahnhof, das klingt zunächst einmal langweilig, doch diese moderne „Kathedrale der Schienenstränge" hat es in sich. Der Besucher ist sofort von der Größe, dem Licht und der Lebendigkeit eingenommen. Großzügige Arkaden, unzählige Geschäfte und Restaurants (von ethnisch bis deftig) sowie gute Imbissstände auf verschiedenen Ebenen lassen leicht vergessen, dass hier auch Züge fahren. Sie fahren auf verschiedenen Ebenen und in unterschiedliche Richtungen, untereinander, übereinander … Von den Rolltreppen aus eröffnet sich dem Besucher ein Blick wie auf eine Modelleisenbahnanlage. Besonders beeindruckend ist das Panorama in Richtung Süden: Durch die hohe Glasfassade blickt man direkt auf das Regierungsviertel.

Ungewöhnliche Skulptur vor dem Hauptbahnhof

Sobald man den Bahnhofsvorplatz überquert hat, führt eine Fußgängerbrücke über die Spree und man erreicht das „Band des Bundes", bestehend aus Kanzlerpark, Bundeskanzleramt, der Freifläche des nicht realisierten Bürgerforums und dem Paul-Löbe-Haus (Büros der Bundestagsabgeordneten, Räume für Ausschüsse). Auf der anderen Spreeseite – ehemals Ostberlin – geht es zum Marie-Elisabeth-Lüders-Haus (Parlamentsbibliothek, Anhörungssaal). Hier am Spreebogen entstand nach 1992 nach den Plänen der Architekten Axel Schultes und Charlotte Frank das neue Regierungsviertel. Am Ufer sind vom Frühjahr bis zum Herbst Restaurants und Imbissstände geöffnet. Davor kann man sich auf Liegestühlen aalen und dem Treiben am Ufer und auf der Spree zuschauen.

Rechts entdeckt man das aus den täglichen Nachrichten bekannte Bundeskanzleramt. Der moderne Monumentalbau (2001), von den Berlinern aufgrund seiner Frontansicht schnoddrig als „Waschmaschine" bezeichnet, ist ein Muss für Fotografen. Am Paul-Löbe-Haus vorbei gelangt man zu einer besonderen Attraktion, dem Reichstagsgebäude, Sitz des Bundestages. Besonders zu empfehlen ist die Begehung der Glaskuppel. In sanften Anstiegen geht es immer im Kreis aufwärts. Vom höchstgelegenen Punkt genießt man einen außergewöhnlichen Blick auf das neue Berlin (s. auch S. 68).

Das Bundeskanzleramt

Vom Reichstag weiter in südlicher Richtung kommt man in drei Gehminuten zum Brandenburger Tor, dem Wahrzeichen Berlins (s. S. 52). Jahrzehntelang war es das Symbol der Trennung, denn das Tor stand auf der Ostseite der Stadt und war durch die Mauer vom Westteil getrennt.

Geht man weiter in Richtung Potsdamer Platz, vorbei an der Rückseite des Adlon-Hotels und der amerikanischen Botschaft, erreicht man das Gelände des Holocaust-Mahnmals mit den 2.711 Betonstelen des amerikanischen Architekten Peter Eisenman (s. S. 74). (mi)

Info

Hauptbahnhof: Europaplatz 1, www.bahnhof.de/bahnhof-de/Berlin_Hauptbahnhof.html. [D2]
Kanzleramt: www.bundeskanzlerin.de, www.bundesregierung.de – geöffnet für Publikum nur einmal im Jahr zum Tag der offenen Tür.
Denkmal für die ermordeten Juden Europas: Cora-Berliner-Straße 1, Tel. 030/2804 5960, www.holocaust-denkmal-berlin.de. Das Stelenfeld ist immer zugänglich, das Museum (Ort der Information) April–Sep. Di–So 10–20 Uhr, Okt.–März Di–So 10–19 Uhr, Eintritt frei, s. S. 74.
Reichstagsgebäude: Platz der Republik 1, Tel. 030/2270, www.bundestag.de, der Besuch ist nur nach Anmeldung möglich, Infos s. S. 68.

75 Neue Architektur im alten Diplomatenviertel: ein Spaziergang im Botschaftsareal zwischen Landwehrkanal und Tiergarten

In Berlin sind fast 160 Staaten und alle deutschen Bundesländer vertreten, mehrheitlich in der historischen Innenstadt sowie in Grunewald und Pankow. Zwischen Landwehrkanal und Tiergarten bildete sich nach 1900 im ehemaligen Geheimratsviertel mit seinen luxuriösen Villen das Diplomatenviertel heraus. Das im Krieg fast völlig zerstörte Gebiet, auf Westberliner Seite gelegen, versank allmählich im Dornröschenschlaf. Nach dem Mauerfall revitalisierten viele Nationen ihre angestammten Territorien oder erwarben neue Grundstücke.

Der Spaziergang beginnt am Landwehrkanal und führt die Stauffenbergstraße am wellenförmigen Shell-Haus und am Maritim Hotel vorbei. Der gegenüberliegende Bendlerblock, in dessen Innenhof Graf von Stauffenberg und andere Widerständler am 20. Juli 1944 erschossen wurden, dient heute als **Gedenkstätte Deutscher Widerstand** mit einer umfassenden Dokumentation und als Berliner Zweitsitz des Verteidigungsministeriums.

Neben dem Bendlerblock steht die Botschaft Ägyptens. Die Wellenlinien im unteren Teil der dunkelroten Granitfassade symbolisieren den Nil mit nach oben wachsenden Lotuspflanzen und Papyrusgras. Danach folgt die dreigliedrige Botschaft Österreichs in der Tiergartenstraße von Hans Hollein mit markant geschwungener Kupferfassade.

Österreich grenzt an Baden-Württemberg, zumindest an dessen strahlend weiße Landesvertretung in der Tiergartenstraße 15. Hinter dem dreigeschossigen Eingangstrichter finden neben politischen Gesprächen auch Partys und Weinfeste statt. Der rote Sandstein der Indischen Botschaft stammt aus Rajasthan und gelangte per Schiff von Mumbai nach Hamburg. Auch die beigefarbenen Sandsteine der benachbarten Südafrikanischen Botschaft kommen aus dem Heimatland, und zwar aus der Provinz Limpopo. Darauf folgt der stolze Neubau der Türkischen Botschaft, deren zentrales Glasatrium symbolisch die beiden Gebäudeflügel Orient und Okzident verbindet.

Die Nordischen Botschaften sind berühmt für die grünen Kupferplatten

Die rosafarbene Italienische Botschaft mit mächtigem Säulenvorbau entstand zu Nazizeiten. Als Vertretung der faschistischen Verbündeten fiel sie entsprechend pompös aus. Im Bombenkrieg zerstört und jahrzehntelang Ruine, wurde das Gebäude nach der Wende mitsamt kostbarer Innenausstattung wiederhergestellt. Ein ähnliches Schicksal widerfuhr der Japanischen Botschaft auf der anderen Seite der Hiroshimastraße, auf der es jetzt nach links weitergeht.

Auf der linken Straßenseite folgt die griechische Vertretung mit Alt- und Neubau, beide seit Jahren unvollendet und deshalb ungenutzt. Der Palast der nordrhein-westfälischen Landesvertretung besteht aus Glas, Holz und Stahl und erhielt mehrere Preise. Mit orientalisch-kitschigem Charme wie aus 1001 Nacht bildet die Botschaft der Vereinigten Arabischen Emirate einen originellen Kontrast zu ihren Nachbarn. Insbesondere die Landesvertretung von Bremen ruft mit klaren Kanten und schmucklosen roten Fassaden zu hanseatisch-nüchterner Vernunft. Im achtgeschossigen Bremer Turm logieren Geschäftsreisende.

Nach rechts entlang des Reichpietschufers gelangt man nach wenigen Metern in die verkehrsberuhigte Köbisstraße mit dem Diplomaten-Wohnpark, die auf die große Klingelhöfer Straße mündet. Die Mexikanische Botschaft gegenüber wird durch zwei haushohe „Betongardinen", durch die man schlüpfen möchte, verdeckt. Architektonisches und kulturelles Highlight ist der Komplex der **Nordischen Botschaften**, in dem sich fünf skandinavische Länder, darunter Island, zusammengetan haben und der von einem grünen Band aus 4.000 Kupferplatten umschlossen wird. (md)

Wie aus 1001 Nacht: die Botschaft der Emirate (oben). Doch auch die Bundesländer lassen sich nicht lumpen: Glaspalast von NRW (unten)

Tipp

Reingehen! Das **Felleshus** ist öffentlich zugänglich (Mo–Fr 10–19, Sa/So 11–16 Uhr), bietet Ausstellungen sowie eine gute Kantine mit preiswertem Lachs (Mo–Fr 10–16 Uhr, Mittagessen 11–15 Uhr). Tel. 030/50500, www.nordischebotschaften.org. Eingang Rauchstraße 1.

Hinkommen: Anfahrt Start: Bus M29 Gedenkstätte Deutscher Widerstand. Ende: Bus 200, Corneliusbrücke. [C-D3]

Essen & Trinken: Bei schönem Wetter bietet sich der herrliche Biergarten des **Café am Neuen See** im nahegelegenen Tiergarten an (S. 117).

76 Rathaus und Parlament: Berliner Politik und offene Häuser

Rotes Rathaus, Sitz des Regierenden Bürgermeisters und des Berliner Senats (76a)

Auf 97 Meter Höhe weht die Landesflagge mit dem Berliner Bären. Der Rathausturm überragte sogar die Kuppel des Stadtschlosses und symbolisierte damit das Selbstbewusstsein der Berliner Bürgerschaft. 1869 hatte Hermann Waesemann den gewaltigen Bau in einem Stilmix mit Anleihen an die italienischen Frührenaissance fertiggestellt. Der Name Rotes Rathaus hat keine ideologische Bewandtnis, sondern geht auf die roten Backsteinziegel zurück. Um das gesamte Gebäude verläuft ein Terrakottafries, auf welchem Szenen von den Anfängen Berlins bis zur Reichsgründung 1871 in chronologischer Abfolge dargestellt werden.

Das Rote Rathaus mit Neptunbrunnen

Das im Krieg schwer beschädigte Gebäude diente nach seiner Wiederherstellung als Sitz des Ostberliner Magistrats, während der Westberliner Senat und das Landesparlament ins Rathaus Schöneberg gezogen waren. Nach der Wiedervereinigung wuchs die geteilte Stadtregierung zusammen. Der Regierende Bürgermeister ist zugleich Stadtoberhaupt und Regierungschef des Landes Berlin. In jüngerer Zeit wurde das Amt insbesondere von Klaus Wowereit (SPD) geprägt, der es von 2001 bis 2014 innehatte. Nach Wowereits Rücktritt folgte ihm sein Parteifreund Michael Müller.

Am freundlichen Polizisten vor dem Hauptportal vorbei gelangt man in das öffentlich zugängliche Gebäude. Nach 39 Stufen ist die Vorhalle erreicht. Dort hält ein virtueller Stadtplan u. a. persönliche Geschichten der Einwohner von Berlin bereit. Von hier aus schließen sich der Wappensaal mit seinem Boden aus rotem Marmor und der Große Festsaal mit einer Fläche von 540 m² an. Schönster Saal mit neun Metern Höhe ist der **Säulensaal**, in dem man auch den Bund der Ehe schließen kann. Dort finden zudem wechselnde Ausstellungen statt (Eintritt frei).

An den mühevollen Aufbau der Stadt nach dem Zweiten Weltkrieg erinnern die Skulpturen „Aufbauhelfer" und „Trümmerfrau" gegenüber an der Rathausstraße. Dahinter steht einer der schönsten Brunnen Berlins, der Neptunbrunnen. Die vier Frauengestalten am Brunnenrand personifizieren die Flüsse Rhein, Elbe, Oder und Weichsel und werden scherzhaft als einzige Berlinerinnen, die den Rand halten können, tituliert.

Berliner Abgeordnetenhaus – Sitz des Landesparlaments (76b)

Der mächtige Bau des ehemaligen Preußischen Landtages von 1898 unterlag im Laufe seiner Geschichte mehrfach ideologischen Wandlungen. Nach der nationalsozialistischen Machtergreifung von Hermann Göring zum „Haus der Flieger" erklärt, gehörte es zu DDR-Zeiten zum Haus der Ministerien. Nach der Wiedervereinigung wurde es zum Sitz des Berliner Abgeordnetenhauses, welches alle fünf Jahre gewählt wird und den Landtagen anderer Bundesländer entspricht.

Das öffentlich zugängliche Parlamentsgebäude ist unbedingt einen Besuch wert. Nach Passieren der Sicherheitskontrolle gelangt man in die Eingangshalle mit dem imposanten Treppenhaus. Im Foyer informiert eine Ausstellung über die wechselvolle Geschichte des Hauses und die politischen Hintergründe. Im Gang des ersten Obergeschosses rund um den Plenarsaal befindet sich die Ehrengalerie mit zahlreichen Portraits der Berliner Ehrenbürger. (md)

Rotes Rathaus
Hinkommen: U2/U5/U8, S5/S7/S75 sowie M2/M4/M5/M6 Bahnhof Alexanderplatz, U2 Klosterstraße. [E3]
Information: Mo–Fr 9–18 Uhr, www.berlin.de.
Essen & Trinken: Kantine im Gewölbekeller des Roten Rathauses, Eingang an der Ecke Rathausstraße/Jüdenstraße, Tel. 030/2472 0412, www.u-s-e.org, Mo–Fr 11.30–14 Uhr. Einfach und preiswert.

Abgeordnetenhaus
Hinkommen: S1/S2/S25/U2/M41/M48/M85/200 und Regionalbahn Potsdamer Platz, S1/S2/S25/M29/M41 Anhalter Bahnhof. [D-E3]
Information: Niederkirchnerstraße 5 (gegenüber dem Martin-Gropius-Bau), geöffnet Mo–Fr 9–18 Uhr. Der Besucherdienst bietet kostenfreie Führungen und Anmeldungen für Plenarsitzungen an: www.parlament-berlin.de, Tel. 030/ 23251064.

Info

77 | Olympiagelände: sportliche Wettkämpfe und schwieriges Erbe

Allein die Ausmaße des Olympischen Platzes scheinen unendlich. Die beiden Pylone mit den Olympischen Ringen markieren das Osttor und den Besuchereingang. Dahinter erhebt sich das wahrscheinlich **geschichtsträchtigste Sportstadion** Deutschlands. Ursprünglich stand hier das „Deutsche Stadion", errichtet für die 1916 vorgesehenen Olympischen Spiele, die aber wegen des Ersten Weltkriegs nicht stattfanden. Für die Spiele von 1936 ordnete Hitler den Neubau eines gewaltigen Großstadions mit 100.000 Plätzen an. Die von dem Architekten Werner March geplanten modernen Stahl- und Glasfronten passten nicht zur nationalsozialistischen Orientierung an antiken Spielstätten und wurden von Albert Speer durch Muschelkalkstein ersetzt. Gleichwohl wirkte March einem noch wuchtigeren Erscheinungsbild entgegen, indem er den Bau teilweise als sogenanntes Erdstadion konzipierte. So liegen die unteren Ränge und die Wettkampffläche unter dem Umgebungsniveau, wodurch nur der Oberring nach außen sichtbar ist.

Das 132 Hektar große Olympiagelände ist das am besten erhaltene architektonische Bauzeugnis der NS-Architektur. Zum früheren „Reichssportfeld" gehören neben dem Olympiastadion Eishockey-, Reit- und Schwimmstadion, Tennisplätze, Maifeld, Waldbühne und Glockenturm, das Sportforum aus den 1920er-Jahren sowie Plastiken und Statuen. Darüber informieren die im gesamten Gelände aufgestellten Infotafeln. Nach dem Krieg wurde der nördliche Teil des Geländes als Hauptquartier der britischen Alliierten genutzt und war der Öffentlichkeit nicht zugänglich. Dort befinden sich heute die Trainingsplätze von Hertha BSC und weiteren Vereinen sowie das Sportmuseum.

Anlässlich der Fußball-WM 2006 wurde das Olympiastadion zu einer Hightech-Arena modernisiert. Das Dach mit lichtdurchlässiger Membran scheint über den rund 75.000 Zuschauerplätzen zu schweben. Die blaue Tartanbahn geht auf die Vereinsfarben des Hauptnutzers und Bundesligisten Hertha BSC zurück. Gegenüber am Marathontor sind Dach und Tribünen unterbrochen. Hier öffnet sich der Blick auf den 77 Meter hohen

Blick auf das Olympiastadion

Außen Zeugnis der NS-Architektur, innen Hightech

Glockenturm und das für Massenaufmärsche konzipierte Maifeld, auf dem später die britischen Streitkräfte Polo spielten und Geburtstagsparaden zu Ehren der Queen abhielten.

An den Wandtafeln sind die Olympioniken von 1936 verewigt. Auf dem Weg entlang des über 800 Meter langen Stadionumlaufs sieht man einige Großplastiken wie „Diskuswerfer" oder „Rosseführer". Auf der Nordseite taucht das Schwimmstadion mit Sprungturm und 50-m-Becken auf. Für Hungrige gibt's im Stadion ein Restaurant, für „Herthaner" einen Fanshop und für heiratswillige Fußballerherzen eine Kapelle.

Die Spiele von 1936 avancierten zu einem Propagandafeldzug des Dritten Reichs. Aus diesem Grunde ist das ehemalige Reichssportfeld auch ein problematischer Ort. Im Tribünengebäude unter dem **Glockenturm** werden in einer ausgezeichneten multimedialen Ausstellung die historischen Zusammenhänge dokumentiert. Dazu gehört auch die von den Nazis als düstere Kultstätte genutzte Langemarckhalle. Im Turm hängt die neu gegossene Glocke mit der Inschrift „Ich rufe die Jugend der Welt – Olympische Spiele 1936". Im Expresstempo führt ein gläserner Lift nach oben. Von der Aussichtsplattform hat man eine herrliche Sicht auf Stadion und Olympiagelände, die Berliner Innenstadt und die weite Wald- und Seenlandschaft vom Grunewald bis nach Potsdam. (md)

Hinkommen: Olympiastadion, U2/S5/S75 Olympiastadion. **Glockenturm** S5/S75 Olympiastadion oder Pichelsberg, M49/218 Ragniter Allee.

Information: Olympiastadion, Olympischer Platz 3, Tel. 030/30688100, www.olympia stadion-berlin.de. Besucherzentrum am Osttor: Infos, Tickets, Nov.–März 10–16, April–Okt. 9–19, Aug. bis 20 Uhr. Stadionbesichtigung auf eigene Faust inkl. Glockenturm 7 €, regelmäßige Führungen mit Blick hinter die Kulissen 11–13 €. Bei Veranstaltungen (oft samstags) keine Besichtigung möglich, daher besser vorher erkundigen, Tel. 030/25002322.

Glockenturm, Glockenturmstr. 1, Tel. 030/3058123, www.glockenturm.de, April–Okt. tgl. 9–18 Uhr, 4,50 €.

Aktivitäten

78 | Urbanes Strandleben im Sommer von Berlin

Nirgendwo in Deutschland gibt es so viele Möglichkeiten, mitten in der Stadt mit einem Cocktail in der Hand urbanes Strandleben zu genießen. Von Mai bis September erzeugen fast drei Dutzend Strandbars eine sorgenfreie Atmosphäre für den gestressten Hauptstädter, den coolen Szenegänger oder die Mutti aus dem Sauerland. Spannende Locations mit einer breiten Palette an Freizeitangeboten, wechselnde nächtliche Veranstaltungen und nicht zuletzt das Publikum garantieren höchst abwechslungsreiche Urlaubs-Szenarien unter freiem Himmel.

Der Klassiker – Strandbar Mitte: Die 2002 provisorisch eröffnete Theaterkantine wurde zum Selbstläufer und zur Mutter aller Strandbars. Bedauerlicherweise musste der Sand im Zuge der Ufersanierung abgetragen werden, aber der Blick auf die Museumsinsel mit dem Bode-Museum bleibt einzigartig. Auf dem Wasser herrscht tagsüber reger Schiffsverkehr, abends werden der Pizzaofen angeworfen, italienischer Wein geöffnet und unter dem Sternenhimmel Salsa und Tango getanzt. Im halbrunden Open-Air-Amphitheater aus Holz inszeniert das Monbijou-Theater vorzugsweise Shakespeare. Im Winter werden in der Märchenhütte klassische Märchen der Brüder Grimm gespielt – ein einzigartiges Erlebnis für Jung und Alt.
Strandbar Mitte/Monbijou-Theater, *Monbijoustraße 3b, gegenüber Bode-Museum, S-Bahnhof Oranienburger Straße, Tel. 030/44327729, Theaterkarten: Tel. 030/288866999, www.monbijoutheater.de, tgl. ab 10 Uhr.*

Hauptstadtstrand – Capital Beach: Die Fußgängerbrücke über die Spree führt direkt zum **Capital Beach**. Hier am Ludwig-Erhard-Ufer am Hauptbahnhof wurde nicht auf Sand gebaut: Die Liegestühle und Strandkörbe stehen auf grünem Rasen. Angeboten werden 60 Cocktails, Flammkuchen und Fingerfood, für musikalische Unterhaltung sorgen DJs.
Capital Beach, *Am Hauptbahnhof, Ludwig-Erhard-Ufer, Tel. 0177/8285387, www.capital-beach.eu, tgl. ab 10 Uhr.*

Kreativ – Pampa: Auf dem Holzmarkt-Areal soll ein Kreativ-Dorf entstehen – mit Büros für Star Ups und Agenturen, Gartenflächen und einem unterirdischen Restaurant. In der **Strandbar Pampa** kann man jetzt schon zwischen zusammengewürfelten Holzbauten den Tag bei Pizza, Bier und Burger am Ufer ausklingen lassen, während die Kinder auf dem Spielplatz sind. Wem das nicht reicht, kann später in den benachbarten Club **Kater Blau** weiterziehen – das allerdings besser ohne Kinder.
Strandbar Pampa, *Holzmarktstr. 25, www.holzmarkt.com, Di–Do ab 16, Fr–So ab 14 Uhr.*

Szenig-alternativ – YAAM: Mit dem Young African Art Market nahe dem Ostbahnhof an der Schillingbrücke betritt man eine afrikanisch-karibisch-brasilianische Urlaubswelt mit kulinarischen Spezialitäten und Live-Bands. Wenn Reggae-Klänge dargeboten werden, erhöht sich die Zahl der Dreadlock-Frisuren auffallend. Das interkulturelle Flair wird von „urbanen Sportarten" wie Streetball, Footbag und Skateboarden bereichert, daneben gibt es Graffiti-, Capoeira-, Yoga- und Trommelkurse.
YAAM, *An der Schillingbrücke 3, Tel. 030/6151354. www.yaam.de, tgl. ab 11, im Winter Di–So ab 15 Uhr.*

An der Galerie – Captains Beach: Unmittelbar an der Spree, in direkter Nähe zur East Side Gallery (s. S. 138), verspricht der wenig alternative **Captains Beach** des

Restaurants **Pirates Berlin** mit Sandstrand, Strohschirmen und Palmen karibisches Flair. Er verfügt über einen eigenen Bootsanleger – und den Blick auf eine der schönsten Brücken Berlins.
Captains Beach/Pirates Berlin, *Mühlenstr. 78–80, Tel. 030/97002414, http://piratesberlin. com/, tgl. ab 10 Uhr.*

Abgehoben – Deck 5: Der höchste Sandstrand Berlins befindet sich in Prenzlauer Berg auf dem Parkhaus eines Einkaufszentrums. Von **Deck 5** hat man eine traumhafte Weitsicht auf Stadtlandschaft, 14 Kirchen und den Sonnenuntergang am Mauerpark.
Deck 5, *Schönhauser Allee Arcaden, Schönhauser Allee 79, Tel. 030/41728905, www.freiluft rebellen.de, tgl. ab 12 Uhr. Zugang über den Lift in den Arcaden (oberster Knopf/P 5), nach Ladenschluss über die Parkhaustreppe am Seiteneingang an der Greifenhagener Straße.*

Gut versorgt – Sage Restaurant & Beach: Auch auf der Kreuzberger Spreeseite kann man im Liegestuhl seinen Cocktail schlürfen. Und wer es gehobener mag, bekommt im Restaurant modern interpretierte Klassiker und italienisches Essen. Der **Sage Beach** liegt unweit des historischen – und sehr lebhaften – Wrangelkiezes und bietet sich auch zum Ausspannen nach einer Shoppingtour an: Nebenan befindet sich der Outletshop des Mode-Versandriesen Zalando.
Sage Restaurant und Beach, *Köpenicker Str. 18, Tel. 030/755494071, www.sage-restaurant.de, Strand bei gutem Wetter tgl. ab 14, Restaurant Di–So ab 18 Uhr.*

Echter Sand – Strandbad Weißensee: Wer in einer Strandbar nicht nur abhängen, sondern auch baden will, der sollte sich nach Weißensee bzw. zum Weißen See begeben. Von Mai bis September bieten Sandstrand, See und Grillküche eine entspannte und familiäre Atmosphäre. Abends genießt man Cocktails bei Chill-Out-Sound, Sportliche können sich im Stand-Up Paddling oder im Yoga üben. Und nicht so Sportlichen bleibt immer noch der Sonntags-Frühschoppen ab 15 Uhr. (md)
Strandbad Weißensee, *Berliner Allee 155, Tel. 030/9253241, www.binbaden.com, tgl. ab 9, bei schlechtem Wetter ab 12 Uhr, Eintritt 5 € (Terrasse bis 19 Uhr kostenlos, bei Badebetrieb ab 19 Uhr 1 €).*

Wozu in die Ferne schweifen – sonnen mit Blick auf die Spree

79 Pack die Badehose ein: drei einzigartige Berliner Badeorte

Der Klassiker: Strandbad Wannsee (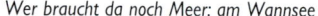79a)

Gleich hinter dem Eingangsgebäude auf der Anhöhe eröffnet sich ein herrlicher Blick auf die darunterliegende Seenlandschaft. Fast wie im Kurpark, Bänke mit Blumenansicht und Schachbrettspielen inklusive. Nach ca. 150 Metern führen Treppenanlagen nach unten. Die denkmalgeschützten Strandhallen mit Garderobe, WC, Duschen, Läden, Promenade und Sonnendeck stammen aus dem Jahre 1929, sind insgesamt 540 Meter lang und wurden 2005–2007 saniert. Bei schönem Wetter kommen die Berliner mit Kind und Kegel, Gummiboot und Ghettoblaster. Wer Ruhe sucht, findet auf dem 1,2 km langen und 80 Meter breiten Strand aus echtem Ostseesand genügend freie Abschnitte. Und wen die Badeklamotten stören, der geht zum FKK-Gelände. Das Wasser der Havel ist von guter Qualität, aber wegen Algenwuchs gelegentlich grün gefärbt. Am schönsten ist die abendliche Stimmung bei traumhaftem Sonnenuntergang. Auch bei kühlem Wetter sitzen Stammgäste eingemummelt in den Strandkörben und schauen versonnen auf ihren Großen Wannsee.

Im Trend: das Badeschiff, abgefahrene Location in der Spree (79b)

Ist das Baden in der Spree möglich? Theoretisch schon, aber unhygienisch. Nur um einige Zentimeter vom Flusswasser getrennt kann man in das saubere Wasser eines Pools springen, der selbst in der Spree liegt. Seit 2004 fest verankert und mit einem Steg erreichbar, ist der ehemalige Lastkahn mit 32 Metern Länge und über acht Metern Breite eine coole Alternative zu den herkömmlichen Freibädern. Im Sommer aalt sich die

Wer braucht da noch Meer: am Wannsee

mehrheitlich junge und hippe Friedrichshain-Kreuzberger Szene im warmen Sand, lümmelt sich in Hängematten oder übt sich in Yoga und Stand Up Paddling. Aus der Cocktailbar ertönt Loungemusik und nachts wird in neuester Bademode getanzt. Im Winter aber bekam der Pool in den letzten Jahren ein pneumatisches Dach übergestülpt und verwandelte sich zum Winterbadeschiff inklusive Sauna, Bar und Ruhezonen. Mit dem Saunieren ist es aber leider vorbei. Stattdessen soll sich das Badeschiff im Dezember nun in ein Winterdorf verwandeln.

Baden wie zu Kaisers Zeiten: das Stadtbad Neukölln (79c)

Das 1914 inmitten des dichten Arbeiterviertels eröffnete Stadtbad galt und gilt als eines der schönsten großen Volksbäder der wilhelminischen Ära. Inmitten des ach so „knallharten" Neukölln betritt man eine großartige Bade- und Entspannungswelt, ausgestattet mit Marmor und Mosaiken. Die beiden damals für Männer und Frauen getrennten Schwimmhallen mit sieben Meter hohen Säulen aus Travertin gleichen dreischiffigen Basiliken. Mit einer Beckenlänge von 25 und 19 Metern sind sie allerdings zum sportlichen Schwimmen weniger geeignet. Zur russisch-römischen Badeanlage gehören neben mehreren unterschiedlichen Saunen das griechisch-römische Dampfbad, Tauchbecken, Cafeteria und Dachgarten. Fast wie in den luxuriösen Thermen von Pompeji, aber in unaufgeregter, bescheidener Atmosphäre, lässt sich hier perfekt entspannen. (md)

Wellness in antikem Ambiente: das Stadtbad Neukölln

Information:
Strandbad Wannsee, Wannseebadweg 25, Tel. 030/ 22190011, www.berlinerbaederbetriebe.de. April–Sept. So–Do 9–20, Fr–Sa 9–21 Uhr, 3,50–5,50 €.
Hinkommen: S1/S7 Nikolassee + 15 Min. Fußweg. Im Hochsommer Bus-Shuttle.

Badeschiff: Eichenstraße 4, Tel. 0162/545 137, www.arena.berlin. Im Sommer tgl. 8–24, Strandbar Do–So ab 18, Yoga Juni–Sept. Di/Do 9–10 Uhr, abends oft Veranstaltungen. Tagesticket 5,50 €.
Hinkommen: U1 Schlesisches Tor + 15 Min. Fußweg, S8/S9/S41/S42/S85 Treptower Park + 10 Min. Fußweg, Busse 104/165/194/265 Eichenstr./Puschkinallee.

Stadtbad Neukölln: Ganghoferstraße 3, Tel. 030/22190011, www.berlinerbaederbetriebe.de. Mo 12–22 (Frauen), Mi/Do 8–22, Di/Fr 8–14, Sa/So 10–18 Uhr, Bad 5–7 €, Sauna 15,50/19 € (3-Stunden-/Tageskarte) Im Sommer ist das Bad zwischenzeitlich geschlossen, vorher erkundigen.
Hinkommen: U7 Rathaus Neukölln oder Karl-Marx-Straße, 104/166 Alfred-Scholz-Platz, M41 Geygerstr.

80 Grillboote: kleine Schiffe mit Charme

Sie schwimmen auf der Spree oder auf dem Müggelsee: auffallende, runde Boote, die sich nur langsam fortbewegen und von denen eine kaum sichtbare Rauchfahne aufsteigt – die Grillboote.

> **Tipp**
>
> **Berlins Gewässer**
>
> Wohl kaum eine andere Hauptstadt der Welt verfügt über so viele herrliche Badegewässer und Flüsse wie Berlin. Havel, Spree und Dahme finden ihren Weg durch städtisches Gebiet. Die Wasserqualität ist hervorragend. Und sandige Strände, umgeben von viel Wald, laden zum Aufenthalt ohne Kurtaxe und große Menschenmassen ein. Wannsee, Tegeler See oder Müggelsee sind die großen Planschbecken, aber auch die stadtnahen Landseen wie die Krumme Lanke oder der Schlachtensee bieten Badevergnügen pur. Infos unter www.berlin.de/badegewaesser/.

Die Boote sind kreisrund, knallig orange gestrichen, im Durchmesser 3,60 m und mit aufgespanntem Sonnenschirm etwa 2,80 m hoch. In der Mitte des Bootes steht je nach Wunsch ein Tisch oder ein raucharmer Holzkohle-Grill. Der große Sonnenschirm kann über das Boot gespannt werden, schützt vor der Sonne und macht die Tour gemütlich. Damit auch die Musik stimmt, können MP3-Player oder CD-Spieler an ein Soundsystem angeschlossen werden. Gut zehn Personen finden auf einem Boot Platz und mit einem kleinen Elektromotor betrieben, schippert man dann bei etwa 3–4 km/h lustig über den See. Das Boot ist bis zu einer Wellenhöhe von 40–50 cm problemlos steuerbar, ab Windstärke 4 kann es jedoch gefährlich werden und dann wird das Fahren verboten.

Um ein Grillboot zu mieten, braucht man weder einen Bootsführerschein noch große nautische Kenntnisse. Alles Nötige wird dem frisch ernannten Steuermann kurz vorm Ablegen erklärt. Die Hauptsache ist, für die Dauer der Fahrt nüchtern zu bleiben und

Anlässe für eine Grillfahrt gibt es genug

Die Abendstimmung eignet sich gut für eine gemütliche und romantische Grillfahrt

sich abseits der Fahrrinne der Schiffe zu halten. Die Mitfahrer können sich hingegen munter zuprosten, und wenn in Ruhe gegessen werden soll, kann man das Boot auch treiben lassen. Eine vergnügliche Grillparty und nicht ein bestimmter Ort ist das Ziel dieser Reise.

Das Essen und die Getränke bringt die Gruppe am besten selbst mit, Stauraum dafür befindet sich in Schubladen unter den Sitzen. Kurz vor dem Einsteigen wird der Grill fachmännisch auf die optimale Temperatur gebracht, damit es auf dem Wasser gleich losgehen kann. Will man sich ganz entspannt und rundum verwöhnen lassen, kann man nach Lust und Laune einige Stunden Bootstour samt Grillgut und Getränken buchen.

(mi)

Information: www.grill-boot.de, Tel. 0176/ 99535616.
Standorte: Pohleseestr. 1, gleich an der Spandauer See Brücke nahe Eiswerder. Leihzeiten: tgl. 10–23 Uhr, Mindestmietdauer 1 Std.; Mietpreis 35 bis 55 €/Std. plus 45 € für das Grillset, Kaution 250 €. Reinigung des Bootes und Müllentsorgung sind im Preis enthalten.

81 Mit dem Schiff ab durch die Mitte: Brückenfahrt auf Spree und Landwehrkanal

Berlin ist eine Stadt des Wassers, auch wenn das Meer fehlt. Kaum zu glauben, aber die gesamte Wasserfläche der Hauptstadt mit fünf Flüssen, 70 Seen und etlichen Kanäle entspricht ungefähr der Größe des Starnberger Sees. Mehr als **200 Kilometer Wasserstraßennetz** stehen den Freizeitkapitänen und Schiffspassagieren zur Verfügung. Was gibt es schöneres, als bei strahlendem Sonnenschein das neue Regierungsviertel, den Berliner Dom oder das alternative Kreuzberg an sich vorüberziehen zu lassen, während man genussvoll den Eisbecher Copa oder eine Berliner Weiße leert?

Ein Klassiker ist die **Brückenfahrt**. In dreieinhalb Stunden zeigt sie nicht nur das historische und das neue Berlin aus ungewohnter Perspektive, sondern führt auch durch dichte Stadtlandschaften, Industriegebiete, grüne Ufer und Parkanlagen. Sie verläuft als weit gezogener Kreis durch die Berliner Innenstadt und endet nach 23 Kilometern wieder an ihrem Ausgangspunkt. Dabei passiert der Dampfer mit dem Nikolaiviertel den Ursprung Berlins und läuft dann in die Mühlendammschleuse ein, um 1,50 Meter hochgehoben zu werden. Der Reiseleiter erklärt, dass in heißen Sommermonaten die Spree sogar rückwärts fließt.

Im Bereich der Museumsinsel kommt der Dampfer dem Ufer so nahe, dass man direkt in die Gesichter gegenüber schaut. Wer winkt, dem wird gewinkt. Das Phänomen, wildfremden Menschen auf Schiffen vom „Festland" aus zuzuwinken, nimmt in den Sommermonaten aufgrund der vielen Boote erstaunliche Ausmaße an. Im Bereich der East Side Gallery mit den vielen Strandbars dagegen verbietet die Coolness der Szenebesucher jegliche Winkfreude. Und wer richtig Pech hat, bekommt auf dem Landwehrkanal an-

Wer winkt, dem wird gewinkt …

stelle einer winkenden Hand nur einen Kreuzberger Stinkefinger entgegengehalten.

Gute 30 Zentimeter wird das Boot nach Einfahrt in den Landwehrkanal wieder nach unten geschleust. An dieser Stelle endete eine spektakuläre Flucht, als am 8. Juni 1962 13 Ostberliner in einem gekaperten Ausflugsdampfer, verfolgt und beschossen von DDR-Patrouillenbooten, unverletzt das Westberliner Ufer erreichten.

Die nun folgenden niedrigen Brücken zwingen auf dem Oberdeck zum Sitzenbleiben. Vor jeder Brücke bimmelt die Alarmglocke. Sogar die Kapitänsbrücke sinkt hydraulisch nach unten. Der fachkundige Reiseleiter rät zur kostenlosen Maniküre, wenn man nur die Arme nach oben strecke, was sofort ausprobiert wird. Inzwischen rattert die U-Bahn als Hochbahnstrecke über die Passagiere hinweg, während sich der kleine Hunger meldet und mit Bulette und Kartoffelsalat gestillt wird.

Nach weiteren 10 km ist die Unterschleuse erreicht, idyllisch im Tiergarten gelegen. Vorbei gleitet das Schiff an der gläsernen Mercedes-Benz-Welt, den Institutsgebäuden der Technischen Universität und

Bei den niedrigen Brücken heißt es sitzenbleiben

Party am Wasser

Auf einer Abendfahrt durch die laue Sommernacht kann man alle paar Meter eine neue Geräuschkulisse lokalisieren – überall am Ufer oder auf dem Wasser werden Partys und Picknicke veranstaltet und man taucht ein in ein einziges Freizeitparadies.

Tipp

trifft wieder auf die Spree. Ehemals von alten Industrieanlagen und von nicht zugänglichen Ufern gesäumt, blitzen heute Glasfassaden neuer Büros entlang des Flusses auf. Nach der Fahrt durch das hochherrschaftliche Hansaviertel nähert sich das Boot dem Regierungsviertel. Der Spreebogen wird nun selbst zum schicken „Designerstück" zwischen Bundeskanzleramt, Hauptbahnhof und Reichstagsbau. Dort, wo die Grenzanlage Berlin brutal durchtrennte, symbolisiert heute die doppelte Brücke zwischen den Parlamentsgebäuden das „Band des Bundes". Die untere Brücke ist öffentlich, die obere nur für die Abgeordneten zugänglich. Sie wird als „Höhere Beamtenlaufbahn" bezeichnet. Weiter geht's zurück ins historische Zentrum und die Fahrt neigt sich dem Ende zu. Insgesamt wurden 64 Brücken passiert! (md)

Information: Die größten Anbieter für die Brückenfahrt (ca. April bis Oktober):
Stern & Kreis Schifffahrt, www.sternundkreis.de, Tel. 030/5363600.

Reederei Riedel, www.reederei-riedel.de, Tel. 030/67961470.
Reederei Bruno Winkler, www.reederei-winkler.de, Tel. 030/3499595.

Info

82 Restaurantschiffe: am Wasser ungestört und idyllisch genießen

Capt'n Schillow – zentral und doch versteckt am Landwehrkanal (82a)

Das nostalgisch wirkende, gepflegte Schiff liegt seit 1997 fest vertäut am Landwehrkanal auf der Höhe des markanten Charlottenburger Tors. Der Zugang liegt – wirklich versteckt – an der südlichen Seite des Tors. Ein kleines Schild weist auf die Existenz hin, über Planken erreicht man die Stufen, die zum Schiffssteg führen.

Schön gelegen: Capt'n Schillow

1909 wurde das Schiff ganz aus Stahl gebaut, was damals neu war. Zunächst transportierte das Schiff Zement, dann wurde es verlängert und erhielt imposante Segel, um als Küstenschiff zu fahren. 1943 kam es nach Cuxhaven, erhielt nach einer weiteren Verlängerung Deckaufbauten und wurde als Küstenmotorschiff nach Skandinavien eingesetzt. Benannt wurde es zu Ehren von Kapitän Werner Schillow, Gründer einer der ältesten Privatreedereien Berlins.

Der Gastronomiebereich liegt auf dem Ober- und Unterdeck. Das Oberdeck ist im Sommer mit seinen 50 Plätzen sehr beliebt. Kaum zu glauben, dass man hier mitten in Berlin ist, wenn man – verborgen von Bäumen – auf das Wasser des Landwehrkanals sieht und Ausflugsschiffen zuschaut, die mit Berlinbesuchern im engen Fahrwasser schippern. Im Blick hat man die „Rosa Röhre", eine Wasser-Versuchsanstalt der TU. Bei schlechtem Wetter oder im Winter macht man es sich im Unterdeck gemütlich, wo es weitere 60 Plätze gibt. Der holzverkleidete Innenraum mit den Bullaugen und den blauen Sitzbänken und Holzstühlen vermittelt ein „maritimes" Gefühl.

In der Kombüse zaubert der Koch schmackhafte Gerichte. Ob Havelzander unter der Kartoffelkruste auf Meerrettichschaum mit Gurkensalat, Fischteller, Gebratener Feta im Serranoschinken-Mantel an Rucola oder Labskaus „Capt'n Schillow": Die Gerichte werden frisch und zu sehr gemäßigten Preisen angeboten. Aber auch zu einem späten Frühstück kann man hier einkehren.

Tipp

Fischerhütte am Schlachtensee: Speisen mit Panoramablick

Nicht auf, aber zauberhaft am Wasser kann man am Rande des Grunewalds am Schlachtensee speisen, umgeben von herrlichen Wäldern. Der Blick hinab zum See mit seinem dunkelgrünen Wasser ist Postkartenpanorama pur. Die Küche ist deutsch-österreichisch geprägt und eher höherpreisig. Unterhalb des Restaurants und seiner Terrasse schließt sich zum Seeufer hin ein rustikaler Biergarten an. Hier gibt es eine beschränkte Anzahl von preiswerten Gerichten und Getränken, ideal für Wanderer, Spaziergänger, Radfahrer und Familien.
Fischerhütte am Schlachtensee, *Fischerhüttenstraße 136, Tel. 030/80498310, www.fischerhuette-berlin.de, Biergarten tgl. ab 9, Restaurant ab 10 Uhr, S1 Mexikoplatz oder Schlachtensee, U3 Krumme Lanke, dann ca. 15 Min. Fußweg.*

Die Alte Liebe – idyllisch an der Havel gelegen (82b)

Direkt an der Havel liegt seit 1912 Berlins ältestes Restaurantschiff. Bevor die Alte Liebe dauerhaft in Berlin vertäut wurde, war sie unter dem Namen Godeffroy im Hamburger Hafen und an der Elbe im Einsatz. Besonders im Sommer sind die Plätze auf dem Achterdeck an der frischen Luft begehrt. Bei gutem Wetter sollte man sich am frühen Abend einfinden, dann kann man herrliche Sonnenuntergänge erleben. Und es sich schmecken lassen: Die Küche ist eher rustikal geprägt, gelobt werden Diätkiller wie Bratkartoffeln, doch leichte Fischgerichte wie Fischterrine, Zander oder die Fischplatte Klabautermann machen alles wieder wett. Zudem gibt es eine Reihe von Fleischgerichten. Moderate Preise. Frisch gezapfte Biere passen zum Essen mit der deftigen Note.

Alte Liebe: Blick auf den Wannsee

Fast wie Huckleberry Finn – zu Gast auf der Spree Arche (82c)

An einer kleinen versteckten Bucht gibt's einen Steg mit Klingel – die Arche liegt fest verankert etwa 50 m entfernt auf der Spree. Mit einer kleinen Fähre wird man abgeholt und zum schwimmenden Blockhaus gebracht. Alles ist urig, eng, gemütlich. Serviert werden kleine warme und kalte Gerichte (Fisch, aber auch Boulette), Kaffee und Kuchen. Alles passend zum rustikalen Ambiente. Die Anfahrt: Von Friedrichshagen zu Fuß durch den Spreetunnel, dann rechts halten über die Liegewiese, der Steg liegt unten am Ufer. Von Müggelheim: In den Müggelschlösschenweg (Krankenhaus Köpenick) hinein, am Wendehammer der BVG-Busse vorbei (Verbot für Fahrzeuge), nach ca. 900 m runter zum Fluss). (mi)

Die Arche auf der Spree

Info

Restaurantschiff Capt'n Schillow, Straße des 17. Juni 113 (am Charlottenburger Tor), Tel. 030/31505015, www.capt-schillow.de. Jan.–April Mi–Fr 16–23, Sa/So 10–23, Mai–Sept. Mo–Fr 11–24, Sa/So 10–24, Okt.–Dez. Mi–Fr 12–24, Sa/So 10–24 Uhr. **Hinkommen:** S5/S7 Tiergarten, U2 Ernst-Reuter-Platz.

Restaurantschiff Alte Liebe, Havelchaussee 107, Tel. 030/3048258, www.alte-liebe-berlin.de, tgl. ab 12 Uhr. **Hinkommen:** S1/S7 Wannsee oder S5 Heerstraße, dann Bus 218 bis Haltestelle Postfenn.

Spree Arche, Müggelschlößchenweg 0 (Berlin-Friedrichshagen), Tel. 0172/ 3042111, www.spreearche.de. Sa/So ab 12 Uhr, an sonnigen Tagen auch wochentags.

83 Hoch hinaus I: die besonderen Aussichtspunkte mit historischem Akzent

Die Siegessäule (67 m) – geschichtsträchtig und anstrengend (83a)

Das historische Denkmal (1873 eingeweiht) an der Straße des 17. Juni/Großer Stern ist aufgrund seiner exponierten Lage kaum zu verfehlen: ca. 1,5 km westlich des Brandenburger Tors, umgeben von der grünen Oase des Tiergartens. Die Siegessäule erinnert an die preußischen Kriege gegen Dänemark (1864), Österreich (1866) und Frankreich (1870/71). Im Zuge der größenwahnsinnigen Pläne des Hitler-Architekten Albert Speer, den die Vision der „Welthauptstadt Germania" antrieb, wurde die Säule 1938/39 verpflanzt, um der Ost-West-Achse der Stadt (Brandenburger Tor – Olympia-Stadion) einen markanten Bezugspunkt zu geben. Zuvor stand sie auf dem damaligen Königsplatz vor dem Reichstag. Gleichzeitig wurde sie um 7,5 m aufgestockt.

Der rote Granitsockel ist von vier Säulentrommeln geziert, dazwischen sind Geschützrohre aus den Einigungskriegen eingelassen. Und ganz oben steht die bronzene, vergoldete Siegesgöttin Viktoria, 8,3 m hoch und 35 Tonnen schwer, von den Berlinern liebevoll als **„Goldelse"** bezeichnet. Im Zweiten Weltkrieg wurde die Säule kaum beschädigt und sollte auf Antrag der Franzosen abgerissen werden. Amerikaner und Briten widersetzten sich diesem Plan, da der Stichtag für die Sprengung politischer Denkmäler der 1. August 1914 war (Eintritt Deutschlands in den Ersten Weltkrieg).

Durch das Innere der Säule gelangt man über 285 Stufen auf die Aussichtsplattform und genießt einen schönen Ausblick über die Straße des 17. Juni, schaut auf das Brandenburger Tor und kann sogar auf Schloss Bellevue (Sitz des Bundespräsidenten) blicken. Der Aufstieg ist ziemlich anstrengend und nicht geeignet für Menschen mit Gehbehinderungen oder einer schwächeren Körperverfassung.

Blick über Berlin: die „Goldelse"

Der Funkturm (150 m): nostalgische Stahlkonstruktion mit Glasaufzug (83b)

Zum Berliner Wahrzeichen-Ensemble gehört der Funkturm am Messegelände. 1926 wurde er nach zweijähriger Bauzeit anlässlich der 3. Funkausstellung eingeweiht. Acht Jahre später strahlte der Fernsehsender Paul Nipkow von hier aus das erste regelmäßige Fernsehprogramm der Welt aus. Neben seiner technischen Funktion zur Funkübertragung war mit Aussichtsplattform und Restaurant von vornherein auch das Vergnügen eingeplant. Die Stahlkonstruktion wiegt 600 Tonnen, ihre Füße ruhen auf einem Fundament aus Beton und sind durch Porzellan isoliert. Das filigrane Bauwerk schwankt – durchaus für den Besucher bemerkbar – etwa 40 cm während heftiger Stürme. Doch keine Angst: Selbst als 1945 eine Hauptstrebe durch einen Granateneinschlag weggerissen wurde, blieb der Turm stoisch stehen.

Der **gläserne Aufzug** bringt den Besucher an der Restaurantebene (55 m) vorbei auf die Plattform in 126 m Höhe. Die Fahrt mit dem Aufzug hat es in sich: Da die Sicht offen ist, empfindet man die Geschwindigkeit von 4 m/s als sehr schnell, da die Gitterstreben nahe und rasant vorbeisausen. Nach 33 Sekunden ist man oben und genießt eine tolle Aussicht über die Stadt. Das Restaurant empfängt den Besucher mit eher nostalgisch wirkendem, aber sehr gepflegtem Ambiente. Die Tische sind entweder am Fenster oder fensternah. Die mittelpreisige Küche ist saisonal ausgerichtet und bietet gute, schmackhafte Gerichte an. Reservierung während Messen empfohlen. (mi)

Funkturm

Info

Siegessäule
Hinkommen: 100/106/187 Großer Stern, 100/187 Schloss Bellevue, U9 Hansaplatz, S5/S7/S75 Bellevue. [C3]
Information: Großer Stern 1, www.berlin.de, April–Okt. Mo–Fr 9.30–18.30, Sa–So bis 19 Uhr, Nov.–März tgl. 9.30–17.30 Uhr, 3 €.

Funkturm
Hinkommen: 104/349 Messegelände/ICC, S41/S42/S46/139/A05/M49/X34/X49 Messe Nord/ICC, U2 Kaiserdamm + 700 m Fußweg. Eingang zw. Halle 16 und 17 Masurenallee. [A4]
Information: Hammarskjöldplatz, www.funkturm-messeberlin.de, Mo 10–20, Di–So bis 23 Uhr (vorher unter 030/30381905 erkundigen, ob die Plattform evtl. witterungsbedingt geschlossen ist), Eintritt 5 €. Restaurant: Mi–So 11.30–23, Di ab 18 Uhr, Tel. 030/30382900, www.capital-catering.de.

Hoch hinaus II: die besonderen Aussichtspunkte mit modernem Akzent

Fernsehturm am Alexanderplatz (207 m)

Der Fernsehturm am Alexanderplatz ist ein Wahrzeichen, das der Besucher von fast allen Teilen der Stadt sehen kann und er bietet daher einen guten Orientierungspunkt. Kein Wunder, dass das **Prestigeprojekt der ehemaligen DDR** jährlich 1,2 Millionen Besucher anzieht. Vor allem an klaren Tagen ist der Andrang sehr stark und es bilden sich lange Warteschlangen.

Bereits in den 1950er-Jahren plante die DDR den Bau einer leistungsstarken Sendeanlage. 1964 wurde unter bzw. von Walter Ulbricht („Nu, Genossen, da sieht man's ganz genau: Da gehört er hin") schließlich der Alexanderplatz als idealer Standort bestimmt. 1969 wurde der Turm eingeweiht, nun konnte die DDR weithin sichtbar ihr technologisches Know-How präsentieren. Nach der Wende wurde er 1995/1996 renoviert. Man investierte in eine Klimaanlage sowie in Brandschutz- und Haustechnik.

> **Tipp**
>
> **VIP-Ticket online kaufen**
>
> Legen Sie Datum und Uhrzeit des Besuchs fest und Sie können nach dem Passieren der Sicherheitskontrolle auf den Turm. Doch statt 13 € für das Normalticket mit Wartezeit kostet das VIP-Ticket 19,50 €.
>
> Empfehlung: Im Restaurant essen und ungestört das Panorama genießen – das Drehrestaurant ist dafür optimal. Reservierung empfohlen (Tel. 030/2475 75875, www.tv-turm.de oder reservierung@tv-turm.de).

Rasante Aufzüge bringen die Besucher in nur 38 Sekunden auf die Panorama-Etage, die in **203 m Höhe** liegt. 21 Stufen weiter und 4 m höher liegt das Restaurant, das sich in 30–60 Minuten einmal um die eigene Achse dreht. Und Berlins höchste Bar lädt zum Seh-, Trink- und Essgenuss ein. Die Preise liegen im mittleren bis gehobenen Bereich, die Gerichte – oft regional ausgerichtet – sind von guter Qualität.

Garantiert bietet sich hier dem Besucher die beste Aussicht – an klaren Tagen bis zu 80 km weit. Man entdeckt nahe und ferne Sehenswürdigkeiten. Zum Greifen nah er-

Von überall zu sehen: der Berliner Fernsehturm

scheinen das Rote Rathaus, der Gendarmenmarkt, die Neue Synagoge mit ihrer goldenen Kuppel, die Museumsinsel ... Die faszinierende Lage Berlins – ein Häusermeer durchsetzt von Parks, umgeben von Wäldern, durchzogen von Flüssen und Kanälen – ist von hier oben imposant zu erleben.

Der Hi-Flyer (WELT- Ballon, 150 m) (84b)

Der Hi-Flyer passt zur Einmaligkeit Berlins. Für alle, die etwas Flugangst haben, ist er die richtige Alternative, um abzuheben. Technisch gesehen handelt es sich um einen Fesselballon, wie er erstmalig 1878 bei der Weltausstellung in Paris gezeigt wurde und damals die Sensation an der Seine war. Der Ballon ist mit 5.500 Kubikmetern Helium gefüllt und trägt maximal 30 Personen geräuschlos in bis zu 150 Meter Höhe.

Man steigt nicht in einen Korb, sondern in einen kreisförmigen, gesicherten Umgang (vergleichbar mit einem Donut), sodass man herumlaufen und die unterschiedlichen Ausblicke genießen kann. Die Fahrt dauert ca. 15 Minuten.

Einmalig ist der Blick auf das „neue" Berlin mit Potsdamer Platz, Kanzleramt, Hauptbahnhof, aber auch die historischen Teile der Innenstadt mit dem Brandenburger Tor und dem Gendarmenmarkt imponieren. Und natürlich schaut man weit in die Umgebung! (mi)

Technische Daten

Geräteart: bemannter Fesselballon mit der Kennung D-OCTA
Höhe im gesicherten Zustand: 36 m
Fahrhöhe: max. 150 m
Ballondurchmesser: 22 m
Verankerung: 8 Verankerungspunkte/ 200 t schwer
Hauptseil-Durchmesser: 23 mm (zehnfache Sicherheit)

Fernsehturm
Hinkommen: U2/U5/U8/S5/S7/S75/M2/M4/M5/M6 Alexanderplatz. Der Eingang zum Turm liegt gegenüber dem S-Bahnhof an der Nordseite des Turms. [E3]
Information: www.tv-turm.de, März–Okt. tgl. 9–24 Uhr, Nov.–Feb. tgl. 10–24 Uhr. Eintritt 13 €.

Hi-Flyer
Hinkommen: U2 Mohrenstr., U6 Kochstr. [E3]
Information: Zimmerstraße 95–100 (Ecke Wilhelmstr.), Tel. 030/53215321, www.air-service-berlin.de. Ganzjähriger Betrieb, aber von Windstärken abhängig (Auskunft: Tel. 030/226678811), April–Okt. tgl. 10–22 Uhr, Nov.–März tgl. 11–18 Uhr, 19,90 € p. P.

85 Die Berliner U-Bahn: ein Erlebnis nicht nur für U-Bahn-Fans

Als am 15. Februar 1902 der elektrisch betriebene Waggon mit kaiserlicher Ministerbegleitung aus dem U-Bahnhof Potsdamer Platz rollte, hatte die Geschichte der ältesten deutschen „Hoch- und Untergrundbahn" begonnen. Heute ist die U-Bahn ein Hauptpfeiler im Berliner Nahverkehrsnetz, das zusammen mit S-Bahn, Straßenbahn und Bussen jährlich fast eine Milliarde Fahrgäste an ihr Ziel bringt. Darüber hinaus bietet ihr Streckennetz von rund 150 km Länge mit 173 Bahnhöfen zahlreiche Besonderheiten, die nicht nur die Herzen eingefleischter U-Bahn-Fans höher schlagen lassen.

Den schönsten Abschnitt befährt die legendäre Linie 1 auf dem fünf Kilometer langen **Hochbahnviadukt** von Gleisdreieck bis Warschauer Brücke. Kurz hinter Gleisdreieck blickt man auf fast gleicher Höhe einem originalen US-Rosinenbomber von 1948 entgegen. Aber nicht nur der Blick nach draußen ist ein Erlebnis. Die Fahrt führt in das alternative und orientalische Kreuzberg – mit entsprechend buntem Publikum. Arbeiter, Studenten und Künstler sitzen dicht gedrängt, eine Gruppe verschleierter Frauen unterhält sich angeregt, neben einem Punker mit Ratte auf der Schulter sitzt völlig unbeeindruckt ein schläfriger Banker, aus dem Knopf im Ohr von Jugendlichen dringt lautstark Musik nach außen, während der Verkäufer der Obdachlosenzeitung allen „einen schönen Tach noch" wünscht. Nur wenig Fantasie ist nötig, um sich in das seit 1986 erfolgreiche Musical „**Linie 1**" des Grips-Theaters zu versetzen.

Hinter dem Schlesischen Tor, wo die Fahrt zu Westberliner Zeiten endete, überquert man mit herrlicher Sicht auf Spree und Fernsehturm die wohl schönste Brücke der Stadt – die Oberbaumbrücke mit ihren roten Backsteintürmen.

Auch die „Linie 2" wurde musikalisch im Grips-Theater dargeboten. Schöne Ausblicke ergeben sich auf ihrer Hochbahnstrecke zwischen Bülowstraße und Potsdamer Platz sowie in Prenzlauer Berg zwischen Eberswalder Straße und Schönhauser Allee. Zwischen Alex und Potsdamer Platz windet sie sich laut quietschend durch die engen Kurven des Berliner Untergrunds. Der Bahnhof Märkisches Museum erinnert mit seinem glänzenden Tonnengewölbe an die Pariser Metro. Die Station Mohrenstraße ist gänzlich mit roten Marmorplatten verkleidet, von denen es lange Zeit fälschlich hieß, dass sie aus der im Krieg zerstörten Neuen Reichskanzlei stammen.

Einer der schönsten Bahnhöfe ist der **Heidelberger Platz** der U3. Die sakral wirkenden Kreuzgewölbe und die mächtigen Leuchten lassen an die Paläste der Moskauer Metro denken. Einige Stationen weiter wähnt man sich auf dem Land: Das Empfangsgebäude von Dahlem-Dorf wurde im norddeutschen Stil als Fachwerkbau mit Reetdach gebaut und gleicht im Inneren einem Jagdschloss. Im neoklassizistischen Stil erbaute Alfred Grenander den Bahnhof Wittenbergplatz (U1–U3). Von dem in einer Talsenke gelegenen Bahnhof Rathaus Schöneberg (U4) blickt man ins Grüne. Idyllisch im Rudolf-Wilde-Park gelegen, ähnelt er von außen einer im Jugendstil erbauten Orangerie. Wie mächtig ist dagegen der 1926 im Art-déco-Stil erbaute Kreuzungsbahnhof Hermannplatz der U7 und U8. Seinerzeit einzigartig war der direkte Zugang in das Karstadt-Kaufhaus von der hohen Bahnhofshalle der U7 mit ihren reich verzierten Stützen und Kapitellen.

Prächtig und teilweise knallbunt ausgestattet sind die letzten vier Bahnhöfe der U8 bis Wittenau sowie die der U7, insbesondere der schon fast monumentale Bahnhof Rathaus

Spandau. Doch das Edelste und Aufwendigste, was die Berliner U-Bahn derzeit zu bieten hat, sind die neuen Bahnhöfe der noch kurzen U55. An den anthrazitfarbenen Wänden der Station Brandenburger Tor zeigen Bilder die Geschichte von Tor und Mauer, und in der elf Meter hohen Halle der Station Hauptbahnhof sind ehemalige Fernbahnhöfe abgebildet. (md)

Die schönste Brücke der Stadt: Oberbaumbrücke

Information: **Tunnelwanderungen** sowie abendliche **Tunnelfahrten** im Cabrio bieten die Berliner Verkehrsbetriebe an, Termine unter: www.bvg.de, Tel. 030/25625256. Unter www.instagram.com/berlin_memories/ findet sich eine **Foto-Sammlung** aller 173 U-Bahn-Stationen, die in ihrer Gesamtschau eine eigentümliche grafische Faszination erzeugen.

Theater: Grips-Theater, Altonaer Str. 22 (U9 Hansaplatz), Tel. 030/39747477, www.grips-theater.de. Zeigt neben dem Erfolgsmusical „Linie 1" auch weitere Stücke, v. a. für Kinder und Jugendliche.

86 Der Havelhöhenweg: wandern am Westufer des Wannsees

Berlins Umland ist immer für Überraschungen gut. Der Havelhöhenweg ist so eine Überraschung, die sogar nur wenige Berliner kennen. Am Westufer des Wannsees geht es mal am Ufer, meist aber auf den bergigen Höhenzügen der „Steilküste" auf etwa 10 km durch die Naturlandschaft mit viel Grün, Wäldern und Wasser. Tolle Ausblicke, schöne Einkehrmöglichkeiten, so lässt es sich leben.

Beginnen kann man den Weg an der Stößenseebrücke, über die die Heerstraße stadtauswärts führt. Von hier geht es zunächst am Ufer entlang, direkt neben der Havelchaussee bis zum Restaurantschiff Alte Liebe (s. S. 185). Ab hier führt der markierte Wanderweg fast durchweg ufernah oder auf dem westlichen Höhenzug.

Plätzchen mit Aussicht

Die Jaczo-Sage oder wie man Christ wird

Fürst Jaczo verlor 1157 eine wichtige Schlacht in Spandau, konnte aber noch rechtzeitig fliehen. Gemeinsam mit seinem Pferd versuchte er, die Havel zu durchqueren, doch bevor er das rettende Ufer erreichte, ertrank er fast. Er schwor sich, sollte er lebend die andere Seite erreichen, zum Christentum zu wechseln. Tatsächlich erreichte er die rettende Landzunge, den heutigen Schildhorn. An einen Baum befestigte er Schild und Horn (= Schildhorn), bevor er zu Gott betete. Das Denkmal auf der Anhöhe, 1845 errichtet, erinnert an die Sage.

Die bunte Markierung des Weges besteht aus drei Dreiecken: blau (für Wasser), gelb (für Sand) und grün (für Wald). Sie ist (wohlwollend formuliert) sparsam angebracht und oft an Baumstämmen aufgepinselt. Also Augen auf! Info-Tafeln unterwegs informieren über Ausblicke und Sehenswertes. Von der Alten Liebe geht es an Schilf, Weiden und kleinen Sandbuchten vorbei zur Landzunge Schildhorn. Ein nettes Restaurant am Wasser lädt zur Pause ein. Zeit, um einfach mal einer Sage zuzuhören ...

Weiter geht es, stets ufernah – man durchwandert zwei Schluchten – zum legendären **Grunewald-Turm**, Landmarke im Wannseegebiet, an dessen Fuß sich ein großes Ausflugslokal befindet. Vom Turm, denn man in rund 200 Stufen erklimmen

Auf dem Havelhöhenweg geht es auf und ab

kann, hat man einen schönen Ausblick auf die Umgebung (Eintritt 3 €). Nach ca. 2 km erreicht man, auf die Havelchaussee stoßend, den Zugang zur Insel Lindwerder (2,2 ha groß). Die 200 Meter zum kleinen Eiland werden mit der Fähre überbrückt (1 €). Zwischen den Linden hindurch blickt man von der Insel auf den Wannsee und das jenseitige Ufer; fast zu schön, um weiterzuziehen ...

Weiter geht's auf dem Festland und der Stichstraße folgt man zur Havelchaussee, auf der anderen Straßenseite geht es auf den Höhenweg. Ab jetzt verdient der Wanderweg wirklich seinen Namen. Es beginnt die „Berg- und Talstrecke"– immer neue Ausblicke auf den See und die gegenüberliegende Landschaft sind der Lohn! Im Bereich der Bucht „Große Steinlanke" überquert man dann wieder zum See hin die Havelchaussee, nach etwa 300 m geht es rechts weiter Richtung Strandbad Wannsee. Der Ausblick „Am großen Fenster" gewährt Fernsicht bis nach Spandau. Nach einem flotten Abstieg erreicht man das Strandbad, und je nach Jahreszeit kann man hier am größten Binnenseestrand Europas relaxen.

(mi)

Hinkommen: U2 bis Theodor Heuss Platz, dann **Bus 218** bis S-Bahnhof Wannsee (www.traditionsbus.de/linie_218.htm). Der Bus hält u. a. an der Haltestelle Am Postfenn (Alte Liebe) und am Wannseebadweg (etwa 100 m nördlich des Parkplatzes vor dem Wannsee-Bad). Wer an der Stößenseebrücke starten will fährt zum S-Bahnhof Pichelsberg (S5).

Informationen:
www.stadtentwicklung.berlin.de/forsten/waldspaziergang/havelhoeheneg: Detailbeschreibungen sowie Wanderkarten zum kostenlosen Ausdrucken.
Essen & Trinken: Alte Liebe, uriges Restaurantschiff (s. S. 185).
Wirtshaus Schildhorn, Straße am Schildhorn 4 a, tgl. ab 12 Uhr, im Winter und Herbst bitte telefonisch anfragen unter 030/3088 3500, www.wirtshaus-schildhorn-berlin.de. Bodenständige Küche, schöne Lage.

87 Fahrradtour I: am Wannsee- und Havelufer über die Glienicker Brücke

Fahrradfahren, Besichtigen, Genießen: Diese Tour (ca. 25 km) bietet wirklich eine perfekte Symbiose. Gute, flache Wege steigern die Laune. Startpunkt ist der S-Bahnhof Wannsee. Über den Kronprinzessinnenweg geht es rechts auf die Königsstraße und dieser nach Westen folgend über die Brücke, die den Durchfluss vom Kleinen zum Großen Wannsee überquert. Kurz danach geht's nach rechts in die Straße Am Großen Wannsee. Bald entdeckt man rechter Hand die **Max-Liebermann-Villa**. Das Haus des berühmten Malers ist architektonisch fantastisch in eine Garten- und Parklandschaft am Seeufer angepasst. Unbedingt 1–1½ Stunden für eine Besichtigung einplanen. Am besten lässt man das gesamte Ambiente bei einer Tasse Kaffee auf der herrlichen Terrasse auf sich wirken (s. S. 132).

Wirtshaus Moorlake

Weiter der Straße Großer Wannsee folgend liegt rechts das Haus der Wannsee-Konferenz. Kein rühmlicher Ort, sondern seit 1992 eine Gedenk- und Bildungsstätte, die an die Gräueltaten des NS-Regimes erinnert. Am 20. Januar 1942 wurde hier unter SS-Obergruppenführer Reinhard Heydrich die Deportierung und Ermordung der Juden Europas koordiniert und minutiös geplant. Innen gibt es eine sehr eindrucksvolle, bestens dokumentierte Ausstellung zur Judenverfolgung.

Bald geht es nach rechts am Restaurant Haus Sanssouci (Tiefhornweg) zum Seeufer herunter. Hier steht das imposante Denkmal des Flensburger Löwen, umgeben von acht Schinkel-Leuchten. Die Zinkguss-Plastik – eine Kopie des in Bronze gegossenen Originals – erinnert an den Sieg der dänischen Truppe über die Schleswig-Holsteiner 1850.

Fahrradtour am Wannsee zur Glienicker Brücke

Weiter geht es am Ufer der Havel bis zur **Pfaueninsel**. Wenig später erreicht man gegenüber dem Wirtshaus zur Pfaueninsel die Fähre (das Fahrrad muss man auf dem Festland lassen!). Auf der idyllischen Insel mit der von Peter Joseph Lenné entworfenen Gartenanlage lässt sich die herrlich angelegte Parklandschaft erleben. Das kleine Weiße Schloss mit den beiden Türmen, die über eine Brücke verbunden sind, alter Baumbestand (über 400 Eichen) und ein Biedermeier-Garten lassen den Luxus vergangener Zeiten erahnen. Und natürlich laufen farbenprächtige Pfauen herum. Kein Wunder, dass bereits zur Zeit Fontanes das Eiland ein beliebtes Ausflugsziel war.

Der Havel folgend geht es vorbei an den herrlich liegenden Restaurants Blockhaus Nikolskoe und Wirtshaus Moorlake. Das Forsthaus, in dem sich letzteres befindet, und die Stallungen am Havelufer ließ Friedrich Wilhelm IV. 1840 für seine bayerische Gattin Elisabeth von Wittelsbach errichten. Es sollte fortan zur Erholung dienen, aber auch großzügigen Jagdgesellschaften den notwendigen Rahmen geben. Ab 1896 verpachtete das preußische Königshaus die Anlage als Gastwirtschaft.

Auf einem asphaltierten Uferweg gelangt man bald zum wunderschön gelegenen Schloss Glienicke (s. S. 212). Die überschaubare Schlossanlage mit ihren gepflegten, weiten Parkflächen ist vom Park Klein-Glienicke umgeben. Insbesondere vom Casino genießt man einen herrlichen Blick auf die umgebende Landschaft. Direkt hinter der Glienicker Brücke liegt die Villa Schöningen (s. S. 84) mit ihrer interessanten Ausstellung über die Zeit vor der Wende und den Agentenaustausch an der Brücke. (mi)

Information: Fahrräder kann man mieten bei: **Fahrradverleih Berlin Wannsee**, Kronprinzessinnenweg 5 (gegenüber dem Bahnhof Wannsee), Tel. 030/80108943, http://fahrradverleihwannsee.jimdo.com.
Hinkommen Anfang: S1/S7 Wannsee. **Hinkommen Ende**: Bus 316 Wannsee oder Tram 93 Hbf Potsdam. Oder Fortsetzen der Radtour s. S. 196.

Museen: Haus der Wannsee-Konferenz: Am Großen Wannsee 56–58, Tel. 030/8050010, www.ghwk.de, tgl. 10–18, Bibliothek/Mediathek Mo–Fr 10–18 Uhr, Eintritt frei, kostenlose Führung Sa/So 16 und 17 Uhr.
Pfaueninsel: www.pfaueninsel.de, Fährbetrieb Mai–Aug. tgl. 9–20, April/Sept. 9–19, März/Okt. 9–18, Nov.–Feb. 10–16 Uhr, 4 €. Schloss, Tel. 0331/9694200, www.spsg.de. April–Okt. Di–So 10–17.30, im Winter geschl., Besichtigung nur mit Führung, 6 €. Meierei nur April–Okt. 10–17.30 Uhr, 2 €.
Tipp: Unter www.luise.tomis.mobi/ kann man sich gratis zuhause einen Audioguide auf sein Handy herunterladen, der an fünf Stationen der Insel Wissenswertes erzählt.

Essen & Trinken: Wirtshaus Moorlake, Moorlakeweg 6, Tel. 030/8055809, www.moorlake.de, tgl. ab 11 Uhr. Schöner Terrassengarten für den Sommer, im Winter ist es in der Gaststube gemütlich. Das Essen ist im besten Sinne bodenständig: „Bollenfleisch" (Lamm aus der Keule mit Zwiebel-Kümmel-Sauce), Eisbein, Lausitzer Schusterpfanne … aber auch Fisch und Salate. Regelmäßig finden Lesungen statt.
Wirtshaus zur Pfaueninsel, Pfaueninselchaussee 100, Tel. 030/8052225, www.pfaueninsel.de, Di–So 10–19.30 Uhr. Schöner Biergarten, preiswerte Gerichte: Berliner Spezialitäten wie Königsberger Klopse, aber auch Bayerisches wie Weißwürste und Modernes, z. B. in Haselnussbutter gerösteter Blumenkohl.
Nikolskoe, Nikolskoer Weg 15, Tel. 030/805 2914, www.blockhaus-nikolskoe.de, an der B1 zwischen Wannsee und Potsdam (Glienicker Brücke), tgl. 11–20 Uhr. Von der Pfaueninsel 5–10 Minuten. Wer Idylle sucht: Hier findet man sie, hoch über der Havel gelegen, mit einem traumhaften Blick auf Wasser und Wälder. Terrasse, rustikales Blockhaus-Ambiente, bodenständige Küche zu zivilen Preisen. Jahreszeitlich wechselt das Angebot: Spargel, Pilze, Wild und Fisch. In der Umgebung kann man wunderbar wandern.

Info

88 Fahrradtour II: Neuer Garten Potsdam

Hinter der Glienicker Brücke radelt man entlang der Schwanenallee hinein in den Neuen Garten. Die **weiten Parkanlagen** sowie der links liegende Heilige See mit Badewiese lassen den Betrachter die Symbiose von Historie und landschaftlicher Schönheit erleben. 1787 ließ Kronprinz Friedrich Wilhelm II. die Anlage errichten. Als Gegenstück zum barock geprägten Garten um Sanssouci wurde der Neue Garten im Stil einer englischen Parklandschaft angelegt. Sehr schöne Bauten wie das restaurierte Marmorpalais sowie die herrliche Orangerie fügen sich harmonisch ein. Der bekannte Gartengestalter Peter Joseph Lenné lichtete 1816 die Gesamtanlage mit weiten Blicken in die Landschaft bis Sarow, Pfaueninsel und Glienicke.

Das **Schloss Cecilienhof** wurde 1913–1917 für Kronprinz Wilhelm gebaut. Durch die vielen Innenhöfe der verschachtelten Anlage glaubt man kaum, dass es hier über 170 Zimmer gibt. Berühmt wurde der Cecilienhof durch die **Potsdamer Konferenz**. Vom 17. Juli bis 2. August 1945 wurde hier die Neuordnung Deutschlands (Entmilitarisierung, Reparationen, Umgang mit den Kriegsverbrechern) zwischen Stalin, Churchill und Truman beschlossen, Frankreich akzeptierte die Verhandlungsergebnisse.

Historisch: Schloss Cecilienhof

Einkehr in der Meierei, mit Blick auf den Jungfernsee

Bevor man den Rückweg antritt, sollte man im Neuen Garten das sehenswerte klassizistische **Marmorpalais** (Sommersitz Friedrich Wilhelm II., 1787–1793 erbaut) und die idyllische Orangerie (1791–1793 erbaut, dient heute noch der Überwinterung tropischer Pflanzen) besuchen.

Auf dem gleichen Weg, nun mit anderer Tagesbeleuchtung und anderen Sichten, radelt man nach Wannsee zurück. (mi)

Info

Hinkommen: Entweder als Fortsetzung der Radtour S. 194 oder Tram 93 vom Hbf Potsdam; aus Berlin kommend S1/S7 Wannsee, von hier aus Bus 316 Glienicker Brücke.

Museen:
Stiftung Preußische Schlösser & Gärten Berlin-Brandenburg, Tel. 0331/9694200, www.spsg.de.
Schloss Cecilienhof, Im Neuen Garten 11, 14469 Potsdam, April–Okt. Di–So 10–18, Nov.–März Di–So 10–17 Uhr, Mo geschlossen, 6 €.
Marmorpalais, Im Neuen Garten 10, 14469 Potsdam, Mai–Okt. Di–So 10–18, Nov.–April Sa/So 10–16 Uhr, Besichtigung nur mit Führung, 6 €.
Kombiticket Schloss und Palais 8 €.

Essen & Trinken: Meierei, Im Neuen Garten 10, 14469 Potsdam, Tel. 0331/7043211, www.meierei-potsdam.de, April–Okt. Di–Fr 12–22, Sa–So 11–22, Nov.–März Di–Sa 11–22, So 12–20 Uhr. Leger präsentiert sich das rustikale Brauhaus. Hier gibt es zu selbst gebrauten Bieren die bekannten regionalen kleinen und großen Spezialitäten wie Buletten, Schnitzel, Eisbein und Havelfisch. Man kann draußen direkt am Wasser sitzen. Drinnen gibt's bei ungemütlichem Wetter eine umso gemütlichere Atmosphäre. Für Radfahrer besonders geeignet.

Schlösser & Gärten

89 Botanischer Garten: So schön kann Natur sein

Mitten in Berlin liegt eine grüne Oase, die in Europa ihresgleichen sucht. Botanischer Garten – das klingt zunächst nach Bildung und Schule. Tatsächlich wird er von der Freien Universität Berlin geleitet, doch ist er auch für botanische Laien aufgrund der **Schönheit der Parklandschaft** und der Vielfalt der Pflanzen (22.000 Arten) für einen erlebnisreichen Besuch zu empfehlen. Schon 1679 ordnete der „Große Kurfürst" Friedrich Wilhelm von Brandenburg die Anlage eines großen landwirtschaftlichen Mustergartens an, aus dem sich im Bereich des heutigen Kleist-Parks ein botanischer Garten entwickelte. Doch gegen Ende des 19. Jh. benötigte man für den weiteren Ausbau mehr Platz, sodass man das Gelände in Dahlem erwarb.

Hier tritt man eine Reise rund um die Welt an, denn heute präsentiert sich hier auf 43 Hektar einer der größten und schönsten botanischen Gärten weltweit, erstklassig geführt und hervorragend gepflegt.

Ein Highlight ist das **große Tropenhaus**. In unterschiedlich temperierten Klimazonen mit verschiedener Luftfeuchtigkeit kann man hier die Welt der Pflanzen in den Tropen und Subtropen auf kurzen, idyllisch angelegten Wegen erleben. Selbst für äußerst selte-

Highlight: das Tropenhaus

ne Pflanzen wie der Welwitschia mirabilis aus dem Südwesten Afrikas hat man hier ein Biotop geschaffen. Im Kakteenhaus kommen Freunde der stacheligen Vertreter auf ihre Kosten, das Orchideenhaus verzaubert durch unglaublich schöne Exemplare. Draußen laden Sumpfbiotope mit einer Moorlandschaft, Kräuter- und Blumengärten, ein Nutzpflanzengarten sowie ein Duft- und Tastgarten für sehbehinderte Menschen zum Schlendern ein. Ebenso widmet sich ein Teil den Arzneimittelpflanzen.

Besuchenswert ist der Garten das ganze Jahr, im Winter sieht es naturgemäß karg aus. Aber die meistbesuchten Stellen sind wetterunabhängig: Es sind die Gewächshäuser, die ineinander übergehen.

Wer ein vertieftes botanisches Interesse hegt, dem sei der Besuch des **Botanischen Museums** in der Königin-Luise-Str. 6–8 empfohlen. Modelle der Feinstrukturen und Vegetationstypen werden in Dioramen dargestellt. Das ist allerdings eher etwas für Experten und studierte Biologen – und erinnert etwas an Biologieunterricht …

Auch Skurriles gibt es zu entdecken, etwa Lithops, „Lebende Steine"

Sehr schön ist in der warmen Jahreszeit die Terrasse (Kaffee, Kuchen und Kleinigkeiten in Selbstbedienung vom Café Victoria) vor dem Großen Tropenhaus direkt im italienischen Garten. Ein herrlicher Blick auf die blumenreiche Umgebung und die gekonnten Anlagen ist ein idealer Abschluss der „Weltreise" durch das Reich der Farben und Düfte. (mi)

Hinkommen: Eingang Königin-Luise-Str. 6–8: S1/U9 Rathaus Steglitz oder U3 Dahlem-Dorf, dann jeweils Bus X83 bis Königin-Luise-Platz/Botanischer Garten. Alternativ U3 Breitenbachplatz + Bus 101.
Eingang Unter den Eichen/Begonienplatz: S1/U9 Rathaus Steglitz + Bus M48 Unter den Eichen/Botanischer Garten.
Information: Botanischer Garten und Botanisches Museum Berlin-Dahlem, Tel. 030/ 83850100, www.bgbm.org. **Botanischer Garten**, tgl. Nov.–Jan. 9–16, Feb. 9–17, März/ Okt. 9–18, April/Aug. 9–20, Mai–Juli 9–21, Sept. 9–19 Uhr, 6 €. **Botanisches Museum**, tgl. 10–18 Uhr, 2,50 €.
Essen und Trinken: Café in der Gartenakademie, Altensteinstraße 15a (nahe dem Eingang Königin-Luise-Str.), Tel. 030/ 8322 09029, www.dascafeindergartenakademie. de, April–Sept. Di–Sa 10–19, So 10–16, Okt.–März Di–Sa 10–17.30, So 10–17 Uhr. Leckerer Kuchen und andere Kleinigkeiten, man sitzt schön im Grünen oder im Winter im Gewächshaus. Pflanzen kaufen kann man natürlich auch.
Alter Krug, Königin-Luise-Str. 52, Tel. 030/ 8327000, http://alter-krug-berlin.de/, tgl. 10–24 Uhr. Gemütliches Lokal, dessen Geschichte bis ins 19. Jh. zurückreicht. Großer Biergarten, die Küche ist bodenständig, saisonal und regional ausgerichtet, z. B. Berliner Kartoffelsuppe, gebratene Leber oder Blutwurst von Meister Benser aus Neukölln (s. S. 36) – eine Delikatesse!

90 Erstaunliches in Marzahn: die herrlichen Gärten der Welt

Zwischen den Plattenbausiedlungen Marzahn und Hellersdorf ist aus der Berliner Gartenschau von 1987 eine weiträumige Grünlandschaft entstanden. Nach der Wende wurde der **Erholungspark Marzahn** um mittlerweile neun einzigartige Themengärten bereichert. Die Besucher wandeln durch die **Gärten der Welt** und fühlen sich dabei wie im Orient oder in Fernost, aber auch wie in der Toskana oder in einem mittelalterlichen christlichen Klostergarten. Verschlungene, aber nicht allzu weite Wege führen zu den Zielen, unterbrochen von Erholungswiesen mit Bänken und Liegen und kleinen Highlights wie dem Quell- und Sprudel- oder dem Märchengarten. Eine Einkehrmöglichkeit bietet das **Café aux Jardins**.

Der **Orientalische Garten** mit seinen herrlichen Wasserspielen und reichen Ornamenten ist von einer vier Meter hohen Mauer umgeben und lässt den Besucher eine Oase in der Wüste nachempfinden. Im **Balinesischen Garten** hat man gleich ein ganzes Wohnhaus und eine tropische Pflanzenwelt in ein Tropenhaus eingebaut. Besonders imposant ist der **Chinesische Garten** – auf 2,7 ha mithilfe chinesischer Fachleute erbaut und der größte seiner Art in Europa. Sämtliche Felsen, Hölzer und Skulpturen wurden in 20 Containern importiert. Hinter der Konfuziusfigur öffnet sich ein See mit Zickzackbrücke und sehr authentisch wirkenden Bauten. Im Teehaus kann man 30 Teesorten, im Pavillon asiatische Häppchen und chinesisches Bier genießen.

Ein schönes Beispiel moderner deutscher Gartenkunst ist der **Karl-Foerster-Staudengarten**. Neben farbenprächtigen Stauden sowie Buchsbäumen zeigen auch im Winter seltene Blüten ihre Pracht. Der **Christliche Garten** versetzt den Besucher im goldfarben lackierten lichten Wandelgang in Staunen. Gleichzeitig verfolgt man Texte

Asiatisches Flair mitten in Berlin: Koreanischer Pavillon

aus der Bibel und der Philosophie. Während man im **Italienischen Renaissancegarten** dem Zauber florentinischer Villengärten mit ihren streng gestalteten Blumenbeeten, Brunnen und Terrakotten erliegt, stiftet der **Irrgarten** nach britischem Vorbild Verwirrung. In dem Areal aus 1250 immergrünen Eiben, vielen Kreuzungen und Sackgassen rettet ein Aussichtspunkt die ganz Verzweifelten.

Anlässlich der Internationalen Gartenausstellung 2017 (186 Tage ab dem 13. April 2017, www.iga-berlin-2017.de) soll ein Englischer Garten eröffnet werden – stilecht mit Cottage, Rosengarten und Rasenflächen. Achtung: Wegen der Vorbereitungen auf die IGA sind die Gärten der Welt bis zum 13. April 2017 geschlossen! (mi/md)

Wie im Orient

Dorfidylle in Alt-Marzahn

Marzahn genoss noch bis vor Kurzem keinen besonderen Ruf. Was soll man im größten Plattenbaugebiet Europas schon anfangen? Doch dieses Image wandelt sich langsam. Und neben der Gärten der Welt gibt es noch anderes zu entdecken. Vor der Kulisse der Wohnhochhäuser und breiten Verkehrsschneisen bildet der **alte Dorfkern** mit seinen Bauernhäusern, Höfen und der Bockwindmühle einen bizarren Kontrast. Betritt man Alt-Marzahn aus östlicher Richtung (Allee der Kosmonauten), stößt man auf dem grünen Anger auf die evangelische **Dorfkirche** von 1871 im neugotischen Backsteinstil. Dahinter steht das schmuck sanierte **Schulhaus** von 1912, heute Teil des **Bezirksmuseum Marzahn-Hellersdorf**, das einen Einblick in die regionale Siedlungsgeschichte verschafft (Alt-Marzahn 51 & 55, Tel. 030/54790921, www.kultur-marzahn-hellersdorf.de, So–Fr 11–17 Uhr).

In dem alten märkischen Bauernhaus (Alt-Marzahn 23) und der im Traditionsstil aufgebauten Hofanlage dahinter befindet sich das **KulturGut**, ein künstlerisches Zentrum mit Werkstätten und wechselnden Ausstellungen. Das **Landhaus Marzahner Krug** (Nr. 49, Tel. 030/5400560, www.marzahner-krug.de, tgl. ab 11 Uhr) geht auf das Jahr 1450 zurück. Heute bietet das Gasthaus herzhafte Hausmannskost. Der nördliche Abzweig in Höhe der Dorfkirche führt auf die weit sichtbare **Bockwindmühle** (Nr. 63, Tel. 030/5458995, www.marzahner-muehle.de, Mo–Fr 10–12 und 13–16 Uhr, Apr.–Okt. So 15–17 Uhr) zu. Sie wurde 1993 auf einem Minimühlenberg errichtet, den man im Rahmen der Dorfaufwertung künstlich aufgeschüttet hatte. Sie produziert als Lehrbetrieb täglich bis zu 1.000 kg Roggen- und Weizenmehl. Über die breiten Stufen der „Hochzeitstreppe" gelangt man zur Mühle mit den mächtigen 7-Meter-Flügeln.

Hinkommen: S7 Marzahn/U5 Cottbusser Platz + Bus 195 Gärten der Welt, S7 Mehrower Allee + X69 Kienbergstr./Gärten der Welt.
Information: Gärten der Welt, Eisenacher Straße 99, Tel. 030/70090669, www.gruen-berlin.de/gaerten-der-welt, tgl. ab 9 Uhr bis zum Einbruch der Dunkelheit, 5 €.
Achtung: Die Gärten der Welt sind bis zum Start der Internationalen Gartenausstellung Berlin am 13.04.2017 geschlossen.

Humboldt-Schloss (Schloss Tegel) und Park in klassizistischem Stil

Hier im Berliner Nordosten, mitten im Tegeler Forst, verbrachten **Wilhelm und Alexander von Humboldt** ihre Kindheit – und Wilhelm seine späteren Jahre. Er war es auch, der das bereits 1558 erbaute ehemalige Jagdschloss 1820–1824 nach Plänen des damaligen Stararchitekten Karl Friedrich Schinkel im klassizistischen Stil umgestalten ließ. Umgeben ist der Komplex von einem Park, den der Hauslehrer beider Brüder, Gottlob Johann Christian Kunth, 1777–1789 anlegen ließ. 1820 fand hier eine Umgestaltung durch Peter Joseph Lenné statt. Berühmt ist die bereits 1792 angelegte Lindenallee, wo eindrucksvoll eine ca. 400 Jahre alte, nach Wilhelm von Humboldt benannte **Eiche** steht. Die Lindenallee führt zur Familiengrabstätte der Familie von Humboldt. Sie wurde 1829 ebenfalls von Schinkel entworfen. Hier ruhen u. a. Alexander und Wilhelm von Humboldt. Das Schloss, die Gartenanlagen sowie die Grabstätten bilden ein harmonisches Ganzes, das auch heute noch Erhabenheit und Ruhe ausstrahlt. Besonders im Herbst verzaubert die Blattfärbung die Parklandschaft. Die gesamte Anlage steht seit 1983 unter Denkmalschutz. Bei den Führungen darf man den sogenannten Blauen Salon, den Antikensaal sowie das Blaue Turmkabinett besichtigen.

Klassizistisch umgestaltet: Schloss Tegel

Die etwa 400 Jahre alte Eiche im Park

Wilhelm von Humboldt (1767–1835), der Philosoph und Sprachwissenschaftler, war als geschickter Diplomat im In- und Ausland tätig und machte sich als überzeugter Verfechter antiker Ideale, insbesondere derer des alten Griechenlands, einen Namen. Er stand als guter Freund und Kritiker von Goethe und Schiller beiden Zeitgenossen nahe und entwarf als Bildungsreformer die ersten Gymnasiallehrpläne für Deutschland. 1809 gründete er die Berliner Universität, inzwischen nach beiden Brüdern benannt.

Alexander von Humboldt (1769–1859) gilt als berühmter Universalgelehrter, er interessierte sich vor allem für Naturwissenschaften und machte ausgiebige Reisen durch Lateinamerika, Russland und Asien, wobei er Rekorde im Bergsteigen brach und Selbstexperimente mit Pflanzen- und Insektengiften durchführte. Nach ihm wurde der kalte Meeresstrom an der Westküste Südamerikas benannt. (mi)

Hinkommen: U6 bis Alt-Tegel oder S25 bis Tegel, weiter mit den Buslinien 124/125/133/222 bis An der Mühle. Dahinter zweigt die Adelheidallee zum Schloss ab.
Information: Schloss Tegel, Adelheidallee 19, Tel. 030/8867150, www.berlin.de, Führungen Mai–Sept. nur Mo um 10/11/15/16 Uhr, 12 €, Anmeldung erforderlich.

Essen & Trinken: Alter Fritz, Karolinenstr. 12 (wenn man vom Schloss zur Alten Mühle zurückkehrt, nach links abbiegen in die Karolinenstr. – ca. 5 Min. Fußweg), www.restaurant-alter-fritz.de, Mo–Fr ab 17, Sa–So ab 11 Uhr. Es gibt gute, kreative saisonale Gerichte und man kann sich in der angegliederten Weinhandlung umschauen. Im Sommer findet man einen angenehmen Platz auf der Gartenterrasse.

Info

92 Schloss Charlottenburg und Schlosspark

Wer einen kleinen Spaziergang nicht scheut, nähert sich der 48 Meter hohen Schlosskuppel vom U-Bahnhof Sophie-Charlotte-Platz auf der Mittelpromenade der Schlossstraße, die von hohen Lindenbäumen gesäumt wird und als Blickachse direkt auf das Hauptportal zuführt. Im repräsentativen Ehrenhof reitet der Große Kurfürst den Besuchern direkt entgegen. Ursprünglich stand dieses Meisterwerk von Schlüter ab 1703 auf der Brücke vor dem Berliner Stadtschloss. Im Zweiten Weltkrieg wurde es ausgelagert, verbrachte vier Jahre auf einem Lastkahn und – nachdem dieser 1947 gesunken war – zwei weitere Jahre auf dem Grund des Tegeler Sees.

Das größte erhaltene **Barockschloss** Berlins wurde durch sieben Generationen der brandenburg-preußischen Monarchen geprägt. Angefangen hat alles 1695 mit einem kleinen Sommerschloss für Sophie Charlotte, der Gattin des ersten preußischen Königs, Friedrich I. Sie war von dem absolutistischen Machtstreben ihres Mannes eher gelangweilt und versammelte um sich einen Kreis namhafter Gelehrter und Philosophen wie dem Universalgelehrten Gottfried Wilhelm Leibniz. Nach ihrem frühen Tod mit 37 Jahren verfügte der König ihr zu Ehren die Umbenennung in Schloss Charlottenburg. Der bisherige Name war nämlich Schloss Lietzenburg in Anlehnung an das nahegelegene Dorf Lietzow, welches nun ebenfalls Charlottenburg heißen sollte. Als kurzzeitige Residenz Friedrichs II. erreichte das Schloss mit dem von Knobelsdorff geplanten Neuen Flügel seine heutigen Ausmaße. Hier lebte auch das vielleicht glücklichste Königspaar Preußens, Friedrich Wilhelm III. und seine vom Volk verehrte Königin Luise. Das 1943 ausgebrannte Schloss wurde ab den 1950er-Jahren wieder aufgebaut und die Innenräume wurden sorgsam rekonstruiert.

Die kostbare Inneneinrichtung reicht vom Barock über das friderizianische Rokoko, den Schinkel-Klassizismus bis zum Biedermeier-Stil. Im Alten Schloss (Eingang neben der Kuppel im Ehrenhof) sind neben den Paradekammern die Große Eichengalerie, das prunkvolle Porzellankabinett, die Schlosskapelle mit Königsloge und die Silberkammer inklusive Kronschatz der Hohenzollern hervorzuheben. Highlight des **Neuen Flügels**

Schloss Charlottenburg

(Eingang östlich des Ehrenhofs) sind die Festsäle Friedrichs II. Weißer Saal und Goldene Galerie, die Sammlung französischer Gemälde (u. a. Watteau), Sommer- und Winterkammern Friedrich Wilhelm II. sowie das Schlafzimmer von Königin Luise mit feinem Mobiliar aus Birnbaumholz.

Westlich des Ehrenhofs betritt man den Orangeriegarten mit den Göttinnen Flora und Pomona. Die ursprünglich für die wertvolle Zitrussammlung bestimmte Große Orangerie diente schon bald als beliebter Gartenfestsaal für Bälle und Hochzeitsfeiern. Auch Ex-Bundespräsident Horst Köhler gab hier während der Renovierung von Schloss Bellevue 2004–2006 große Empfänge.

Der 55 ha große Charlottenburger **Schlosspark** besteht aus einem wunderschön rekonstruierten Barockgarten und einem sich anschließenden Landschaftspark. Hinter dem Karpfenteich befindet sich das Belvedere als ehemaliger Luxusaussichtsturm mit KPM-Porzellansammlung. In dem Mausoleum für Königin Luise wurden u. a. die Marmorsarkophage ihres Gemahls sowie des Kaiserehepaars Wilhelm I. aufgestellt. Schöne Ausblicke auf die Schlosskuppel ergeben sich von der Hohen Brücke hinter dem Karpfenteich und vom Aussichtshügel auf der Luiseninsel. Um in den Park zu gelangen, muss man um das Schloss herumgehen. Die gesamte Schlossterrasse misst 505 Meter in der Länge! (md)

Barockes Ambiente: Konzert des Residenz Orchesters

Hofmusik

Gänzlich in die barocke Hofatmosphäre eintauchen kann man während der regelmäßig stattfindenden Konzerte des **Berliner Residenz Orchesters** (www.berlinerresidenzorchester.de und www.residenzkonzerte.berlin). Wer für besondere Anlässe einen festlichen Rahmen sucht, kann das Orchester und Räumlichkeiten mieten (www.orangerie-charlottenburg.com, Tel. 030/25810350).

Hinkommen: U7 Richard-Wagner-Platz oder S41/S42/S46, dann jeweils ca. 900 m Fußweg oder Umstieg in Bus M45/309. Alternativ U2 Sophie-Charlotte-Platz + ca. 1,2 km Fußweg über die Schloßstr. [A-B 2-3]
Information: Schloss Charlottenburg, Tel. 030/320910, www.spsg.de. April–Okt. Di–So 10–18 Uhr, Winter bis 17 Uhr, Mo geschl. Aufgrund von Sanierungsarbeiten kann es zu Einschränkungen kommen. 10 € (inkl. Führung/Audioguide), 12 € für alle Schlösser im Schlossgarten. Der Schlosspark ist tgl. ab 8 Uhr geöffnet, Eintritt frei.
Essen & Trinken: Kleine Orangerie, mit Sommergarten, Tel. 030/3222021, www.kleineorangerie.de, Di–So ab 10 Uhr.
Ana e Bruno, Sophie-Charlotte-Str. 101, Tel. 030/3257110, www.a-et-b.de, Mo–So 17–24 Uhr). „Edel"-Italiener mit gutem, aber entsprechend teurem Essen. Vorspeisen ab 15 €, Hauptgerichte etwa 30–36 €.
Schnitzelei, Röntgenstr. 7, Tel. 030/3470 2777, www.schnitzelei.de, Mo–Fr 16–24 Uhr, Sa/So 12–24 Uhr. Ca. 1,5 km vom Schloss, direkt am Spreeufer gelegen ist die Schnitzelei etwas für Liebhaber guter, bodenständiger Küche. Zur Begrüßung gibt es ein kleines Helles. Sensationell sind die deutsch-österreichischen Tapas, auf einem langen Brett serviert.

Lustgarten, Dom und Berliner Suppenschüssel

Wem nach ausgedehnten Spaziergängen die Füße qualmen, der findet im **Lustgarten** schnelle Linderung. Besonders an heißen Sommertagen ist die Nähe zur großen Fontäne mit ihren angenehm kühlen Nebelschwaden zu empfehlen. Und dabei kann man die **prächtige Kulisse** mit Altem Museum und Berliner Dom genießen. Im 17. Jh. wurden im damaligen Küchengarten des Schlosses erstmals Kartoffeln angepflanzt – die Knolle fand zunächst bei der Bevölkerung wenig Resonanz. Mit der Eröffnung des Alten Museums durfte ab 1830 das Volk den Lustgarten betreten, aber nur in angemessener Kleidung. Später diente das Gelände als Parade- und Demonstrationsplatz und unter Hitler als gepflasterter Aufmarschplatz. Der Lustgarten wurde 1999 nach historischem Vorbild neu angelegt: heiter, gelassen und wunderschön.

Dom und Garten

Lustgarten und Dom | 209

Die aus einem einzigen riesigen Findling gemeißelte, 75 Tonnen schwere Granitschale, sollte – so der Wunsch Friedrich Wilhelm III. – eigentlich im Alten Museum aufgestellt werden. Aufgrund ihrer Ausmaße passte sie nicht durch die Eingänge und musste vor der Freitreppe verbleiben. Das Weltwunder der Biedermeierzeit war damals größte Attraktion und wurde vom Volk als „Berliner Suppenschüssel" bezeichnet. Tatsächlich saßen 1834 bei der Einweihung 40 Personen auf der Schale und nahmen am Festfrühstück teil.

> **Tipp**
>
> **Aussicht**
>
> Der Aufstieg von 270 Stufen auf den Kuppelumgang lohnt die Mühe. Von hier oben bietet sich ein grandioser Ausblick auf die historische Mitte mit Museumsinsel, Synagoge, Rotem Rathaus und Schlossbaustelle.

Der monumentale **Berliner Dom** wurde als Hauptkirche des deutschen Protestantismus und als Denkmalskirche der Hohenzollern errichtet. Sein Vorgängerbau war Seiner Majestät, dem Kaiser Wilhelm II., zu wenig repräsentativ, wurde kurzerhand abgerissen und 1905 durch das wilhelminische Prunkstück aus Granit und Sandstein ersetzt. Anklänge an den Petersdom in Rom waren beabsichtigt. Nach schweren Bombenschäden wurden die Kuppeln in vereinfachter Form wieder aufgebaut. Die aufwendige Rekonstruktion des Innenraums zog sich bis 1993 hin. Neben seiner Funktion als evangelisches Gotteshaus wird der Berliner Dom auch für Konzerte und feierliche Festveranstaltungen genutzt. Im Oktober 1994 fand die Trauerfeier für den Enkelsohn Kaiser Wilhelm II., Louis Ferdinand Prinz von Preußen, hier statt und im Februar 2006 gab es einen Trauerstaatsakt für den ehemaligen Bundespräsidenten Johannes Rau.

Die **Predigtkirche** ist der am reichhaltigsten ausgestattete Raum mit prächtigem Altar, Kaiserloge und Sauer-Orgel. Zusammen mit den Emporen verfügt sie über 1.650 Sitzplätze. Darüber erhebt sich die über 70 m hohe mächtige Kuppel. Darunter in der Hohenzollerngruft wurden Mitglieder des preußischen Königshauses beigesetzt. Die Gräber sind von teilweise hohem künstlerischen Wert, wie die Prunksargophage des „Großen Kurfürsten" und Gattin, des ersten preußischen Königs Friedrich I. und dessen Frau Sophie Charlotte.

Direkt gegenüber auf der anderen Spreeseite befindet sich das moderne Dom-Aquarée mit Hotel, Läden, Cafés und Restaurants. An der unteren Spreepromenade präsentiert das DDR-Museum Leben und Alltagskultur in der DDR. Hier kann man sich in den Trabi zwängen oder auf dem Sofa einer voll eingerichteten Plattenbauwohnung Platz nehmen.

In der Lobby des Radisson-Blu-Hotels steht ein 20 m hohes Aquarium, durch das ein gläserner Aufzug fährt. Dieses Erlebnis ist ein Teilbereich des SeaLife Centers, in dem man die Fisch- und Pflanzenwelt von Spree, Havel, Elbe bis ins Meer erleben kann. Highlight ist das riesige Atlantikbecken mit begehbarem Glastunnel. (md)

Info

Hinkommen: Bus 100/200 Lustgarten. [E3]
Information: Berliner Dom, tgl. 9–20 (Winter 19) Uhr, Eintritt 7 €. Gottesdienste und Veranstaltungen: www.berliner-dom.de, Führungen Tel. 030/20269164, Konzertkasse Tel. 030/20269136.

DDR-Museum, Karl-Liebknecht-Str. 1, Tel. 030/847123731, www.ddr-museum.de, tgl. 10–20 Uhr, Sa bis 22 Uhr, Eintritt 8,50 €.
Sea-Life Center, tgl. 10–19 Uhr, Eintritt 17,95 €, Tel. 030/992800, www.visitsealife.com/berlin/.

94 Schlossareal: preußisches Machtzentrum, große Baustelle und Humboldt-Box

Auf der Spreeinsel im Herzen der Stadt, gegenüber von Lustgarten, Altem Museum und Dom, schält sich aus einer weiten Fläche allmählich etwas Neues heraus. Einst etablierten sich hier die Machtzentren der preußischen Kurfürsten und Könige, des Deutschen Kaisers und schließlich der DDR. So gut wie nichts blieb davon übrig. Doch jetzt kann man die Beseitigung dieser riesigen Wunde im Stadtkörper live mitverfolgen.

Bis ins 15. Jh. reicht die Entstehungsgeschichte des **Berliner Schlosses**, das immer wieder erweitert, vergrößert und prunkvoll ausgestattet wurde. Die im Zweiten Weltkrieg ausgebrannte Schlossruine wurde 1950 unter DDR-Regie gesprengt, um Platz für große Aufmärsche nach Moskauer Vorbild zu schaffen. Von den später errichteten DDR-Bauten überlebte lediglich das Staatsratsgebäude auf der Südseite des Areals, in dem heute eine private Hochschule residiert. Hier hatte einst SED-Chef Erich Honecker sein Büro, später war es das provisorische Kanzleramt von Gerhard Schröder. Über den Abriss des asbestbelasteten **Palastes der Republik**, auch Erichs Lampenladen oder Palazzo Prozzi genannt, ist viel diskutiert worden. Der gigantische Bau mit DDR-Volkskammer, seinen Festsälen und Diskotheken stand allen offen. Seit 2008 ist er endgültig Geschichte. Der Stahl ging übrigens per Schiff nach Dubai und wurde im höchsten Haus der Welt verbaut.

Das Schloss hingegen wird bis 2019 mit seinen historischen Barockfassaden von dem italienischen Architekten Franco Stella wieder aufgebaut. Die blaue, wie aus der Zeit gefallen wirkende Humboldt-Box informiert auf fünf Etagen umfassend über die Vergangenheit des Areals und die zukünftige Nutzung des neu geschaffenen Humboldt-Fo-

Infos über den Schlossbau gibt es in der futuristischen Humboldt-Box

rums. Von den beiden Aussichtsterrassen mit Café-Restaurant besteht ein toller Blick auf Lustgarten, Dom und die Prachtstraße Unter den Linden sowie auf die Baustelle des 590-Mio.-Euro-Projekts.

Als repräsentative Verbindung zur Straße Unter den Linden baute Schinkel 1823 die **Schlossbrücke**. Auf acht hohen Sockeln werden in strahlend weißem Carrara-Marmor junge Krieger von den Siegesgöttinnen Nike und Athene durch Krieg und Frieden geführt. Die gusseisernen Geländer zeigen mythologisch-maritime Motive wie Seepferde, Tritone und Delfine.

Westlich des Spreekanals befindet sich der rekonstruierte **Schinkelplatz** mit dem Denkmal des größten preußischen Architekten. Er wird auf seiner Südseite von einem roten, viergeschossigen Baukörper begrenzt. Doch Vorsicht: Dies ist nur eine originalgetreue Schaufassade aus Plastik der einstigen Berliner Bauakademie, die wieder aufgebaut werden soll. Dahinter liegt der Gebäudekomplex des Auswärtigen Amtes, für Besucher interessant sind die wechselnden Ausstellungen. Besonders sehenswert ist die benachbarte **Friedrichswerdersche Kirche** – solange sie noch steht! Denn die Zeiten, in denen die neugotische Kirche als eines der besterhaltenen Bauwerke Schinkels galt, sind vorüber. Bis 2012 konnte man hier die Skulpturensammlung der Alten Nationalgalerie sehen, dann wurde die Kirche bei Bauarbeiten in der Nachbarschaft schwer beschädigt, seither ist sie geschlossen. (md)

Im Bau: das Stadtschloss

Tipp

Konzerte

Der **Neue Marstall** südlich des Schlossplatzes: Im ehemaligen Krönungskutschensaal führen Studenten der Musikhochschule Hanns Eisler meist kostenfrei hochkarätige Konzerte auf. Tel. 030/203092101, www.hfm-berlin.de/veranstaltungen.

Info

Hinkommen: Bus 100/200 Lustgarten. [E3]
Information: Humboldt-Box, Schlossplatz 5, Tel. 030/290278248, www.humboldt-box.com, April–Nov tgl 10–19, Dez.–März bis 18 Uhr, Eintritt frei.
Friedrichswerdersche Kirche, wegen Gebäudeschäden derzeit geschlossen.
Auswärtiges Amt, Werderscher Markt 1, www.auswaertiges-amt.de, wechselnde Ausstellungen im Lichthof, Mo–Fr 10–18 Uhr, Eintritt frei (Sicherheitskontrollen).

Essen & Trinken: Humboldt-Terrassen in der Humboldt-Box mit Dachterrasse, Tel. 030/20625076 , www.humboldt-terrassen.de (gehobene Preise).
Coffee-Shop im Auswärtigen Amt, Tel. 030/18170. Nach Passieren der Sicherheitsschleuse erreicht man den öffentlich zugänglichen Bereich des Auswärtigen Amts. Im Lichthof werden wechselnde Ausstellungen gezeigt, daneben kann man sich im Coffee-Shop bei einem Latte Macchiato entspannen – mit oder ohne Diplomaten.

95 Glienicke: ein preußisches Landschloss

An der Havel, östlich des Wannsees, liegt eine waldreiche, hügelige Landschaft mit herrlichen Wander- und Fahrradwegen sowie Ausflugsrestaurants. Von dieser Landschaftsidylle wurde Prinz Carl von Preußen 1823 gefangen genommen, als er von seiner ersten Italienreise zurückkehrte. Er traf hier eine Traumlandschaft an, die vom damals berühmten Hofgärtner Peter Joseph Lenné im Auftrag des Fürsten von Hardenberg gestaltet worden war. Sonst gab es hier nur ein Landgut, zu dessen Umbau kein Geringerer als Karl Friedrich Schinkel Pläne nach italienischen Stilvorgaben lieferte.

So entstand der heutige **klassizistische Bau**, der als Sommerresidenz genutzt wurde. Beeindruckend ist das Fehlen von offensichtlichem Prunk und Überdimensionierung. Innen und Außen ergeben eine unnachahmliche Harmonie und der Besuch versetzt in eine fast heitere Stimmung.

> **Peter Joseph Lenné (1789–1866)**
>
> Lenné gilt neben Fürst Pückler-Muskau als der bedeutendste Landschaftsgärtner Deutschlands. Seine Lehrjahre verbrachte er u. a. im rheinischen Brühler Schlossgarten, später zog es ihn in den Pariser Jardin des Plantes. Er ergänzte seine Lehre durch ein Architektur-Studium an der École Polytechnique, die ihm die spätere Zusammenarbeit mit dem damaligen Stararchitekten Karl-Friedrich Schinkel erleichterte. Weitere Zwischenstationen seiner Karriere waren die Schweiz, Österreich und wieder das Rheinland.
>
> Danach erhielt er eine Anstellung als Gartengeselle in Potsdam. Sein Arbeitgeber König Friedrich Wilhelm III. ermöglichte ihm 1822 einen Aufenthalt in England. Anschließend stieg er zum Gartendirektor von Potsdam auf und gestaltete den wesentlichen Teil der Berlin-Potsdamer Kulturlandschaft, die seit 1990 zum **UNESCO-Welterbe** gehört.

Vom Casino aus hat man eine wunderschöne Aussicht auf die Havel

Glienicke – ein preußisches Landschloss

Innenhof des Schlosses

Etwa zwei Stunden sollte man für die Ausstellung und die Besichtigung des Schlosses einplanen. Der Rundgang führt unter anderem zum Roten Saal, dem einstigen Festsaal, der in den Grünen Salon und das Grüne Schlafgemach übergeht. Auch das Marmorzimmer und die Bibliothek dokumentieren die hohe Wohnkultur von vor knapp 200 Jahren.

Im **Hofgärtnermuseum** sind die Dokumente und Exponate zur Gartenbaukunst von besonderem Interesse. Hier wird die hervorragende Schulung der Hofgärtner deutlich, die ihre Inspiration und Erkenntnisse von Aufenthalten aus dem Ausland, vor allem Italien und England, mitbrachten. Der Weg durch den Schlosspark führt unter schattigen Kastanien entlang zum Casino („kleines Haus"), von wo aus man einen herrlichen Ausblick auf die Havel und die hügelige Landschaft genießen kann. (mi)

Info

Hinkommen: S1/S7 Wannsee, von hier mit dem Bus 316 bis Schloss Glienicke.
Information: Schloss Glienicke, Königsstraße 36, Tel. 030/80586750, www.spsg.de, geöffnet April–Okt. Di–So 10–18, Nov.–März Sa/So 10–17 Uhr, Eintritt 6 €, Park von 8 Uhr bis zum Einbruch der Dunkelheit.
Essen & Trinken: Zur Schlossanlage gehört das **Restaurant Remise** von Lutter & Wegner, Tel. 030/ 8054000, www.schloss-glienicke.de, tgl. 11–22 Uhr. Drinnen und draußen auf der Terrasse am Schlosspark kann man die saisonal orientierte Küche mit regionalen Spezialitäten genießen, zudem gibt es eine Weinhandlung, in der man den ein oder anderen Tropfen probieren kann. Preisklasse gehoben.
In der Nähe: 87 und 88 Fahrradtour am Wannsee (S. 194ff), 36 Villa Schöningen (S. 84).

Schloss Schönhausen: Audienz bei der Königin von Preußen und dem Präsidenten der DDR

Man muss nach Pankow fahren, um diese Attraktion zu besichtigen. Die Allee hinter den beiden Wachhäusern am Ende der Tschaikowskistraße führt genau auf die lachsfarbene Fassade des Schlosses zu. Dessen Anfänge datieren weit ins 17. Jh. zurück, als die Gräfin Theodore zu Dohna-Schlobitten ein „petit palais" beim Dorf Niederschönhausen errichten ließ. Erstmalig ist das **Schloss Schönhausen** nach fünfjähriger und mühsamer Renovierung seit Ende 2009 auf Dauer zugänglich. Die Ausstellung nimmt den Besucher mit auf eine höchst kontrastreiche Geschichtsreise.

Bereits 1700 führten hier die geheimen Verhandlungen des Kurfürsten von Brandenburg zu weitreichenden politischen Folgen, nämlich zum Aufstieg Preußens zur Königsmacht. 1740 machte Friedrich II. nach der Thronbesteigung das Schloss seiner ungeliebten Ehefrau Elisabeth Christine zum Geschenk, die es zu einem Juwel des Rokoko ausbaute. Nachdem es vom Königshaus nicht mehr genutzt wurde, versank Schönhausen in einen langen Dornröschenschlaf. In den 1930er-Jahren nutzten die Nazis das Haus als Ausstellungs- und Lagerraum für sogenannte „Entartete Kunst".

Eingang zum Schloss Schönhausen – damals und heute

Die DDR richtete das im Krieg unbeschädigt gebliebene Schloss als Amtssitz für ihren ersten Präsidenten und dann als Staatsgästehaus der Regierung ein. Die 1990 hier verhandelten Zwei+Vier-Verträge machten Schönhausen abermals zu einem Ort allerhöchster Diplomatie, dann wurde die Nutzung als Museum beschlossen. Aufgrund des hohen Sanierungsbedarfs, u. a. waren im Dachgebälk giftige Holzschutzmittel verwendet worden, dauerte es bis 2009, bis die Pforten des „Museumsschlosses" geöffnet werden konnten.

Im Erdgeschoss wird in original ausgestatteten Räumen wie dem Gartensaal, Audienzzimmer und Zederngalerie das Leben der Königin Elisabeth Christine im Schloss gezeigt. Über 50 Jahre lang verbrachte sie hier die Sommermonate, ohne von ihrem Mann Friedrich II. besucht zu werden. Von Anfang an hatte er keinen Hehl daraus gemacht, sie „nie lieben zu können". Sie sahen sich nur zu großen Galas im Berliner Schloss oder während des gemeinsamen Besuchs bei Friedrichs Mutter. Gleichwohl respektierte er sie in hohem Maße und verlangte, dass sie als Königin gewürdigt werde. Ergeben und würdevoll trug Elisabeth ihr Schicksal und fing an Schriften zu übersetzen. Sie überlebte ihren Mann um elf Jahre und wurde bis zu ihrem Tod mit 81 Jahren von der Familie hoch geehrt.

Schloss Schönhausen

Über eines der schönsten **Rokoko-Treppenhäuser** Berlins gelangt man in das Obergeschoss mit Marmorgalerie, Festsaal und Rotem Salon, gewidmet der Zeit als Präsidentensitz und Gästehaus der DDR. Das Arbeitszimmer von Wilhelm Pieck enthält Originalmobiliar wie den Schreibtisch mit integriertem Radio und Telefon. Auch die nach 1960 eingerichteten Gästeapartments mit lila gekachelten Badezimmern sind erhalten. Hier nächtigten Ho Chi Minh, Indira Gandhi, Fidel Castro und Michail Gorbatschow. Die übrigen Räume schlagen einen Bogen zu den Anfängen von Schönhausen: Die ausgestellten Kunstschätze aus dem Besitz der Familie Dohna stammen aus deren früherem Hauptsitz, dem 1945 zerstörten Schloss Schlobitten in Ostpreußen.

Von der Gartenseite aus sieht man oben auf der Schlossfassade die Initialen von Elisabeth Christine sowie die Königskrone. Die Wiederherstellung des Schlossgartens ist mit Ausnahme des Staudengartens von 1950 noch nicht abgeschlossen. Hinter der Mauerabgrenzung befindet sich der von Lenné im Landschaftsstil angelegte Schlosspark beidseitig der Panke. (md)

Hinkommen: M1/107/250 Tschaikowskistraße oder Hermann-Hesse-Str./Waldstr.
Information: Schloss Schönhausen, Tschaikowskistraße 1, Tel. 030/4039492625, www.spsg.de, Besuch nur mit Führung, April–Okt. Di–So stdl. 10–18, im Winter nur Sa/So stdl. 10–17 Uhr, 6 €.
Essen & Trinken: Im Schlossgarten gibt es das schöne **Café Sommerlust**. Unter Sonnenschirmen kann man liebevoll zubereiteten Kaffee, Kuchen und kalte Getränke aus dem kleinen Imbisswagen genießen. Alles sehr ansprechend gemacht, guter und freundlicher Service. (Tschaikowskistraße 1/ Am Westtor, Tel. 0176/83290144, www.sommerlust.berlin, April–Okt. Di–So 10–18, März und Nov. Fr–So 12–17 Uhr.)

Essen & Trinken

97 Von der Straße: Streetfood in Berlin

Berlin entdeckt Streetfood nicht erst jetzt. Vorreiter waren die vielen Currywurst- und Dönerstände. Und das Jahrzehnte, bevor der Begriff hip wurde und der Kult um Garküchen, Food Trucks und Markets aus New York und Asien herüberschwappte. Doch mittlerweile ist der Trend bunter und vielschichtiger – und oft geschickt in Szene gesetzt: Street-Food-Märkte lassen das „Essen unterwegs" zum Ereignis werden. Gerade für den Stadtbesucher ist dies eine Bereicherung, da man nicht viel Zeit für einen Restaurantbesuch einplanen muss und stattdessen eine lebendige Szene genießen kann: Schlemmen und Erleben im Doppelpack. Es lohnt sich also, die Augen offen zu halten – oder besser noch: die Nase, um den guten Gerüchen zu folgen.

Essen als Erlebnis: Street Food Market auf dem RAW-Gelände

Kulturbrauerei, Prenzlauer Berg

Jeden Sonntag warten Essensstände und Food Trucks im Hof der Kulturbrauerei auf Besucher. Auf dem historischen Gelände kann man Streetfood unterschiedlicher Art genießen, von asiatisch bis amerikanisch. Hier tummeln sich Berliner und Besucher glei-

chermaßen – eine lebendige Szene, vor allem deshalb, weil die Umgebung auch historischen Charakter hat.
Kulturbrauerei – Street Food auf Achse, *Schönhauser Allee 36 (weitere Eingänge: Knaackstraße 97 und Sredzkistraße 1), Tel. 030/44310737, www.streetfoodaufachse.de und www.kulturbrauerei.de, U2 Eberswalder Straße, So 12–18 Uhr. [F1]*

RAW, Friedrichshain

RAW steht für „Reichsbahnausbesserungswerk". Das Gelände an der Revaler Straße 99 ist ca. 70.000 m² groß, hier wurden von 1867 bis 1994 Loks und Waggons instandgesetzt. Heute ist das Ganze eine Industrie-Brache, alternativ in Szene gesetzt durch einen Flohmarkt, Ausstellungen, Bühnen und auch einen Streetfood-Teil. Echt berlinerisch, chaotisch, bunt und schrill – und deshalb interessant zum Gucken.
RAW-Gelände – Kiez99 Village Market *(früher: Neue Heimat), Revaler Str. 99, Tel. 030/2005 0910, www.kiez99.de, S5/S7/S75/U1 Warschauer Straße, Sa/So 12–22 Uhr. [s. F3]*

„Thaiwiese" im Preußenpark, Wilmersdorf

Bei gutem Wetter treffen sich samstags und sonntags im Preußenpark am Fehrbelliner Platz thailändische Großfamilien, die – unter stiller Duldung der Stadt – hier kochen und essen. Inzwischen kochen sie auch für Gäste, das Angebot an Garküchen nimmt beständig zu. Spezialitäten wie Pad Thai, Papayasalat oder verschiedene Reisgerichte sorgen für asiatische Geschmackshöhepunkte. Alles ist total informell, doch durchaus organsiert und sauber. Nicht nur ein kulinarisches Erlebnis, auch ein kulturelles!
Fehrbelliner Platz – „Thaiwiese", *Brandenburgische Str. 57, U7 Konstanzer Straße oder Fehrbelliner Platz, bei gutem Wetter Sa/So ab ca. 10 Uhr. [B4]*

Markthalle Neun, Kreuzberg

Jeden Donnerstag brutzeln und dekorieren Köche hier „live und in Farbe". Eine köstliche, sehr sehenswerte und lebendige Szene. Geschmacklich tolle Kreationen, durchaus kreativ, z. B. Burger mit Kimchi, dem koreanischen Pendant zum Sauerkraut, oder „Naanwich", eine Sandwichrolle mit Curry in indischem Naan-Brot (das man in Berlin gelegentlich gerne als „lustiges Fettbrot" bezeichnet). Die alte Markthalle aus dem 19. Jahrhundert sorgt für das entsprechende Ambiente, dienstags, freitags und samstags gibt es hier einen Wochenmarkt.
Markthalle Neun – Street Food Thursday, *Eisenbahnstraße 42/43, Tel. 030/61073473, www.markthalleneun.de, U1 Schlesisches Tor oder U1/M29 Görlitzer Bahnhof, Do 17–22 Uhr. [F4]*

Arminiusmarkthalle, Moabit

In der 1891 eröffneten Markthalle spürt man noch etwas „historischen Hauch". Sie vereint Vergangenheit mit trendigen Angeboten. Weit weg von Hipness geht es hier eher „geordnet" zu. Es gibt feste Stände mit allerlei Leckereien, die es wert sind, probiert zu werden. Pignut BBQ bietet Sandwiches mit Pulled Pork, bis zu 20 Stunden lang gegartem Fleisch – eine Spezialität aus den US-Südstaaten. Man kann sich an Bio-Burgern laben (Burgerlich) oder an kreolischen Wraps (Dodo to go), aber auch an italienischen Spezialitäten wie frischer Pasta und köstlichen Antipasti. Probieren sollte man auch das lokale Bier BrewBaker. Im Fischladen gibt's tolle Angebote, Austern, Wein … Und auch Österreich lässt grüßen: Habe die Ehre verwöhnt mit vorzüglichem Tafelspitz, Schmankerln von Käse bis Wurst …
Arminiusmarkthalle, *Arminiusstraße 2–4, www.arminiusmarkthalle.com, U9 Turmstraße, Gastronomie Mo–Sa 12–21, alle anderen Verkaufsstellen in der Halle ab 8 Uhr. [C2]* (mi)

98 Bio in Berlin I: Leckeres von Brot bis Marmelade

Die Vielfalt Berlins spiegelt sich auch in entsprechend kreativen und alternativen Lebensstilen wider. Und da ist Bio einfach naturgemäß zu Hause. Dabei macht der Trend beim Essen längst nicht Halt: Friseure, Kosmetikläden, Mode, Möbel und was sonst noch alles das Leben umgibt – fast kein Bereich wird ausgeklammert. In dieser wahrlich bunten Szene gibt es so manches Kleinod zu entdecken: Lädchen, Manufakturen, Pioniere.

Berliner Vollkorn-Pionier – der Brotgarten in Charlottenburg

Die Vollkornbäckerei **Brotgarten** wurde bereits 1978 in einem typischen Berliner Kiez eröffnet. Wenn man heute den Laden betritt, duftet es bereits wunderbar – kein Wunder: Die Backstube ist gleich nebenan. Es gibt nicht nur rustikale Bio-Brote unterschiedlicher Art, sondern auch Kuchen, Torten, Quiches, Müsli, Kaffee, frische Salate, täglich wechselnde Suppen und und und ... Im kleinen Laden herrscht oft dichtes Gedränge, in der warmen Jahreszeit kann man an Tischen direkt am Bürgersteig die vollwertigen Köstlichkeiten genießen.

Brotgarten, *Seelingstraße 30, Tel. 030/3228880, www.brotgarten.de, Mo–Fr 7–18.30, Sa/So 7–15 Uhr. Bistro, Seelingstr. 28, Mo–Fr 11.30–14 Uhr. [A3]*

Bio-Bäcker aus Überzeugung – Beumer & Lutum

Seit 1993 backen **Beumer & Lutum** nach ökologischen Kriterien: Fast alle Zutaten kommen aus der Region, alles ist bio-zertifiziert, die Backstuben funktionieren mit Wärmerückgewinnung, der Strom stammt aus erneuerbaren Energien. Hergestellt werden Spezialitäten aus den verschiedensten Ländern und Regionen. Nicht ohne Grund gewinnt die Bäckerei seit über 20 Jahren auch außerhalb des eigenen Kiezes Kunden. Mittlerweile gibt es neben der Zentrale in der Cuvrystraße vier weitere Filialen in Berlin, die Backwaren findet man auch in vielen Cafés, auf Märkten etc. Vor Ort gibt es Brot, Kuchen, Frühstück und eine täglich wechselnde Mittagskarte mit vorwiegend vegetarischen Gerichten.

Bäckerei Beumer & Lutum, *Hauptfiliale: Cuvrystr. 22, Tel. 030/6123119, www.beumer-lutum. de, Mo–Fr 7–18.30, Sa 07–13.30, So 8–13.30 Uhr. [östlich von F4]*

Qualität seit drei Jahrzehnten – Bio-Bäckerei Bucco im Wedding

Schon seit fast 30 Jahren wird in der schmalen Seitenstraße im Wedding ökologisch gebacken. Und seit Daniela Bucco und ihr Ehemann den Laden 2008 übernommen haben, sind sie emsig dabei, superleckere Brote, Brötchen, Kuchen und Torten herzustellen. Die **Bio-Bäckerei Bucco** ist ein echter Familienbetrieb, unauffällig in der Präsentation, aber sensationell in der Qualität. Gearbeitet wird streng nach Bio-Normen, die handwerklich gekonnt umgesetzt werden. Hier sieht und schmeckt man Handwerkskunst wie zu Großmutters Zeiten. Vorsicht: Die Nussecken machen süchtig!

Bio-Bäckerei Bucco, *Ravenéstr. 1, Tel. 030/4617370, Mo–Fr 8–18, Sa bis 13 Uhr. [D1]*

Handgemacht – die Schokoladenmanufaktur Atelier Cacao in Mitte

Bei allen Produkten der Bio-Schokoladenmanufaktur **Atelier Cacao** spürt man allerhöchste Qualität. Alles wird im Haus in einer gläsernen Werkstatt produziert: Unzählige verschiedene Schokoladen, Torten, verführerische Kuchen, sagenhaft leckere Pralinen und Eis. Im gemütlichen Café und im Garten des Innenhofs kann man alles vor Ort

Alles bestes Bio: die Auswahl im Brotgarten

verkosten. So lässt es sich leben! Zudem ist die Gegend unweit des Hackeschen Marktes perfekt zum Schlendern: Hier findet man kleine Geschäfte, von Mode- und Schmuckdesignern über Galerien bis hin zu schnuckeligen Restaurants.

Atelier Cacao, *Linienstraße 139/140, Tel. 030/34502680, www.atelier-cacao.de. Mi–Mo 12–19 Uhr (im Sommer geschlossen). [E2]*

Bio-Eis für Groß und Klein – Rosa Canina in Prenzlauer Berg

Wunderbares, nicht nur für die vielen Kinder vom Prenzlauer Berg: Leckeres Bio-Eis in verschiedenen Variationen, von klassischen Sorten wie Schokolade, Vanille oder Erdbeere bis hin zu extravaganten Geschmacksrichtungen wie Himbeere mit Basilikum oder Ananas mit Salbei gibt es bei **Rosa Canina**. Man merkt sofort den Unterschied zum „Fabrik-Eis", das oft nur süß und voller künstlicher Aromen daherkommt. Hier erschmeckt man die natürlichen Inhaltsstoffe wie Vanille, Kakao oder Zitrone – und natürlich beste Bio-Milch.

Rosa Canina, *Eiscafé: Hufelandstraße 7, Produktion und Straßenverkauf: Pasteurstraße 32 (5 Gehminuten), Tel. 0163/8082002, www.rosacanina.eu, März–Oktober So–Mo 13–19 Uhr. [F2]*

Das Beste aus der Frucht – die Bio-Marmeladenmanufaktur Bols & Hansen in Kreuzberg

Berlins einzig wahre Marmeladen-Manufaktur steht in Kreuzberg. In liebevoller Handarbeit werden bei **Bols & Hansen** aus besten Früchten Konfitüren und Brotaufstriche in garantierter Bio-Qualität hergest- ... Ach, was, das klingt zu technisch!: in Köstlichkeiten mit 66–75 % Fruchtgehalt verwandelt! Die Früchte kommen aus dem Umland, man kennt die Bauern noch persönlich und wählt selber aus. Das Motto heißt „Regional und saisonal". Je nach Jahreszeit werden „Sauerkirschen mit Holunder und Mandeln" gemischt, „Zwetschgen mit Limetten" eingekocht oder „Quitten mit Bourbon-Vanille" veredelt. Alle Marmeladen-Sorten schmecken rein nach Frucht, es wird nur wenig Rohrzucker verwendet. Nur die besten Früchte landen nach der Produktion im Hinterzimmer in schmucken Gläsern.

Bols & Jansen Bio-Marmeladenmanufaktur, *Obentrautstraße 64, Tel. 030/68324044, www.biomarmelade-berlin.de, Di–Fr 10–16, Do bis 18, Sa 12–16 Uhr. [D4/E4]* (mi)

99 Bio in Berlin II: Richtig einkaufen

Von den großen Bio-Ketten, die es mittlerweile in jeder größeren Stadt gibt, finden sich in Berlin an allen Ecken Filialen. Daneben existiert aber eine ganze Reihe alteingesessener Läden, die mit bodenständigem Charme überzeugen und stets beste Bio-Qualität bieten.

LPG – Bio in Gemeinschaft

1994 wurde die **Bio-Ladenkette LPG** gegründet, stadtweit gibt es mittlerweile acht Filialen. Im Vergleich zu den Bio-Riesen ist LPG etwas weniger „glattgekämmt", die einzelnen Läden sind alle sehr individuell gestaltet. Zur Philosophie gehört Regionalität, dadurch werden allzu lange Transportwege vermieden. Die Beziehungen zu den Lieferanten sind extrem transparent, man weiß wirklich genau, woher Milch oder Fleisch stammen. Auch in Sachen Wein und Kosmetik ist das Sortiment außerordentlich gut und umfangreich. Eine Besonderheit von LPG ist die Möglichkeit, Mitglied zu werden: Gegen einen Monatsbeitrag, der sich nach der Zahl der Personen im Haushalt berechnet, erhält man einen Ausweis, mit dem man rabattiert einkaufen kann. Passend zu diesem Gemeinschaftsgedanken unterstützt LPG kulturelle und soziale Projekte im Kiez.

LPG Biomarkt, *Tel. 030/6947725. Infos und Filialübersicht unter: www.lpg-biomarkt.de. In den Filialen Mehringdamm und Kollwitzstraße gibt es jeweils ein Bio-Bistro.*

Ein Paradies für Bio- und Käsefreunde: Biotopia im Wrangelkiez

BIOTOPIA in Kreuzberg – Bio-Pionier der ersten Stunde

Nur ein paar Schritte vom Görlitzer Park entfernt kann man ein ur-berlinerisches Bio-Reich entdecken. Seit 1987 bietet **BIOTOPIA** im Wrangelkiez eine große Vielfalt an Bioprodukten an. Die Auswahl reicht von Nudeln und Eingemachtem über Kaffee, Tee und Wein bis zur Babynahrung. Besondere Beachtung verdient auch das Frischwarenangebot: BIOTOPIA führt fast 40 Bio-Käsesorten – ein kleines Paradies für alle Käsefreaks. Ein großer Teil des Ladens ist der Naturkosmetik vorbehalten. Darunter finden sich etwa kleine Seifen in verschiedenen Formen, die sich perfekt als Geschenk eignen – auch für einen selbst. Aber BIOTOPIA ist nicht nur ein Laden, sondern auch ein kommunikatives Café mit vegetarischen Snacks, Kaffee und Kuchen. Auch an die Kinder ist gedacht: Es gibt eine Mal- und Spielecke. (zg)

BIOTOPIA Berlin, *Wrangelstr. 49, Tel. 030/6110014, www.biotopia-berlin.de, Mo–Fr 8.30–20, Sa bis 18 Uhr.*

Vom Einfachen das Gute – ein ungewöhnlicher Lebensmittelladen im Herzen von Berlin

Hinter dem kleinen Laden mit dem vielsagenden Namen **Vom Einfachen das Gute** in Berlin-Mitte steht ein fast philosophisch-politischer Anspruch. Ziel der Betreiber ist es, „gute Landwirtschaft zu unterstützen. Das ist in der Regel Bio-Landwirtschaft." Dabei kommt es nicht immer auf die Zertifizierung an, sondern auf artgerechte Tierhaltung und die Kenntnis des Lieferanten. Hier gibt es sorgfältig ausgewählte Weine, Schinken der Extraklasse, hervorragende Würste und feinste Käsesorten. Dazwischen finden sich regelrechte Spezialitäten, etwa die weltbesten San-Marzano-Tomaten von den Ebenen am Vesuv. Schon beim Anblick läuft das Wasser im Munde zusammen! Zum Glück kann man sich direkt vor Ort einen Teller zusammenstellen lassen, um die Köstlichkeiten gleich am Holztisch zu verkosten und sich das Gute vom Einfachen auf der Zunge zergehen zu lassen.

Vom Einfachen das Gute, *Invalidenstraße 155, Tel. 030/28864849, http://vomeinfachen dasgute.com, Mo–Sa 10–20 Uhr.*

Hinweis: *Gleich in der Invalidenstraße 153 gibt es mit* **Bio Deli** *(www.bio-deli.de) einen weiteren sympathischen kleinen Bio-Händler.*

Einkaufen wie zu Großmutters Zeiten – Lebensmittel Hillmann

Im bunten Kreuzberg ist **Hillman** eine kleine Institution. Es ist quasi der totale Gegenentwurf zu den gängigen Supermärkten. Nicht Fülle und Vielfalt ist die Maxime, sondern das sehr bewusste Anbieten von zum großen Teil regionalen und Bio-Produkten. Schon die geringe Verkaufsfläche des seit 20 Jahren bestehenden Ladens gebietet eine gezielte Auswahl. Und diese gelingt auch durch die Fachkundigkeit der Inhaber und das Feedback der vielen Stammkunden. Regionalität, Handwerklichkeit und Wissen um Hersteller und Lieferanten spielen hier wichtige Rollen. Das Publikum ist sachkundig, kommunikativ und extrem qualitätsorientiert. Die Wurst- und Käsetheke ist stets belagert, frisches Brot und Brötchen kommen von der Biobäckerei Beumer & Lutum, die superleckeren Käsesorten und appetitanregenden Würste von kleinen Manufakturen z. B. aus der Uckermark, der gekochte Schinken ist ein Gedicht.

Lebensmittel Hillmann, *Oranienstraße 20, Tel. 030/6145644, www.lebensmittel-hillmann.de, Mo–Fr 10–20, Sa bis 15 Uhr.* (mi)

100 Berlin und seine Biere: im Mikrokosmos der kleinen Privatbrauereien

Vor mehr als 150 Jahren gab es noch rund 200 Brauereien in Berlin. Der Bierkonsum boomte: Viele Menschen zogen nach Berlin, um Arbeit in den Fabriken von Siemens, Borsig oder AEG zu finden. Es herrschten sehr beengte Wohnverhältnisse. Am Feierabend, wenn die Arbeit nach 12 oder 14 Stunden zu Ende war, zog es die Männer zur Erholung zunächst eher in die Kneipe auf eine „Molle" statt ins bedrängte Heim.

Auf den Höhen des Barnim im Norden (wozu der Prenzlauer Berg gehört) oder der Teltower Hügelzüge im Süden entstanden die Brauereien. Hier konnte man in die eiszeitlichen Dünenzüge Kühlkeller treiben, wichtig für die gute Lagerung. Das Eis für die Kühlung kam im Winter von Spree und Havel, schmolz dann bis zum Sommer langsam dahin und sorgte für Temperaturen um null Grad Celsius.

Heute dominiert in Berlin die riesige Berliner Kindl-Schultheiss-Brauerei, doch als Gegenbewegung sind in der **Bierszene** in den Stadtteilen Kreuzberg, Wedding oder Moabit Mikrobrauereien entstanden, z. T. direkt in der Gaststätte.

> *Tipp*
>
> **Biertour**
>
> Auch die hippe Craft-Beer-Szene kann man bei einer Führung erkunden. Tourleiter Cliff weiß einiges zu erzählen und da die Führungen auf Englisch stattfinden, geht es international (und meist feucht-fröhlich) zu.
> **Berlin Craft Beer Experience**, *Tel. 01577/ 9216971, www.berlincraftbeerexperience.com, Mi/Do/Sa 19 Uhr, Treffpunkt U-Bahnstation Warschauer Str., ca. 3 Std., Minimum drei Bier, 35 € p. P.*

Tour durch das Brauhaus

Eine wirklich kleine Brauerei ist z. B. am **Rollberg** in Neukölln zu finden, auf dem ehemaligen Gelände der Kindl-Brauerei. Klein, aber fein lautet die Devise. Hier brauen Wilko Bereit und Nils Heins seit 2009 ihr eigenes Bräu nach alter handwerklicher Art, das Bier wird ausschließlich in Fässer abgefüllt und an die Gastronomie verkauft. Wie das Bier vieler kleiner Brauereien ist es etwas naturtrüb und beinhaltet deshalb wirklich gute aromatische Inhaltsstoffe und Vitamine, die nicht weggefiltert wurden. Wer den Bier- mit dem Kulturgenuss verbinden will, kann auch das tun: Auf dem Brauereigelände zeigt das **KINDL – Zentrum für zeitgenössische Kunst** wechselnde Ausstellungen (www.kindl-berlin.de). (mi)

> **Weitere Klein-Brauereien im Stadtgebiet:**
>
> **Brauhaus Südstern**, Berlin-Kreuzberg, Hasenheide 69, 10967 Berlin, Tel. 030/69001624, www.brauhaus-suedstern.de, U-Bahnhof Südstern, im Sommer Mo–Sa ab 14 Uhr. Sonn- und feiertags ab 12 Uhr: Brunch vom Buffet, warme Küche täglich bis 23 Uhr. Außerdem werden Brau-Kurse angeboten!
>
> **Eschenbräu**, Berlin-Wedding, Triftstr. 67, Tel. 0162/ 4931915, www.eschenbraeu.de, tgl. ab 15 Uhr. Kleine Brauerei von Martin Eschenbrenner (Braumeister) mit wunderbar würzigen Bieren. Sie nennt sich Kreativ Brauerei und betont damit den Anspruch auf besondere Biere (es gibt Saison-Biere, fast jeden Monat ein anderes). In einem Keller mitten im Wohngebiet gelegen kann man wunderbare Biersorten genießen und sogar eigenes Essen mitbringen (Teller und Besteck gibt es kostenlos). Aber es gibt auch Flammkuchen und frische Brezeln.
>
> **Hausbrauerei Hops & Barley**, Berlin-Friedrichshain, Wühlischstr. 22/23, 10245 Berlin, Tel. 030/ 29367534, www.hopsandbarley-berlin.de, Mo–Fr ab 17, Sa–So ab 15 Uhr. Kleinigkeiten wie Bockwurst und belegte Stullen und natürlich wunderbare Friedrichshainer Biere.

Info

Hinkommen: U8 Boddinstraße oder U7 Rathaus Neukölln. [F5]

Information: Privatbrauerei am Rollberg, Am Sudhaus 3, www.rollberger.de, 12053 Berlin, Fr–Sa 17–23 Uhr, nur Bier, kein Essen.

Tipp: Samstags um 17 Uhr kann man mit **Berliner Unterwelten e.V.** (s. S. 62) das Sudhaus und die unterirdischen Bierkatakomben der ehemaligen Kindl-Brauerei besichtigen. **Hinweis:** Man sollte ab 16.15 Uhr da sein, da der Andrang manchmal sehr groß sein kann, und die Gruppen klein gehalten werden. Ein Vorverkauf findet nicht statt. **Taschenlampe und festes Schuhwerk** erforderlich. Infos: www.berliner-unterwelten.de.

Essen & Trinken: Nach einem Besuch der Brauerei eignet sich für einen leckeren Imbiss das **Sala da Mangiare**, Mainzer Straße 23, 12053 Berlin, Tel. 0176/65601029, 030/33850420, www.saladamangiare.de, Di–Sa 19–23 Uhr. Sehr nettes italienisches Restaurant, eher preiswert, besonders gute Bruschetta, kleine, wechselnde Karte. Reservierung empfohlen, da nur wenige Tische.

101 Mit oder ohne?
Die Berliner Currywurst, det Orijinal

Schon von weitem weht einem der unentrinnbare Duft entgegen. Beim Nähertreten hört man das unaufhörliche Geräusch der in Öl brutzelnden Würste. Die Gestalten, die an den Stehtischen genüsslich ihre Pappteller leeren, wirken wie eine kleine verschworene Gemeinschaft. Hier an der Bude sind alle gleich. Bauarbeiter, Politiker, Taxifahrer, Künstler, der 5-Sterne-Koch und neugierige Touristen. Deshalb passt sie so gut zu Berlin. Unbeeindruckt von Döner und Burger – die **Berliner Currywurst ist Kult**.

„Es war in einer regnerischen Herbstnacht des Jahres 1949, am 4. September. Es goss kleene Kinderköppe, keen Mensch war an meiner Bude. Aus Langeweile rührte ich Gewürze mit Tomatenmark zusammen. Und es schmeckte herrlich." Damit hatte Herta Heuwer in ihrem Imbissstand in Charlottenburg die Soße erfunden, welche die Wurst erst zur Currywurst macht. Unter dem Namen Chillup (aus Chili und Ketchup) markenrechtlich geschützt, war ein kulinarisches Wahrzeichen Berlins und ein Exportartikel geboren. Eine Gedenktafel am Haus Kantstra-

> **Die Currywurst**
>
> Die original Berliner Currywurst-Soße enthält klassische Zutaten wie passierte Tomaten oder Tomatenmark, Trinkwasser, Currypulver, Paprika, Worcestershiresauce, Zucker, Salz, Chilipulver und Obstkonserven. Wer auf sich hält, stellt seine eigene Soße her – es gibt etliche Varianten.
>
> Die echte Berliner Currywurst hat keine Pelle, wird aber auch mit Darm akzeptiert. Deshalb wählt man bei der Bestellung kurz „Currywurst mit" oder „Currywurst ohne". Auf „scharf" oder „extra scharf" folgen Cayennepfeffer, zerstoßene Chilischoten oder Tabasco. Auch „scharfe Zwiebeln" sind ein gängiger Wunsch.
>
> Nicht vergessen: Die Currywurst ist eine Kalorienbombe und gilt bei Ernährungsexperten als „zu fettig, zu salzig und zu süß".

Die wohl berühmteste Curry-Bude der Welt: Konnopke's unter den S-Bahnbögen

ße 101 erinnert an Hertas „Erste Currywurst-Braterei der Welt". Außerhalb Berlins ist die Currywurst besonders in Hamburg und im Ruhrgebiet verbreitet. Von Herbert Grönemeyer besungen, mit „Drei Damen am Grill" verfilmt, wurde sie von Uwe Timm literarisch sogar an einen neuen Ursprungsort in Hamburg versetzt. Im Süden Deutschlands allerdings wirkt der bayerische Weißwurst-Äquator als natürliche Grenze.

Die Klassischen
Die typische Berliner Imbissbude befindet sich unmittelbar an einer lauten Verkehrsstraße. Oft steht man dicht an dicht. Je ungemütlicher die Atmosphäre, desto konzentrierter erfolgt die Einnahme der fettigen Mahlzeit. Man isst im Stehen und aus praktischen Gründen mit leicht vorgebeugtem Oberkörper, bis nur noch ein Rest unschön aussehender roter Schmiere übrig bleibt. Guten Appetit.

Die Berühmten
Die legendärste Imbissbude der Stadt ist Konnopke's Imbiß in Prenzlauer Berg unter dem U-Bahn-Viadukt. Max Konnopke machte in den 1960ern die Currywurst ohne Darm im Ostteil der Stadt bekannt, indem er eine spezielle Soße entwickelte, deren Rezept bis heute in der Familie gehütet wird. Der Kiosk wird umtost vom Autoverkehr, während oben die U-Bahn rattert. Mo-Fr 9.30–20 Uhr, Sa 11.30–20 Uhr, So Ruhetag, http://konnopke-imbiss.de. U-Bahnhof Eberswalder Straße (101 in Karte). [F1]
Die Institution in Kreuzberg heißt seit 1980 Curry 36. Bis zum frühen Morgen herrscht hier Hochbetrieb und gute Stimmung bei alteingesessenen Kreuzbergern, Taxifahrern, Kino- und Partygängern. Tgl. 9–5 Uhr, Mehringdamm 36, U-Bahnhof Mehringdamm, www.curry36.de.

Luxus
Im Bier's Kudamm 195 wird zur Wurst Champagner geschlürft, beliebt bei Promis, Nachtschwärmern und Geschäftsleuten. Auf den Wochenmärkten am Hackeschen Markt (Do 9–18 Uhr) und am Kollwitzplatz (Sa 9–16 Uhr) bietet der Catering-Service Zander (das zugehörige Restaurant ist mittlerweile geschlossen) ein Yuppie-Menü mit Trüffel-Pommes, Blattgold und Sekt. Die Edel-Wurst auf weißem Porzellan im Restaurant Quarré im Hotel Adlon am Pariser Platz kostet 17 € und wird mit Pommes im Glas serviert.

Bio und Vegetarisch
Bio-Currywurst und Bio-Pommes gibt's bei Witty's und Fritz & Co auf dem Wittenbergplatz. Der Frittiersalon im Friedrichshainer Szenekiez in der Boxhagener Straße bietet Bio-Würste für Veganer mit handgeschnitzten Pommes, wahlweise auch gezuckert (www.frittiersalon.de). Längst Kult ist Alain Snack (Schönhauser Allee 116a), das Bio-Gegenstück zu Konnopke's. Spezialität ist neben der Bio-Curry- die Ket-Wurst, das Ost-Pendant zum Hot Dog. (md)

Info
Im **Deutschen Currywurstmuseum** entdecken die Besucher auf designtem Soßenstrom und interaktiven Spielen die Currywurst-Welt. Schützenstraße 70 (100 m vom Checkpoint Charlie), Tel. 030/88718647, www.currywurstmuseum.com, tgl. 10–18 Uhr, 11 € (inkl. Currywurst-Kostprobe „Currywurst in the cup") oder 13,90 € (inkl. Currywurst-Menü), U6 Kochstraße oder Stadtmitte, U2 Stadtmitte, M29 Kochstr./Checkpoint Charlie, M48 Stadtmitte/Leipziger Str., 265 Stadtmitte/Krausenstr.

Elf Ausflüge ins Berliner Umland

Über allen Wipfeln: der Baumkronenpfad bei den Beelitzer Heilstätten

Im späten 19. Jh. grassierte in Berlin die Tuberkulose. Aufgrund der Industrialisierung waren zahlreiche Tätigkeiten mit körperlicher Anstrengung und viel Staub und Rauch verbunden. Immer mehr Arbeiter lebten dicht gedrängt in Mietskasernen – mit wenig Licht, schlechter Luft und bestenfalls fragwürdigen sanitären Einrichtungen. Manchmal wurden Schlafmöglichkeiten sogar im 8-Stunden-Takt vermietet. Entsprechend groß war die Ansteckungsgefahr, die Zahl der Neuinfektionen schnellte in die Höhe. Darunter litt natürlich auch das unter Reichskanzler Otto von Bismarck eingeführte Sozialsystem.

Um der Epidemie Herr zu werden, ließ die Landesversicherungsanstalt Berlin 1898 gut 50 km südwestlich der Stadt auf einem fast 200 ha großen Gelände die **Beelitzer Heilstätten** errichten. Abseits des Großstadttrubels, inmitten der ausgedehnten Wälder war die Luft rein und klar, was gute Heilungschancen bot.

Der Klinikbetrieb war nach damaligen Maßstäben hochmodern: Es gab Badeabteilungen, relativ geräumige 2- und 4-Bettzimmer, große Liegehallen mit geöffneten Seiten zur Frischlufttherapie, Großküchen und Wäschereien. Nahe Unterkünfte für das Personal, eine eigene Post, ein Bahnhof und ein eigenes Heizkraftwerk, das auch die Stromversor-

Blick vom Baumkronenpfad auf das überwucherte Alpenhaus

gung sicherstellte: Die Beelitzer Heilstätten bildeten fast eine Stadt für sich – deren **verlassene Überreste** heute eine besondere, weltferne Atmosphäre umgibt.

In dieser Umgebung wurde im September 2015 der **vielleicht schönste Baumkronenpfad Deutschlands** eröffnet. In bis zu 23 m Höhe spaziert man zwischen Baumwipfeln, das Herzstück bildet ein **36 m hoher Aussichtsturm**. Doch sind es nicht die Ausmaße, die diese Anlage so besonders machen: Der Pfad windet sich über verwunschene Wälder und über den pittoresken Gebäuden der ehemaligen Heilstätten, die längst von der Natur zurückerobert wurden. Pflanzenumrankt und sich selbst überlassen, lugt dieses einstige Modell medizinischen Fortschritts wie ein morbid-malerisches Märchenschloss aus dem Wald hervor. Wie treffend deshalb der Name des Weges: Baum und Zeit!

Den angenehm breiten Pfad brauchen auch Höhenangsthasen nicht zu scheuen. Zudem ist an alles gedacht: Das gesamte Gelände ist barrierefrei, zum Baumkronenpfad führt auch ein Lift. In der Nähe gibt es ein Restaurant mit Biergarten; ein Waldspielplatz liegt zentral gleich nebenan. Auf dem Pfad können die Besucher von fünf Aussichtsplattformen mit Sitzplätzen aus die Weite der Landschaft, die großflächige Anlage und die herrliche Natur genießen, buchstäblich in Schulterhöhe mit den Baumgiganten! Bei gutem Wetter reicht die Sicht vom Aussichtsturm sogar bis zum Berliner Fernsehturm.

Einen beeindruckenden Anblick bietet auch das nahe **Alpenhaus**, eine Heilstätte für lungenkranke Frauen, die am Ende des Zweiten Weltkriegs vollständig ausbrannte. Auf dem eingefallenen Dach ist mittlerweile ein richtiger kleiner Wald entstanden und überall wo Licht und Feuchtigkeit es zulassen, wuchert es weiter.

Die selbst in ihrem Verfall imposanten Beelitzer Heilstätten sollte man aber nicht nur aus der Vogelperspektive erkunden, sondern auch im Rahmen einer **Führung** vom Erdboden aus. Die historischen Ruinen lassen den Besucher direkt in die Vergangenheit der Kaiserzeit treten! (mi)

Hinkommen: Mit dem Auto von Berlin über die A115 nach Süden, dann weiter über A10 und A9 (Richtung Dessau) bis zur Ausfahrt Beelitz-Heilstätten oder mit der Regionalbahn 7 bis Beelitz – Heilstätten.

Informationen: Baum und Zeit, Straße nach Fichtenwalde 13, 14547 Beelitz-Heilstätten, Tel. 033204/634723, www.baumundzeit.de. Eintritt 9,50 €, Familienkarte 25 €, Mai–Sept. 9–19, April/Okt. 9–17, Nov.–März 10–16 Uhr. Führungen (1 Std.) Mo–Fr 14, Sa/So 12, 13, 14 und 15.30 Uhr, 4 €. Gebäudeführung Sa/So/feiertags 11.30, 13.30 und 15.30 Uhr, 10 €. Weitere Infos zu Führungen s. a.: www.go2know.de.

Essen und Trinken: Zum Pförtnerhaus, Straße nach Fichtenwalde 13, 14547 Beelitz-Heilstätten, Tel. 033204/638330, www.zum-pfoertnerhaus.com. Deutsche Küche, gute Schnitzel, nachmittags auch Kaffee und Kuchen. Mi–Do 13–19, Sa/So 12–19, Mo/Di geschl.

Tipp: Für die Begehung des Baumkronenpfades sowie für die Führung zu einzelnen Gebäuden sollte man unbedingt genug Zeit einplanen – beides gehört zum Erlebnis Beelitz hinzu. Und noch ein Hinweis für die Gourmets: Beelitz ist *das* Spargelanbaugebiet Berlins.

2 Das Tegeler Fließ: durch naturbelassene Landschaften in das älteste Dorf Berlins

Eine besonders schöne Fahrradtour am Rande des weniger touristischen Berlin führt von Tegel zum alten Dorf **Lübars**. Auf etwa 8–10 km – je nachdem, welche der oft parallel führenden Wege man wählt – radelt oder wandert man durch eine der urtümlichsten naturbelassenen Landschaften am Rande der Hauptstadt. Die Wege sind meist breit, nicht befestigt und eben. Dem Fahrgenuss steht also nichts im Wege. Bis auf die letzten ca. 2 km vor Lübars ist der Weg schattig und still, da er durch einen dichten „Urwald" führt.

Der wichtigste Orientierungspunkt ist das **Tegeler Fließ** mit seinem stillen Wasser, also immer die tiefste Stelle der Landschaft. Und hier entlang führt der Weg, mal näher, mal etwas weiter vom Wasser entfernt. Kaum vorstellbar, dass der Bach heute einer uralten Schmelzwasserrinne aus der Eiszeit folgt. Damals schoben sich Gletscher bis in das Berliner Gebiet. Als sie abschmolzen, ließen sie Kies und Geröll zurück, sogenannte Moränen. Und auch heute kann man das am Tegeler Fließ erkennen: An seiner Südseite steigt die Landschaft auf wenigen hundert Metern um etwa 30 m an.

Träge schlängelt sich das Flüsschen, das maximal 8 m breit und dabei 30–80 cm tief ist. Von seiner Quelle bis zur Mündung in den Tegeler See legt es knapp 30 km zurück. Dabei gibt es unterschiedliche Landschaftseindrücke: Manchmal (Richtung Tegeler See) wird das Fließ schmal, später, Richtung Lübars, teils mehrere Meter breit. Der Weg führt an Sümpfen und Mooren vorbei, man sieht verschlungene Auenwälder, morastige Wiesen und fährt entlang des Hermsdorfer Sees, durch den der Fluss fließt. Immer wieder ist man geneigt, stehen zu bleiben, die Ruhe und die Landschaftseindrücke zu genießen. Über morastige, immer feuchte Stellen führen Bohlenstege – fast ist man an die Sümpfe Floridas erinnert. Doch statt der Alligatoren leben hier zum Teil sehr gefährdete Fischarten wie bestimmte Stichlinge, der Gründling oder die Karausche. Nach Lübars – zum Dorf steigt die Landschaft an – gelangt man schließlich über weite, offene, oft morastige Flächen, die nach starken Regenfällen schwer passierbar sein können.

Auf Stegen geht es mitten durch die Natur

Tegeler Fließ | 233

Naturbelassen: das Tegeler Fließ

Lübars ist Berlins ältestes Dorf (1247 urkundlich erwähnt) und noch authentisch erhalten. Reiterhöfe, Bauernhöfe und Stallungen bestimmen das Bild. Die Dorfkirche wurde nach einem Brand im Jahre 1790 im Barockstil errichtet, davor liegt der Friedhof, auf dem 1932 die letzte Bestattung erfolgte. Weiter Richtung Blankenfelde zum östlichen Dorfausgang liegt an der rechten Seite ein von Behinderten betreuter Kräuterhof, auf dem man wochentags frische Kräuter, Obst und Gemüse kaufen kann. (mi)

Hinkommen: U6 Alt-Tegel oder S25 Tegel. Einen Fahrradverleih, **W.A.S. Fahrradladen**, findet man ca. 700 m vom Bahnhof in der Schlieperstr. 27/Ecke Medebacher Weg, Tel. 030/26326608, www.wasfahrradladen.de.
Die Route: Start am U-Bahnhof Alt-Tegel. Man folgt der Berliner Straße stadtauswärts und erreicht nach ca. 500 m eine große Kreuzung (rechts geht's nach Waidmannslust). Nun weitere 300–400 m geradeaus (Karolinenstraße). In Sichtweite des links liegenden Restaurants Wirtshaus Zum Alten Fritz biegt man vorher rechts in eine Stichstraße ein, die auch Karolinenstraße heißt. Nach etwa 150 m erreicht man den Wald und folgt dem Weg. Nach der Autobahnunterquerung führt der Weg links dem Hermsdorfer Damm folgend. Nach 100–200 m überquert man die Straße und folgt dem Schild „Barnimer Dörferweg", der nun bis Lübars durch das Tegeler Fließ führt. Von Lübars können Radel- oder Wandermüde mit dem Bus 222 in knappen 30 Min. zurück nach Tegel fahren.
Dauer: etwa 2–3 Stunden
Weitere Infos:
www.barnim-wanderwege.de/doerferweg_barnimer.htm und www.stadtentwicklung.berlin.de/natur_gruen/naturschutz/natura2000/de/gebiete/tegeler_fliesstal.shtml
Essen & Trinken: Dorfkrug, Alt-Lübars 8, Tel. 030/92210230, www.gasthof-alter-dorfkrug.de, Mi–So 12–22 Uhr. Wunderschön gelegen, drinnen wie draußen im Biergarten kann man die alte dörfliche Atmosphäre genießen.

Info

3 Buddhistisches Haus in Frohnau: Meditieren am Rande Berlins

Eine buddhistische Oase in Berlin? Man glaubt es kaum, wenn man den S-Bahnhof Frohnau verlässt, um nach rechts zum Zeltinger Platz abzubiegen. Um den kreisrunden Platz sind nette, kleine Geschäfte angesiedelt: Ob edle Feinkost, hochwertige Mode oder gute Bücher – eine Runde um den Platz ist sicherlich inspirierend. Ursprünglich hieß der Platz Cecilienplatz, die Umbenennung erfolgte 1937 in Anlehnung an den Ort Zeltingen im heutigen Rheinland-Pfalz, der für seinen Weinanbau bekannt ist. An der Ostseite ragt der Turm der evangelischen Johanniskirche in die Höhe, und rechts davon zweigt der Edelhofdamm ab. Nach einem Kilometer erreicht man den Aufgang zum Buddhistischen Haus.

Der Besucher schreitet zunächst durch das sog. „**Elefantentor**", das nach einer Vorlage aus Sri Lanka errichtet wurde. Danach geht es 73 Stufen hinauf, die in acht Absätze unterteilt sind: Dadurch soll der achtfache Pfad Buddhas zur Erlösung vom irdischen Leid versinnbildlicht werden. Etwas außer Atem – man ist schließlich auf der höchsten Stelle Frohnaus – betritt man dann die kleine, fernöstlich anmutende Anlage, die sofort das Gefühl vermittelt, in eine andere Welt einzutauchen. Eine gut ausgestattete Bibliothek, ein dunkler Meditationsraum mit dem Geruch von Räucherstäbchen sowie die umliegende Parkanlage mit einem kleinen Teich lassen ahnen, wie viel Hintergrundwissen in Planung und Bau der Anlage eingeflossen ist. Man entdeckt auch die Skulptur von Kannon, der Bodhisattva der Barmherzigkeit, ein Geschenk der japanischen Stadt Nagoya aus dem Jahr 1959.

An einer unbekannten Stelle im Garten liegt Paul Dahlke begraben (1865–1928). 1919 erwarb der Berliner Arzt und Homöopath das Gelände, die Gelegenheit war günstig, die deutsche Währung auf ihrem Höhepunkt. Auf dem 36.500 m² großen Waldgelände wurde 1924 das Buddhistische Haus fertiggestellt . Für Dahlke wurde damit ein Traum Wirklichkeit: Er war seit 1900 bekennender Buddhist und hatte sich u. a. in Colombo buddhistischen Studien gewidmet. Als er mit einigen Anhängern in das Haus einzog, war die Idee, dass hier eine Mischung aus einem Kloster und einem Begegnungsort für Laien entstehen sollte. Nach seinem Tod führte seine Schwester mit Freunden das Haus weiter. Als der Zweite Weltkrieg ausbrach, war alles vorbei: Die Nazis konnten eine Religion der umfassenden Toleranz nicht dulden. Nach dem Krieg wohnten hier Flüchtlinge, Geld für notwendige Instandsetzungsarbeiten gab es nicht.

Erst 1957 erfüllte sich Dr. Dahlkes Vision, dass in diesem Haus Buddhisten ständig leben sollten. Der Buddhist Asoka Weeraratna, Gründer und Sekretär der German Dharmaduta Society in Colombo, erwarb unter dem Einsatz seines gesamten Vermögens sowie Spenden aus Sri Lanka (damals noch Ceylon) das Haus mit einem großen Teil des Grundstücks. Seitdem ist es mit Leben erfüllt. Es folgt der Glaubenslehre entsprechend dem Grundsatz der Toleranz. Jeder Besucher ist herzlich willkommen.

Heute finden hier am Wochenende regelmäßig Vorträge mit Diskussionen statt, aber auch an Werktagen gibt es Zeiten für Meditationen. Die Bibliothek und der Meditationsraum stehen jedem Besucher offen. Beide buddhistischen Mönche aus Sri Lanka sind auch für Besucher gerne Ansprechpartner.

(mi)

Statue im Garten

Hinkommen: S 1 Frohnau (ca. 1,3 km Fußweg) und Bus 125/220 Zeltinger Platz
Information: Das Buddhistische Haus, Edelhofdamm 54, Tel. 030/4015580, www.das-buddhistische-haus.de. Tgl. 9–18 Uhr, montags sind Bibliothek und Büro geschlossen.
Essen & Trinken:
Kaffeehaus Zeltinger, Zeltinger Platz 1a, Tel. 030/4011017, www.kaffeehaus-zeltinger.de. Mo–Fr 8.30–18.30, Sa–So 9–18.30 Uhr. Guter Kuchen, leckere Kleinigkeiten, Eis, Kaffee, das alles in netter Umgebung.

Pantalone, Ludolfinger Platz 2, Tel. 030/4019132, www.pantalone.de, tgl. 12–24 Uhr. Guter Service, wunderbare frische Pasta, Antipasti – ein Genuss! Nicht ganz günstig, freundliche Galsträume.
Beide Restaurants befinden sich in unmittelbarer Nähe des S-Bahnhofs.
In der Nähe:
10 Dorfidylle Alt-Tegel (S. 30);
2 Tegeler Fließ/Lübars (S. 232)

4 Woltersdorf, der Tiger von Eschnapur und ein Aussichtsturm

Gute Luft, Entspannung pur. Nach einer halben Stunde S-Bahnfahrt vom Alexanderplatz ist man fernab des Großstadttrubels. Umgeben von Wäldern und Seen ist der Bahnhof Rahnsdorf im südöstlichen Berliner Bezirk Treptow-Köpenick Ausgangspunkt für einen Ausflug ins schöne Brandenburgische Umland.

Am S-Bahnhof Rahnsdorf wartet bereits der zweiachsige Oldtimer der **Woltersdorfer Straßenbahn**, Baujahr 1960, eine der schönsten deutschen Straßenbahnen im regulären Betrieb (www.woltersdorfer-strassenbahn.com). Die Fahrt führt zunächst durch Wälder bis zur Berliner Stadtgrenze, danach weiter an blühenden Gärten und malerischen Landhäusern vorbei bis zur Endstation an der Woltersdorfer Schleuse. Der idyllisch zwischen Kalk- und Flakensee gelegene Fischerort Woltersdorf ist beliebtes Ausflugsziel und begehrter Wohnort. Die **Schleuse** zwischen beiden Seen ist das technisch augenfälligste Bauwerk. Bereits Mitte des 16. Jh. wurde hier eine Schleuse gebaut, die heutige Anlage ist seit 1882 in Betrieb und wurde 1998 saniert. In den Sommermonaten ist hier viel los und zahlreiche Berliner kommen mit den Ausflugsdampfern. Die Bäcker- und Konditorei Café Knappe existiert schon seit 1888 und hält auch „beschwipste" Pfannkuchen feil.

Hinter der Schleuse ragt der **Kranichsberg** auf. Er ist mit 105 Metern der naturgegebene Höhepunkt dieses Ausflugs und nach 10–15 Minuten Aufstieg erreicht. Weitere 90 Stufen führen bis ganz nach oben auf den Aussichtsturm. Dort bietet sich eine grandiose Weitsicht über das ausgedehnte Wald- und Seengebiet, bei guter Sicht sogar bis zum 25 km entfernten Berliner Fernsehturm. Die umgebende Landschaft bot vor ca.

Alte Straßenbahn

100 Jahren beste Voraussetzungen für den Aufbau der größten Film-Kulissenstadt Europas. Hier entstanden seit der Stummfilmzeit mehr als 50 Produktionen, darunter Monumentalfilme wie „Die Herrin der Welt" (1919), der Zweiteiler „Das indische Grabmal" (1921) sowie dessen Tonfilmremake „Der Tiger von Eschnapur" (1938). Am Kalksee baute man riesige Paläste und Tempel aus Pappmaché und Zirkus Sarrasani lieferte Elefanten und Tiger. Zahlreiche Fotos, Artikel und einige Relikte des Märkischen Hollywood am Kalksee sind im Aussichtsturm ausgestellt. (md)

Im Aussichtsturm wird an die Vergangenheit von Woltersdorf als Filmstadt erinnert

Am Kalksee

Hinkommen: S3 Rahnsdorf, Tram Nr. 87 bis Endstation Woltersdorfer Schleuse.
Information:
www.woltersdorf-schleuse.de
Woltersdorfer Aussichtsturm auf dem Kranichsberge, Tel. 03362/24793, www.woltersdorfer-verschoenerungsverein.de, April–Okt. Mo–Fr 9.30–15.30, Sa–So 10–17, Nov.–März Sa–So 10–16 Uhr, 1,50 €.
Essen & Trinken: Liebesquelle, Brunnenstr. 2, 15569 Woltersdorf, Tel. 03362/5340, www.restaurant-liebesquelle.de. Von der Seeterrasse hat man einen guten Blick auf das Schleusen der Boote, innen besticht das Lokal eher mit DDR-Charme.
Tipp: Eine Tour nach Woltersdorf lässt sich gut mit dem Besuch der Rüdersdorfer Kalksteinbrüche verbinden (s. S. 238). Ein 4 km langer, schöner Spazierweg führt entlang des Kalksees. Er beginnt in Woltersdorf und führt nach Rüdersdorf, zur Haltestelle Rudolf-Breitscheid-Straße der Tram Nr. 88.

5 Rüdersdorf und eine Tagebau-Mondlandschaft

Vom S-Bahnhof Friedrichshagen fährt die Straßenbahn mit Höchstgeschwindigkeit durch den Berliner Stadtforst. Wald so weit das Auge reicht. Genau hinter der Stadtgrenze beginnt die Vorortsiedlung Schöneiche, in der zahlreiche Berliner den Traum vom Haus im Grünen verwirklichen. Nach 25 Minuten ist ein faszinierender Ort erreicht: die Rüdersdorfer Kalksteinbrüche. Sie geben den Blick frei in ein **Bilderbuch der Erdgeschichte**: Jahrmillionen alte Gesteinsschichten und Fossilien. Seit 750 Jahren wird bis heute im Tagebau Kalkstein abgebaut, den man z. B. im **Brandenburger Tor** oder im Schloss Sanssouci in Potsdam findet. Bereits 1254 baute man mit Rüdersdorfer Kalkstein das nahegelegene Dominikanerkloster Strausberg. Zu DDR-Zeiten wurde Rüdersdorf Zentrum der Baustoffindustrie, begleitet von enormen Luftverschmutzungen. Doch das ist, mit Blick auf die weiße Kalklandschaft, Schnee von gestern. Doch genutzt wird der Steinbruch weiterhin: Heute steht in Rüdersdorf der modernste Zementofen Europas.

Ein Teil des weißen Canyons kann als großes **Open-Air-Museum** mit faszinierenden Industriedenkmälern besichtigt werden. Ein kleiner Spaziergang von 250 Metern führt von der Straßenbahnhaltestelle Heinitzstraße in eine gänzlich andere Welt. Der Muschelkalk liegt hier sehr dicht unter der Oberfläche, so nah wie kaum woanders in Norddeutschland – mit Ausnahme der Insel Rügen. Es ist das größte geologische „Fenster" in dieser Region, ein Fenster in die über 250 Millionen Jahre zurückreichende Ver-

Mondlandschaft bei Rüdersdorf

gangenheit der **Trias-Meere**. Die versteinerten Zeugnisse von Dinosauriern oder Muscheln zeichnen ein Bild dieser Zeit. Man kann hier selbst auf Sammeltour gehen, mit dem Fahrrad den Tagebau erkunden und eigenhändig Fossilien des Trias-Meeres suchen – unter fachkundiger Anleitung. (md/mi)

Spezieller Charme: Industrieruinen der Brennöfen

Der Rüdersdorfer Ofen – eine revolutionäre Entwicklung

Kalkgestein enthält naturgemäß mehr oder weniger Wasser, das das Gestein weich macht. Erst durch Brennen verschwindet der Wasseranteil, das Gestein härtet aus und wird als Baumaterial brauchbar. Brennöfen und ihre technische Entwicklung waren dabei besonders wichtig. Durch getrennte Kammern – aus der Feuerkammer leitete man die heiße Luft in die eigentliche Brennkammer – war es mithilfe des Rüdersdorfer Ofens möglich, sauberen Kalk ohne Feuerverunreinigungen zu gewinnen, und das ohne Unterbrechung. Während die Feuerkammer von oben immer wieder mit Steinkohle beschickt wurde, entnahm man unten aus der Brennkammer den gebrauchsfertigen Kalk. Durch „Hintereinanderschaltung" von 18 Brennöfen gelang ab 1871 eine Produktionssteigerung um 1.000 %.

Hinkommen: S3 Friedrichshagen, Tram 88 Heinitzstraße.
Information: Museumspark Rüdersdorf, Heinitzstraße 9, 15562 Rüdersdorf, Tel. 033638/799797, www.museumspark.de, April–Okt. tgl. 10–18 Uhr, im Winter 10.30– 16 Uhr, 5 €. Da das Gelände sehr weitläufig ist, sind im Sommer E-Bikes zum Ausleihen vorhanden (bitte vorher bestellen, 3 €/Std. + 100 € Kaution). Fossilien-Sammeln im Tagebau (15 €/Std., Kinder 10 €) nur nach voreriger Anmeldung.

6 Am Großen Müggelsee: Wasser, Wälder und ein bisschen Venedig

Im Osten der Stadt fließt die Spree durch den Müggelsee, Berlins größtes Gewässer. Konsequenterweise nennt man den Flussabschnitt zwischen Köpenick und Dämeritzsee (und darüber hinaus) deshalb „Müggelspree". Vor der Wende war dies *d a s* Naherholungsgebiet der Ostberliner, während die „Westler" ihren Wannsee genießen konnten. Mit fast 7,5 km² Seenfläche und einer Länge von über 4 km und Breite bis zu 2,5 km ist das Gebiet extrem abwechslungsreich.

> **Tipp**
>
> **Empfohlene Strecke**
>
> Vom S-Bahnhof Friedrichshagen über die nach Süden anschließende Bölschestraße zum Müggelseedamm, danach ostwärts Richtung Rahnsdorf. Hier von der Fürstenwalder Allee nach rechts in den Rialtoring (Neu Venedig) und über die Triglawbrücke auf die andere Seite der Spree. Auf Waldwegen zurück zum Müggelsee-Ufer und am Westende des Sees durch den Spreetunnel nach Friedrichshagen (ca. 25 km). Alternative: bis nach Köpenick und dann mit dem Schiff zurück nach Berlin.

Der größte Ortsteil am See – zu Köpenick gehörend – ist das 1753 gegründete Friedrichshagen. Der „Kudamm" von Friedrichshagen ist die gemütliche **Bölschestraße**, die vom S-Bahnhof direkt zum See führt, gesäumt von vielen kleinen Geschäften und z. T. hübsch restaurierten Häusern. Im vergangenen Jahrhundert lebten hier Schriftsteller und Künstler. Ein Abstecher von der Bölschestraße zur östlich gelegenen Breestpromenade lohnt für alle, die an schönen alten Villen interessiert sind.

Überquert man hingegen nach Süden hin den Müggeldamm, gelangt man zum Spreetunnel, der das Gewässer unterquert. Auf beiden Uferseiten kann man gemütlich einkehren, z. B. im Bräustübl Restauration (s. u.) oder auf der Spree Arche (s. S. 185).

Gut mit dem Kanu zu erkunden: Neu-Venedig

Folgt man den Müggelseedamm nach Osten, erreicht man nach einigen Kilometern über den Fürstenwalder Damm **Rahnsdorf**, ein kleines Fischerdorf mit z. T. idyllischem Charakter. Die Dorfstraße und der Dorfanger stehen unter Denkmalschutz. Zurück auf der Fürstenwalder Allee geht es bis zur Abzweigung des Rialtorings, und schon kommt man in das Gebiet des reichverzweigten Müggelspree-Deltas, in dem die malerische Siedlung **Neu-Venedig** liegt. Das Gebiet mit vielen Wochenendhäusern wird von fünf Kanälen durchzogen, die seit 1926 die ursprünglich sumpfige Landschaft entwässern. Zwölf Brücken – auch eine Rialtobrücke – führen zu den Siedlungsinseln, die ebenfalls durch kleine Brücken verbunden sind. Jedes Grundstück liegt am Wasser. Die Straßen sind ebenso schmal wie die Kanäle, auf denen man am besten mit einem Kanu vorankommt. Wander- und Fahrradstrecken führen über die Triglawbrücke auf die Südseite des Sees.

Die hier liegenden Müggelberge sind bis zu 115 m hoch. Sie sind aufgeschobene Sandmoränen aus der Eiszeit und vom Müggelturm kann man über die Seen- und Flusslandschaft den Blick bis Berlin schweifen lassen. An der Westseite gelangt man durch den Spreetunnel nach Friedrichshagen zurück. Empfehlung: Stattdessen weiter nach Köpenick radeln und von dort mit dem Schiff nach Berlin zurück. (mi)

Tipp

Boot mieten

Mit Motorbooten bis 15 PS kann man ohne Boots-Führerschein fahren. Das reicht für bis zu 12 km/h und ist mehr als ausreichend, denn die Wasserflächen sind nicht riesig, und ein gemächliches Tempo ermöglicht mehr Genuss. Je nach Boot kosten fünf Stunden ca. 50–70 €.
Friedrichshagen: *Bootsverleih Spreepoint, Müggelheimer Damm 143 (Rübezahl Ferienpark Müggelsee), Tel. 030/6411291, 0171/7140816, http://spreepoint.de/.*
Hessenwinkel/Neu Venedig: *Bootsverleih Hessenwinkel, Triglawstr. 20 (Büro Nr. 30), Tel. 0173/1043917, www.bootsverleih-hessenwinkel.de.*

Info

Hinkommen: S3 Friedrichshagen
Information: Touristinformation, Alt-Köpenick 31-33, Tel. 030/6557550, www.tkt-berlin.de; www.am-mueggelsee.de.
Aktivitäten: entweder mit dem Fahrrad rund um den Müggelsee oder mit einem Boot fahren. Baden: Nordseite bei Rahnsdorf/Strandbad, Fürstenwalder Damm 838. Und an vielen Stellen unterwegs, www.berlin.de/badegewaesser/.
Schifffahrten: um den Müggelsee und von und nach Berlin ab Köpenick, um den Müggelsee ab Friedrichshagen, www.sternundkreis.de. Grillboot-Verleih (s. S. 180). Wer selber fahren möchte: Surf- & Segelschule Müggelsee, Fürstenwalder Damm 838 (Nordufer bei Rahnsdorf, Tel. 030/6481580, www.surf-und-segelschule-mueggelsee.de); Rübezahl Ferienpark, Müggelheimer Damm 143 (Südufer, Tel. 030/65661688-0, www.ruebezahl-berlin.de).

Essen & Trinken: Friedrichshagen:
Bräustübl Restauration, Müggelseedamm 164, Tel. 030/37446769, www.braeustuebl-mueggelsee.de, Mo–Sa 8–24, So 11–24 Uhr. Deftige Berliner Hausmannskost, preiswert, frisch gezapftes Bier vom Köpenicker Bürgerbräu.
Domales, Josef-Nawrocki-Str. 22, Tel. 030/64091879, www.domaines-berlin.de, tgl. 12–22 Uhr. Gemütliches Retaurant in denkmalgeschütztem Gebäude mit schönem Außenbereich und französisch inspirierter Küche.
Neu Venedig: Gaststätte Neu Venedig, Finkenweg 348, Tel. 0176/22245149, www.neuvenedig.de. Am Kanal gelegen, in der Siedlung „versteckt", einfach, preiswert und bei Einheimischen beliebt.
In der Nähe: **12** Köpenick (S. 34)

7 Nach Ribbeck im Havelland, wo einst der Birnbaum stand …

Nur weniger als 50 km westlich von Berlin gelegen, doch fast wie eine Reise in eine andere Welt. Verlässt man die Hauptstadt vom Brandenburger Tor in Richtung Westen, wird die Umgebung immer ländlicher. Aneinandergereihte Dörfer, typische Baumalleen, dazwischen weite Felder, die von Flüssen und Bächen durchzogen werden – das ist **typisch Havelland**. Und besonders, wenn sich im Sommer der blaue Himmel über den Horizont spannt und man das idyllische Dorf Ribbeck erreicht, werden Theodor Fontanes Worte erlebbar.

Das Dörfchen sieht tatsächlich aus wie aus dem Bilderbuch. Man fühlt sich wie in eine andere Zeit versetzt und genießt die gastfreundliche Infrastruktur. Alles Sehenswerte ist bequem zu Fuß erreichbar. Das neubarocke **Schloss Ribbeck** aus dem 19. Jahrhundert wurde wunderbar restauriert und beherbergt heute ein gediegenes Restaurant. Da ist der kleine Weiher für Löschwasser, und dort die aus dem 14. Jahrhundert stammende einschiffige **Kirche**, neben der der legendäre Birnbaum stand, der heute von einem „Nachfolger" ersetzt ist.

> „Herr von Ribbeck auf Ribbeck im Havelland,
> Ein Birnbaum in seinem Garten stand,
> Und kam die goldene Herbsteszeit
> Und die Birnen leuchteten weit und breit,
> Da stopfte, wenn's Mittag vom Turme scholl,
> Der von Ribbeck sich beide Taschen voll,
> Und kam in Pantinen ein Junge daher,
> So rief er: „Junge, wiste 'ne Beer?"
> Und kam ein Mädel, so rief er: „Lütt Dirn,
> Kumm man röwer, ick hebb 'ne Birn."
>
> Ribbecks Sohn dagegen war geizig und verschenkte keine Birnen. So bat der alte Ribbeck wohlahnend, man möge ihm eine Birne ins Grab geben. Und nach drei Jahren spross ein neuer Birnenbaum auf dem Friedhof:
>
> „So spendet Segen noch immer die Hand,
> Des von Ribbeck auf Ribbeck im Havelland."

Die **Alte Schule** lohnt einen Besuch, sie dient heute als Café. Im Inneren stehen alte Schulbänke, man sieht alte Hefte, Landkarten und Klassenfotos. Witzig ist die Speisekarte in Form eines Schulheftes.

Die **Alte Brennerei** ist schon von Weitem durch den 30 Meter hohen Schornstein mit einem Storchennest lokalisierbar. Hier wird noch heute Birnenessig hergestellt sowie Birnenschnäpse und -liköre verkauft, übrigens von einem echten Nachfahren Rib-

Schloss Ribbeck

becks. Im **Alten Waschhaus** wird keine schmutzige Wäsche gewaschen, sondern die Seele aufgebügelt. Birnenkult pur in wunderbaren Torten und abgefüllt in Flaschen, allerlei Nippes und lustige Waschweiber mit entsprechender Herzlichkeit und Ribbecker Schnauze garantieren einen lustigen Aufenthalt.

Dank Fördergeldern für diese Region entstand u. a. das neueröffnete **Landhaus Ribbeck**, in dem man romantisch übernachten kann. Es gehört der Malerin Claudia Becker-Jung. Im zugehörigen Café kann man im Winter am Kamin und im Sommer auf der Terrasse sitzen oder man schaut sich in der Galerie um, alles nur einen Steinwurf vom Dorfzentrum entfernt. (mi)

Im Garten des Alten Waschhauses kann man leckere Kuchen probieren

Info

Hinkommen: Auto: Auf der B 5 nach Westen über Unter den Linden, Straße des 17. Juni und Heerstraße in Richtung Nauen. Folgen Sie der B5 noch bis in das 3. Dorf hinter Nauen. **Bahn**: RE2/RB10/RB14 von Berlin nach Nauen (ca. 30 Min.), dann Bus 661/669 bis Nauen-Ribbeck. www.bahn.de und www.vbbonline.de

Information:
www.havelland-tourismus.de,
www.ribbeck-havelland.de
Schloss Ribbeck, Theodor-Fontane-Straße 10, 14641 Nauen-Ribbeck, Tel. 033237/85900, www.schlossribbeck.de, tgl. 10–18 Uhr, 3 €.
Essen & Trinken: Alte Schule, Am Birnbaum 3, 14641 Nauen-Ribbeck, Tel. 033237/85458, www.alteschule-ribbeck.de, tgl. 10–18 Uhr (Okt.– März bis 17 Uhr). Frühstück, Mittagessen, Kaffee und Kuchen sowie Fahrradverleih.
Altes Waschhaus, Am Birnbaum 6, 14641 Nauen-Ribbeck, Tel. 033237/85106, www.waschhaus-ribbeck.de, Do–So 11–17 Uhr.
Ribbäcker Ofencafé, Am Birnbaum 5, 14641 Nauen-Ribbeck, Tel. 0172/7708056, www.ribbaecker.de, Mi–So 11–17 Uhr. Das Café in der alten Pfarrscheune bietet als Besonderheit Gerichte aus dem Holzbackofen, z. B. leckere Flammkuchen.
Übernachten: **Landhaus Ribbeck**, Uhlenburger Weg 2 b, 14641 Nauen-Ribbeck, Tel. 033237/869838, www.landhaus-ribbeck.de. DZ mit Frühstück ab 119 €. Das angeschlossene **Café Monet** ist Di–Sa 15–21, So ab 12 Uhr geöffnet.

8 Das mittlere Oderbruch: Groß Neuendorf und ein Theater im Bahnwaggon

Nur 60 Autominuten von Berlin entfernt, direkt an der polnischen Grenze, erreicht man die urtümliche Landschaft des Oderbruchs. Weit spannt sich der Himmel über das hügelige Land. Baumgesäumte Landalleen führen von den märkischen Sanddünenhügeln in das alte **Urstromtal der Oder** – eine einmalige Hinterlassenschaft der letzten Eiszeit und eine der schönsten Naturlandschaften Deutschlands. Zwischen Feldern und Wiesen liegen schmucke, historische Dörfer.

Unter Preußens König Friedrich II. wurde der Oderbruch zur Kulturlandschaft umgewandelt: Gefährdeten bis dahin Winter- und Frühjahrshochwasser Hab und Gut, wurde der Fluss begradigt und das Land mit einem Kanalsystem entwässert. Es entstand fruchtbares Ackerland und es gab etwa 40 Ortsgründungen, heute an dem Zusatz „Neu" im Namen erkennbar. Steuer- und Religionsfreiheit sowie Erlass der Wehrpflicht zogen neue Siedler an.

Nur eine halbe Stunde nördlich von Marxdorf erreicht man das pittoreske Dorf **Groß Neuendorf**. Direkt an der Oder gelegen eröffnen sich vom Deich aus weite, herrliche Ausblicke auf den Fluss, auf der anderen Uferseite liegt Polen. Von Weiden durchsetzte Wiesenlandschaften prägen das Bild. Der Hafen ist längst stillgelegt, hat aber in den letzten Jahren eine kleine Renaissance erlebt. Schon 2005 hat Architekt Jens Plate das historische Hafenareal saniert. Im Verladeturm sind eine Ferienwohnung und ein Café untergebracht, im alten Maschinenhaus ein Hotel. Und wer will, kann bei freiem Blick

In sanften Kurven bahnt sich die Oder ihren Weg, davor: der Theaterwaggon

auf die Oder im schlicht eingerichteten Bahnwaggon nächtigen.

Eine besonders pfiffige Idee von zwei theaterbegeisterten Männern war es, in einem alten Eisenbahnwaggon ein kleines Theater entstehen zu lassen. Mit viel Kreativität und Engagement verwandelten der Schauspieler Albrecht Hoffmann und der Ur-Berliner Coupletsänger Benno Radke einen normalen Eisenbahnwaggon in einen Salonwagen der Kaiserzeit. Seit Mitte 2013 finden im **Theater im Bahnwaggon** Aufführungen statt. Jede freie Minute wurde neben den Auftritten gewerkelt und dekoriert. Das Ergebnis kann sich sehen lassen. Mittlerweile führt Radke das Theater alleine, Vorführungen finden nur ab einer gewissen Zuschauerzahl statt, deswegen ist eine Voranmeldung unbedingt erforderlich.

In der Galerie **Koch und Kunst** kann man Ausstellungen im Landhaus besuchen und Koch- und Fotokurse belegen. Oder man fährt mit dem Fahrrad auf dem Deichweg, von dem aus man einen besonders schönen Blick in die Landschaft hat. Südlich ist die Radwegekirche in Kienitz gelegen. Im offenen Kirchenschiff liegt **Himmel & Erde**, ein wirklich hübsches, kleines Café – ein weiterer Beweis für die Kreativität der Oderbrucher. (mi)

Das wohl kleinste Theater des Oderlandes

Der historische Verladeturm

Information: www.letschin.de, www.grossneuendorf.de, www.verladeturm.de.
Theater im Bahnwaggon, www.theater-im-bahnwaggon.de, Tickets 15 €.
Koch und Kunst – Galerie im Oderbruch, Poststraße 12, 15324 Letschin/Groß Neuendorf, Tel. 033478/4541, www.kochundkunst.de.
Essen & Trinken: Himmel & Erde, Schulstraße 15, 15324 Letschin/Kienitz, Tel. 033478/134013, www.kirchencafe-kienitz.de, geöffnet von Karsamstag bis 31. Okt. (März–Mai und Sept.–Okt. Fr–Mo, Juni–Aug. Do–Mo 11–18 Uhr).
Café im Verladeturm, in der Saison Sa–Mi 14–17 Uhr.

Übernachten: Maschinenhaus, Hafenstraße 2, 15324 Letschin/Groß Neuendorf, Tel. 033478/387710, www.maschinenhaus-online.de. 9 freundlich eingerichtete Zimmer im ehemaligen Maschinenhaus am alten Hafen. Restaurantbetrieb nur nach Reservierung.
Verladeturm, Tel. 030/50562471, www.verladeturm.de. Ferienwohnung im Verladeturm (ca. 150 m² auf vier Etagen) 2/4 Personen 180/240 € pro Nacht, 900/1.200 € pro Woche. Bahnwaggons 2/4 Personen 50/80 € pro Nacht.

9 Schiffe im Fahrstuhl: ein Meisterwerk der Ingenieurskunst in Niederfinow

> **Tipp**
>
> **Wald, Seen und ein Kloster**
>
> Das Schiffshebewerk liegt am Rande des sich nördlich erstreckenden **UNESCO-Biosphärenreservats Schorfheide-Chorin** – mit 1.292 km² nicht nur eines der größten Schutzgebiete Deutschlands, sondern auch das größte zusammenhängende Waldgebiet, das von zahlreichen Seen durchsetzt ist. Ca. 22 km nördlich von Niederfinow (über Eberswalde) gibt es ein kulturelles Highlight zu bewundern: das ehemalige **Zisterzienserkloster Chorin**, ein einzigartiges Beispiel norddeutscher Backsteingotik von 1273.
> **Infos**: www.schorfheide.de, www.schorfheide-chorin.de, www.schorfheide-chorin-biosphaerenreservat.de, www.kloster-chorin.org.

Wie schafft man ein Schiff 36 m hoch – und wieder runter? Diese knifflige Frage stellten sich die Ingenieure, als man Anfang des 20. Jh. mit den Planungen eines Großschifffahrtsweges zwischen Berlin und Stettin begann. Der Grund: Um die Wasserstraßen Oder, Havel und Elbe zu verbinden muss am Ende des Oder-Havel-Kanals eine Landschwelle überwunden werden. Bei mittlerem Wasserstandswert bedeutet das eine Höhendifferenz von 36 m.

Ein Hebewerk war die Lösung, es sollte 1918 in Betrieb gehen. Doch der Erste Weltkrieg durchkreuzte die Pläne, die immer wieder revidiert wurden. 1934 ging das **Schiffshebewerk Niederfinow** schließlich in Betrieb. Bis 1939 wurden bereits über 100.000 Schiffe durchgeschleust. Da diese im Laufe der Jahre immer größer und vor allem länger wurden (bis zu 110 m) reichte die Troglänge der „Hebewanne" nicht mehr aus. 1997 beschloss man den Bau von Niederfinow Nord: Diese neue Schiffshebeanlage soll 2017 in Betrieb gehen und vermag fast doppelt

Die Fahrt führt durch schöne Alleen

so viele Lademengen zu heben und senken. Doch das alte Schiffshebewerk, seit 2007 „**Historisches Wahrzeichen der Ingenieurbaukunst in Deutschland**", wird noch voraussichtlich bis 2025 seinen Dienst versehen. Am beeindruckendsten kann man es übrigens vom Schiff aus erleben – historische Technik live!

Nach dem Besuch Niederfinows kann man den Ausflug idyllisch an der rund 6 km südlich gelegenen **Carlsburg** ausklingen lassen. Über dem Örtchen Falkenberg thront das Gebäude, keine trutzige Burg im gängigen Sinne, sondern eine ehemalige Jagdhütte, die im Laufe der Jahre seit 1824 ausgebaut wurde. Sie liegt am Paschenberg, 86 m über den Ebenen des Märkisch-Oderlandes. Vom Ort aus kann man auf einer schmalen Straße hinauffahren oder vom unteren Parkplatz hinaufwandern.

Auf der Terrasse des Panorama-Restaurants – das Haus dient bereits seit rund 170 Jahren als Gaststätte – kann sich der Besucher an der weiten Landschaft sattsehen und die **Landküche** genießen, wobei das Attribut „hausgemacht" auf fast alles zutrifft. Ob Grünkohl mit Knacker und Kassler, Königsberger Klopse, Sauerbraten, Gulasch vom Hirsch, aber auch Zanderfilet oder Forellen – alles schmeckt „wie bei Muttern".

Schiffshebewerk Niederfinow	Schiffshebewerk Niederfinow Nord
Troglänge 82 m	115 m
Trogbreite 9,5 m	11,45 m
Wassertiefe 4 m	5,25 m

Ein kleiner Ausflug – ca. 22 km in südöstlicher Richtung – führt in das kleine Örtchen **Altreetz**: Hier betreibt Christian Filter eine Brennerei, züchtet Schafe und keltert Saft aus den Früchten der Streuobstwiesen. Zu kaufen gibt es u. a. Apfel-, Birnen- und Pflaumenbrände. (mi)

Information: www.schiffshebewerk-niederfinow.info, Anfahrt über die A 11, Abfahrt Finowfurt – ca. 70 km von Berlin oder RE3 bis Eberswalde + Bus 916 bis Schiffshebewerk. Öffnungszeiten: tgl. Nov.–März 10–16, April–Okt. 09.30–17.30 Uhr, 2 €. **Schiffstouren** Ende März–Ende Okt. tgl. ca. 11, 13, 15 Uhr, Dauer 60–90 Minuten, 7 €. **Touristeninfo** am Hebewerk: Tel. 033362/ 71377, Sa/So 10–15 Uhr.

Essen & Trinken: Carlsburg Panoramarestaurant, Burgstraße 9, 16259 Falkenberg, Tel. 03345/ 8205, www.carlsburg.de, So–Do 11.30–21, Fr–Sa 11.30–22 Uhr.
Hofbrennerei Christian Filter, Neurüdnitz 79, 16259 Oderaue (Altreetz), Tel. 0171/ 7664350, www.hofmanufaktur-filter.de.

Info

10 Caputh: ländliche Idylle am Templiner See

30 Minuten Autofahrt von der Berliner City oder mit dem Schiff ab Potsdam und man taucht ein in die ländliche Idylle von Templiner See und Schwielowsee, beide Ausbuchtungen der Havel. Caputh ist ein im Mittelalter gegründetes Dorf, welches noch heute Ruhe und Beschaulichkeit ausstrahlt.

> **Tipp**
>
> **Seeblick und Terrassenrestaurant – das Kavalierhaus am Schloss**
>
> Das Kavalierhaus am Schlossgelände, direkt am See gelegen, diente im Barock zur Aufnahme des Hofstaats. Es bietet einige nette Zimmer, zum Teil mit Seeblick, zum Übernachten an. Es verfügt über ein gutes Restaurant mit Terrasse. Nur saisonal voll in Betrieb. Moderate Preise (Lindenstraße 60, 14548 Schwielowsee, Tel. 033209/84630, www.kavalierhaus-caputh.de).

Unweit der Kirche liegt das alte, restaurierte **Schloss** am Templiner See, umgeben von einem in Würde gealterten Park, den einst der berühmte Gartenbaumeister Lenné angelegt hat. Im Sommer bietet er wunderbaren Schatten. Vom Ufer hat man einen weiten Blick in die Landschaft bis nach Potsdam.

Der übersichtliche Schlossbau – es war ein für damalige Verhältnisse kleiner adliger Landsitz – stammt aus der Zeit Friedrich Wilhelms von Brandenburg. Vorläufer war eine im Dreißigjährigen Krieg zerstörte Sommerresidenz der Kurfürstin Katharina. 1662 begann man mit dem Bau des heutigen Schlosses, das Dorothea gehörte, der zweiten Frau des „Großen Kurfürsten". Später gehörte es der Familie von Willich, 1947 erfolgte dann die Enteignung, die DDR nutzte es für berufsbildende Zwecke. Erst nach der Wende besann man sich des kulturellen Erbes, für umgerechnet 5 Millionen Euro wurde aufwendig restauriert. Das Schlossinnere

Schloss Caputh

veranschaulicht die **adlige Wohnkultur** um 1700. Man kann Porzellan, lackierte Möbel und Gemälde (überwiegend holländische Meister) bewundern – alles Originalausstattung.

Am östlichen Ortseingang liegt **Einsteins Sommerhaus**. Lange hatte Einstein nach einem passenden Grundstück suchen müssen, bis er sein Paradies am Wasser gefunden hatte. Das Sommerhaus wurde von dem Architekten Konrad Wachsmann 1929 geplant. Es fällt durch klare Linien auf und erinnerte an den Bauhausstil. Hauptbaumaterial war amerikanisches Redwood. Innen gibt es leider keine Originaleinrichtung mehr. Einstein unternahm hier gerne Segelausflüge und Spaziergänge. Im Winter lehrte er in Princeton, New Jersey. Doch Caputh liebte er über alles, hier war er seelisch angekommen. Seine Frau Elsa schrieb, Einstein habe sich auf Caputh eingestellt, hier lebe es sich göttlich!

Doch als sie 1933 über Belgien nach Deutschland einreisen wollten, verwehrte ihnen Nazi-Deutschland die Einreise. Einstein hatte sich in den USA kritisch über die neuen Machthaber geäußert. In der NS-Zeit wurde er enteignet, das Haus diente fortan als Kindergarten und Ausbildungsort für Kindergärtnerinnen. Später nutzte es die Wehrmacht, und nach dem Krieg wurde es wieder zum Wohnhaus. Zu Einsteins 100. Geburtstag wurde es durch die DDR restauriert. Heute gehört es zum größten Teil der Hebräischen Universität Jerusalem. (mi)

Einsteins Sommerhaus

Am Fähranleger

Information: http://caputh.de
Schloss Caputh, Straße der Einheit 2, 14548 Caputh/Schwielowsee, Tel. 033209/70345, www.spsg.de. April Sa/So 10–18, Mai–Okt. Di–So 10–18, Nov.–März Sa/So 10–17 Uhr, Besichtigung nur mit Führung, 6 €.
Einsteinhaus Caputh, Am Waldrand 15–17, 14548 Caputh, Tel. 0331/271780, www.einsteinsommerhaus.de. April–Okt. Sa/So und feiertags 10–18 Uhr. Nur mit Führung, immer zur vollen Stunde, die letzte startet um 17 Uhr, Eintritt 5 €.
Essen & Trinken: Fährhaus Caputh, Straße der Einheit 88, 14548 Schwielowsee, Tel. 033209/70203, www.faehrhaus-caputh.de.

Geöffnet Jan.–Feb. Fr ab 17, Sa/So ab 12 Uhr ab 1. März tgl. 10–22 Uhr. Urige Atmosphäre mit Landküche wie Blut- und Leberwurst, Sauerkraut und Kartoffeln oder Zanderfilet mit Lauchgemüse.
An der Fähre (wenige 100 m westlich des Schlossparks) an der engen Stelle der Havel zwischen Templiner See und Schwielowsee gelegen. Hier kann man mit dem Auto oder Fahrrad übersetzen oder einfach an der Gaststätte sitzen und das Treiben genießen. Jahrhundertelang war es ein beliebter Übergang, ab 1853 wurde ein regulärer Fährbetrieb eingerichtet.

Werder, Stadt des Obstes und des Weins: Toskana-Feeling am Rande Berlins

Die Landschaft ist lieblich und hügelig, über die Weinreben schweift der Blick zur Havel. Der weitgespannte Himmel, das frische Grün des Weinberges, das blaue Band des Flusses. Ach, hier möchte man verweilen. Das kleine, verträumte Werder, seit 1459 mit Stadtrechten bedacht, liegt pittoresk am Wasser auf einer Havelinsel. Die Altstadt mit der Heilig-Geist-Kirche und der von Weitem sichtbaren Bockwindmühle lädt zum Herumschlendern ein. Es gibt eine Reihe von Restaurants, viele kleine Geschäfte und eine wunderschöne **Uferpromenade**, an der Schiffe aus Potsdam anlegen. Sehenswert ist die 1856–1858 erbaute neugotische Heilig-Geist-Kirche mit Hauptturm und vier seitlichen Türmchen. Unweit davon liegt die Bockwindmühle, deren Vorgängerin 1973 abgebrannt ist. Das jetzige Exemplar schaffte man aus dem 100 km entfernten Klossa heran – ein würdiger Ersatz. Im ehemaligen Stadtgefängnis ist das **Obstbaumuseum** untergebracht, eine sehr liebevolle Einrichtung, die Obstanbau, Fischerei und Weinanbau dokumentiert. Nach der Wende sind die Anbauflächen allerdings zurückgegangen.

Man wähnt sich in Italien: Blick auf die Weinberge

Die Zisterzienser-Mönche von Lehnin (etwa 40 km südwestlich gelegen) kultivierten in der Umgebung bereits im Mittelalter Wein, später kam der bekannte Obstanbau hinzu – Äpfel, Birnen und Kirschen. Hier blüht es bereits früh im Jahr – dank der geschützten Lage und der ausgeglichenen Temperaturen durch die umliegenden Gewässer.

Am **Werderaner Wachtelberg** schaut man über beachtliche Weinpflanzungen im hügeligen Gelände. Die meist trockenen Weiß-, Rosé- und Rotweine kann man probieren. Als Rebsorten gibt es Müller-Thurgau, Sauvignon Blanc, Saphira (dem Riesling ähnlich), Kernling, Dornfelder und Regent – die hier wichtigste Rotweintraube. Alle gedeihen auf märkischem Sand erstaunlich gut. Das Gebiet gehört zur Anbauregion Saale-Unstrut und umfasst zwei Weinberge mit etwa 8 ha Fläche. In der **Weintiene** am Wachtelberg kann man zu Käse und Brot die Weine zu probieren und dabei Blick in die Weite schweifen und die Seele baumeln lassen. (mi)

Das Ziegeleimuseum in Glindow

2 km südwestlich von Werder liegt das Ziegeleimuseum. Vor mehr als 130 Jahren gab es hier noch etwa 50 Brennöfen, in denen aus Ton Ziegel gebrannt wurden. Diese wurden in vielen Bauten Berlins verwendet. Im denkmalgeschützten Ziegeleiturm aus dem Jahr 1890, ein Beispiel für Ziegelbaukunst, ist das Museum untergebracht.
Märkisches Ziegeleimuseum Glindow, *Alpenstr. 44, 14542 Werder (Havel) OT Glindow, Tel. 03327/669395, www.ziegeleimuseum-glindow.de, März–Okt. Mi/Sa/So/feiertags 10–16 Uhr sowie nach Vereinbarung für Gruppen, 6 €.*

Blick auf die Heilig-Geist-Kirche

Information: Tourismusbüro, Kirchstraße 6/7, 14542 Werder (Havel) (gegenüber der Windmühle), Tel 03327/783371, 783374 oder 43110, www.werder-havel.de, Mo/Di und Do/Fr 10–12.30 und 13–17, Sa/So 13–17 Uhr.
Obstbaummuseum, Kirchstraße 6, geöffnet April–Okt. Mo/Di 11–17 Uhr, Mi geschlossen, Do und Fr 11–17 Uhr, Sa und So 13–17 Uhr (Winter Mo/Di/Do 10–14 Uhr). Hier erfährt man fast alles zum Thema Landwirtschaft in und um Werder.
Feste: Ende April/Anfang Mai findet das **Baumblütenfest** statt (www.baumblueten fest.com).

Essen & Trinken: Weintiene, Weinbau Dr. Lindicke, Am Plessower Eck 2, 14542 Werder (Havel), Tel. 033/27741410, www.weinbau-lindicke.de.
Kuddeldaddeldu, Fischerstraße (an der Uferpromenade), 14536 Werder (Havel), Tel. 03327/732772, www.kuddeldaddeldu-werder.de, Di–Sa ab 13, So ab 12 Uhr. Eine wirklich sehenswerte kleine Gaststätte mit vielen musealen Stücken, gemütlich.
Ristorante Pane e Vino, Unter den Linden 18, 14542 Werder (Havel), Tel. 03327/740600, www.pane-e-vino-werder.de, tgl. 12–24 Uhr. Gute preiswerte Pizzen und andere Gerichte, familienfreundlich, traditionelle italienische Küche, Reservierung empfohlen.

Anhang

Berlin in Zahlen

Geografische Lage:	Berliner Rathaus 52° 31′ 12″ nördlicher Breite, 13° 24′ 36″ östlicher Länge (übrigens dieselbe geografische Breite wie London und Länge wie Neapel).
Länge der Stadtgrenze:	234 km
Größte Ausdehnung:	Ost-West 45 km; Nord-Süd 38 km (das ist neunmal so groß wie Paris)
Stadtgebietsfläche:	892 km² Bezirke:12
Größter See:	Großer Müggelsee 743,3 ha
Längster Fluss:	Spree 45,1 km
Längster Kanal:	Teltowkanal 29,1 km
Brücken:	964
Schiffbare Wasserstraßen:	über 180 km
Höchste natürliche Bodenerhebung:	Müggelberge: 115 m
Höchstes Gebäude:	Fernsehturm 368 m
Einwohner:	3.469.800
BIP (nominal):	124,2 Mrd. € (2015)
Arbeitslosenquote:	12,9 % (Juli 2016)
Öffentliches Straßennetz:	5.419 km (2015)
Gesamtstreckenlänge von U-, S-, Tram- und Buslinien:	2.477 km (2015)
Straßenbäume:	ca. 438.000 (2015)
Kleingärten:	73.030 Parzellen = 2.990,1 ha, die 3,4 % der Stadtfläche einnehmen (2015)
Grünflächen:	32 % des Gebietes sind Parks und Wälder oder Flüsse, Seen und Wasserstraßen. Damit ist Berlin die grünste Metropole Deutschlands.
Kinderspielplätze:	1.847 (Dez. 2014)
Besucher:	12.000.000 (2015)
Übernachtungen:	30.250.000 (2015)
Theater und Bühnen aller Genres:	150 (2015)
Bühnenvorstellungen:	9.645 (2011)
Museen:	180 (2015)
Filmtheater:	268 (2014)
Restaurants, Cafés und Eisdielen:	ca. 11.200 (+ über 2.300 Bars, Kneipen und Clubs)
Universitäten und Hochschulen:	fünf Universitäten, sieben Fachhochschulen und 26 private Hochschulen
Studierende (Wissenschaftliche Hochschulen, Kunsthochschulen und Fachhochschulen):	175.651 (2015/16)

Quelle: www.statistik-berlin-brandenburg.de

Geschichtlicher Abriss

1237	gilt offiziell als Jahr der Stadtgründung. Cölln wird in diesem Jahr erstmals urkundlich erwähnt, Berlin 1244.
1230	Bau der Nikolaikirche im heutigen Nikolaiviertel.
1307	Berlin und Cölln schließen sich zusammen.
1411	Friedrich VI. aus dem Hause Hohenzollern wird Hauptmann der Mark, die über 500-jährige Hohenzollernherrschaft in Berlin beginnt.
1443	Grundsteinlegung zum späteren Berliner Stadtschloss. Die Bauarbeiten dauern bis 1716.
1658–83	Berlin und Cölln werden als Festung mit 13 Bastionen ausgebaut. Reste kann man heute am Märkischen Museum besichtigen.
1685	Kurfürst Friedrich Wilhelm, erlässt das „Toleranzedikt von Potsdam". Viele der in Frankreich verfolgten Hugenotten ziehen nach Berlin und in die Mark Brandenburg.
1688	20.000 Einwohner, Aufschwung von Wirtschaft und Handel.
1695	Kurfürst Friedrich III. lässt bei Lietzenburg ein Schloss für seine Frau Sophie Charlotte bauen. Nach ihrem Tod 1705 wird es in „Schloss Charlottenburg" umbenannt.
1701	Kurfürst Friedrich III. krönt sich selbst in Königsberg zu Friedrich I., König in Preußen. Berlin wird königliche Residenzstadt.
1709	Vereinigung der fünf Städte Berlin, Cölln, Friedrichswerder, Dorotheenstadt und Friedrichstadt zur Haupt- und Residenzstadt Berlin. Die Stadt hat 55.000 Einwohner.
1726	Aus einem 1709 errichteten Pesthaus entsteht die Charité, heute das älteste Krankenhaus Berlins und älteste medizinische Bildungseinrichtung in Deutschland.
1732	Bis 1739 kommen rund 1.200 böhmische Glaubensflüchtlinge nach Berlin. 1737 gründen sie Böhmisch-Rixdorf (heute Neukölln).
1734–37	Die alte, 1658–83 errichtete Stadtmauer wird abgerissen und durch eine 14,5 km lange Zoll- und Akzisemauer ersetzt, die 14 Tore hat. Sie sollte sowohl den Warenschmuggel unterbinden als auch das Desertieren von Soldaten verhindern.
1770	Der Weg vom Stadtschloss zum Tiergarten wird zur Prachtstraße ausgebaut (Unter den Linden).
1806	Am 27. Oktober zieht Napoleon in Berlin ein, die Stadt bleibt bis Ende 1808 von französischen Truppen besetzt.
1810	Im Prinz-Heinrich-Palais Unter den Linden wird Berlins erste Universität eröffnet, die heutige Humboldt-Universität.
1838	Potsdam und Berlin werden durch die erste Eisenbahnlinie in Preußen miteinander verbunden.

Der Vorgänger Neuköllns: 1899 wurden dem größten Dorf Preußens Stadtrechte verliehen

1844	Am Großen Tiergarten wird als erster Zoo Deutschlands der Zoologische Garten eröffnet. Bis zur Jahrhundertwende ist er der größte Tierpark der Welt.
1848	Die Märzrevolution zwingt Friedrich Wilhelm IV. zu liberalen Zugeständnissen, in den Folgemonaten macht er jedoch eine reaktionäre Kehrtwende. Viele Aufständische werden auf dem „Friedhof der Märzgefallenen" im Volkspark Friedrichshain beigesetzt.
1871	Berlin wird Hauptstadt des Deutschen Reiches und politisches, ökonomisches und wissenschaftliches Zentrum des Kaiserreichs.
1877	Die Einwohnerzahl überschreitet die Millionengrenze.
1902	Die erste Berliner U-Bahnlinie zwischen Warschauer Brücke und Knie (heute Ernst-Reuter-Platz) nimmt ihren Betrieb auf.
1907	Am Wittenbergplatz wird das Kaufhaus des Westens, KaDeWe, eröffnet.
1918	Revolution in Berlin. Abdankung Kaiser Wilhelms II. und Übernahme der Regierungsgeschäfte durch Friedrich Ebert (SPD). Ausrufung der Republik.
1919	Niederschlagung des Spartakusaufstands. Am 15. Januar werden Karl Liebknecht und Rosa Luxemburg im Tiergarten ermordet.
1920	7 umgebende Städte, 59 Landgemeinden und 27 Gutsbezirke werden nach Berlin eingemeindet, die Einwohnerzahl beträgt 3,8 Millionen. Berlin entwickelt sich in den Zwanziger Jahren zur legendären Kulturmetropole.

1923	Die Inflation erreicht ihren Höhepunkt. Ein Kilo Roggenbrot kostet 3,6 Millionen Mark.
1929	Die Weltwirtschaftskrise erfasst Berlin, über eine halbe Million Arbeitslose.
1933	Hitler wird Reichskanzler.
1936	Olympische Sommerspiele, die zur Propagandaveranstaltung für die Nazis werden. Erfolgreichster Athlet wird der Afroamerikaner Jesse Owens.
1938	Reichspogromnacht am 9. November.
1939	Kriegserklärung an Polen, Berlin wird zum Ausgangspunkt des Zweiten Weltkriegs.
1942	Wannsee-Konferenz.
1945	Im April findet die „Schlacht um Berlin" statt. Hitler begeht am 30. April Selbstmord, am 2. Mai Einstellung aller Kampfhandlungen der deutschen Wehrmacht. Für Berlin ist der Krieg beendet. Am 9. Mai erfolgt die bedingungslose Kapitulation Deutschlands.
1946–49	Berlin entwickelt sich nach Uneinigkeiten zwischen der Sowjetunion auf der einen und der Alliierten auf der anderen Seite zum Zentrum des „Kalten Krieges".
1948	Blockade der Westsektoren von Juni 1948 bis Mai 1949 durch die Sowjetunion, die „Luftbrücke" versorgt Westberlin.
1949	Am 23. Mai Gründung der Bundesrepublik Deutschland aus den Westzonen. Bonn wird „ersatzweise" zur Hauptstadt des neuen Staates. Am 7. Oktober Gründung der DDR, Ost-Berlin wird Hauptstadt.
1950	Sprengung des Berliner Stadtschlosses als „Symbol des preußischen Feudalismus".
1953	17. Juni Volksaufstand in der DDR, Forderung nach Abschaffung des SED-Regimes. Der Aufstand wird von sowjetischen Truppen blutig niedergeschlagen. Es kommt zu mehreren Hundert Toten, über 1.000 Verletzten und zahlreichen Verhaftungen.
1961	Am 13. August beginnt die DDR mit dem Bau einer Mauer entlang der Sektorengrenze.
1963	17. Januar: Besuch des sowjetische Partei- und Staatschef Nikita Chruschtschow in Ost-Berlin. 26. Juni: US-Präsident Kennedy hält seine berühmte Rede vor dem Rathaus Schöneberg.
1971	Unterzeichnung des Vier-Mächte-Abkommens. Dadurch werden der Transitverkehr durch die DDR sowie Besuche von Ost nach West und umgekehrt zum Teil möglich.
1989	Am 7. Oktober feiert die DDR in Ost-Berlin unter zahlreichen Protesten den 40. Jahrestag. Am 18. Oktober erklärt Erich Honecker seinen Rücktritt. Egon Krenz wird sein Nachfolger. Am 4. November versammeln sich Hunderttausende Bürger Ost-Berlins zu einer Demonstration auf dem Alexanderplatz: Die Auseinandersetzungen um die neue

Auf dem Höhepunkt des Kalten Krieges war die Gefahr eines Atomkrieges durchaus gegeben – anschaulich nachvollziehbar im Atomschutzbunker der Ausstellung „Story of Berlin"

Reiseregelung eskaliert. Am 9. November öffnet die DDR die Mauer in Berlin.

1999 Am 19. April findet die erste Sitzung des Deutschen Bundestages im neu gestalteten Reichstagsgebäude statt. Der eigentliche Umzug folgt in der Sommerpause.

2001 Mit der Fertigstellung des neuen Bundeskanzleramts, das im Mai 2001 bezogen wird, ist die Verlegung von Bundestag und Bundesregierung offiziell abgeschlossen.

2005 Einweihung des Holocaust-Mahnmals am 10. Mai.

2008 Der Flughafen Tempelhof wird geschlossen und im Mai 2010 als größter Park Berlins wieder zugänglich gemacht.
Im Dezember wird der Abriss des Palastes der Republik abgeschlossen.

2013 Beginn des Wiederaufbaus des Stadtschlosses, Fertigstellung 2019.

2014 Nach 13 Jahren tritt SPD-Politiker Klaus Wowereit („Berlin ist arm, aber sexy") als Regierender Bürgermeister zurück. Sein Nachfolger wird Michael Müller (SPD).

2016 Bei der Wahl zum Abgeordnetenhaus im September verliert die Große Koalition ihre Mehrheit. Trotz Verlusten bleibt die SPD stärkste Kraft vor CDU, Linken und Grünen. Die AfD zieht erstmalig, die FDP wieder ins Berliner Parlament ein.

2017 Angeblich soll spätestens im November die Eröffnung des neuen Flughafens BER erfolgen. Die Wette gilt.

Besondere Unterkünfte – eine (ganz) kleine Auswahl

Ostel, Wriezener Karree 5, 10243 Berlin, Tel. 030/25768660, www.ostel.eu. Als DDR-Design-Hostel bezeichnet sich diese Unterkunft, und sie hält Wort: In einem Plattenbau untergebracht, kann man z. B. im Doppelzimmer ab 39 € pro Person nächtigen, Ost-Charme und Etagenbad inklusive. Auch eine „DDR-Ferienwohnung" für bis zu sechs Personen steht zur Verfügung. Auch diese ist mit Original 60er- und 70er-Jahre-DDR-Möbeln, Schrankradios und bunten Tapeten bestückt. Zimmer mit eigenem Bad gibt es übrigens auch. Direkt am Ostbahnhof gelegen, in der Nähe der East Side Gallery. Für (N)Ostalgiker.

Pension 11. Himmel & himmelhoch C.ehn, Wittenberger Straße 85, 12689 Berlin, Tel. 030/93772052, www.pension-11himmel.de. S-Bahn-Linie 7 bis Ahrensfelde, Tram M8 und 16 bis Niemegker Straße. Ebenfalls außergewöhnlich sind die beiden Kulturpensionen in der 10. und 11. Etage eines Plattenbaus mitten in Marzahn. Träger ist der Kinderring Berlin, einige Mitarbeiter helfen dort ehrenamtlich mit. Es gibt auch ein Café sowie einen Kinderkeller. Gerne kann man an einer Tour durch Marzahn teilnehmen. Am Morgen wird ein Frühstück serviert. Es gibt drei Doppelzimmer, zwei Einzelzimmer, Bibliothek, Kaminsalon, Küche, Esszimmer, Bad, Wintergarten, das Ganze kostet 15 € pro Nacht und Person (wer allein kommt, zahlt 30 €) inkl. Frühstück (und 3 € für Bettwäsche).

EastSeven Berlin Hostel, Schwedter Str. 7, 10119 Berlin, Tel. 030/93622240, www.EastSeven.de, zentral gelegen im Prenzlauer Berg, 80 m von der U-Bahnstation Senefel-

DDR-Charme im Ostel

> **Hinweis**
> Seit 2014 erhebt Berlin eine **City-Tax** in Höhe von 5% auf den Übernachtungspreis.

der Platz (U2). Von über einer Million Teilnehmern vom Internetportal Hostelworld.com 2013 in die „Top Ten Hostels" in Deutschland gewählt, Kriterien waren dabei u. a. Sauberkeit, Mitarbeiter, Lage, Charakter, Sicherheit und Spaßfaktor. Das Hostel wird von den Inhabern persönlich geführt, sie stehen den Gästen mit Rat und Tat zur Seite. Es gibt 25 Zimmer für 1–8 Personen, dabei auf jeder Etage mehrere Badezimmer (nach Geschlechtern getrennt). Zudem gibt es eine Selbstversorgerküche, Wohnzimmer, Garten mit Grillplatz, Wäscheservice und kostenloses WiFi-Internet. Ab 24 € im Mehrbettzimmer, DZ mit geteiltem Bad ab 70 €.

Cube Lodges, Columbiadamm 160, 10965 Berlin, Tel. 030/69807841, www.cube-lodges.de. Wer eine günstige und naturnahe Unterkunft sucht: In Neukölln zwischen Hasenheide und Tempelhofer Feld kann man in 30 3 × 3 m großen quadratischen Holzhäuschen nächtigen. Bis zu 4 Personen finden hier Platz. Die Einrichtung ist spartanisch, die sanitären Anlagen gibt es im Haupthaus. Ganzjährig geöffnet, im Winter wird es frisch – trotz Heizstrahler. DZ 44 € (Frühstück 6 € pro Person). Im Garten darf gegrillt werden. Bus 104 Sommerbad Neukölln oder U8 Boddinstraße.

Hüttenpalast, Hobrechtstraße 65/66, 12047 Berlin, Tel. 030/37305806, www.huettenpalast.de. Camping in der Großstadt, Sommer wie Winter: in der alten Produktionshalle einer Staubsaugerfabrik kann man in alten Wohnwagen oder Holzhütten übernachten. Dazu kann man im Gemeinschaftsbereich in der Hollywood-Schaukel oder Innenhof entspannen. Eingang durch das dazugehörige Café, Anreise bis 18 Uhr. DZ im Wohnwagen ab 69 € pro Nacht inkl. Kaffee und Croissant zum Frühstück, normale Zimmer mit Bad ab 74 €.

The Circus, Rosenthalerstraße 1, 10119 Berlin, Tel. 030/20003939, www.circus-berlin.de, U8 Rosenthaler Platz. Die Zimmer sind liebe- und geschmackvoll eingerichtet, im dazugehörigen Restaurant lässt es sich prima speisen und im grünen Hinterhof lockt Entspannung vom Großstadttrubel. DZ ab 85 €, sehr gutes Preis-Leistungsverhältnis. Günstiger ist es im dazugehörigen **The Circus Hostel** (Weinbergsweg 1a, Kontaktdaten wie oben), wo man je nach Saison für 19 (Mehrbettzimmer) bis 90 € (DZ mit eigenem Bad) unterkommen kann. Schicke 4-Personen-Apartments (Choriner Straße 84, Berlin Mitte) sind ab 220 € pro Nacht zu haben.

Arte Luise Kunsthotel, Luisenstr. 19, 10117 Berlin, Tel. 030/28448-0, www.luise-berlin.com. Wem der Kunstgenuss am Tag nicht ausreicht, der kann auch direkt in einer Galerie übernachten. Im Arte Luise ist jedes Zimmer von einem Künstler gestaltet, unter anderem zu den Themen „Der arme Poet", „Tribute to Edward Hopper" und „Mauerspringer". Zentral gelegen, in Sichtweite des Reichstagsgebäudes und der Spree, wenige Minuten vom Brandenburger Tor. Preise zwischen 39 (EZ mit Etagendusche) und 299 € pro Zimmer.

Honigmond Hotel, Tieckstraße 11, 10115 Berlin, Tel. 030/284455-0, 300 m entfernt liegt das Schwesterhotel Honigmond Garden Hotel, Invalidenstraße 122, 0115 Berlin-Mitte, Tel. 030/284455-77, www.honigmond-berlin.de, S-Bahnstation Nordbahnhof (S1). Jedes Zimmer ist ein Unikat in diesem kleinen, feinen Boutique-Hotel. Stuck-

Zauberhafter Garten des Honigmond Garden Hotels

decken, Ölgemälde, Dielenfußboden und das Mobiliar aus vergangenen Zeiten verbreiten eine gemütliche Atmosphäre. Das Garden Hotel ist in einem denkmalgeschütztes Haus aus dem Jahre 1845 untergebracht, und hat als Besonderheit einen zauberhaften Garten mit Teich, Goldfischen, Wasserfall und Palmen. Ab 112 € pro Doppelzimmer.

Hotel Sarotti-Höfe, Mehringdamm 53–57, 10961 Berlin, Tel. 030/60031680, www.hotel-sarottihoefe.de. Öffentliche Verkehrsmittel: Mehringdamm (350 m) U6, U7. Dieses Hotel liegt in den Fabriketagen einer ehemaligen Schokoladen-Manufaktur. Toll ist die architektonische Verbindung zwischen Alt und Neu. Inmitten der Stadt und doch ruhig gelegen ist dies ein Geheimtipp abseits der Trampelpfade – nahe zum Viktoriapark und Bergmannkiez gelegen. Es gibt 31 individuell eingerichtete, gemütliche Zimmer, sogar Suiten. Im Café findet der Gast prima Frühstücksmöglichkeiten, verführerisch sind die Kaffee- und Kuchenspezialitäten. Außenterrasse, W-LAN, kostenloses Telefonieren innerhalb Deutschlands und ein sehr persönlicher, herzlicher Service machen den Aufenthalt zum Vergnügen. U-Bahn ganz in der Nähe. Ab 100 €/ DZ.

Hollywood Media Hotel, Kurfürstendamm 202, 10719 Berlin, Tel. 030/889100, www.filmhotel.de. Direkt am Kurfürstendamm gelegen, hier ist der Name Programm: Besitzer des Hotels ist der Produzent Artur Brauner. Jedes der 182 Zimmer ist mit Postern oder Fotografien dekoriert und einem Filmstar oder Regisseur gewidmet. Preise ab 110 € pro Doppelzimmer, es sind auch Pakete, z. B. mit Musicalbesuch, buchbar.

Hotel Q Berlin, Knesebeckstr. 67, 10623 Berlin, Tel. 030/8100660, www.hotel-q.com. Stylish geht's in diesem klassischen Designer-Hotel zu. Bei der Gestaltung der Zimmer ist die Badewanne das zentrale Element – und steht direkt neben dem Bett. Ob man das praktisch findet, muss der Gast entscheiden ... Um die Antwort zu erleichtern, sei gesagt, dass es auch eine separate Dusche gibt. Unten im Hotel gibt es einen Wellness-Bereich. Zentrale Lage, direkt am Ku'damm. Doppelzimmer ab 110 €.

Lux Eleven, Rosa-Luxemburg-Str. 9–13, 10178 Berlin, Tel. 030/9362800, www.luxeleven.com. In einem renovierten Altbau mitten in Mitte bietet Lux Eleven elegante, in Weiß gehaltene Apartments mit kleiner Küche, z. T. auch Waschmaschine. Wem das nicht reicht, der kann auch in eines der riesigen Penthäuser mit Dachterrasse einziehen. Mindestaufenthalt 3 Nächte, das kleinste Apartment kostet ab 130 € pro Nacht, die Suiten ab 170 €.

Waldorf Astoria, Hardenbergstraße 28, 10623 Berlin, Tel. 030/8140000, www.waldorfastoriaberlin.com. Im Rahmen des „Revival" des Ku'damms öffnete Ende 2012 am Zoo ein Ableger der berühmten Luxus-Marke seine Pforten. Das Waldorf Astoria belegt 32 Etagen im sogenannten „Zoofenster", dem nun höchsten Gebäude der City West. Die Gedächtniskirche liegt schräg gegenüber. Beim Bau wurde an nichts gespart: Allein der Spa-Bereich im 5. Stock nimmt eine Fläche von 1.000 m² ein. Und im 15. Stock wartet eine Bibliothek mit über 1.000 Büchern. Die Universität der Künste schuf annähernd 900 Kunstwerke für das Hotel. Der Luxus gipfelt in der Präsidentensuite in der obersten Etage, die pro Nacht 5.000 € kostet. Für die normalen Zimmer ist man ab 200 €/DZ pro Nacht dabei. Und wem das noch zu teuer ist: Im „Romanischen Cafe" mit Blick auf die Gedächtniskirche kann man Köstlichkeiten der Patisserie genießen. Das ursprüngliche „Romanische Café" war schon vor 100 Jahren ein beliebter Künstlertreffpunkt. Es befand sich damals am Kurfürstendamm 238 (heute die Budapester Straße 43). Zu den Stammgästen gehörten Bertolt Brecht, Max Liebermann, Erich Kästner.

Almodóvar Hotel, Boxhagener Straße 83, 10245 Berlin, Tel. 030/69209708-0, www.almodovarhotel.de, DZ ab ca. 100 €, kleine Suite ab 130 €. Durch seine sachliche Außenarchitektur (weiße Fassade, klare Linien) hebt sich das Bio-Hotel Almodóvar geschickt von der alternativ angehauchten Umgebung des Szeneviertels Friedrichshain ab, ohne als Fremdkörper zu wirken. Die Lobby empfängt den Gast mit großen, grau-marmorierten „Filzsteinen" als Sitz- und Ruhegelegenheiten. Die Zimmer sind mit Möbeln aus naturbelassenem Palisander in einem sachlich-modernen Design eingerichtet, eine gelungene Symbiose aus ökologischem Anspruch und dem „Lifestyle" von Besuchern, die Kreatives lieben. Selbst die Minibar ist Bio. Der verglaste Spa-Bereich über den Dächern von Berlin bietet neben einer Sauna alle Behandlungen für seelische Ausgeglichenheit und äußere Schönheit. Das Bistro Bardot serviert eine außergewöhnlich kreative vegetarische Bio-Küche in einer luftig-frischen, naturfarbenen Atmosphäre. Natürlich gibt es Bio-Weine, an der Abendbar sogar Bio-Cocktails ...

Berlin mit Kindern

Auch für Familien gibt es in Berlin viel zu erleben. Zum einen gibt es eine Reihe von **Stadtführungen**, die sich auf Kinder spezialisiert haben (z. B. www.berlin-mit-kindern.de) und nach Absprache eine Tour für die ganze Familie organisieren. Aktuelle Veranstaltungstipps gibt es unter www.himbeer-magazin.de.

Auf www.visitberlin.de gibt es zudem eine Reihe von Vorschlägen für Stadtrundgänge, die entweder an vielen Spielplätzen vorbeiführen (z. B. dem am Kollwitzplatz am Prenzlauer Berg oder dem Indoor-Spielplatz PUPS in der Nähe des Checkpoint Charlie), mit einem Besuch im Freibad enden (z. B. dem Kinderbad Monbijou an der Oranienburgerstraße), einen Abstecher ins Deutsche Technikmuseum mit vielen Mitmach-Attraktionen oder einen Besuch im berühmten Berliner Zoo beinhalten. Abends gibt es neben dem GRIPS-Theater (www.grips-theater.de) noch weitere, auf Kinder abgestimmte Aktivitäten. Aber es gibt auch eine ganze Reihe von Sehenswürdigkeiten, mit denen man auch so manches Kind begeistern kann. Im Folgenden eine kleine Auswahl – ohne Anspruch auf Vollständigkeit.

Schwarzlicht Minigolf Berlin, Görlitzer Str. 1, im Görlitzer Park, Haus 1 (Eingang Ecke Skalitzer/Görlitzer Straße), 10997 Berlin (U1 Görlitzer Bahnhof), Tel. 030/61621960, www.indoorminigolf-berlin.de (Reservierung erforderlich). Tipp für Regentage: Bei Schwarzlicht spielt man in knallbunten Räumen auf 18 Bahnen Minigolf. Im **Parkcafé** gibt es Kaffee und Kuchen.

FEZ Berlin: Das FEZ-Berlin ist ein großes gemeinnütziges Kinder-, Jugend- und Familienzentrum, das im Südosten Berlins in einem Waldgebiet gelegen ist. Auf 100.000 m² Outdoor- und 13.000 m² Indoor-Nutzfläche gibt es unter anderem die Astrid-Lindgren-Bühne, wo Theaterstücke aufgeführt werden, Schwimm- und Sporthalle, Konzertsäle, FEZino Kinderkino, eine Ökoinsel und ein Zirkuszelt, viele Spielplätze, Badesee und Liegewiese, Kletterturm und Bungalowdorf. Im Alice – Museum für Kinder finden wechselnde Mitmach-Ausstellungen statt. Info und Programm: FEZ Berlin, Straße zum FEZ 2, 12459 Berlin Tel. 030/530710, www.fez-berlin.de, in der Schulzeit geöffnet von Di–Fr 9–22 Uhr, Sa/So 12–18 Uhr. In den Ferien abweichende Öffnungszeiten, bitte vorher erkundigen.

MACHmit! – Museum für Kinder. Senefelderstr. 5, 10437 Berlin, Tel. 030/74778200, www.machmitmuseum.de, Di–So 10–18 Uhr, Mo geschlossen, 5,50 €, Kinder unter 3 Jahren frei. Wie der Name schon sagt: Hier geht es ums Mitmachen, Entdecken, Probieren, Erforschen.

Deutsches Technikmuseum, Trebbiner Straße 9, 10963 Berlin-Kreuzberg, Tel. 030/902540, www.sdtb.de, Di–Fr 9–17.30, Sa/So 10–18 Uhr, Mo geschlossen, Eintritt 8 €, erm. 4 €. U-Bahnhof Gleisdreieck. Schon draußen hängt ein Flugzeug auf dem Dach, drinnen gibt es ein weites Spektrum von alter und neuer Technik und ihren Bezügen zur Kultur- und Alltagsgeschichte des Menschen zu bewundern. Vorführungen, Besucheraktivitäten und Führungen machen es auch für Kinder interessant.

Labyrinth Kindermuseum, Fabrik Osloer Straße 12, 13359 Berlin, Tel. 030/8009 31151, www.labyrinth-kindermuseum.de, Fr 13–18, Sa/So/Feiertage 11–18 Uhr, in den Berliner Schulferien auch werktags, vorher erkundigen, Eintritt 5,50 €, U-Bahnhof Os-

Ein lohnender Ausflug für Familien: der AbenteuerPark Potsdam

loer Straße. „Erlebnisausstellungen" mit zahlreichen Aktivitäten für Kinder, z. B. gibt es bis April 2017 die interaktive Bauausstellung „Platz da! Kinder machen Stadt". Herzstück ist neben zahlreichen anderen Stationen ein großer Indoor-Spielplatz mit Kletter-Irrgarten. Bitte Stoppersocken, Hausschuhe oder Hallenturnschuhe mitbringen.

ATZE Musiktheater, Luxemburger Straße 20, 13353 Berlin, Tel. 030/81799188, www.atzeberlin.de, U-Bahnhof Amrumer Str. (U9), Bus 221, 142. Jugend- und Musiktheater. Klassiker wie „Ronja Räubertochter", „Pippi Langstrumpf" und „Das doppelte Lottchen" stehen neben eigenen Stücken wie „Ben liebt Anna" auf dem Programm.

Filmpark Babelsberg, Großbeerenstraße 200, 14482 Potsdam-Babelsberg, Tel. 0331/7212345, www.filmpark-babelsberg.de. Saison von Ende März/Anfang April bis Okt./Nov., tgl. 10–18, zum Saisonende 10–17 Uhr, April–Juni sowie Sept./Okt. Mo und Fr. geschl. Eintritt: Erw. 24 €, Kinder 16 €, Familienkarte 67 €. Hinkommen: ½ Stunde von Berlin Hauptbahnhof zum Filmpark: Regionalbahn bis Bhf. Medienstadt-Babelsberg, 5 Minuten Fußweg oder mit der S7 bis S-Bhf. Babelsberg, weiter mit dem Bus 696. Vom Dschungel-Abenteuerspielplatz über das Sandmann-Haus bis hin zu Panama-Janoschs Traumland bietet der Park einiges für die Kleinen – und Großen. Zum Abschluss kann man im Prinz-Eisenherz-Erlebnisrestaurant speisen.

AbenteuerPark Potsdam, Albert-Einstein-Str. 49, 14473 Potsdam, Tel. 0331/626 4783, www.abenteuerpark.de, geöffnet ab Mitte März ab 10 und je nach Jahreszeit bis 16/18/19 Uhr. Die Preise liegen für Erwachsene bei 22, für Kinder unter 12 bei 16 €. Der Kletterwald mit einer Gesamtlänge von 1,5 Kilometer bietet echten Outdoor-Spaß für Kinder und Erwachsene. Highlight ist die 200 Meter lange Seilrutsche. Daneben gibt es zehn verschiedene Parcours, die auf ein bis zwölf Meter Höhe direkt in den Bäumen installiert sind. Im Waldbistro mit Sonnenterrasse und Biergarten kann man sich im Anschluss stärken. Die Saison geht bis Ende Okt./Anfang Nov.

Festivals und Events

Berlin ist reich an Veranstaltungen. Neben den bekannten Festivals gibt es zahlreiche kleinere Straßen- und Volksfeste, die meist innerhalb eines Viertels stattfinden. Diese reichen vom Spandauer Frühlingsfest, dem Straßenfest zur Britzer Baumblüte oder dem Köpenicker Weinfest über den Internationalen Kulturlustgarten und die Steglitzer Festwochen bis hin zum Bergmannstraßenfest „Kreuzberg jazzt!", dem internationalen Straßentheater-Festival „Berlin lacht!" und dem Fest der Nationen in Charlottenburg.

Eine umfassende Auflistung von Volks- und Straßenfesten gibt es unter www.berlin.de/kultur-und-tickets/tipps/volksfeste/, aktuelle Infos zu allen Veranstaltungen jeglicher Art unter www.visitberlin.de, aktuelle Ausstellungseröffnungen in Berliner Galerien finden sich unter www.art-in-berlin.de, bei www.eventim.de kann man Karten für viele Veranstaltungen bestellen, und unter www.zitty.de und www.tip-berlin.de finden sich so gut wie alle Veranstaltungen der Stadt aufgelistet.

Im Folgenden ein kleiner Überblick über die größten Veranstaltungen – ohne Anspruch auf Vollständigkeit:

Januar

Berliner Neujahrslauf: Wer fit ins neue Jahr starten will, kann sich am 1.1. um 12 Uhr am Brandenburger Tor einfinden und ca. 4 km zum Berliner Dom und zurück laufen. Die Teilnahme kostet nichts, es wird um Spenden für die Björn-Schulz-Stiftung gebeten. Infos unter www.berliner-neujahrslauf.de.

Grüne Woche: Die weltgrößte Messe für Ernährung, Landwirtschaft und Gartenbau findet Ende Januar auf dem Berliner Messegelände statt. Ein Besuch lohnt zum Probieren von Obst und Gemüse, Fisch, Fleisch sowie Molkereiprodukten und internationalen Spezialitäten. Auch das Wein-, Bier- und Spirituosen-Angebot lässt keine kulinarischen Wünsche offen. Termin: 20.–29.01.2017. Infos unter www.gruenewoche.de.

Berliner Sechstagerennen: renommiertes Radsport-Event, das bereits 1909 zum ersten Mal stattfand. Steher-Rennen, Derny-Wettkämpfe, Sprinter-Championate und Showprogramm. Velodrom an der Paul-Heyse-Straße, Bahnhof Landsberger Allee. Termin: 19.–24.01.2017, Infos unter www.sechstagerennen-berlin.de.

Februar

Internationale Filmfestspiele Berlin: Die **Berlinale** ist eines der wichtigsten europäischen Filmfestivals, die Hauptevents finden am Potsdamer Platz statt, aber Filme werden in Kinos in der ganzen Stadt gezeigt. Termin: Mitte Februar 2017. Infos und Tickets unter www.berlinale.de. Der reguläre Kartenvorverkauf beginnt in der Regel erst drei Tage vor Festivalbeginn.

März

ITB: Die weltgrößte Touristiker- und Reisemesse zieht nicht nur Fachbesucher an, sondern auch alle, die noch Infos für das nächste Urlaubsziel suchen – landestypische Verköstigungen inklusive. Termin: 08.–12.03.2017, Infos unter www.itb-berlin.de.

Karneval der Kulturen

MaerzMusik: ein „Festival für aktuelle Musik" mit zahlreichen Ur- und deutschen Erstaufführungen unter der Leitung der Berliner Festspiele, mit Veranstaltungen unter anderem im Haus der Berliner Festspiele, Haus der Kulturen der Welt, Konzerthaus am Gendarmenmarkt und Philharmonie am Potsdamer Platz. Termin: 17.–26.03.2017, Infos unter www.berlinerfestspiele.de.

Mai

Theatertreffen: Festival mit ausgewählten deutschsprachigen Theaterproduktionen der aktuellen Saison, findet u. a. im Haus der Berliner Festspiele statt. Termin: 05.–21.05.2017, Infos unter www.berlinerfestspiele.de.

Mai/Juni

Karneval der Kulturen: viertägiges Straßenfest in Kreuzberg, das mit rund 4.000 Teilnehmern aus aller Herren Länder jährlich rund 1 Million Besucher anzieht. Höhepunkt ist der Straßenumzug, zudem gibt es einen Kinderkarneval. Termin: 02.–05.06.2017, Infos unter www.karneval-berlin.de.

Juni

Lange Nacht der Wissenschaften: Hier kann man in wissenschaftlichen Einrichtungen Forschern einen Blick über die Schulter werfen, sie bei Experimenten beobachten oder mit Fragen löchern. Termin: 24.06.2017, www.langenachtderwissenschaften.de.

CSD Parade: Berliner Christopher Street Day, startet am Kurfürstendamm über Potsdamer Platz bis Siegessäule. Infos unter www.csd-berlin.de.

48 Stunden Neukölln: Kunst- und Kulturfestival im Norden Neuköllns. Termin: 23.–25.06.2017. Infos unter www.48-stunden-neukoelln.de.

Juni/Juli

Lesbisch-Schwules Stadtfest: Rund um den Nollendorfplatz, mit Musik, Diskussionen, Essen & Trinken. Infos unter www.regenbogenfonds.de.

Juli

Classic Open Air: Klassikfestival am Gendarmenmarkt mit Open-Air-Bühne. Termin: 20.–25.07.2017. Infos unter www.classicopenair.de.

Pop-Kultur: Neuköllner Musikfestival, das 2015 im berühmt-berüchtigten Berghain seine Premiere feierte. Infos unter: www.pop-kultur.berlin.

August

Lange Nacht der Museen: Konzerte, Theater, Lesungen und Kulinarisches in vielen Berliner Museen. Infos unter www.lange-nacht-der-museen.de, www.kulturprojekte-berlin.de.

Festival of Lights

Tanz im August: Internationales Festival zeitgenössischen Tanzes, das vom Theater Hebbel am Ufer (HAU) veranstaltet wird. Infos unter www.tanzimaugust.de und www.kulturprojekte-berlin.de.

September

Internationale Funkausstellung: Neuheiten aus der Welt der Technik. Für gewöhnlich um das erste Wochenende im September herum. Infos unter www.ifa-berlin.de.

Musikfest Berlin: Internationales Orchesterfestival, unter anderem in der Philharmonie und im Haus der Berliner Festspiele. Weltberühmte Orchester, Dirigenten und Solisten gibt es zu sehen. Termin: 01.–17.09.2017. Infos unter www.berlinerfestspiele.de und www.berliner-philharmoniker.de.

Internationales Literaturfestival Berlin: Lesungen, Gespräche mit Autoren, Diskussionen, Literaturverfilmungen etc. Termin 06.–16.09.2017. Infos unter www.literaturfestival.com.

Berlin Marathon: für gewöhnlich am letzten Wochenende im September. Infos unter www.berlin-marathon.com.

Oktober

Festival of Lights: Illuminationen von Berliner Wahrzeichen (Dom, Brandenburger Tor), Kunst- und Kulturveranstaltungen. Infos unter www.festival-of-lights.de.

November

JazzFest Berlin: Jazzkonzerte, unter anderem im Haus der Berliner Festspiele und im Quasimodo, Termin: 02.–05.11.2017. Infos unter www.berlinerfestspiele.de.

Dezember

Es gibt ca. 60 **Weihnachtsmärkte** in der ganzen Stadt.

Die drei schönsten Weihnachtsmärkte

Weihnachtsmarkt am Gendarmenmarkt

Der Gendarmenmarkt mit Deutschem und Französischem Dom und dem Konzerthaus dazwischen bildet eine ganz besonders schöne Kulisse. Eingerahmt von diesen würdigen Bauten bietet der Markt ein ausgewähltes Angebot. Die Bildende Kunst ist vertreten durch Arbeiten von Malern, Grafikern, Holzbildhauern und Steinmetzen. Ebenso gibt es alte Handwerkskunst zu bewundern. Besonders schön ist es, in einem der Zelte der Berliner Spitzengastronomie einzukehren, denn wer einen besonderen Namen in der Stadt hat, präsentiert sich auch hier gerne. Vor dem Konzerthaus ist eine Bühne aufgebaut, auf der stets etwas los ist.

Info und Öffnungszeiten: *21. Nov.–31. Dez. 2016, tgl. 11–22, Heiligabend/Silvester 11–18 Uhr, Eintritt 1 €, Mo–Fr 11–14 Uhr Eintritt frei, Silvesterfeier 12 €, www.gendarmenmarktberlin.de.*

Weihnachtliche Stimmung am Gendarmenmarkt

Weihnachtsmarkt in Spandau

Flächenmäßig ist dies der größte Weihnachtsmarkt. 250 bis 400 Stände verteilen sich über das Gebiet der Altstadt. Im Gegensatz zum Gendarmenmarkt wird hier auch viel für Kinder geboten, insbesondere um die Nikolai-Kirche herum. Eine Weihnachtskrippe mit lebenden Tieren und ein gutes Bühnenprogramm mit Engelchor und Weihnachtsmann sorgen für die entsprechende Stimmung.

Info und Öffnungszeiten: *23. Nov.–23. Dez. 2016, tgl. 11–20/22 Uhr, www.weihnachtsmarkt-spandau.de.*

Weihnachtsmarkt am Schloss Charlottenburg

Vor der herrlich beleuchteten Barockfassade von Schloss Charlottenburg ist dies ein besonders gepflegter Weihnachtsmarkt. Die Angebote sind eher höherwertig, die Gastronomie ist ausgewählt, das Rahmenprogramm stimmungsvoll.

Info und Öffnungszeiten: *21. Nov.–26. Dez. 2016 (Heiligabend geschl.), tgl. 14–22, Fr–So sowie 1./2. Weihnachtsfeiertag ab 12 Uhr, Infos unter www.wvdsc.de.*

Hält warm: Feuerzangenbowle

Berliner Orte des Wohlbefindens

Wem das das hektische Hauptstadtleben zu viel wird, der findet an den folgenden Orten Ruhe und Entspannung. Zahlreiche weitere Berliner Spa- und Wellnessangebote werden unter www.ilovespa.de anschaulich beschrieben.

Wohltemperiertes Schweben

Im Salzbecken des Liquidroms wird der Körper schwerelos. Tolle beruhigende Unterwasser-Musik für die Ohren, Farb- und Lichtspiele für die Augen – alles Balsam für die Seele. Die Sauna und ein Außenbecken sowie Massageangebote (bitte vorreservieren!) runden das Erlebnis ab. Die Gesamtanlage ist nüchtern-minimalistisch, edles Material wie Granit und ausgesuchte Hölzer wurden verwendet. An bestimmten Tagen wird Livemusik geboten, ebenso gibt es Motto-Abende wie die „Nacht der Lichter" oder die „Electronic Night". Kleine Snacks gibt es an der Bar (Salate, Flammkuchen, Suppe, Bagels).

Liquidrom, Möckernstraße 10, 10963 Berlin, Tel. 030/258007820, www.liquidrom-berlin.de. S1/S2/S25 Anhalter Bahnhof, U1/U2 Gleisdreieck, U1/U7 Möckernbrücke. Geöffnet tgl. 9–24, Fr/Sa bis 1 Uhr. 19,50 €, 4 Std. 24,50 €, Tageskarte 29,50 €, Bademantel und -schuhe sowie Saunatuch gegen Gebühr.

Minimalistisch und edel: das Liquidrom

Salzgrotten in der City

Bei angenehmen 22 °C ruht der Gast, eingehüllt in warme Decken (man braucht sich vorher nicht umzuziehen) und inhaliert reine Salzluft. Die Räume sind komplett aus weißem Salz, man fühlt sieht wie in einer Eishöhle. Ein Generator verbreitet das Salz und

Es dreht sich alles ums Salz im Saltero

verdichtet den Gehalt in der Luft. Salzluft ist bekanntermaßen heilsam, z. B. bei Asthma, Allergien (Heuschnupfen), Entzündungen der Nasennebenhöhlen, Depressionen, Schlafproblemen. Bei akuten Infekten der Atemwege oder sonstigen akuten Krankheiten muss man auf einen Besuch verzichten. Als einmaliges Erlebnis sowie zur Entspannung und Prophylaxe empfohlen. Außerdem können eine Salzmassage oder ein Salzpeeling gebucht werden. Und das alles bei dezenter Musik …

Saltero Charlottenburg, *Lietzenburger Straße 54, 10719 Berlin, Tel. 030/66303258. www.saltero.de. Geöffnet Mo/Mi 10–18, Fr 14–18 Uhr. 9,90 Euro für 45 Min., Beginn zur vollen Stunde. Vorherige Reservierung erforderlich. U1/U9 Kurfürstendamm oder U1 Uhlandstraße.*

Ein weiterer Anbieter von Beauty-Behandlungen im Salzraum ist: **Beauty, Body & Salt**.

Auguststraße 89, 10117 Berlin, Tel. 030/53084249, www.beautybodysalt.de. S1/S2/S25 Oranienburger Straße, U6 Oranienburger Tor. Geöffnet 9.30–17, Sa 10–15 Uhr, Mo geschlossen.

Entspannen in Spandau

Das MeridianSpa ist eine großzügige, schöne Anlage auf 9.000 m² mit verschiedenen Saunen, einem großen Innenpool und einer Durchschwimm-Möglichkeit nach draußen „über die Dächer von Berlin", denn man befindet sich im 2.–4. Obergeschoss der Spandau Arcaden. Whirlpool, Ruhezonen, nettes Restaurant. Solarium, Massagen, Beauty-Salon – alles ist möglich.

MeridianSpa, *Klosterstraße 3, 13581 Berlin, Tel. 030/658913000, www.meridianspa.de. S5 und RE Spandau. Geöffnet Mo, Mi und Fr 9–23 Uhr, Di und Do 7–23 Uhr, Sa/So 9–22 Uhr. Tageskarte 20–36 € je nach Tag und Verweildauer.*

Praktische Informationen

Information

Berlin Tourismus: Tel. 030/25002333, www.visitberlin.de. In der Stadt gibt es mehrere **Infostellen**, die bei der Planung von Aktivitäten behilflich sind, Tickets für Veranstaltungen und Stadtrundfahrten buchen und Hotels reservieren. Zudem kann man hier die **Berlin Welcome Card** erstehen, die neben freier Fahrt auch Rabatte zu über 200 Sehenswürdigkeiten bietet.
Hauptbahnhof, Erdgeschoss / Eingang Europaplatz, täglich 8–22 Uhr
Flughafen Tegel, Terminal A, Gate 1, täglich 8–21 Uhr
Europacenter, Tauentzienstraße 9 (Erdgeschoss), Mo–Sa 10–20 Uhr
Brandenburger Tor, Pariser Platz / südliches Torhaus, täglich 9.30–18 Uhr (April–Okt. bis 19 Uhr)
Berlin Tourist Info Point im Fernsehturm, Alexanderplatz, Panoramastr. 1a, täglich 10–16 Uhr, April–Okt. bis 18 Uhr

Stadtführungen

Es gibt zu fast jeder Thematik eine entsprechende Führung – sei es für Kinder, für Film-Fans, Kunstbegeisterte, Feinschmecker oder Nachteulen.
Im Folgenden eine kleine Auswahl:
art:berlin: veranstaltet Führungen mit den Schwerpunkten Kunst, Kultur, Architektur, Literatur und Mode (www.artberlin-online.de).
Berlin mit Kindern: bietet maßgeschneiderte Touren für die ganze Familie (www.berlin-mit-kindern.de).
Eat the World: kulinarische Stadtführung, bei der man einiges probieren kann (www.eat-the-world.com).
Free Berlin Tours: Mit Robert Müller kann man das bekannte, vor allem aber auch das unbekannte Berlin mit dem Rad entdecken (www.fahrradtouren-berlin.com).
GoArt!: Galerie- und Atelierrundgänge durch die Berliner Kunstszene sowie thematische und maßgeschneiderte Führungen mit Schwerpunkt Architektur (www.goart-berlin.de).
Lobby Control: Die etwas andere Stadtführung führt an 55 Stationen in den Berliner Lobbydschungel ein. Organisationen und Kampagnen sowie Methoden und Tricks werden erläutert (www.lobbycontrol.de).
Panorama-b: bietet sowohl die „Klassiker" als auch Architekturführungen und Touren zur Stadtgeschichte und nach Potsdam (www.panorama-b.de).
Reinhold Steinle: Führungen durch den Neuköllner Kiez von einem schwäbischen Wahlberliner, der mit dem negativen Image des Bezirks aufräumen möchte (www.reinhold-steinle.de).
Sightseeing Point: bietet eine riesige Palette von Stadtführungen per Bus, zu Fuß, mit den ÖPNV sowie mit dem Fahrrad in Berlin und Potsdam (www.sightseeing-point-berlin.de).

Öffi – Fahrplanauskunft

Ideal für den Berlin-Besuch:
- Echtzeit-Abfahrtszeiten (inkl. Verspätungen)
- nahegelegene Haltestellen (mit Karte)
- Verbindungs-Abfragen (von Haustür zu Haustür)
- Interaktive Netzpläne

Erhältlich im Google Playstore, bislang leider nur für Android, nicht für iOS (Apple).

Sightwalks: Das Unternehmen bietet Erlebnisstadtführungen durch Berlin an – und hier ist der Name Programm. Die Rundgänge werden mit Spaß und Begeisterung „moderiert", statt sich nur mit Geschichtsdaten aufzuhalten. Sehr empfehlenswert (www.sightwalks.de).

Auf einem Doppelbett durch Berlin

Es gibt nichts, was es nicht gibt: Richard Eckes kam auf die Idee, ein knallrotes Doppelbett statt einer Sitzbank an seine Riksha anzudocken. Man sollte sitzen oder entspannt liegen ... denn alle beobachten das kuriose Gefährt. Den ehemaligen Kameramann freut es, wenn sich Kunden und vor allem die Menschen auf der Straße darüber amüsieren. Jede Menge Spaß und vom Fotoprofi Richard Eckes abgelichtet zu werden sind natürlich inklusive. Und Anlässe gibt es genug, ihn zu buchen: Hochzeit, Junggesellenabschied, Geburtstag ...
Berlin Horizontal, *Richard Eckes, Oderbergerstr. 21, 10435 Berlin, Tel. 0178/ 5373763, www.berlinhorizontal.de, Preise für 2 Personen: ½ Std. 25 €, 1 Std. 45 € oder länger nach Vereinbarung, Streckenführung, Start- und Endpunkt frei wählbar, Fotoshooting inklusive.*

Mit dem Bett quer durch Berlin – Aufmerksamkeit ist da auch ohne Akrobatik garantiert

Wochenmärkte

Berliner Wochenmärkte haben eine lange Tradition, und in jedem Viertel finden sie auf vielen Plätzen an zwei Tagen in der Woche statt. Sehenswerte Märkte gibt es am Winterfeldtplatz in Schöneberg, am Clausener Platz, Suarez Str., Boxhagener Platz, Chamissoplatz (Marheinekehalle), Reinickendorfer Str., am Hackeschen Markt und am Kollwitzplatz. Aktuelle Infos und Daten unter www.berlin.de/sen/wirtschaft/service/maerkte-feste/ und www.ihk-berlin.de.

> *Tipp*
>
> **Der Türkenmarkt am Maybachufer – mehr Multikulti ist nicht drin!**
>
> Das Leben einer Stadt spiegelt sich auf ihren Märkten wider. Und wenn die Bevölkerung so bunt gemischt wie in Kreuzberg ist, dann ist auch das Angebot entsprechend. Der Türkenmarkt entlang des Landwehrkanals ist auf türkische, deutsche, italienische, asiatische, afrikanische Bedürfnisse ausgerichtet. Das Warenangebot ist riesig: frisches Obst und Gemüse, Textilien, Schmuck, Lederwaren, Backwaren (Fladenbrot & Co), Senf in allen Variationen, tolle Gewürze, Fisch, Fleisch – alles, was das Herz begehrt. Im BiOriental-Teil Ecke Schinke-/Hobrechtstraße finden sich die Bio-Anbieter und an den Imbissständen gibt es die ein oder andere orientalische Köstlichkeit, darunter die vielleicht besten Falafel Berlins oder saftige, auf Holzkohle gegrillte Makrelen im Brot.
> **Türkenmarkt am Maybachufer**, *zwischen Kottbusser Brücke/ Schinkestraße, U8 Schönleinstraße, www.tuerkenmarkt.de, Dienstag und Freitag 11–18.30 Uhr.*

Exotisch: das Angebot am Maybachufer

Ausgewählte Restaurants im Buch

Hinweis: Die Preisspanne bezieht sich immer auf ein Hauptgericht.

DAHLEM/STEGLITZ
Sombrero, Wrangelstraße 11–12, mexikanisch/lateinamerikanisch, Tapas: 3–12 €, S. 145
Alter Krug, Königin-Luise-Str. 52, deutsch/rustikal, 10–28 €, S. 201

FRIEDRICHSHAGEN
Bräustübl Restauration, Müggelseedamm 164, berlinerisch/deftig, 9–17 €, S. 241
Domaines, Josef-Nawrocki-Str. 22, französisch/international, 12–20 €, S. 241
Gaststätte Neu Venedig, Finkenweg 348, deutsch, 11–20 €, S. 241
Spree Arche, Müggelschlößchenweg 0, Fisch/rustikal, 10–24 €, S. 185

FRIEDRICHSHAIN
Café Sibylle, Karl-Marx-Allee 72, Kaffee und Kuchen, S. 163
priMaria Gärtnerstr. 12, bulgarisch, 7–16 €, S. 163
Schönbrunn, Am Schwanenteich, Frühstück/international, 8–27 €, S. 112

FROHNAU
Kaffeehaus Zeltinger, Zeltinger Platz 1a, Kaffee und Kuchen, S. 235
Pantalone, Ludolfinger Platz 2, italienisch, 10–20 €, S. 235

KÖPENICK
Luise, Alt-Köpenick 20, deutsch, 8–15 €, S. 35

KREUZBERG
Café Strauss, Bergmannstr. 42, Kaffee und Kuchen, S. 27
Hasir, Adalbertstr. 10, türkisch, 10–15 €, S. 29
Osteria No 1, Kreuzbergstr. 71, italienisch, 10–20 €, S. 115
Zur kleinen Markthalle, Legiendamm 32, deftig/Hühnchen, 6–13 €, S. 29

MITTE
Altes Europa, Gipsstr. 11, deutsch/rustikal, 8–17 €, S. 77
Asador, Wilhelmstr. 22, argentinisch/Fleisch, 20 €, S. 59
BBQ-Kitchen, Am Zwirngraben 4–5, Fleisch, 5–19 €, S. 17
Bocca di Bacco, Friedrichstraße 167, italienisch, 16–38 €, S. 15
Borchardt, Französische Str. 47, deutsch/französisch, 18–35 €, S. 15
Café Einstein, Unter den Linden 42, österreichisch, 10–20 €, S. 53
Da Vinci, Georgenstr. 192, italienisch, 7–12 €, S. 129
Deponie Nr. 3, Georgenstr. 5, deutsch/rustikal, 8–17 €, S. 129
einsunternull, Hannoversche Str. 1, gehoben/regional, 6–10-Gang-Menü (abends) inkl. Weinbegleitung 77–117 €, S. 93
Lutter und Wegner, Charlottenstr. 56, österreichisch, 15–25 €, S. 103
Ristorante Sale e Tabachi, Rudi-Dutschke-Str. 23, italienisch, 12–25 €, S. 59

Ständige Vertretung, Schiffbauerdamm 8, rheinisch, 6–16 €, S. 15
Weinbar Rutz, Chausseestr. 8, lokal/gourmet, 4-, 6-, 8- oder 10-Gänge-Menü für 98, 125, 145 oder 165 €, S. 93

MOABIT
Lei e Lui, Wilsnacker Str. 61, mediterran/orientalisch, 8–16 €, S. 79
ProbierMahl, Dortmunder Str. 9, mediterran, 9–24 €, S. 79

NEUKÖLLN
Café Rix, Karl-Marx-Straße 141, international, 8–12 €, S. 37
Lavanderia Vecchia, Flughafenstr. 46, italienisch, Mittag 10, abends Menü 58 €, S. 119
Louis, Richardplatz 5, deutsch/österreichisch, 10–20 €, S. 37
Sala da Mangiare, Mainzer Straße 23, italienisch, 8–10 €, S. 225
Villa Rixdorf, Richardplatz 6, Pizza/international, 10–15 €, S. 37

PRENZLAUER BERG
1900, Husemannstr. 1, deutsch, 12–29 €, S. 111
Anna Blume, Kollwitzstraße 83, Frühstück/saisonale Karte, 10–18 €, S. 42
Asin, Husemannstr. 2, asiatisch, 9–13 €, S. 111
Chez Maurice, Bötzowstr. 39, französisch, Plat du Jour (mittags) um 11 €, Hauptgerichte (abends) 20–25 €, S. 113
Gugelhof, Knaackstr. 37, elsässisch, 12–25 €, S. 111
Massai-Restaurant, Lychener Str. 12, afrikanisch, 10–23 €, S. 95

TEGEL
Alter Fritz, Karolinenstr. 12, deutsch/modern, 15–20 €, S. 205
Fisherman's Restaurant, Eisenhammerweg 20, Fisch, 13–25 €, S. 31
Rüan Thai, Brunowstr. 8, thailändisch, 10–17 €, S. 31

TIERGARTEN/WILMERSDORF/CHARLOTTENBURG
Alt Berliner Biersalon, Ku'damm 225, deutsch/berlinerisch, 10–20 €, S. 57
Ana e Bruno, Sophie-Charlotte-Str. 101, italienisch, 30–36 €, S. 207
Balthazar, Kurfürstendamm 160, mediterran/italienisch, 18–25 €, S. 23
Buddha Republic, Knesebeckstr. 88, indisch, 9–13 €, S. 57
Café am Neuen See, Lichtensteinallee 2, Frühstück/international, 8–16 €, S. 117
Café-Restaurant Wintergarten, Fasanenstr. 23, international, 7–23 €, S. 23
Capt'n Schillow, Straße des 17. Juni, Fisch/rustikal, 10–20 €, S. 184
Ebert, Eisenzahnstraße 59, deutsch/international, 12–19 €, S. 57
Engelbecken, Witzlebenstr. 31, bayrisch/österreichisch, 10–25 €, S. 121
Fräulein Fiona, Fritschestraße 48, deutsch/regional/modern, 15–25 €, S. 121
Giraffe, Klopstockstraße 2, Frühstück/international, 6–15 €, S. 165
Heising, Rankestr. 32, französisch, nur Menüs, 3 Gänge 48 €, S. 25
Honça, Ludwigkirchplatz 12, türkisch, 14–26 €, S. 109
Kuchel Eck, Ludwigkirchplatz 1, Pizza/berlinerisch, 6–12 €, S. 109

Landauer Restaurant, Rüdesheimer Platz, österreichisch/deutsch, 7–19 €, S. 105
Marooush, Knesebeckstr. 48/Ecke Ku'damm, arabisch, 10–20 €, S. 57
Mondo Pazzo, Schlüterstraße 52, italienisch, 10–32 €, S. 23
Paris Bar, Kantstr. 152, französisch, 20–39 €, S. 25
Route 66 Diner, Pariser Straße 44, amerikanisch/mexikanisch, 6–15 €, S. 109
Schleusenkrug, Müller-Breslau-Str., international, 10–15 €, S. 117
Schnitzelei, Röntgenstr. 7, deutsch/rustikal, 12–17 €, S. 207
Schöneberger Weltlaterne, Motzstraße 61, deutsch/rustikal, 10–18 €, S. 57
Zum Topfgucker, Motzstr. 91, deutsch, 15–17 €, S. 57
Weyers, Pariser Str. 16, deutsch/international, 11–23 €, S. 109

WANNSEE/GRUNEWALD

Alte Liebe, Havelchaussee 107, deutsch/rustikal, 12–19 €, S. 185
Fischerhütte, Fischerhüttenstraße 136, deutsch/österreichisch, 8–16 €, S. 184
Nikolskoe, Nikolskoer Weg 15, deutsch/saisonal, 13–17 €, S. 195
Restaurant Remise, Königstraße 36/Schloss Glienicke, deutsch/international/gehoben, 18–34, S. 213
Wirtshaus Moorlake, Moorlakeweg 6, deutsch/rustikal, 13–20 €, S. 195
Wirtshaus Schildhorn, Straße am Schildhorn 4 a, deutsch/rustikal/international, 15–25 €, S. 193
Wirtshaus zur Pfaueninsel, Pfaueninselchaussee, deutsch/rustikal, 10–15 €, S. 195

WEDDING

L'Escargot, Brüsseler Straße 39, französisch/sizilianisch/mediterran, 20–27 €, S. 147
Pierogarnia, Turiner Straße 21, polnisch, 10–12 €, S. 147

WEISSENSEE

Osseria, Langhansstraße 103, DDR-Küche, 7–17 €, S. 65

Stichwortverzeichnis

A
Aalto, Alvar 165
Abgeordnetenhaus 171
Adenauer, Konrad 80
Adlon, Hotel 53, 54
Ai WeiWei 135
Akademie der Künste 53
Alexanderplatz 100, 188
Alte Bibliothek 19
Alte Liebe 185
Alte Nationalgalerie 128
Altes Museum 128
Altreetz 247
Alt-Tegel 30
Ampelturm 98
Anna Blume 42
Arminiusmarkthalle 219
Astor Film Lounge 23
Atomschutzbunker 57
Aufbau der Republik, Wandbild 70
Aufstand des 17. Juni 1953 162
Ausflugsschiff 30
Aussichtspunkte 186, 188
Auswärtiges Amt 211

B
Badeschiff 178
Badestellen 178, 180
Bahnhof Friedrichstraße 14
Bahnhof Zoologischer Garten 24
Baker, Josephine 22
Ballonfahrt 189
Bankenviertel 21
Barenboim, Daniel 19
Bauhaus-Museum 152
Baumblütenfest 251
Baumhaus 28
Baumkronenpfad 230
Beelitzer Heilstätten 230
Bendlerblock 168
Bergmannstraße 13, 26
Berlinale Palast 98
Berliner Film- und Fernsehmuseum 98
Berliner Schloss 210
Berliner Suppenschüssel 208
Berlin-Uhr 24
Bernauer Straße 60
Bertolt-Brecht-Archiv 137
Bier 224
Biermann, Wolf 112
Bikinihaus 24
Bio 220, 222
Block der Frauen 38
Bode-Museum 129
Böhmischer Gottesacker 36
Böhmisch Rixdorf 37
Bootsverleih 241
Bornholmer Straße 66
Boros, Christian 134
Bösebrücke 66
Böse, Wilhelm 66
Botanischer Garten 200
Botanisches Museum 201
Botschaften 168
Bötzowviertel 112
Boxhagener Platz 13
Brandenburger Tor 52, 80, 167
Brandt, Willy 66, 80
Brauereien 224
Brecht, Bertolt 15, 136
Brecht-Weigel-Gedenkstätte 136
Brücken 182
Bücherbaum 43
Buddhistisches Haus 234
Bundeskanzleramt 166

C
Café Achteck 26, 102, 104
Café Kranzler 23
Capt'n Schillow 184
Caputh 248
Carlsburg 247
Chamäleon 16
Chamissokiez 26
Charlottenburg 13, 38
Checkpoint Charlie 58
Christiane F. 24
City West 24
Clärchens Ballhaus 44
Classic Open Air 103
C/O-Berlin 25
Comenius-Garten 37
Currywurst 226

D
Dahlke, Paul 234
Daimler Contemporary 99
Dalí – Die Ausstellung am Potsdamer Platz 130
Dalí, Salvador 130
Danh Vo 134
DDR-Aufstand 82
Denkmal Berliner Mauer 60
Denkmal für die ermordeten Juden 74
Deportation 38
Detlev-Rohwedder-Haus 70
Deutscher Dom 102
Deutsches Historisches Museum 18, 19
Deutsche Staatsoper 19
Deutsches Theater 15
Dicke Marie 30
Diplomatenviertel 168
Distel 15, 142
Dom 208
Donatello 129
Dorotheenstadt 92
Dorotheenstädtischer Friedhof 92, 137
Dussmann das KulturKaufhaus 15
DZ-Bank 53

E
East Side Gallery 138
Eiermann, Egon 24
Einstein, Albert 249
Einsteins Sommerhaus 249
Eisenman, Peter 74, 167
Eliasson, Olafur 135
Elser, Georg 70
Ephraim-Palais 50
Essen & Trinken 217

F
Fahrplanauskunft 272
Fahrradtour 194, 196
Falkenberg 247
Fassbender & Rausch 103
Fernsehturm 188
Festivals 265
Flohmärkte 40
Flughafen 118
Fontane, Theodor 242

Forum Fridericianum 19
Foster, Norman 69
Frankfurter Tor 162
Franziskaner-Klosterkirche 51
Französischer Dom 102
Frauentog 35
Freiluftkino 113
Friedhof, jüdischer 39
Friedrich, Caspar David 128
Friedrich II. (der Große) 19, 244
Friedrichshagen 240
Friedrichshain 12, 112
Friedrichstadtpassagen 14
Friedrichstraße 14
Friedrichswerder 92
Friedrichswerdersche Kirche 211
Frohnau 234
Funkturm 187

G
Galeries Lafayette 14
Gärten der Welt 202
Gartenstadt Falkenberg 160
Gedächtniskirche 24
Gedenkstätte Berliner Mauer 60
Gedenkstätte Deutscher Widerstand 168
Gehry, Frank O. 53
Geisterbahnhöfe 15
Gendarmenmarkt 102
Georg Kolbe Museum 140
Gerhardt, Paul 50
Glienicke 212
Glienicker Brücke 84, 194
Glindow 251
Global Stones 150
Göring, Hermann 59, 70
Graffiti 148
Greenwichpromenade 30
GrenzErfahrungen 15
Grillboote 180
Grips-Theater 191
Gropius, Walter 152, 165
Groß Neuendorf 244
Grotewohl, Otto 136
Grunewald 13
Grunewald-Turm 193
Gutshaus Steglitz 144

H
Hackesche Höfe 16
Hackescher Markt 12, 16
Hallervorden, Dieter 143, 145
Hanfmuseum 51
Hansaviertel 164
Hauptbahnhof 166
Hauptmann von Köpenick 34
Haus der Schweiz 21
Havel 31, 185, 194, 250
Havelhöhenweg 192
Havelland 242
Heidelberger Platz 190
Heinrichplatz 13
Helmholtzplatz 12
Hermsdorfer See 232
Heydrich, Reinhard 71
Hi-Flyer 189
Hitler, Adolf 72
Hohenschönhausen 64, 156
Holocaust 74
Holocaust-Mahnmal 167
Hotel de Rome 21
Hugenottenmuseum 102
Humboldt, Alexander von 30, 205
Humboldt-Box 210
Humboldt-Schloss 204
Humboldt-Universität 19
Humboldt, Wilhelm von 205

I
Informationen 272

J
Jaczo-Sage 192
Jandorf, Adolf 46
Jüdischer Friedhof 88
jüdisches Berlin 38
Jüdisches Denkmal 78
Juliusturm 32

K
Kabarett 142
KaDeWe (Kaufhaus des Westens) 46
Kaffeehaus Grosz 23
Kaiserhöfe 21
Kalter Krieg 58
Kammerspiele 15
Kapelle der Versöhnung 61
Karaoke 41
Kennedy, John F. 80
Kinder 263
Knoblauchhaus 50
Kochhaus 27
Kolbe, Georg 140
Kolbe-Museum 140

Kollwitz, Käthe 19, 110
Kollwitzplatz 42, 110
Kollwitzstraße 12
Königsmeile 18
Konnopke's 226
Köpenick 13, 34
Koppenplatz 76
Körnerpark 106
Kranichsberg 236
Krenz, Egon 86
Kreuzberg 12, 13, 26, 28, 114
Kronprinzenpalais 18
Krumme Lanke 180
Ku'damm 56
Kulturbrauerei 218
KunstHalle 21
Kurfürstendamm 22

L
Landesparlament 171
Landwehrkanal 168, 182, 184
Legien, Carl 158
Leipziger Straße 14
Lenné, Peter Joseph 204, 212
Levetzowstraße 78
Lichtenberg 13
Liebermann, Max 132
Liebermann-Villa 132, 194
Liebknecht, Karl 113
Lietzensee 120
Lindwerder 193
Lorenz, Peter 27
Lübars 232
Ludwig-Erhard-Haus 25
Ludwigkirchplatz 108
Luftbrücke 118
Lustgarten 208

M
Madame Tussauds 21
Majakowskiring 86
Märchenbrunnen 112
Marheineke Markthalle 27
Marheinekeplatz 27
Marienkirche 51
Markthalle Neun 219
Marlene-Dietrich-Platz 98
Marmorpalais 197
Marzahn 13, 202
Mauer 53, 69, 138
Mauerbau 66
Mauerfall 66
Mauerkunst 138
Mauermuseum 58
Mauerpark 40

Mehringdamm 27
Mengenlehreuhr 24
Mielke, Erich 64
Mies van der Rohe Haus 156
Mies van der Rohe, Ludwig 153, 156
Mitte 38
Moabit 13
Mont Klamott 112
Müggelsee 35, 180, 240
Müggelspree 240
Museum Blindenwerkstatt Otto Weidt 38
Museum der Kulturbrauerei 67
Museum für Fotografie 25
Museum für Gestaltung 152
Museumsinsel 128
Museumswohnungen 94
Museum The Kennedys 81

N
Nationaldenkmal 114
Nationalsozialisten 70
Nazi-Ministerium 59
Neptunbrunnen 170
Neue Nationalgalerie 157
Neue Reichskanzlei 70
Neuer Garten Potsdam 196
Neues Museum 128
Neue Synagoge 39
Neue Wache 19
Neukölln 13, 36, 106
Neu-Venedig 241
Niederfinow 246
Niemeyer, Oscar 164
Nikolaikirche 50
Nikolaiviertel 50
Nordische Botschaften 168

O
Oberbaumbrücke 191
Obstbaummuseum 250
Ochsenmarkt 100
Oderbruch 244
Ökomarkt 26
Olympiagelände 172
Opernpalais 18
Oranienstraße 13
Osseria 65
Ossietzkystraße 86

P
Palast der Republik 210
Pankow 13, 83, 95, 214
Pariser Platz 52, 53
Parlament 170
Parochialkirche 51
Pergamonmuseum 129
Pfaueninsel 195
Platz des 9. November 1989 67
Pogromnacht 78, 89
Potsdam 196
Potsdamer Konferenz 196
Potsdamer Platz 98
Potsdamer Platz Arkaden 98
Potsdamer Straße 157
Prenzlauer Berg 12, 38, 42, 94, 110, 158
Prime Time Theater 146
Prinz-Albrecht-Gelände 70
Prinzessinnenpalais 18
Privatbrauereien 224

Q
Quasimodo 25

R
Rahnsdorf 236, 241
Rathaus 170
Rathaus Köpenick 34
Rauch, Daniel 19
Raum der Stille 53
RAW 219
Regierungsviertel 69, 166
Reichstag 68
Reichstagsgebäude 68, 166
Reinickendorf 13, 159
Reiterstandbild Friedrichs des Großen 19, 20
Restaurantschiffe 184
Reuter, Ernst 69
Reuterkiez 13
Rheingauviertel 105
Ribbeck 242
Richardplatz 37
Riemenschneider, Tilman 129
Rixdorf 36
Rohwedder, Detlev Karsten 70
Rollberg 225
Rosenhöfe 16
Rosenthaler Straße 16
Rotes Rathaus 50, 170
Rüdersdorf 238
Rüdersdorfer Kalksteinbrüche 237, 238
Rüdesheimer Platz 104

S
Sachs, Nelly 77
Sagebiel, Ernst 118
Sammlung Boros 134
Sammlung Hoffmann 17
Saraceno, Tomás 135
Schabowski, Günter 66
Schauspielhaus 103
Schiffshebewerk 246
Schiffsrundfahrt 182
Schillerpark 158
Schinkel, Karl Friedrich 114, 204, 212
Schinkelplatz 211
Schlachtensee 13, 180, 184
Schloss Bellevue 186
Schlossbrücke 211
Schloss Caputh 248
Schloss Cecilienhof 196
Schloss Charlottenburg 206
Schloss Glienicke 212
Schloss Köpenick 35
Schlosspark Theater 144
Schloss Ribbeck 242
Schloss Schönhausen 214
Schloss Tegel 204
Schlüter, Andreas 18
SchokoWelt 103
Schöneberg 13
Schöneberger Südgelände 124
Schöneiche 238
Schönholzer Heide 83
Schumannstraße 15
Schwarzenfeld, Wolfgang Kraker von 150
Schwerbelastungskörper 72
Schwielowsee 248
Schwitters, Kurt 42
SeaLife Center 209
Senat 170
Siegessäule 186
Silly 112
Simon-Dach-Straße 13
Sonntagsbrunch 125
Sony Center 99
Sophienstraße 17
Sowjetische Ehrenmäler 82
Spandau 13, 33
Spandauer Vorstadt 38
Spandauer Zitadelle 32
Speer, Albert 70, 72
Spree 180, 182

Stichwortverzeichnis | 281

Spree Arche 185
Spreeinsel 210
Staatsbibliothek 20
Staatsoper 19
Stabkirche 91
Stachelschweine 25, 142
Stadtbad Neukölln 179
Stadtführungen 272
Stadtmuseum 51
Stahnsdorf 90
Stalinallee 162
Stasimuseum 64
St. Canisius 120
Steglitz 13, 144
St.-Hedwigs-Kathedrale 19
St. Ludwig 108
Strandbad 178
Strände 176
Street Art 148
Streetfood 218
Südstern 27
Südwestkirchhof Stahnsdorf 90
Synagoge 78
T
Tagebau 238
Tauentzienstraße 46
Taut, Bruno 158, 160
Tegel 30
Tegeler Fließ 232
Tegeler See 180
Tempelhof 13
Tempelhofer Feld 118
Tempelhofer Park 118

Templiner See 248
Thaiwiese 219
Theater 51
Theater des Westens 25
Theaterviertel 14
Thermen 25
Tiergarten 82, 116, 150, 164
Tietz, Hermann 46
Todesstreifen 60
Topographie des Terrors 71
Tränenpalast 15
Treptow 13
Treptower Park 83
Triumphbogen 72
Tunnel 62
Tuschkastensiedlung 160
U
U-Bahn 190
Uhr der Fließenden Zeit 24
Ulbricht, Walter 59, 87, 113
UNESCO-Biosphärenreservat Schorfheide-Chorin 246
Unter den Linden 14, 18, 20
Unterkünfte 259
Unterwelten 62
Upper-Eastside-Komplex 21
V
Verlassener Raum 76
Viktoriapark 114
Villa Schöningen 84
Villenkolonie Alsen 132
Voigt, Friedrich Wilhelm 34
Volkspark Friedrichshain 112

W
Waldfriedhof 90
Wannsee 132, 178, 180, 192, 194
Wannsee-Konferenz 194
Wasserklops 24
Wasserturm 26
Wedding 13, 146, 158
Weidt, Otto 38
Weigel, Helene 136
Weihnachtsmärkte 269
Weinanbau 115
Weinberge 250
Weißensee 88
Weiße Stadt 159
Wellness 270
Weltzeituhr 100
Werder 250
Westend 13, 140
Wilhelm II. 68
Wilhelmstraße 70
Wilmersdorf 13, 104
Wohnstadt Carl Legien 158
Woltersdorf 236
Wrangelschlösschen 144
Wühlmäuse 142
Z
Zehlendorf 13
Zentrale des Ministeriums für Staatssicherheit 64
Zeughaus 18
Ziegeleimuseum 251
Zille-Museum 51
Zisterzienserkloster Chorin 246
Zoologischer Garten 24

Abbildungsnachweis

Alle Bilder Michael Iwanowski, außer:
© A. Savin / Wikimedia Commons (Lizenz CC BY SA 3.0), S. 90
© AbenteuerPark Potsdam: S. 264
© Air Service Berlin / David Heerde, S. 189
© Berliner Bäderbetriebe: S. 179
© Bernd Schönberger / Clärchens Ballhaus: S. 44, 45
© Bildarchiv Georg Kolbe Museum / Enric Duch: S. 140
© bpk / DOM publishers: S. 128
© DalíBerlin: S. 130 (2x), 131
© Grillboot: S. 180, 181

© Holger Happel/Berliner Unterwelten: S. 62
© istock/NiseriN: S. 102
© KaDeWe Berlin: S. 46, 47
© Liquidrom Berlin: S. 270
© Louis Held: S. 153
© Markus Dallmann: S. 13 (unten), 18, 32, 33, 36, 37, 38, 39, 52, 54, 70, 71, 86, 87, 112, 114, 115, 126/127, 142, 143, 168, 169 (2x), 172, 173, 214 (2x), 215, 236, 237 (2x)
© Maruschka / Wikimedia Commons, S. 210
© Monique Wüstenhagen / The Story of Berlin: S. 56, S. 258

© Noshe/Sammlung Boros: S. 134, 135
© Ostel: S. 259
© Saltero Berlin: S. 271
© Staatliche Museen zu Berlin/ Maximilian Meisse: S. 129
© Will McBride/Museum The Kennedys: S. 80
© Peter Sich: S. 10/11, 28, 41, 96/97, 216/217
© Zofia Gajos: 14, 20, 21, 34, 42, 43, 82, 87, 92, 101, 104, 107, 108, 109, 118, 121, 122, 123, 124, 126/127, 137, 160, 204, 211, 222

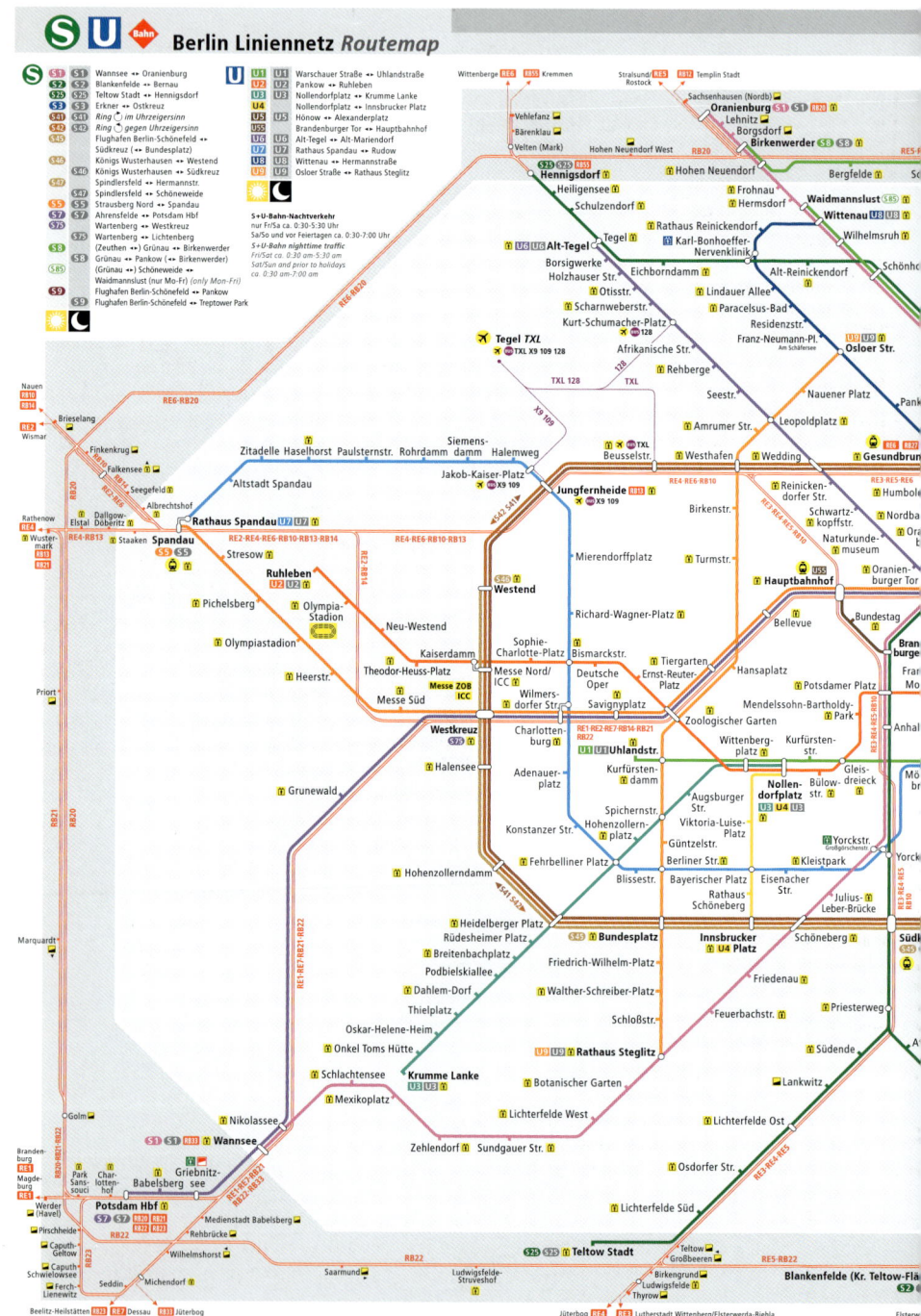

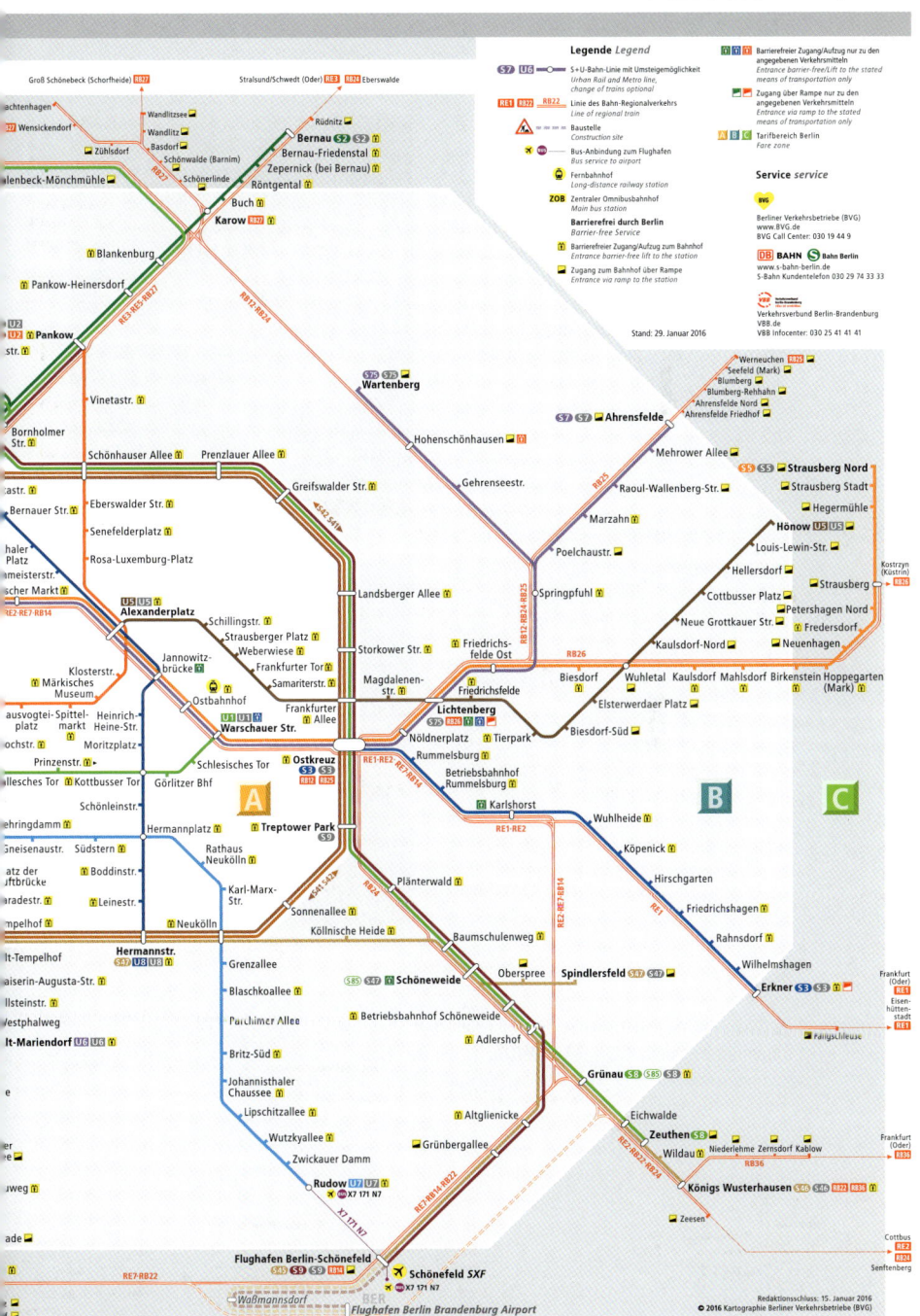

Die Autoren

Michael Iwanowski (mi) ist Reisebuchautor und Verleger und unternimmt seit 35 Jahren Reisen in beinahe alle Teile der Welt. Seit einigen Jahren ist er auch in Berlin heimisch und verfolgt mit Begeisterung die rasante Entwicklung dieser Stadt. Mit diesem Buch möchte er dem Leser Lust auf mehr machen – auf mehr Berlin. Für die Recherche radelte er exakt 2.634 km in der Stadt und im Umland.

Markus Dallmann (md), Stadtplaner und Stadtführer in Berlin, liebt es, die Besucher von der deutschen Metropole zu begeistern. Der seit 28 Jahren Wahlberliner ist stets auf der Suche nach neuen Perspektiven und unentdeckten Kostbarkeiten in einer Stadt, deren einzige Konstante in ihrer ständigen Veränderung besteht und daher immer spannend bleibt.

Zudem möchten wir uns an dieser Stelle bei folgenden Autoren ganz herzlich für die Mitarbeit bedanken: **Chantal Miller (cm)** von Dalí – Die Ausstellung, **Jana Klee (jk)** von panorama-b.de, **Zofia Gajos (zg)** und **Sammlung Boros (sb)**.

IWANOWSKI'S  REISEBUCHVERLAG

LONDON INDIVIDUELL

„Die Reiseführer aus dem Hause Iwanowski stehen für hohe Qualität und beste Tipps. Vor allem die Reihe ‚101 …' überzeugt mit Hinweisen auf Orte, die sich in den sonstigen Reiseführern anderer Verlage nicht finden. Zwar überzeugt Iwanowski oftmals mit Büchern zu Orten und Ländern, die nicht typische Touristenziele sind, doch dürfen bei diesem Verlag natürlich wichtige Hauptstädte auch nicht fehlen. So liegt nun das Werk ‚101 London' vor … Unterteilt in verschiedene Kategorien kann hierbei entschieden werden, ob es zum Beispiel lieber ein kulturelles Erlebnis sein darf oder ein besonderer Ausflug auf dem Plan stehen soll. Der Stadtplan ist auch bei diesem Reiseführer wie gewohnt bei Iwanowski inkludiert und hilft somit, die gewünschten Ziele in Windeseile zu finden."

www.testmania.de/101-london/

- Mit herausnehmbarem Extra-Stadtplan mit eingetragenen Spots
- Mit Kapiteln wie Stadtviertel & Stadtansichten, Multikulturelles London, Geschichte erleben, Kunst & Kultur, Plätze & Parks oder Ausflüge vermitteln die Autoren das Lebensgefühl der Stadt

Das komplette Verlagsprogramm
jetzt downloaden

Iwanowski's Reisebuchverlag GmbH
Salm-Reifferscheidt-Allee 37 • D-41540 Dormagen
Tel: +49 (0) 21 33/26 03 11 • Fax: -34 • E-Mail: info@iwanowski.de
facebook.com/Iwanowski.Reisebuchverlag • twitter.com/iwanowskireisen

 www.iwanowski.de

IWANOWSKI'S  REISEBUCHVERLAG

HAMBURG INDIVIDUELL

❗ „**Auf in die Hansestadt** Musicals, Museen, Hafen und interessante Stadtviertel: Hamburg ist vielfältig. Der Reiseführer stellt 101 Facetten der Hansestadt vor und gibt Tipps u. a. für Spaziergänge und Restaurants. Wo gibt es z. B. den besten Fisch der Stadt? Ein herausnehmberer Stadtplan zeigt den Weg."

Genießen und Reisen, 2/2016

- Mit herausnehmbarem Extra-Stadtplan
- Innenstadtplan, Großraumkarte sowie S- und U-Bahn-Plan in den Innenklappen bzw. im Anhang
- Mit den Kapiteln Stadtviertel & Spaziergänge, Kunst & Kultur, Architektur, Grünes Hamburg, Hamburg & das Meer, Aktivitäten, Kulinarisches Hamburg sowie Ausflüge

Das komplette Verlagsprogramm

jetzt downloaden❗

Iwanowski's Reisebuchverlag GmbH
Salm-Reifferscheidt-Allee 37 • D-41540 Dormagen
Tel: +49 (0) 21 33/26 03 11 • Fax: -34 • E-Mail: info@iwanowski.de
facebook.com/Iwanowski.Reisebuchverlag • twitter.com/iwanowskireisen

 www.iwanowski.de

IWANOWSKI'S  REISEBUCHVERLAG

ebook-REISEFÜHRER

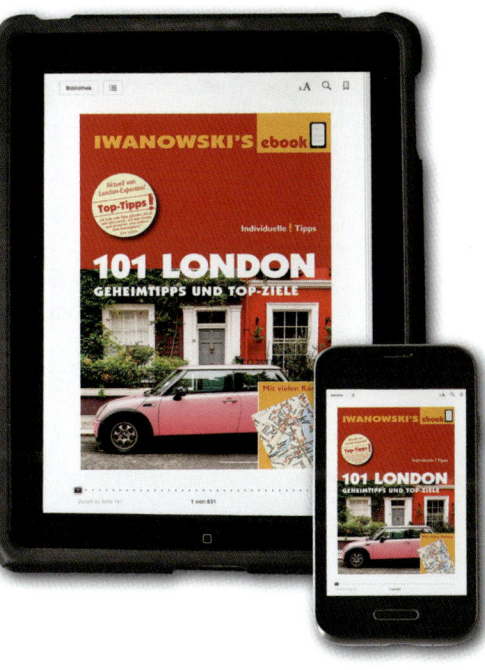

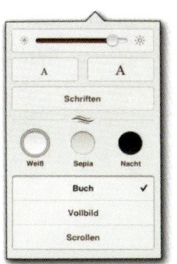

Größenänderung von Schrift, Karten und Fotos *

Suchfunktion innerhalb des ebooks bzw. über Google oder Wikipedia *

Direkter Zugriff auf integrierte Internet-Adressen (Links) *

* Funktionalität abhängig vom genutzten Reader

- Hohe Benutzerfreundlichkeit
- Internetadressen sind direkt extern, Kapitel- und Seitenverweise intern verlinkt
- Je nach Software können Lesezeichen gesetzt, Textstellen markiert sowie Karten gezoomt werden
- In allen gängigen ebook-Shops erhältlich

Das komplette Verlagsprogramm jetzt downloaden!

Iwanowski's Reisebuchverlag GmbH
Salm-Reifferscheidt-Allee 37 • D-41540 Dormagen
Tel: +49 (0) 21 33/26 03 11 • Fax: -34 • E-Mail: info@iwanowski.de
facebook.com/Iwanowski.Reisebuchverlag • twitter.com/iwanowskireisen

 www.iwanowski.de

IWANOWSKI'S  REISEBUCHVERLAG

Der Reiseblog vom Spezialisten
iwanowski.de/blog
Täglich aktuelle Reisehinweise & Tipps zu Unterkünften, Restaurants, Aktivitäten ...

REISEFÜHRER AUF EINEN BLICK

REISEHANDBÜCHER

Europa
- Berlin *
- Dänemark *
- Finnland *
- Irland *
- Island *
- Lissabon *
- Madeira mit Porto Santo *
- Malta, Gozo & Comino *
- Norwegen *
- Paris und Umgebung *
- Piemont & Aostatal *
- Rom *
- Schweden *
- Schottland *
- Tal der Loire mit Chartres *

Asien
- Oman *
- Peking
- Rajasthan mit Delhi & Agra *
- Shanghai
- Singapur *
- Sri Lanka *
- Thailand *
- Tokio mit Kyoto
- Vietnam *

Afrika
- Äthiopien *
- Botswana *
- Kapstadt & Garden Route *
- Kenia/Nordtanzania *
- Madagaskar *
- Mauritius mit Rodrigues *
- Namibia *
- Réunion *
- Ruanda *
- Südafrikas Norden & Ostküste *

- Südafrika *
- Uganda/Ruanda *

Australien / Neuseeland
- Australien *
- Neuseeland *

Amerika
- Bahamas
- Barbados, St. Lucia & Grenada *
- Costa Rica *
- Chile mit Osterinsel *
- Florida *
- Guadeloupe
- Hawaii *
- Kalifornien *
- Kanada/Osten *
- Kanada/Westen *
- Karibik/Kleine Antillen *
- New York
- USA/Große Seen|Chicago *
- USA/Nordosten *
- USA/Nordwesten *
- USA/Ostküste *
- USA/Süden *
- USA/Südwesten *
- USA/Texas & Mittl. Westen *
- USA/Westen *

101...-Serie: Geheimtipps und Top-Ziele
- 101 Berlin *
- 101 Bodensee
- 101 China
- 101 Deutsche Ostseeküste
- 101 Florida
- 101 Hamburg *
- 101 Indien
- 101 Inseln
- 101 Kanada/Westen
- 101 London *
- 101 Mallorca
- 101 Namibia – Die schönsten Reiseziele, Lodges & Gästefarmen
- 101 Nepal
- 101 Reisen für die Seele – Relaxen & Genießen in aller Welt
- 101 Reisen mit der Eisenbahn – Die schönsten Strecken weltweit
- 101 Safaris
- 101 Skandinavien
- 101 Stockholm *
- 101 Südafrika – Die schönsten Reiseziele & Lodges
- 101 Südengland
- 101 Tansania – Die schönsten Reiseziele & Lodges
- 101 Wien *

REISEGAST IN ...
- Ägypten
- China
- England
- Indien
- Japan
- Korea
- Polen
- Russland
- Südafrika
- Thailand

Legende:
- * mit Extra-Reisekarte
- auch als ebook (epub)
- Karten gratis downloaden

Das komplette Verlagsprogramm jetzt downloaden

Iwanowski's Reisebuchverlag GmbH
Salm-Reifferscheidt-Allee 37 • D-41540 Dormagen
Tel: +49 (0) 21 33/26 03 11 • Fax: -34 • E-Mail: info@iwanowski.de
facebook.com/Iwanowski.Reisebuchverlag • twitter.com/iwanowskireisen

 www.iwanowski.de